VIER HUNDE UND IHRE GESCHICHTEN

VIER HUNDE UND IHRE GESCHICHTEN

Marcella Bursey Brooks

Vier Hunde und ihre Geschichten

Urheberrecht © 2025 Marcella Bursey Brooks.

Alle Rechte vorbehalten. Kein Teil dieses Buches darf ohne schriftliche Genehmigung sowohl des Verlags als auch der Autorin reproduziert, gespeichert oder übertragen werden—weder auf akustischem, grafischem, mechanischem noch auf elektronischem Wege–, außer im Falle kurzer Auszüge, die in kritischen Artikeln und Rezensionen verwendet werden. Die unbefugte Vervielfältigung jeglicher Teile dieses Werkes ist illegal und wird strafrechtlich verfolgt.

Die Charaktere, Ereignisse und Orte in diesem Buch sind fiktiv. Jede Ähnlichkeit mit realen Personen, lebendig oder verstorben, ist zufällig und nicht beabsichtigt.

Printed in the United States of America
ISBN 978-1-64133-976-6 (hc)
ISBN 978-1-64133-989-6 (sc)
ISBN 978-1-64133-992-6 (e)

2025.01.28

Dieses Buch ist auf säurefreiem Papier gedruckt.

Aufgrund der dynamischen Natur des Internets können sich alle in diesem Buch enthaltenen Webadressen oder Links seit der Veröffentlichung geändert haben und möglicherweise nicht mehr gültig sein. Die in diesem Werk geäußerten Ansichten sind ausschließlich die der Autorin und spiegeln nicht unbedingt die Ansichten des Verlags wider, der jegliche Verantwortung hierfür ablehnt.

Blue Ink Media Solutions
1111B S Governors Ave
STE 7582 Dover,
DE 19904

www.blueinkmediasolutions.com

Table of Contents

Danksagungen vii
Widmung ix
Kapitel Eins 1
Kapitel Zwei 6
Kapitel Drei 11
Kapitel Vier 18
Kapitel Fünf 28
Kapitel Sechs 40
Kapitel Sieben 45
Kapitel Acht 52
Kapitel Neun 62
Kapitel Zehn 68
Kapitel Elf 80
Kapitel zwölf 91
Kapitel Dreizehn 111
Kapitel Vierzehn 123
Kapitel Fünfzehn 129
Kapitel Sechzehn 139
Kapitel Siebzehn 145
Kapitel Achtzehn 156
Kapitel Neunzehn 170
Kapitel Zwanzig 181
Kapitel Einundzwanzig 188
Kapitel Dreiundzwanzig 205
Kapitel Vierundzwanzig 210
Kapitel Fünfundzwanzig 219
Kapitel Sechsundzwanzig 229
Kapitel Siebenundzwanzig 239

Kapitel Achtundzwanzig ... 246
Kapitel Neunundzwanzig ... 252
Kapitel Dreißig ... 257
Kapitel Einunddreißig ... 265
Kapitel Zweiunddreißig ... 278
Kapitel Dreiunddreißig ... 289
Kapitel Vierunddreißig ... 297
Kapitel Fünfunddreißig ... 305
Kapitel Sechsunddreißig ... 311
Kapitel Siebenunddreißig ... 318
Kapitel Achtunddreißig ... 323
Kapitel Neununddreißig ... 328
Kapitel Vierzig ... 335
Kapitel Einundvierzig ... 341
Kapitel Zweiundvierzig ... 349
Kapitel Dreiundvierzig ... 356
Kapitel Vierundvierzig ... 361
Kapitel Fünfundvierzig ... 371
Kapitel Sechsundvierzig ... 374
Kapitel Siebenundvierzig ... 378
Kapitel Siebenundvierzig ... 382
Kapitel Achtundvierzig ... 388
Kapitel Neunundvierzig ... 393
Kapitel Fünfzig ... 402
Kapitel Einundfünfzig ... 409
Kapitel Zweiundfünfzig ... 415
Kapitel Dreiundfünfzig ... 423
Kapitel Vierundfünfzig ... 434
Kapitel Fünfundfünfzig ... 439
Kapitel Sechsundfünfzig ... 450

Danksagungen

Ich fühle mich sehr gesegnet, dass ich einen großen Teil meines Lebens mit meinen Hunden teilen durfte, die die Inspiration für dieses Buch waren. Obwohl sie nicht mehr bei mir sind, ist meine Liebe zu ihnen so stark wie eh und je. Hunde lieben bedingungslos – ich wünschte, ich könnte genauso vorbehaltlos lieben.

Mein verstorbener Ehemann hat nie an meiner Fähigkeit gezweifelt, dieses Buch zu schreiben, und sein Glaube an mich hat mir sehr geholfen. Danke, Clint.

Mein aufrichtiger Dank gilt den Mitarbeitern der United States Dog Agility Association (USDAA), die mir als freundliche und hilfsbereite Quelle über den Hundesport Agility dienten. Sie haben meine vielen Fragen zu Dog Agility während des Schreibens dieses Buches großzügig und geduldig beantwortet.

Widmung

Dieses Buch ist meinem verstorbenen Ehemann Dr. Clint Brooks gewidmet sowie all meinen Haustieren und auch allen anderen.

Kapitel Eins

Der struppige Mischling schaute verzweifelt auf seine Pfoten. Er konnte sich nicht erinnern, wann er zuletzt etwas gegessen hatte. Er fühlte sich immer erschöpft, und in seiner Brust spürte er ständig Schmerzen.

Er trank aus Pfützen und schmutzigen Wasserläufen, die neben den erhöhten Steinfußwegen flossen. Es gab mehrere große Sandhaufen, die von Bauarbeitern verwendet wurden, um Zement für die Häuser herzustellen, die in der Gegend gebaut wurden. Als die Nächte kälter wurden, schlief er auf diesen Sandhaufen, da sie die Wärme des täglichen Sonnenlichts speicherten. Gelegentlich ruhte er sich auf der Eingangsstufe eines Hauses aus, weil dort ein Vordach ihn vor Regen schützte; jedoch hatte er nie Kontakt zu den Menschen, deren Eingangsstufe er nutzte, weil er immer weglief, sobald er sie zur Haustür kommen hörte. Er lief sogar weg, wenn er sah, dass die Frau auf ihn zukam, obwohl er wusste, dass sie ihm Futter brachte. Er hatte sich entschlossen, nie wieder jemanden zu lieben oder zu vertrauen, weil er wusste, dass er niemals verletzt werden könnte, wenn er sein Herz nicht öffnete. Er war frei und schwor sich, immer frei zu bleiben.

Sein Hals blutete nicht mehr und tat auch kaum noch weh. Die Nacht war hereingebrochen, und er grübelte über die Ereignisse nach, die ihn zu diesem Sandhaufen gebracht hatten, auf dem er nun lag, ganz allein. Er konnte sich kaum daran erinnern, wie er seine Mutter und seinen Bruder sowie seine beiden Schwestern verlassen hatte. Er wusste jetzt, dass er auf einem Markt verkauft worden war, weil er sich immer an das Durcheinander von Geräuschen, Farben und die vielen Menschen erinnerte, die um ihn herum waren. Letzte Woche war er dem Geruch von Essen gefolgt und hatte sich in solch einem Ort wiedergefunden. Es war ein Mercado, und die Geräusche, Anblicke und Gerüche riefen diese erste Erinnerung hervor.

Die Menschen, die ihn vom Markt mitgenommen hatten, hatten ihn neben Blanca gesetzt. Sein erster Eindruck von ihr war, dass sie groß und sehr hell war. Sie hatte ihm auch alt gewirkt. Sie hatten immer draußen in einem Innenhof gelebt. Nachts kuschelte er sich an sie, um Wärme und Trost zu finden. Es hatte eine Weile gedauert, bis er realisierte und akzeptierte, dass Blanca ihn nicht liebte wie seine Mutter, aber sie duldete ihn.

Seine Besitzer waren immer wütend auf ihn gewesen. Er hatte nie gewusst, was er tun oder lassen sollte, um ihnen zu gefallen. Beim Essen hatte er die karge Menge, die ihm gegeben wurde, hastig verschlungen, fühlte sich jedoch nie satt und zufrieden. Trotz des wenigen Essens war er gewachsen, und er erinnerte sich nun an die Überraschung, die er empfand, als er eines Tages neben Blanca stand und merkte, dass er größer war als sie.

Er war sich nicht sicher, wie sein Name war oder ob er überhaupt einen hatte. Er erinnerte sich daran, dass seine Besitzer ihn als Welpen immer "Mozo" nannten, wenn sie mit ihm sprachen, doch als er größer wurde, war er namenlos geworden.

Das Leben war so einschränkend und langweilig gewesen, dass er manchmal, wenn das Tor des Innenhofs offen stand, hindurchgelaufen war, um die Welt dahinter zu erkunden. Er erinnerte sich daran, wie ängstlich er das erste Mal gewesen war, als er andere Hunde umherstreifen sah. Er kannte nur Blanca, die nie etwas sagte oder tat, außer sich ab und zu umzudrehen, um auf ihrer anderen Seite zu liegen.

Die Hunde in der Außenwelt hatten ihn ignoriert, ebenso wie die Menschen – bis auf einmal, als er sich einem Paar mit einem Kind näherte. Er erinnerte sich, wie er mit dem Schwanz wedelte, um zu zeigen, dass er Freundschaft suchte, doch sie stampften mit den Füßen und schrien ihn an. Als der Mann die Hand hob, um ihn zu schlagen, war er weggelaufen.

Als er von diesen Ausflügen zurückkehrte, waren seine Besitzer wütend auf ihn gewesen. Doch sie waren immer wütend, selbst wenn er den Innenhof nicht verlassen oder etwas getan hatte, das ihre Wut rechtfertigte. Nach seinem letzten Abenteuer hatte ihn sein Besitzer mit einem Seil ausgepeitscht, dann dasselbe Seil um seinen Hals gebunden und es an einem Haken in der Steinwand des Innenhofs befestigt. Seitdem war er nie wieder frei gewesen, und seine Bewegungsfreiheit war so stark eingeschränkt, dass er sich nicht einmal mehr im Innenhof bewegen konnte.

Die Hausherrin war gemein gewesen, oder vielleicht einfach nur gedankenlos, denn sie stellte oft einen Eimer mit frischem Wasser so weit weg, dass das kurze Seil ihn daran hinderte, daraus zu trinken. Bevor er an die Steinwand gebunden worden war, hatte er den Luxus genossen, im Schatten des Innenhofbaums zu liegen, wenn die heiße Sonne am Himmel stand. Doch seit er so vollständig gefesselt war, musste er immer auf dem Steinboden des Innenhofs liegen und Sonne wie Regen ertragen.

Er zuckte zusammen, als er sich daran erinnerte, wie das Seil die Haut unter seinem Kinn aufgescheuert hatte und ihm große Schmerzen und Unbehagen bereitete. Zunächst war er beleidigt und verletzt gewesen über Blancas Gleichgültigkeit gegenüber seinem Elend, aber nach einer Weile kam er zu dem Schluss, dass jegliche Neugier und Abenteuerlust aus ihr herausgesogen worden waren – durch die Vernachlässigung der Besitzer und die Langeweile ihres Alltags.

Seine Gedanken wanderten zurück zu jenem schicksalhaften Festtag. Bunte Lichter waren an den Baum und die Wände des Innenhofs gehängt worden, und da das etwas Neues und Anderes war, hatte es die Monotonie seines tristen Lebens ein wenig erhellt. Die Hausherrin kochte Essen über offenem Feuer im Innenhof, während die Kinder rein- und rausliefen und sich aufgeregt zuriefen, als Fremde ankamen und mit Umarmungen und Lachen begrüßt wurden. Auch er hatte die Fremden begrüßt, bis sein Besitzer ihn so nah an die Steinwand gebunden hatte, dass das Seil nur gerade lang genug war, um sich hinzulegen. Jetzt wurde ihm klar, dass niemand wollte, dass er die Fremden begrüßte oder sie berührte, die zum Fest gekommen waren.

Alle hatten gelacht, gegessen und getrunken. Das Essen hatte so verlockend gerochen, dass sein Speichel das Fell an seinem Kinn durchnässte, während er bettelte, etwas davon zu bekommen. Der Hausherr hatte ihn getreten und wütend angeschrien. Er zitterte, als er sich daran erinnerte, was dann geschah.

Der Geruch von Rauch und die Geräusche von rennenden und rufenden Menschen hatten ihn geweckt, und er war schockiert und gebannt vom Anblick des brennenden Innenhofbaums. Die Leute rannten rein und raus und trugen Wassereimer, um das Feuer zu löschen. Jemand hatte versucht, den Baum mit einem Schlauch zu besprühen, doch der Schlauch war zu kurz, um den Baum zu erreichen, und nur der Innenhofboden wurde nass. Sein Herr und seine Herrin, die Kinder und alle Fremden rannten durch die Tür des Innenhofs und ließen sie offen. Selbst Blanca hatte sich aufgerafft und war hinter ihnen hergetrottet.

Geruch von Rauch und die Geräusche von rennenden und schreienden Menschen hatten ihn geweckt, und er war schockiert und fasziniert von dem Anblick des brennenden Innenhofbaums gewesen. Menschen waren aus dem Haus gelaufen und hatten Eimer mit Wasser getragen, um das Feuer zu löschen. Jemand hatte versucht, mit einem Schlauch Wasser auf den brennenden Baum zu sprühen, aber der Schlauch war zu kurz gewesen, um nah genug herangezogen zu werden, und nur der Boden des Innenhofs wurde nass. Sein Herr und seine Herrin, die Kinder und alle Fremden liefen durch die Innenhoftür hinaus und ließen sie offen. Sogar Blanca hatte sich aufgerafft und war ihnen nachgelaufen.

Der Lärm und die Hitze der Flammen waren ihm noch lebhaft in Erinnerung. Er hatte so stark an dem Seil um seinen Hals gezogen, um zu entkommen, dass er fast ohnmächtig geworden wäre, weil er sich selbst gewürgt hatte, doch das Seil hielt stand. Er durchlebte erneut den Schrecken, den er gespürt hatte, als ein brennender Ast durch die Luft flog, direkt hinter ihm die Steinwand traf und sich in seinem Seil verfing. Zum Glück für ihn war es ein verkohlter Ast mit nur wenig verbleibender Flamme, der das Seil durchbrannte.

Er erinnerte sich, wie er durch das Tor des Innenhofs gerannt war und sich schwor, niemals zu diesen Menschen zurückzukehren, die ihn im Innenhof mit dem brennenden Baum zurückgelassen hatten und denen es egal gewesen war, ob er lebte oder starb. Tief in seiner Brust spürte er noch immer einen Schmerz, wenn er an die Schrecken seiner frühen Jahre dachte.

Er war nun schon eine Weile auf sich allein gestellt, und das passte ihm gut. Niemals würde er jemanden wieder so nah an sich heranlassen, dass er verletzt werden könnte – nicht einmal diese hartnäckige Frau, die versuchte, ihn mit Futter zu locken.

Kapitel Zwei

Topaz ruhte zufrieden auf dem Steinweg, der von der frühen Frühlingssonne gewärmt wurde. Sie liebte es, dort zu liegen, fast genauso sehr, wie sie es liebte, auf ihrem weichen, bequemen Bett zu liegen, das auf dem Boden im Schlafzimmer ihrer Mama und ihres Papas stand. Ihr absoluter Lieblingsplatz war jedoch auf der Couch, mit dem Kopf auf dem Schoß ihrer Mama gebettet.

Sie dachte daran, wie sie früher mitten in der Nacht in das Bett ihrer Mama und ihres Papas kletterte, wenn sie draußen seltsame Geräusche hörte. Das war, als sie noch ein Welpe war und sich vor den unbekannten Geräuschen der Tiere fürchtete, die nach Einbruch der Dunkelheit ihren nächtlichen Geschäften nachgingen. Sie kuschelte sich dann zwischen die beiden und fühlte sich sicher und geborgen. Wenn sie am Morgen aufwachten, wirkten ihre Mama und ihr Papa zwar überrascht, aber sie lachten und ihre Mama drückte sie immer fest an sich.

Jetzt, da sie wusste, was die nächtlichen Geräusche verursachte, erschienen sie ihr nicht mehr seltsam oder bedrohlich. Eulen riefen oft, und Rehe raschelten manchmal laut in den Dickichten. Füchse lebten in der Nähe, und manchmal hörte sie, wie ein Männchen und ein Weibchen nach Einbruch der Dunkelheit bellend nach einander suchten.

Jeden Morgen, wenn sie aufwachte, liebte sie es, den fröhlichen und geschäftigen Klängen der Vögel zu lauschen, die einen neuen Tag begrüßten. Gelegentlich verstummten die Vögel plötzlich, und sie wusste, dass in diesen Momenten ein Habicht über ihnen flog, auf der Suche nach einer Mahlzeit.

Sie erinnerte sich an einen Vorfall, als sie auf dem Gras gelegen hatte, die Pfoten unter sich eingeklappt, und faul nach Eichhörnchen Ausschau hielt. Plötzlich bemerkte sie, dass alle Vogelstimmen verstummt waren. Kurz darauf hatte ein niedrig fliegender Habicht eine Taube im Flug geschnappt. Es war so nah bei ihr geschehen, dass einige der Taubenfedern vom Wind auf ihren Kopf geweht wurden und auf das Gras in der Nähe ihrer Pfoten fielen. Sie war so schockiert gewesen, dass sie schneller als je zuvor durch ihre spezielle Hundetür in ihr Zuhause gerannt war. Sie hatte erst aufgehört zu laufen, als sie ihre Mama in einem der großen, bequemen Sessel im Wohnzimmer sitzen und fernsehen sah. Sie war auf den großen Sessel gesprungen und hatte sich neben ihre Mama gequetscht, die lachte und Platz für sie machte.

Topaz hatte sich mittlerweile an die wilden Tiere gewöhnt, die auf ihrem Grundstück lebten. Sie mochte die Rehe, und es gab viele von ihnen, die sie mögen konnte. Manchmal ruhte sie auf dem Rasen ganz in ihrer Nähe.

Während ihre Gedanken bei den Rehen verweilten, sah sie ein Rehpaar mit zwei Kitzen. Sie wirkten so klein und zerbrechlich. Sie fragte sich, wie die kleinen Rehkitze es schafften, auf ihren dünnen, kleinen Beinen zu laufen. Sie betrachtete ihre großen Augen und den unschuldigen Ausdruck. Sie waren so süß und ansprechend. Topaz beschloss, sich die Rehkitze aus der Nähe anzusehen, vielleicht an ihnen zu schnuppern, ihre Schnauzen zu lecken und ihnen zu zeigen, dass sie sie mochte.

Langsam erhob sie sich aus ihrer Ruheposition und schlenderte vorsichtig auf die Kitze zu, um sie nicht zu erschrecken. Die beiden standen da und schauten sie neugierig an. Doch gerade als sie nah genug war, um sie zu begrüßen, sprang plötzlich ihre Rehmutter hinter einem überwucherten Forsythienbusch hervor. Die Rehmutter war riesig und begann zu pfeifen und zu schnauben, während sie auf Topaz zustürmte.

Topaz war vor Schreck wie gelähmt und konnte sich mehrere Sekunden lang nicht bewegen. Kurz bevor das riesige Rehmonster nah genug war, um sie zu verletzen, schaffte sie es, ihre Beine zu bewegen, und rannte um ihr Leben durch ihre Hundetür in die Küche, auf der Suche nach ihrer Mama. Als sie sie fand, stieß sie mit dem Kopf gegen die Rückseite von Jeans Beinen.

Jeannette spreizte ihre Beine, und Topaz setzte sich dazwischen und fühlte sich endlich wieder sicher. Sie zitterte noch immer vor Angst, als ihr Papa in die Küche stampfte und anfing, mit ihrer Mama zu sprechen. Topaz wusste, dass er wütend war, weil sie vor dem riesigen Monster-Reh weggelaufen war. Er zeigte oft auf die Rehe, sah sie an und sagte: "Fass!" Sie tat immer so, als wüsste sie nicht, was er von ihr wollte. Sie wollte die Rehe einfach nicht jagen. Sie mochte Rehe. Außerdem waren sie viel größer als sie.

Während Topaz zitternd zwischen den Beinen ihrer Mama saß, beruhigte sie sich, als Jeannette ihren Kopf und Hals streichelte. Ihre Mama sprach scharf und bestimmt mit ihrem Papa, und Topaz wusste, dass sie ihre Flucht vor der Rehmutter verteidigte.

Zwischen ihr und ihrer Mama bestand eine ganz besondere Verbindung. Manchmal wusste ihre Mama genau, was sie brauchte, noch bevor Topaz es selbst wusste. Gestern Abend, kurz vor dem Schlafengehen, hatte ihre Mama sie mit einer weichen Decke zugedeckt, als sie auf ihrem Hundebett lag. Erst in diesem Moment wurde Topaz bewusst, dass ihr kalt gewesen war. Ja, sie und ihre Mama hatten eine magische Bindung, und Topaz liebte ihre Mama mehr als alles andere auf der Welt. Sie liebte auch ihren Papa, aber nicht mit der gleichen tiefen Leidenschaft wie ihre Mama.

Ihr Papa war wieder nach draußen gegangen. Er war nicht mehr wütend auf sie, aber Topaz wusste, dass sie ihn immer wieder enttäuschte, weil sie keine Lust hatte, die Tiere auf ihrem Grundstück zu jagen. Er hatte sie auch nie dafür gelobt, dass sie sich selbst das Schwimmen im Teich beigebracht hatte. Ihre Mama hingegen hatte einen riesigen Wirbel darum gemacht und ihr immer wieder gesagt, dass sie der klügste Hund überhaupt sei. Topaz liebte es, sich komplett nass zu machen, und streifte oft während starker Regenschauer über ihr Grundstück. Einmal, als ihre Mama sie nach so einem Ausflug abtrocknete, hatte ihr Papa gesagt: "Topaz ist zu dumm, um aus dem Regen zu kommen." Sie hatte genau gespürt, was ihr Papa zu ihrer Mama gesagt hatte.

Jeannette Bancroft schaute auf die wunderschöne Deutsch Kurzhaarhündin hinab, die zwischen ihren Beinen saß. Topaz war ein Genuss für die Augen mit ihrem dunkelbraunen Kopf und Hals, der nur durch die braun-weiß getupfte Färbung ihrer Schnauze unterbrochen wurde, die wie Sommersprossen wirkte. Ihr schlanker, gut bemuskelter Körper war überwiegend weiß mit braunen Tupfen und drei großen braunen Flecken, die gleichmäßig von den Schultern bis zur Schwanzbasis verteilt waren. Sie hatte eine kräftige Brust und gut entwickelte Hinterläufe. Ihr Rücken war gerade. Sie sah aus wie ein Showhund, doch ihre Persönlichkeit war das nicht.

Jeannette streichelte Topaz' seidige Ohren und sagte sanft: „Du sollst das Jagen lieben. Du stammst aus einer langen Linie von Champion-Hunden in Ausstellungen und auf dem Feld, aber das Jagdgen hat sich in deiner DNA wohl nicht durchgesetzt. Ich liebe dich trotzdem, und für mich bist du in jeder Hinsicht perfekt!"

Wie Topaz war Jeannette schlank, aber gut bemuskelt. Ihr Haar war schwarz und glatt, und ihre Augen waren fast genauso dunkel wie ihr Haar. Ihre Haut war cremeweiß mit einer Neigung zu Sommersprossen. Cole bemerkte oft, dass ihre Sommersprossen niedlich aussahen, auch wenn sie ein wenig von ihrer göttinnenhaften Erscheinung ablenkten. Mit ihren eins fünfundsiebzig passte sie überwiegend zu ihrem irischen Erbe, abgesehen vom exotischen Schwung ihrer Augen, der ihr durch ihre japanischen Wurzeln verliehen wurde.

Topaz folgte ihrer Mama ins Wohnzimmer und beobachtete, wie sie ein Feuer im Kamin entzündete. Sie streckte sich in der "herabschauenden Hund"-Yoga-Position, gähnte und ließ sich gemütlich auf dem Teppich vor dem Kamin nieder. Ihr letzter Gedanke, bevor sie von dem Knistern des Feuers und der wohligen Wärme in den Schlaf gewiegt wurde, war, dass ihr fast perfektes Leben völlig perfekt wäre, wenn sie ein paar Hundefreunde hätte.

Kapitel Drei

Essie Kilmer fuhr sich mit den Fingern durch ihr kurzes, glattes blondes Haar, kniff ihre lebhaften blauen Augen zusammen und rieb sich mit dem Zeigefinger die Seite ihrer kleinen, geraden Nase. Sie kaute nervös auf ihren hübschen, bogenförmigen Lippen, die gerade erst professionell aufgehellt worden waren. Mit einer Größe von 1,65 m war sie eine schlanke, energiegeladene Frau, die viel Wert darauf legte, das Gewicht zu halten, das sie in ihren Zwanzigern hatte. Doch jetzt war sie in einer Zwickmühle, während sie den Züchtern zusah, die Welpen aus ihrem Van hoben. Ihr Mann Evan schenkte ihr einen Tibet-Spaniel-Welpen zu ihrem 49. Geburtstag.

Sie blickte zu Evan, der vor eineinhalb Jahren die 50 überschritten hatte. Er lächelte sie an, und Lachfalten kräuselten sich um seine grauen Augen. Evan würde in einer Menschenmenge nicht auffallen, dachte sie, denn alles an ihm war durchschnittlich. Er hatte eine mittelgroße Statur, war knapp 1,80 m groß, mit braunem Haar, das großzügig von Grau durchzogen war, und gleichmäßigen Gesichtszügen, die ihm ein angenehmes, aber nicht einprägsames Aussehen verliehen. Doch wenn man ihn erst einmal kennenlernte, erkannte man, was für ein außergewöhnlicher Mann er war. Er hatte einen großartigen Sinn für Humor, war außergewöhnlich intelligent, effizient, ehrlich, zuverlässig und bewahrte auch in Stresssituationen einen kühlen Kopf. Außerdem hatte er bisher keinen Anflug eines "über 50"-Bäuchleins gezeigt.

Essie hob die Schultern und öffnete die Hände in einer hilflosen Geste, um zu zeigen, dass sie sich nicht für einen Welpen entscheiden konnte. Sie hatte immer jede Herausforderung gemeistert und alle ihre Ziele erreicht. Normalerweise traf sie Entscheidungen schnell – doch heute war eine Ausnahme.

Das Erste, was der kleine Tibet-Spaniel-Welpe bemerkte, nachdem er aus dem Fahrzeug gehoben worden war, war der gigantische Baum, der sich vor ihm erhob. Neugierig trippelte sie darauf zu und berührte mit der Nase die raue, harte Rinde des Stammes. Ihre Erkundung störte eine große Spinne, die in einer Rillenvertiefung der Rinde ruhte. Als diese hektisch davonlief, erschrak der Welpe so sehr, dass er einen Satz nach hinten machte.

Der Welpe setzte sich an den Fuß des Baumes und begann, seine Umgebung aufmerksam zu betrachten. Sie sah einen Mann und eine Frau, die vor einem steinernen Haus standen. Das Haus hatte ein hohes, spitz zulaufendes Dach und viele Fenster. Es war so riesig, dass der Welpe seinen Kopf von einer Seite zur anderen und von oben nach unten schwenken musste, um alles zu erfassen. Das Paar stand auf einer weitläufigen Rasenfläche, die mit hohen Bäumen und Sträuchern unterschiedlicher Größe und Farbe übersät war. Das Grundstück war so groß, dass der Welpe kein Ende davon erkennen konnte.

Neben dem Duft von Gras und Bäumen gab es noch viele andere unbekannte und verlockende Gerüche, die und fühlte sich noch nicht bereit, in ein neues Zuhause zu gehen.

Die anderen Welpen liefen neugierig über den Rasen und erkundeten die Gegend, doch er blieb abseits sitzen, den Kopf leicht gesenkt, die Gedanken bei seiner Mutter und dem kleinen Raum, der ihm bisher alles gewesen war. Er verstand nicht, warum er hier war und was von ihm erwartet wurde.

Währenddessen hielt Essie die kleine Kissy fest in ihren Armen. Der blonde Welpe mit der weißen Schnauze, den weißen Beinen und dem buschigen, weißen Schwanz schmiegte sich vertrauensvoll an sie. Essie fühlte sich überwältigt von der Wärme und Zuneigung, die sie von dem kleinen Geschöpf empfing. „Kissy," murmelte sie erneut und lachte, als der Welpe ihre Wange mit kleinen, feuchten Küssen bedeckte.

Evan beobachtete den stillen Welpen mit dem bernsteinfarbenen, leicht gewellten Fell und der schwarzen Schnauze. Die feinen, gekräuselten Ohren und der kräftige Körperbau ließen keinen Zweifel daran, dass es ein Rüde war. Seine Haltung und sein abwesender Blick verrieten jedoch, dass er sich hier fehl am Platz fühlte. Evan kniete sich hin und versuchte, den Welpen zu ermutigen, zu ihm zu kommen, doch dieser drehte sich nur weiter von ihm weg und ließ seinen Kopf hängen.

Evan seufzte, ging zurück zu Essie und sagte: „Er scheint nicht bereit zu sein, sich von seiner Familie zu trennen." Essie schaute zu dem Welpen hinüber, der nun völlig still in den Schatten eines Baumes gerückt war. Sie nickte verständnisvoll und drückte Kissy ein wenig fester an sich.

Kissy bellte fröhlich, als sie spürte, dass sie in ihrem neuen Zuhause willkommen war. Sie hatte bekommen, wonach sie sich gesehnt hatte: ein Zuhause voller Liebe, Aufmerksamkeit und Abenteuer. Ihr Herz war voller Freude, und sie fühlte sich bereit, ihr neues Leben zu beginnen – an der Seite von Essie und Evan, die sie bereits als ihre Familie ansah.

Der still sitzende Welpe hingegen dachte immer noch an die vertrauten Düfte und die beruhigende Nähe seiner Mutter. Er wünschte sich, dass er zurückgehen könnte, dass alles so bleiben würde, wie es gewesen war. Doch tief in seinem Inneren spürte er, dass auch für ihn eines Tages der richtige Moment kommen würde – der Moment, an dem er bereit sein würde, sein eigenes Abenteuer zu beginnen. Aber heute war dieser Tag noch nicht gekommen.

gerade gefühlt hatte. Während er auf der breiten, warmen Schulter des Mannes ruhte, beschloss Kawdje, dass vielleicht doch nicht alles verloren war. Die Stimme des Mannes war tief und beruhigend, und obwohl Kawdje noch nicht völlig entspannt war, spürte er einen Hauch von Vertrauen in diese neue, ungewohnte Situation.

Evan schaute zu Essie hinüber, die Kissy in ihren Armen hielt. Die beiden Welpen waren so unterschiedlich, doch beide hatten etwas Besonderes an sich, das ihm das Gefühl gab, dass sie perfekt in ihr Leben passen würden. Evan hielt Kawdje sicher und sagte leise: „Ich verspreche dir, dass wir gut auf dich aufpassen und dass du dich hier wohlfühlen wirst." Kawdje wusste nicht genau, was diese Worte bedeuteten, aber der Klang vermittelte ihm ein Gefühl von Trost.

Essie trat neben Evan, und sie betrachteten die Welpen, die nun gemeinsam auf dem Rasen saßen. Kissy war bereits voller Energie und inspirierte neugierig das Gras, während Kawdje noch zögernd, aber aufmerksam die Umgebung betrachtete. Essie streichelte Kawdje vorsichtig über den Kopf und sagte: „Er wird seinen Platz finden, genau wie Kissy. Sie werden einander helfen, sich hier einzuleben."

Nachdem Evan die Züchter bezahlt und die Unterlagen für beide Welpen erhalten hatte, gingen sie mit den Hunden ins Haus. Kissy sprang vor Freude, als sie das große Wohnzimmer mit seinen bequemen Möbeln und den hellen Fenstern erkundete. Kawdje hingegen folgte vorsichtig, blieb in der Nähe von Evan und setzte sich schließlich auf einen Teppich, um alles aus der Distanz zu beobachten.

Essie beobachtete die beiden Welpen liebevoll und sagte: „Das wird ein Abenteuer für uns alle." Evan nickte und antwortete: „Ja, und ich glaube, sie werden unser Leben bereichern." Kawdje blickte auf, als er die warme Stimme des Mannes hörte, und ein kleines bisschen von dem Gefühl, das er bei seiner Mutter verspürt hatte, kehrte zurück.

In diesem Moment wurde Kawdje klar, dass sein neues Leben begonnen hatte. Es war nicht das Leben, das er sich vorgestellt hatte, aber vielleicht – nur vielleicht – war es ein Leben, das er lieben könnte. Und während Kissy fröhlich durch das Haus tollte, legte Kawdje vorsichtig seine Pfoten übereinander, schloss die Augen und begann zu "cogitieren" – nachzudenken, um die Dinge zu verstehen, die um ihn herum geschahen.

als seine Mutter gegangen war. Sein Zittern ließ nach und er fühlte sich stabil genug, um die Aussicht zu genießen. Er mochte es, hoch oben zu sein, weil er mehr sehen und weiter in die Ferne blicken konnte. Das Gras, die Bäume und das Haus schienen aus dieser Höhe nicht so überwältigend groß. Er war froh, dass er den anderen Welpen zum Spielen haben würde. Er spürte, dass dieser Mann und diese Frau freundlich und fürsorglich waren, aber für den Moment waren sie noch Fremde.

Als Evan das Haus betrat, sagte Essie: „Lass uns ihnen ihre Kennel zeigen, in denen sie schlafen werden, und wo ihr Wasser immer stehen wird und die Pipi-Unterlagen, die ich in der Nähe der Hintertür auf den Boden gelegt habe, weil sie vielleicht nicht stubenrein sind. Sie werden sich daran gewöhnen, zur Hintertür zu gehen, wenn sie sich erleichtern müssen, und hoffentlich werden sie bald einfach an der Hintertür bellen, wenn sie in den Garten wollen, um eine Pipi-Pause zu machen."

„Gute Idee. Hoffen wir, dass sie auch auf diese gute Idee kommen. Ich schlage vor, sie in denselben Kennel zu stecken, solange sie noch so jung und klein sind. Es wird wahrscheinlich beruhigend für sie sein, zusammen zu schlafen."

Kissy und Kawdje waren erleichtert, als sie die große Schüssel Wasser sahen, weil sie durstig waren. Sie schlürften Wasser, bis ihre Zungen kalt und müde wurden, danach ging die Tour durch ihr neues Zuhause weiter. Es gab so viele Räume, dass es verwirrend war, und keiner von ihnen konnte sich an den Weg erinnern, den sie genommen hatten. Kawdje konnte den Rückweg nicht riechen wegen der vielen neuen Düfte, die ihn verwirrten, und Kissy versuchte es erst gar nicht. Sie fühlten sich von der Größe ihres neuen Zuhauses und den vielen Möbelstücken und den interessanten, großen Stoffflächen auf dem Boden, die sie an Gras erinnerten, eingeschüchtert.

Beide fühlten das Bedürfnis, das viele Wasser, das sie vor einiger Zeit getrunken hatten, loszuwerden und entschieden, dass jeder der großen, grasähnlichen Flächen auf dem Boden ein guter Ort dafür wäre. Sofort nach dem Hinhocken hörten sie ihre Mama und ihren Papa sagen: „Nein! Nein!" und sie wurden aufgehoben und nach draußen getragen, wo sie die Arbeit beendeten.

Kawdje konnte sich nicht erinnern, welcher Weg zur Tür führte, die sich zum grasbewachsenen Hof öffnete, und saß auf dem Gras und überlegte, wie er hinauskommen könnte, wann immer er wollte. Kissy war handlungsorientiert und begann sofort, um die Bäume zu rennen und unter Büschen hindurch, bis sie stehen bleiben und Luft holen musste. Sie wollte ihre Mama und ihren Papa daran erinnern, dass sie eine schnelle Läuferin war und hoffte, dass sie den Fehler vergessen würden, den sie gemacht hatte. Schließlich lief sie zu ihrer Mama und ihrem Papa und bat darum, hochgehoben zu werden. Als sie sich in den Armen ihrer Mama eingekuschelt hatte, leckte sie ihr Gesicht und schickte ihr den Gedanken, dass sie sie liebte und es ihr leidtat.

Essie lachte und sagte: „Wir haben ihre Namen gut gewählt, denn Kissy gibt mir Küsschen und Kawdje denkt nach."

An diesem Abend schmollte Kawdje im Kennel, sehnte sich nach seiner Mutter, seinem Bruder und seiner Schwester und weigerte sich, herauszukommen und mit seiner neuen Familie zu interagieren. Traurig beobachtete er, wie Kissy ihre Zuneigung verteilte, indem sie eine Weile auf dem Schoß ihrer Mama saß, dann auf dem Schoß ihres Papas und dann wieder zurück zu ihrer Mama. Er erinnerte sich an den verwirrenden Tag und all die neuen Regeln und Routinen, die mit diesem neuen Zuhause einhergingen. Sein Kopf schmerzte beim Versuch, sich an alles zu erinnern, und die Anstrengung machte ihn schläfrig.

Nachdem Essie Kissy im Kennel neben einem schlafenden Kawdje zugedeckt hatte, schlug Evan vor: „Lass uns einen abendlichen Snack haben, vielleicht etwas Dekadentes wie Vollmilch und Schokoladenkekse."

Essie sagte, während sie Teig auf ein Backblech löffelte: „Es ist großartig, dass du bei mir zu Hause bist. Ich war einsam, nachdem Joy geheiratet und ausgezogen war. Jetzt haben wir diese süßen kleinen Welpen. Es ist irgendwie wie Kinder um sich zu haben, und zum Glück bist du zu Hause, um mir bei der Beseitigung der Unordnung zu helfen."

Während Essie Kekse backte, dachte Evan für sich, dass er mit den Investitionen von ihm und seinem Bruder Gordon über die Jahre clever gewesen war und es geschafft hatte, das Erbe, das sein Vater ihnen hinterlassen hatte, in einen beträchtlichen Rentenfonds zu verwandeln. Als Leiter der Buchhaltungsabteilung eines großen ihr höchstes Potenzial zu erreichen, also begann das Paar in den nächsten sechs Monaten damit, die Welpen für Ausstellungen im Bereich Conformation Dog Shows zu trainieren. Die Shows erforderten Interaktion zwischen allen Vieren und waren ein gutes Bindungsinstrument.

Kissy und Kawdje lernten, an der Leine zu gehen, ohne zu ziehen oder gezogen werden zu müssen, wie man „Fuß" ging, auf Kommando saß, auf einem Tisch stillstand, während ihre Zähne untersucht wurden, und eine „gestapelte" Position einzunehmen, die ihre körperliche Konformation am besten zur Geltung brachte. Kissy lernte auch, dass es ihr während der Trainingseinheiten nicht erlaubt war, ihre Mama und ihren Papa zu küssen. Sie liebte es, bei ihnen zu sein, fand aber den gesamten Trainingsprozess langweilig. Kawdje fragte sich, warum er stillstehen und auf ein Stück getrocknete Leber schauen musste, das sein Papa in der Hand hielt. Er hatte einmal darauf gekaut und fand, dass es schrecklich schmeckte.

Zum Glück entdeckte Evan, dass er Haferkekse als „Belohnungsköder" verwenden konnte, nachdem Essie versehentlich einen ihrer selbstgemachten Haferkekse auf den Boden hatte fallen lassen, der in kleine Stücke zerbrochen war. Kawdje hatte das Durcheinander sofort aufgeleckt und sich dann auf seine Hinterbeine gesetzt und um mehr gebettelt. Kawdje bevorzugte es, die Leckereien von Hand gefüttert zu bekommen. Beide Welpen genossen die Trainingszeit mit ihren Eltern, weil sie die Aufmerksamkeit liebten und sich ihren Mama und Papa nah fühlten. Kissy und Kawdje waren glücklich und zufrieden.

Kapitel Vier

Als der Wecker schrill schrie, kuschelte sich Essie tiefer ins Bett. Sie wusste, dass Evan nicht aufstehen würde, um das widerliche kleine Gerät zum Schweigen zu bringen. Sie warf die Decke zurück, stapfte durch das Schlafzimmer, drückte den Aus-Knopf und brachte das Geschrei mitten im Geheul zum Schweigen. „Aufstehen, Evan. Wir müssen früh los, um es zu dieser Hundeausstellung zu schaffen."

Evan stöhnte: „Bist du sicher, dass wir unsere zwei kleinen Lieblinge zu Champions machen wollen?"

„Nein, bin ich nicht, aber wir werden den Plan durchziehen und sehen, was passiert."

Kissy und Kawdje freuten sich auf eine Autofahrt und fragten sich, ob dieser Ausflug ein Besuch beim Tierarzt, ein Spaziergang im Park oder einfach nur viele Stopps sein würde, während Mama und Papa in große Häuser gingen und mit Tüten voller Essen und anderen Dingen zurückkamen. Nach der Fahrt wurden sie aus dem Auto gehoben und nahmen sofort den Geruch vieler Hunde wahr und hörten eine Vielzahl von Bellen. Kawdje entschied, die Hunde zu warnen, dass er nicht nur eine mächtige Mama und einen mächtigen Papa hatte, sondern auch in der Lage war, seine Familie zu verteidigen. Kissy fand, dass Kawdje alles angemessen sagte, entschied aber, dass sie eine einheitliche Front zeigen sollten, also stimmte sie seinen Gefühlen mit ihrem schrillen, befehlenden Bellen zu.

Essie hob Kissy auf und bemerkte zu Evan: „Sie sind so klein im Vergleich zu all diesen großen Rassen. Vielleicht ist das eine beängstigende Erfahrung für sie, besonders da dies ihre erste Hundeausstellung ist. Vielleicht solltest du Kawdje tragen. Du weißt, wie er es liebt, auf allem zu stehen, was ihn größer macht. Ich denke, er wünscht sich, ein großer, hoher Hund zu sein."

Kawdje war erleichtert, als sein Papa ihn in die Arme nahm. Er fühlte sich viel besser, wenn er über die Menge sehen konnte. Er bemerkte, dass sowohl er als auch Kissy ihre kurzen Leinen trugen und fragte sich, ob all die Male, als sie dicht neben Mama und Papa gehen, stillstehen oder sich auf einem Tisch die Zähne untersuchen lassen mussten, etwas damit zu tun hatten, heute hier zu sein.

Sie wurden in der Nähe anderer kleiner Hunde abgesetzt, die genauso aussahen wie sie. Das war in Ordnung, also warteten sie ruhig. Bald ging Kissy in einen offenen Bereich neben ihrer Mama. Sie sah andere Hündinnen, deren Mamas sie eng an der Leine hielten.

Sie beobachtete, wie sie der Reihe nach den Bereich entlang gingen, der Ring genannt wurde. Ein Mann sprach mit ihrer Mama und gestikulierte mit seinem Arm. Er schien alle zu dirigieren. Nachdem sie das Tempo zusammen den Ring entlang gegangen waren, hob ihre Mama sie auf einen Tisch und der Mann fühlte ihren Körper ab. Alle Leute, die zu ihr nach Hause kamen, waren freundlich und streichelten immer sanft ihren Kopf und ihre Ohren, sprachen leise mit ihr und lächelten. Sie wusste, dass sie sie mochten. Dieser Mann schien so—Kissy suchte nach der richtigen Beschreibung und entschied sich für „unpersönlich". Ja, das war es. Er mochte sie nicht, aber er mochte sie auch nicht nicht. Er schien sich einfach überhaupt nicht für sie zu interessieren.

Sie fühlte sich beleidigt, als der Fremde seine Finger in ihren Mund steckte und ihre Zähne untersuchte, also biss sie ihn leicht, um ihm zu zeigen, dass sie es nicht mochte, wenn jemand ohne ihre Erlaubnis ihren Raum betrat. Der Richter jaulte auf und trat zurück. Essie war entsetzt, als ihr befohlen wurde, ihre Hündin aus dem Ring zu entfernen. Kissy spürte, dass ihre Mama verärgert und beschämt war, als sie sich eilig aus dem Ring entfernten.

Als sie sich Evan und Kawdje anschlossen, sagte Essie: „Kissy hat den Richter gebissen!"

Evan lachte und sagte: „Gut gemacht! Er ist sowieso ein eingebildeter Wichtigtuer."

„Evan, ich glaube nicht, dass ich Kissy jemals wieder zeigen kann nach so einer Erfahrung. Ich werde immer nervös sein, was sie tun könnte, und das wird ihre Leistung beeinflussen und definitiv auch meine."

„Ich werde Kissy von nun an im Ring führen und du führst Kawdje, außer heute. Du bist viel zu aufgeregt, um ihn in den Ring zu führen. Außerdem hast du deine Pflicht erfüllt."

Es war Zeit, dass die männlichen Tibet Spaniels im Ring auftraten. Kawdje stand ruhig neben seinem Papa und wartete, um zu sehen, was passieren würde. Er wusste, dass er wachsam bleiben und versuchen musste zu verstehen, was der Zweck von all dem war.

Die Zeit verstrich langsam und er begann, sich unwohl zu fühlen, weil er sich erleichtern musste. Sein Blick schweifte durch den Ring auf der Suche nach Pipi-Unterlagen oder einem Baumstamm, aber er konnte nichts Geeignetes sehen. Er konnte nicht länger warten und entschied, dass das Beste der Bein seines Papas war. Er überlegte, dass es dem Baumstamm am ähnlichsten war und, am wichtigsten von allem, es war verfügbar.

Evan hörte das Lachen einiger Leute, die außerhalb des Rings standen. Der Hundeführer hinter ihm lachte ebenfalls und erzählte ihm von Kawdjes lustigem Verstoß gegen die Ringetikette. Evan schaute auf sein sehr nasses Hosenbein hinunter. Er fand die Situation eher amüsant als peinlich. Er hoffte nur, dass der Richter die Tat nicht gesehen hatte.

Der Rest der Zeit im Ring verlief reibungslos. Kawdje war sich unsicher, was von ihm erwartet wurde, und folgte einfach den Anweisungen seines Papas. Schließlich bekam sein Papa eine Schleife und sie verließen den Ring und trafen sich mit Mama und Kissy. Seine Mama umarmte und küsste ihn.

„Oh Evan, ihr wart beide großartig im Ring und er hat den zweiten Platz gewonnen."

Als sie sich ihren Weg durch die Menge zum Ausgang des Gebäudes bahnten, beschlossen sie, dass sie in Zukunft immer vor dem Betreten des Showrings mit den Hunden eine Pipi-Pause machen würden. Beide waren sich einig, dass Kawdje nervös und Kissy defensiv gewesen waren, aufgrund der Verwirrung und des Lärms der Menge und der Anwesenheit so vieler großer Hunde.

In den nächsten Monaten nahmen die vier an weiteren Hundeausstellungen teil. Kawdje gewann vier blaue Schleifen sowie einen Best of Breed. Kissy belegte jedoch meistens den zweiten oder dritten Platz, da die weiße Färbung ihrer Beine die Aufmerksamkeit darauf lenkte, dass sie leicht zu lang für den Rassestandard waren. Kawdjes Beine, von denen er sich immer gewünscht hatte, dass sie so lang wären wie die von Kissy, damit er so schnell rennen konnte wie sie, hatten die richtige Länge in Bezug auf seinen Körper und entsprachen perfekt dem Standard für einen Tibet Spaniel.

Obwohl Kawdje vier blaue Schleifen und einen Best of Breed gewonnen hatte, waren die Klassen klein gewesen, da die Rasse nicht sehr bekannt war, sodass er nicht viele Punkte für diese Siege gesammelt hatte. Ein Hund musste fünfzehn Punkte erreichen, um den Titel eines Champions zu erhalten, und musste einige dieser Punkte dadurch sammeln, dass er den ersten Platz über genügend andere Konkurrenten belegte, um mindestens zwei Drei-Punkt-Majors oder ein Fünf-Punkt-Major zu gewinnen.

Als Kawdje mit den Abläufen der Hundeausstellungen vertraut wurde, entspannte er sich so weit, dass er sich sicher fühlte. Er schaute dem

Richter immer in die Augen und versuchte zu spüren, was für eine Person er oder sie war, und achtete auf Hinweise, was er als Nächstes tun sollte. Essie und Evan liebten seine Angewohnheit, dem Richter einen suchenden und fragenden Blick zuzuwerfen, weil es so schien, als würde er den Richter darum bitten, ihm den Sieg zu geben. Es spielte ihm in die Karten, dass er ein nachdenklicher Hund war.

Kissy gefiel es am besten vor dem Betreten des Rings und nach dem Verlassen des Rings. In diesen Momenten versammelten sich die Leute um sie herum und sagten ihr, wie süß und schön sie sei.

Bei einer der Ausstellungen sahen Kissy und Kawdje einige Hunde, die etwas taten, das sie noch nie zuvor gesehen hatten. Sie liefen durch Tunnel, kletterten etwas hinauf, das wie Treppen aussah, gingen über ein Brett und rannten zwischen Stangen hindurch. Für Kissy sah es herausfordernd und sehr spaßig aus.

Sie bemerkten, dass die Hunde keine Leinen trugen und ihre Mamas und Papas neben ihnen herliefen. Es schien eine Art Rennen zu sein, das der schnellste Hund gewann. Kawdje dachte, wenn es ein Rennen wäre, würde er niemals gewinnen. Er konnte nicht einmal Kissy überholen.

Kissy wollte dieses Hindernisparcours-Spiel spielen. Noch am selben Tag begann sie ihre Kampagne, ihren Wunsch an ihre Eltern zu senden, indem sie sich selbst vorstellte, wie sie diese Aktivität ausführte, und das Bild in die Herzen ihrer Eltern legte.

In der folgenden Woche nahmen die vier an einer weiteren Hundeausstellung im Bereich Conformation Dog Shows teil, bei der erneut der Hundesport Agility vorgeführt wurde. Essie und Evan hielten kurz an, um einen Blick darauf zu werfen, blieben jedoch stehen, als sie Kissys offensichtliches Interesse und ihre Begeisterung bemerkten. Sie sahen, wie ihre Augen hin und her flitzten und die Darbietungen der Hunde verfolgten. Hin und wieder bellte sie ihre Zustimmung und Ermutigung.

Kissy sehnte sich danach, am aktiven, herausfordernden Hundesport Agility teilzunehmen, besonders nachdem sie den Applaus für die Leistung jedes Hundes hörte. Sie verstand, dass Kawdje bei den Conformation Dog Shows ihr und vielen anderen Hunden vorgezogen wurde, weil die Richter ihn für den Besten hielten. Der Beste worin, wusste sie nicht. Alles, was sie und Kawdje taten, war, im Ring herumzugehen und dann zu stehen und zu warten, bis der Richter einen aus der Reihe wählte – oder eben nicht. Aus irgendeinem unergründlichen Grund wurde Kawdje ihr vorgezogen. Die Leute bemerkten ihn und vernachlässigten sie. Sie war sicher, dass sie eine Gewinnerin und ein Star wäre, wenn sie diesen Hindernisparcours laufen könnte. Sie war beweglicher als Kawdje und nie davor zurückgeschreckt, etwas Neues auszuprobieren, und er fing sie nie, wenn sie Fangen spielten. Sie stellte sich mental auf den Hindernisparcours und wurde so lebhaft, dass sie fast aus Evans Armen sprang.

Er sagte: „Ich frage mich, ob ich mich trainieren könnte, sie im Ring zu führen. Sie ist so schnell und wendig, hat ein fantastisches Gedächtnis und ist sehr intelligent. Ich denke, sie würde in diesem Sport gut abschneiden; ich bin mir jedoch nicht sicher, ob ich das tun würde."

Sie stellten sich der attraktiven Frau vor, die neben ihnen stand und einen nicht identifizierbaren Hund hielt, der groß, zottelig und in fünfzig Grautönen von schmutzigem Weiß bis zu Anthrazit reichte. Der Hund hatte das raue, drahtige Fell, das für die meisten Terrier-Rassen typisch ist, aber offensichtlich war er kein reinrassiger Terrier. Er ähnelte etwas einem kleiner als durchschnittlichen Irischen Wolfshund, abgesehen davon, dass er längeres Fell über den Widerrist und auf dem Rücken der Hinterläufe hatte. Essie dachte, er sehe aus wie eine sehr unscheinbare Kreuzung zwischen einem Airedale und einem Irischen Wolfshund; jedoch verlieh ihm die Intelligenz, die aus seinen braunen Augen strahlte, kombiniert mit seinem königlichen Auftreten, eine besondere Präsenz.

„Wissen Sie etwas über Dog Agility und nimmt Ihr Haustier an diesem Sport teil?", fragte Essie.

Sarah Pullman stellte sich vor. Sie war klein, nur fünf Fuß und anderthalb Zoll groß. Ihre Haut war zu einem hellgoldenen Farbton gebräunt und sie hatte schulterlanges, hell goldbraunes, welliges Haar, das die gleiche Farbe wie ihre Augen hatte. Sie hatte eine zart geformte Nase und

Die Grübchen, die erschienen, wann immer sie lächelte, lenkten die Aufmerksamkeit auf sie. Der große und etwas unansehnliche Hund stand im Kontrast zu der zierlichen, hübschen Frau, und zusammen bildeten sie ein faszinierendes Paar. Sie erklärte, dass sie zuhause ein paar Agility-Hindernisse für Hunde habe und sie und ihr Hund, Michael Archangelo, vor kurzem begonnen hätten, diesen Sport zu trainieren.

„Was für ein wunderbarer und ungewöhnlicher Name für einen Hund!" rief Essie aus. „Es muss doch eine Geschichte hinter so einem Namen stecken", fügte sie hinzu.

Sarah sagte: „Ich habe den vergangenen Winter in San Miguel de Allende verbracht und sah Michael, wie er sich unter einem Auto auf der Straßenseite Schutz suchte. Er war der unansehnlichste Hund, den ich je gesehen hatte. Er sah struppig und verhungert aus, und es umgab ihn eine Aura von Angst und Verzweiflung. Ich spürte, dass er tief von jemandem oder etwas verletzt worden war, und fühlte großes Mitgefühl für ihn. Ich fühlte mich verpflichtet, ihm zu helfen, aber er rannte weg, wann immer ich mich ihm näherte. Etwas Schreckliches musste passiert sein, dass er so eine Angst vor Menschen hatte. Straßenhunde laufen nie weg, wenn man sie nicht bedroht, denn sie hoffen darauf, gefüttert zu werden. Michael trug ein Halsband, und ich fragte mich, warum er so verängstigt und erbärmlich dünn war, wenn er eine Familie hatte.

In den folgenden Monaten trug ich immer Futter und Wasser bei mir, wenn ich durch mein Viertel ging, in der Hoffnung, ihn wiederzusehen. In den ersten Wochen lief er immer davon, wenn ich versuchte, ihm nahe zu kommen, also stellte ich sein Futter und Wasser auf den Boden und ging. Wenn ich zurückkehrte und einen leeren Napf vorfand, war ich mir nie sicher, ob Michael das Futter gefressen hatte oder ein anderer Hund sich daran bedient hatte. Schließlich vertraute er mir genug, um zu essen, während ich in der Nähe stand. Trotzdem wedelte er nie mit dem Schwanz als Reaktion auf mich.

Nach etwa sechs Wochen, in denen er täglich sein Futter bekam, glänzte Michaels Fell und er hatte mehr Energie. Zu meiner Überraschung stellte ich fest, dass er ein junger Hund war. Ich hatte gedacht, er sei alt, weil er sich wie ein alter Hund bewegte, aber das lag daran, dass er verhungert war und keine Energie hatte."

„Wie hast du es geschafft, dich mit ihm anzufreunden, sodass er dich berühren ließ?" fragte Essie.

Sarah erzählte, dass sie und einige Freunde San Miguel verlassen hatten, um einen Ausflug nach Guadalajara zu machen, und mehrere Tage weg waren. „Nach meiner Rückkehr ging ich wie gewohnt morgens spazieren, mit Futter und Wasser für Michael dabei. Ich spürte eine nasse Schnauze, die meine Hand anstupste. Es war Michael. Er war so glücklich, mich zu sehen, dass er um mich herum sprang und einen unbeholfenen Hundetanz aufführte. Trotz allem, was passiert sein musste, um sein Misstrauen gegenüber Menschen zu verursachen, hatte er beschlossen, mir eine Chance zu geben. Ich beschloss in diesem Moment, sein Vertrauen nicht zu verraten und ihn mit nach Hause zu nehmen, wenn ich San Miguel im Frühling verlassen würde.

Zu dieser Zeit hatte ich mich bereits daran gewöhnt, ihn ‚Michael' zu nennen, was, wie du sicher weißt, die englische Version von Miguel ist. Es schien passend, ihn nach dem Namen der Stadt zu benennen, in der ich ihn gefunden hatte, und weil Michael der Name eines Erzengels ist, fügte ich ‚Archangelo' hinzu. Ich wollte diesem wunderbaren, sensiblen Wesen einen illustren Namen geben, um sein Fehlen eines Stammbaums auszugleichen.

Er hat eine große, narbenartige Stelle an der Unterseite seines Halses. Ich habe keine Ahnung, wie das passiert ist. Etwas oder jemand hat ihn offensichtlich tief verletzt. Ich kann mir nicht vorstellen, welche schrecklichen und schmerzhaften Umstände dazu geführt haben, dass er Menschen so misstraute. Doch jetzt vertraut er mir vollkommen, und ich fühle mich geehrt, dass er das tut. Er ist ein wunderbarer Begleiter und ein Segen in meinem Leben."

Essie und Evan fragten, ob sie Michael berühren dürften, und Sarah antwortete, dass er nun sehr tolerant gegenüber Menschen sei. Michael ließ sich die Ohren streicheln und den Kopf kraulen.

Kissy und Kawdje konnten sehen, dass Michael die Aufmerksamkeit mochte, denn er schloss halb die Augen und hob seinen Kopf leicht in Richtung der Hände ihrer Eltern. Obwohl Michael sehr groß war, hatten sie keine Angst vor ihm. Sie spürten, dass Michael freundlich und diszipliniert war. Sie erkannten das Band der Liebe zwischen Sarah und Michael, was ihnen ein Gefühl der Sicherheit gab.

und das Vertrauen zwischen ihm und seiner Mama. Sie beschlossen, dass sie Michael mochten, und gleichzeitig setzten sich beide dicht neben ihn und schauten zu ihm auf. Er senkte seinen Kopf, und alle drei berührten ihre Nasen und wedelten mit den Schwänzen.

Essie bemerkte: „Ich habe noch nie gesehen, dass meine zwei verwöhnten kleinen Lieblinge jemals freundlich zu einem anderen Hund auf diesen Hundeausstellungen waren, besonders nicht zu einem großen Hund. Das ist erstaunlich!"

„Mussten Sie weit reisen, um an dieser Show teilzunehmen?" fragte Evan.

„Nein", antwortete Sarah. „Ich bin aus Chadds Ford hierher gefahren."

Essie rief aus: „Wir sind praktisch Nachbarn! Wir leben in Media, Pennsylvania. Vielleicht könnten wir uns treffen und über den Hundesport Agility sprechen."

Sie tauschten ihre Kontaktdaten aus, und Essie und Evan luden Sarah und Michael für Samstagabend zum Abendessen ein. Sarah fragte, ob sie sicher seien, dass sie Michael Archangelo mitbringen solle. Sie versicherten ihr, dass Michael ebenso willkommen sei.

Da Sarah Handschuhe trug, konnte Essie nicht sehen, ob sie einen Ehering oder Verlobungsring trug, also fragte sie: „Haben Sie einen Ehemann oder Freund, den Sie auch mitbringen möchten?"

„Ich bin Witwe. Mein Mann starb vor einigen Jahren. Meine Tochter, und mein einziges Kind, hat letztes Jahr geheiratet, und deshalb habe ich den Winter in Mexiko verbracht. Es schien keinen Grund für Hoffnung zu geben, einen kalten Winter in Pennsylvania alleine in meinem Haus zu verbringen, und ich dachte, die Veränderung würde mir guttun. Ein Paar, das Charles und ich seit Jahren kannten, plante, den Winter in San Miguel de Allende zu verbringen, und ich beschloss, dass es eine gute Medizin für mich wäre, den Winter an einem warmen, sonnigen Ort mit Freunden in der Nähe zu genießen. Und das war es auch. Ich kam mit einem besonderen Geschenk des Universums nach Hause—Michael Archangelo."

„Es tut mir leid um Ihren Verlust", sagte Essie und fügte dann hinzu: „Sie sehen zu jung aus, um eine verheiratete Tochter zu haben."

Sarah lächelte. „Danke. Um wie viel Uhr sollen wir zum Abendessen kommen, und was soll ich mitbringen?"

„Kommen Sie gegen fünf Uhr, und Sie müssen nichts mitbringen, außer ein paar interessante Gespräche. Was würde Michael gerne essen? Ich füttere unsere Haustiere normalerweise mit gekochten Hühnerlebern oder Tischresten und frischem Gemüse plus hochwertigem Trockenfutter für Hunde."

Sarah lächelte: „Michael wird jede der genannten Speisen genießen. Es ist schön zu wissen, dass ich nicht die Einzige bin, deren Haustier das gleiche Essen bekommt wie ich. Würde es Ihnen etwas ausmachen, wenn ich Ingwerkekse mitbringe? Michael liebt sie, und ich gebe ihm gelegentlich ein paar davon als Dessert."

Essie und Evan lachten und sagten im Chor: „Das tut Kissy auch!"

Kapitel Fünf

Als Sarah und Michael zum Abendessen ankamen, trug Michael einen Korb, dessen Henkel zwischen seinen Zähnen eingeklemmt war. Evan führte sie in die Küche und verkündete:

„Michael ist gekommen, um Geschenke zu bringen."

Während Sarah Michael ein Zeichen gab, den Korb auf den Boden zu stellen, sagte sie: „Er hat ein Geschenk für Kissy und eines für Kawdje." Sie hielt einen kleinen Stoffhund in Richtung Kissy, die Spielzeug liebte. Kissy schnappte ihn sich, rannte ins Wohnzimmer und begann, das Band um seinen Hals zu lösen. Dann zeigte Sarah Kawdje einen kleinen, weichen, bunten Ball. Er schnüffelte misstrauisch daran, bevor er ihn vorsichtig aus Sarahs Hand nahm. Als er den Ball mit seinem Maul umschloss, quietschte er. Er war so erschrocken, dass er ihn fallen ließ. Michael schlug mit einer Pfote auf den Ball, und er quietschte erneut. Kissy schoss zurück in die Küche, um die Ursache des Lärms zu sehen. Sie ging direkt auf den kleinen Ball zu und drückte ihre Nase dagegen. Es quietschte erneut. Inzwischen hatte Kawdje seine Fassung wiedergewonnen. Er klemmte den Ball in seine Kiefer und rannte ins Wohnzimmer, dicht gefolgt von Michael und Kissy. Während Sarah, Essie und Evan im Wohnzimmer saßen und Wein tranken, schubsten die Hunde den Ball herum, traten darauf oder bissen ihn, um ihn quietschen zu lassen.

Schließlich ließen sich die Haustiere auf einem weichen Orientteppich nieder und sahen sich gegenseitig an.

„Ihr habt ein gemütliches Zuhause", sagte Michael.

„Wie sieht dein Zuhause aus?" fragte Kissy.

„Ich habe ein großes, wunderbares Zuhause bei Herrin Sarah, und ich habe mein eigenes, weiches, bequemes Bett zum Schlafen, aber das war nicht immer so", antwortete Michael. „Ich habe nicht immer bei Sarah gelebt."

„Wo hast du gelebt, bevor du bei Sarah warst? Warum hast du dein erstes Zuhause verlassen?" fragte Kissy.

Michael erzählte ihnen davon, wie er auf einem Markt verkauft wurde, von der Gemeinheit seiner Besitzer, der Gleichgültigkeit von Blanca, der Langeweile des Lebens im Hof, dem Elend und Schmerz, an die Hofmauer mit einem Seil gebunden zu sein, das seinen Hals scheuerte, dem brennenden Baum und seiner Flucht in die Freiheit durch die Hoftür.

Kissy und Kawdje hörten mit Verwunderung und Mitgefühl zu. Kissy legte ihren Kopf auf Michaels Hals und Kawdje legte eine kleine Pfote auf Michaels große.

„Was geschah, nachdem du aus dem Hof gerannt bist? Wie kamst du dazu, bei Sarah zu leben? Wer hat dich gefüttert? Wie hast du es geschafft, alleine zu leben?" fragte eine besorgte und neugierige Kissy.

Michael fuhr mit seiner Geschichte fort.

„Ich rannte und rannte, bis ich so müde und durstig war, dass ich nur noch gehen konnte. Ich suchte ständig nach einer Wasserquelle und fand schließlich einen Bach, an dem ich einen langen, erfrischenden Schluck nahm. Ich beschloss, in der Nähe des Baches zu bleiben, damit ich später wieder trinken konnte. Ich schlief auf hartgepackter Erde mit dem Rücken an einem Felsen. Es war sehr ähnlich wie das Schlafen im Hof, nur dass die Erde wärmer und weicher war. Bei Tagesanbruch wachte ich auf. Mein Hals schmerzte, und ich roch mein eigenes Blut.

Ich hatte mein Fleisch aufgerissen, als ich beim Versuch, dem Feuer zu entkommen, am Seil gezogen hatte. Damals hatte ich keinen Schmerz gespürt, weil ich so verängstigt war. Das Seil war nicht mehr um meinen Hals. Es war abgefallen, während ich rannte.

Ich fühlte mich unglaublich glücklich, das Seil los zu sein und weit weg von diesen gemeinen Menschen. Ich schwor mir, nie wieder jemanden so nah an mich heranzulassen, dass er mich verletzen oder einsperren könnte. Ich dachte, dass Menschen grausame und gedankenlose Kreaturen seien, die nur an sich selbst dachten und weder Gedanken noch Liebe für etwas anderes übrig hatten."

„Aber das stimmt doch nicht", rief Kissy aus.

„Das weiß ich jetzt, aber zu der Zeit in meinem Leben hatte ich noch nie Liebe erlebt."

„Erzähl uns mehr", drängte Kawdje.

Michael erzählte ihnen von den Tagen und Nächten, in denen er nach Wasser suchte, Mülleimer nach Nahrung durchwühlte, sichere Plätze für eine Nacht Schlaf fand und versuchte, unbemerkt zu bleiben.

„Ich wusste nicht, wohin ich reiste, weil ich kein Ziel hatte, außer einen sicheren Ort zu finden, wo es immer Nahrung und Wasser gab und eine geschützte Stelle, um nachts schlafen zu können. Ich lief weiter und suchte, bis meine Pfoten so wund waren, dass ich hinkte. Schließlich kam ich in eine große Stadt mit vielen Menschen und Häusern, Katzen und Hunden. Straßenhändler hatten Wagen voller Essen, das sie am Straßenrand kochten. Die Leute, die das Essen kauften, saßen an Tischen in der Nähe der Händlerwagen, und gelegentlich teilten sie ihr Essen mit mir und anderen Hunden, die um Häppchen bettelten. Ich hatte nie genug zu essen, um mich satt und zufrieden zu fühlen, aber ich kam durch und war dankbar, dass ich frei war."

„Hast du Freunde gefunden?" fragte Kissy.

„Ich kannte einige Hunde, denen ich vertraute, aber ich hatte keine Gefährten, mit denen ich herumstreifte. Ich trug immer noch ein Halsband, sodass andere Straßenhunde dachten, ich hätte eine Familie.

Ich ließ mich in der Gegend nieder, von der ich euch erzählt habe—die vordere Stufe, auf die ich mich manchmal legte, um der Sonne oder dem Regen zu entkommen, und die großen Sandhaufen, auf denen ich oft nachts schlief. Es gab einen Bach in der Nähe und eine große Grasfläche. Andere Hunde und einige Katzen hielten sich dort auch auf.

Die Menschen gingen häufig in dieser Gegend spazieren, und einige gingen mit Hunden an der Leine. Viele Häuser hatten Hunde, die mit ihren Menschen drinnen lebten. Sie hängten ihre Köpfe aus den Fenstern und bellten mich an."

„Was haben sie dir gesagt?" fragte Kawdje.

„Meistens warnten sie mich, mich von ihrem Grundstück fernzuhalten. Ich sagte ihnen, dass sie die Könige ihrer Schlösser sein könnten, aber dass ich der König der Straßen sei."

„Was für eine großartige Antwort!" sagte Kawdje bewundernd.

„Wie hat Sarah dein Vertrauen gewonnen?" fragte Kissy.

„Ich konnte sehen, dass die Hunde, die neben ihren Menschen gingen, sie liebten und im Gegenzug geliebt wurden. Mir wurde klar, dass das Gehen neben ihren Menschen ein glückliches Abenteuer für sie war. Ich sah sogar einige Hunde in Autos fahren."

„Wie konntest du sie sehen, wenn sie in den Autos waren?" fragte Kissy.

„Weil jeder Hund mit dem Kopf aus dem Fenster fährt, damit der Wind durch sein Fell wehen, seine Ohren flattern und seine Schnauze vibrieren kann. Das mache ich jetzt auch selbst, und es ist eines der besten

Vorteile, die das Leben einem Hund bieten kann."

„Amen dazu!" sagte Kawdje.

„Das muss eine Sache der Jungs sein, denn mir gibt das keinen Kick", sagte Kissy.

Michael fuhr fort: „Ich hatte eine Routine, bei der ich bestimmte Straßen patrouillierte, Mülleimer nach Nahrung durchwühlte, vom nahegelegenen Bach trank, auf der Vordertreppe oder einem Sandhaufen schlief und bettelte, um von den Menschen gefüttert zu werden, während ich in der Nähe eines Händlerwagens saß. Ich fühlte mich immer erschöpft, weil ich nicht genug zu essen bekam, aber ich war frei, und das war das Wichtigste. Eines Tages, als ich auf einem Sandhaufen ruhte, kam eine Frau auf mich zu und bot mir Futter an. Es war Herrin Sarah. Obwohl ich mich von ihr nie bedroht fühlte, rannte ich weg, weil ich vor allem und jedem vorsichtig war, aber sie ließ jeden Tag Futter da, wo immer sie mich fand, und nach und nach fühlte ich mich sicher genug, ihr Futter zu essen, während sie in der Nähe stand. Das Futter war köstlich—das beste, das ich je gekostet hatte."

„Gutes Essen und Autofahrten sind die Vorteile des Lebens", erklärte Kawdje.

„Männer sind so körperlich", sagte Kissy.

Michael und Kawdje sahen sie erstaunt an und sagten im Chor: „Was soll das heißen?"

„Ich meine, dass Männer alles danach beurteilen, wie sich ihr Körper fühlt, anstatt ihren Verstand zu benutzen, um Erfahrungen zu bewerten."

Michael war zu verwirrt, um auf Kissys Bemerkung zu antworten, also fuhr er mit seiner Geschichte fort.

„Andere Straßenhunde mieden mich, weil ich ein Halsband trug. Eines Tages änderte sich das, als ich durch Büsche ging und mein Halsband an einem Ast hängen blieb. Während ich umherzappelte, um mich zu befreien, brach das Halsband und fiel ab. Ich war glücklich, denn das bedeutete, dass ich wirklich frei war. Ich gehörte nur mir selbst."

„Ich mag es, Teil einer Familie zu sein", sagte Kissy. „Kurz bevor ich abends einschlafe, fühle ich mich glücklich, weil ich weiß, dass ich meine Mama und meinen Papa und Kawdje sehen werde, wenn ich aufwache."

„Zu der Zeit hatte ich nie eine enge Beziehung gehabt. Ich vermisste nicht, was ich nie gekannt hatte. Ich spürte, dass Herrin Sarah freundlich war und echtes Interesse an mir hatte, aber ich war nicht bereit, das Risiko einzugehen, jemanden zu lieben und zu vertrauen. Wenn ich nie jemanden als Freund zuließ, konnte ich auch nicht verletzt werden."

„Wie hast du angefangen, sie zu lieben?" fragte Kissy.

„Ich wusste nicht, dass ich mein Herz für sie öffnete, bis etwas passierte, das mir klar machte, dass ich begonnen hatte, mich auf sie für Nahrung und Gesellschaft zu verlassen. Herrin Sarah brachte mir immer jeden Morgen und Abend Futter. Nach einer Weile bemerkte ich, dass ich mich stärker fühlte und schneller und länger rennen konnte, ohne zu hecheln, und dass ich nachts fest schlief. Es gab einen schönen Rhythmus in meinem Leben. Eines Tages wurde diese Routine unterbrochen. Herrin Sarah kam überhaupt nicht!

Ich wartete den ganzen Tag und hoffte, dass sie am Abend auftauchen würde, aber sie tat es nicht. Es war zu spät, um beim Händlerwagen vorbeizuschauen, weil er seinen Platz immer bei Einbruch der Dunkelheit schloss, also legte ich mich hungrig auf meinen Sandhaufen schlafen. Bei Tagesanbruch wachte ich auf und nahm einen langen Schluck Wasser aus dem nahegelegenen Bach, hauptsächlich um meinen Bauch zu füllen—nicht weil ich durstig war.

Ich wartete auf Herrin Sarah, bis die Sonne hoch am Himmel stand, und als sie nicht kam, folgte ich ihrem Duft bis zu ihrem Haus. Ich wartete an ihrer Hoftür, und als sie bis zum Sonnenuntergang nicht erschienen war, rannte ich zum Platz des Händlers und bettelte um Essen. Jemand warf ein Stück Fleisch und ein halbes Brötchen auf die Straße vor mir.

Es war nicht genug, um meinen Hunger zu stillen. Außerdem schmeckte mir das Essen des Händlers nicht mehr so gut, seit ich Sarahs Essen gewohnt war, aber Bettler können nicht wählerisch sein, und ich war ein Bettler."

„Kam Sarah am nächsten Morgen vorbei?" fragte Kissy.

„Nein. Ich saß auch an diesem Tag vor ihrem Hof, aber ich konnte erkennen, dass es keinen frischen Duft gab, und wusste, dass sie die Hoftür seit mehreren Tagen nicht berührt hatte. Ich begann zu denken, dass sie weggegangen war für immer fort war. Meine Brust begann zu schmerzen. Ich fühlte mich leer, nicht wegen mangelnden Essens. Da wurde mir klar, dass es einen Unterschied gibt zwischen dem Gefühl von Leere und Hunger."

„Was ist der Unterschied?" fragte Kawdje.

„Hunger fühlt man nur in einem Teil des Körpers, aber Leere fühlt man überall. Es ist sogar im Kopf. Es ist ein schreckliches und beängstigendes Gefühl. Ich hatte mich darauf verlassen, dass Herrin Sarah mir Futter brachte. Das Beängstigendste war, dass ich mich auf sie als Gesellschaft verlassen hatte. Ich wünschte mir von ganzem Herzen, dass sie zu mir nach Hause zurückkehren würde. Ich beschloss, sie zu berühren, falls sie zurückkäme und ich sie berühren würde, um ihr zu zeigen, dass ich sie schätzte und liebte. In dieser Nacht schlief ich vor ihrem Hof. Ich erinnere mich, wie seltsam das Leben ist. Ich hatte die meiste Zeit meines Lebens damit verbracht, aus einem Hof herauszukommen, und jetzt sehnte ich mich danach, in einen hineinzukommen.

Als ich am Morgen aufwachte, ging ich zu meinem Bach, trank etwas Wasser, legte mich hin und fragte mich, was ich jetzt tun sollte, da Sarah fort war. Es schien keinen Grund zu geben, weiterzuleben. Ich war schrecklich aufgebracht, als mir klar wurde, dass das Leben nicht lebenswert war, wenn ich niemanden hatte, den ich lieben und um den ich mich kümmern konnte, und wenn niemand mich liebte und sich um mich kümmerte. Ich kehrte zu meinem Lieblingssandhaufen zurück und sah Sarah. Ich rannte hinter ihr her, legte meine Schnauze in ihre Hand und leckte ihre Handfläche. Ich wedelte so heftig mit dem Schwanz, dass meine Wirbelsäule vibrierte. Ich drückte meinen Kopf gegen sie und sagte ihr, dass ich sie schrecklich vermisst hatte und dass ich sie liebte und immer lieben würde. Ich legte mich sogar auf den Rücken und zeigte ihr meinen Bauch, um ihr mein vollständiges Vertrauen zu demonstrieren.

Sie schlang ihre Arme um meinen Hals. Sie streichelte meinen Rücken und meine Schnauze. Sie flüsterte mir Worte ins Ohr, die ich nicht verstand, aber ich wusste, was sie bedeuteten. Sie sagte mir, dass sie mich liebte! Ich fühlte eine solche Freude, wie ich sie nie zuvor gekannt hatte! Ich schickte einen innigen Wunsch in den Himmel, dass ich alle Tage und alle Nächte meines Lebens bei Sarah leben würde.

Ich ging neben ihr den ganzen Weg zurück zu ihrem Hof und zu ihrer Haustür. Ich konnte mich nicht daran erinnern, jemals in einem Haus gewesen zu sein, also saß ich und wartete auf ihre Einladung. Sie machte eine Geste, dass ich hineingehen sollte, also trat ich über die Schwelle. Ich fühlte mich so glücklich und aufgeregt, dass ich dachte, ich würde schweben. In dieser Nacht schlief ich auf einem Bett, das viel weicher, wärmer und bequemer war als alles, was ich je gekannt hatte.

Jeder Tag mit Sarah war voller neuer und wunderbarer Erfahrungen. An diesem ersten Tag ging ich mit ihr durch die Straßen zu einem Geschäft, wo sie ein Halsband kaufte und es mir um den Hals legte. Ich war glücklich, es zu tragen, weil es bedeutete, dass ich Teil ihrer Familie war. Sie befestigte eine Leine an meinem Halsband. Ich lernte schnell, dass ich der Richtung des Zugs folgen sollte, wenn sie an der Leine zog. Ich hätte ihr überallhin gefolgt, mit oder ohne Leine. Ich war voller Stolz, als wir gemeinsam durch die Stadt gingen.

Meine nächste Erfahrung war wirklich seltsam für mich. Sarah führte mich an einen Ort, wo eine Frau mich mit warmem Wasser wusch, das mit etwas gemischt war, das es schäumen und angenehm riechen ließ. Ich hatte noch nie zuvor warmes Wasser auf meinem Körper gespürt. Sie spülte mich mit klarem, warmem Wasser ab und blies dann sehr warme Luft über mein Fell. Meine Krallen wurden geschnitten, und sie schnitt auch etwas von meinem Fell ab, besonders um meinen Kopf, meine Ohren und meinen Hals. Ich hatte keine Ahnung, was als Nächstes passieren würde, aber die Frau tat mir nicht weh, und ich wollte niemanden beleidigen, also blieb ich ganz still. Als die Frau mit dem Pflegen fertig war, führte sie mich in den Raum, in dem Sarah wartete. Ich konnte erkennen, dass sie dachte, ich sähe gut aus. Ich fühlte mich gut! Es war das erste Mal seit vielen, vielen Tagen, dass ich mich nicht sandig vom Schlafen auf Sandhaufen fühlte. Ich war seitdem viele Male in Grooming-Salons, aber diese erste Erfahrung war die fantastischste."

Kissy sagte: „Michael, erzähl uns, wie du hierhergekommen bist."

„Ja, ich sollte die Geschichte meines Lebens mit Sarah während der ersten Monate fortsetzen. Wir lebten weit weg an einem Ort, den Sarah San Miguel de Allende, Mexiko nennt. Jetzt weiß ich, dass Sarah nur zu Besuch an dem Ort war, an dem ich geboren wurde. Ich liebte es, mit Sarah durch die Straßen von San Miguel zu laufen. Nachdem ich Teil von Sarahs Familie geworden war, empfand ich Mitleid mit den Straßenhunden, wenn ich sie sah.

Sie ist eine freundliche und fürsorgliche Anführerin und eine lustige Gefährtin. Sie hat mir die Bedeutung einiger Wörter beigebracht und mir beigebracht, Befehlen zu folgen wie Sitz, Bleib, Fuß, Dreh dich um, Hol den Ball—solche Sachen. Jetzt lerne ich, auf ein A-Rahmen-Gerät zu klettern und andere Agility-Hindernisse zu benutzen."

Kissy fragte Michael, ob er ihr beibringen könnte, einige Agility-Aufgaben zu machen. „Ich weiß nicht, aber du bist herzlich willkommen, zu mir nach Hause zu kommen und die Agility-Hindernisse in meinem Garten zu benutzen."

„Lass Michael mit seiner Geschichte weitermachen", sagte Kawdje.

„Am Tag nach meinem Besuch im Grooming-Salon brachte Sarah mich zum Tierarzt. Damals wusste ich nicht, was ein Tierarzt war. Er schaute in meine Ohren und in meinen Mund und dann hob er etwas auf, das

Thermometer genannt wird, und hob meinen Schwanz an. Ihr werdet nicht glauben, was als Nächstes passierte!"

„Doch, das würden wir!" riefen Kissy und Kawdje im Chor aus.

„Sag nichts mehr", sagte Kawdje. „Wir kennen das Prozedere. Je weniger gesagt wird, desto besser."

„Guter Rat", sagte Michael. „Lass mich dir von der Heimreise erzählen. Ein Mann kam zu unserem Haus und half Sarah, Koffer in den Kofferraum eines Autos zu packen, irgendwo hinter einen Sitz, auf dem Sarah und ich zusammen saßen. Sarah legte ein Handtuch auf den Sitz, wo ich saß—ich glaube, der Mann, der uns zum Flughafen fuhr, brachte sie dazu.

Es war meine erste Autofahrt und ich war so aufgeregt. Ich wollte meinen Kopf aus dem Fenster hängen, aber sie waren geschlossen. Ich schaute auf die Landschaft, aber es war schwierig, sich auf etwas zu konzentrieren, weil alles so schnell vorbeizischte. Ich wusste, dass wir in eine andere Stadt gefahren waren, weil die Straßen breiter waren und es viel mehr Autos und Menschen gab als in San Miguel.

Unser Ziel war ein riesiges Gebäude, das Sarah Flughafen nannte. Es war sehr verwirrend für mich, aber Sarah wusste, was zu tun war. Einige Leute steckten mich in eine Transportbox. Ich hatte Angst, weil ich noch nie zuvor in etwas wie eine Kiste eingeschlossen war. Ich konnte aus der Box heraussehen, und darüber war ich froh, aber zu meiner Angst kam hinzu, dass ich von Sarah weggeschoben wurde und ich mich fragte, ob ich sie jemals wiedersehen würde.

Ich wurde nach draußen gerollt und sah ein riesiges Metallgebäude, das wie ein großer Vogel aussah. Ich wurde hineingehoben, und nach einer Weile wurde eine große Tür geschlossen und es war dunkel. Dann hörte ich ein lautes, dröhnendes Geräusch, und der große Vogel, den ich jetzt Flugzeug nenne, begann sich zu bewegen. Das Geräusch wurde lauter, das Flugzeug vibrierte, es bewegte sich schneller und schneller, und plötzlich wusste ich, dass es den Boden verlassen hatte und wie ein

Vogel flog. Ich hatte ein unruhiges Gefühl im Bauch. Ich denke, das lag teilweise daran, dass ich nicht wusste, wo Sarah war. Ich versuchte zu schlafen, weil es nichts anderes zu tun gab, aber ich war zu besorgt, um mich zu entspannen, also lag ich einfach lange, lange Zeit da und hörte das Geräusch, das irgendwie ein Teil von mir wurde. Ich wünschte mir von ganzem Herzen, dass ich neben Sarah gekuschelt war. Ich hätte keine Angst gehabt, wenn ich bei ihr gewesen wäre und gewusst hätte, dass wir, egal was wir taten oder wohin wir gingen, es gemeinsam erlebten.

Endlich spürte ich, dass der fliegende Vogel, ich meine das Flugzeug, sich nach unten neigte. Dann gab es einen heftigen Stoß und ein dröhnendes Geräusch, das in meinen Ohren wehtat, und ich wusste, dass es wie ein Auto auf dem Boden rollte.

Ich fühlte mich zittrig und war sehr erleichtert, als eine große Tür aufging und ich Tageslicht sah. Zwei Männer hoben mich nach draußen und rollten meine Box über den Boden und in ein riesiges Gebäude. Ich wusste, dass ich in einem anderen Flughafen war, weil alles anders roch und das Sonnenlicht eine andere Qualität hatte als in San Miguel.

Ich sah Sarah auf mich zukommen, und als sie die Tür der Box öffnete, leckte ich ihre Hände und sprang um sie herum, weil ich so glücklich und erleichtert war, sie zu sehen. Ich wedelte mit dem Schwanz und legte meinen Kopf gegen sie. Sie umarmte mich und streichelte meinen Nacken und Rücken. Ich wusste, dass Sarah mich aus Mexiko mitgenommen hatte, um für immer mit ihr zu leben. Ich wusste nicht, wo wir waren, und es war mir egal. Es war einfach es mir wichtig, dass ich, wo auch immer ich war, bei Sarah war. Sie liebte mich, und ich liebte sie, und wir waren zusammen."

„Wo lebst du mit Sarah?" fragte Kissy.

„Ein Mann fuhr uns zu dem größten Haus, das ich je gesehen hatte. Ich sprang aus dem Auto und atmete Luft ein, die ziemlich kalt war. Der Wind trug unbekannte Düfte mit sich, die ich nicht identifizieren konnte, weil die Bäume und Sträucher nicht die gleichen waren, an die ich gewöhnt war.

Ich machte eine Tour um das Gelände, um mich mit meinem Grundstück vertraut zu machen. Ich konnte ein Grundstück nicht verteidigen, wenn ich es nicht in- und auswendig kannte. Ich beschloss, ein Gebiet zu erkunden, in dem sehr viele Bäume dicht nebeneinander wuchsen, aber ich hatte keine Zeit, den Duft einiger Tiere zu verfolgen, weil Sarah mich zu sich zurückpfiff.

Wir gingen in unser Haus. Sarah führte mich in die Küche, füllte eine Schüssel mit Wasser und stellte sie auf den Boden. Ich war dankbar, weil ich seit vielen Stunden kein Wasser oder Essen gehabt hatte."

Kawdje sagte: „Apropos Essen, habt ihr beiden Hunger? Ich schon. Lass uns in die Küche gehen und Mom wissen lassen, dass wir gefüttert werden wollen."

Kapitel Sechs

Während Michael seine Lebensgeschichte Kissy und Kawdje erzählte, berichtete Sarah Essie und Evan von ihren Erfahrungen in San Miguel de Allende mit Michael Archangelo und ihrem Flug nach Hause.

„Ich war sehr unzufrieden mit den Flugreisebedingungen für Michael. Ich bin mir sicher, dass Michael vor Angst zitterte, von mir getrennt zu sein, und ich weiß wirklich nicht, wie sicher es für ihn war, im Frachtraum verstaut zu werden. Man sagte mir, dass er in einem separaten, temperaturkontrollierten Abteil untergebracht würde, aber ich weiß nicht, ob die Temperatur für ihn angenehm war. Ich denke, dass ein separater Bereich in der Passagierkabine für reisende Haustiere vorgesehen werden sollte."

Evan sagte: „Wenn Essie und ich mit Kissy und Kawdje fliegen würden, hätten wir die gleichen Bedenken. Unsere Haustiere sind klein, aber zu groß, um in eine Box zu passen, die unter einem Sitz verstaut werden könnte, und deswegen müssten sie im Frachtraum untergebracht werden. Ich werde meinen Bruder darüber befragen. Er war früher Pilot und flog große kommerzielle Flugzeuge, bevor er das aufgab, um Archäologe zu werden. Er hat immer noch eine Pilotenlizenz, fliegt kleine Flugzeuge und besitzt einen Hubschrauber."

„Was hat ihn zu diesem Karrierewechsel veranlasst?" fragte Sarah.

„Mein Bruder war schon immer von Archäologie fasziniert und belegte Kurse in dem Fach, als er die Universität besuchte, aber er liebte auch das Fliegen und machte eine Lizenz für Kleinflugzeuge. Gordon heiratete sofort nach seinem Universitätsabschluss. Er musste genug Geld verdienen, um eine Frau und Familie zu unterstützen, also konzentrierte er sich darauf, ein kommerzieller Linienpilot zu werden, und stellte seinen Traum, ein Vollzeit-Archäologe im Einsatz zu sein, hinten an. Finanziell war das gut für ihn, aber in keiner anderen Hinsicht. Er war oft von seiner Frau und ihrem Sohn getrennt, weil der Job viel Reisen erforderte. Ich denke, die häufige körperliche Trennung war der Grund, warum seine Ehe zerbrach. Er ließ sich vor etwa zehn Jahren scheiden und hat nicht wieder geheiratet. Sein Sohn, Kevin, ist zwanzig. Er studiert Luft- und Raumfahrttechnik an der Purdue University und belegt auch einige Kurse in Archäologie. Ich denke, die Faszination fürs Fliegen und für alte Knochen wurde vom Vater an den Sohn weitergegeben."

Essie fügte hinzu: „Wir haben Elsa seit der Scheidung nicht mehr gesehen. Gordon sagte uns, dass sie innerhalb weniger Jahre wieder geheiratet hat. Kevin lebte bei Elsa, verbrachte aber die meisten Sommer mit Gordon auf Ausgrabungen."

Evan fuhr fort: „Gordon überredete Elsa, Kevin auf eine hervorragende Vorbereitungsschule zu schicken, die dieser Gegend während seiner Highschool-Jahre zu besuchen. Er plante, dass Kevin irgendwann eine erstklassige Universität besuchen sollte, also wollte er sicherstellen, dass er eine gute Schulbildung erhielt. Wir waren mit dieser Entscheidung zufrieden, weil wir ihn oft sehen konnten. Es half, den Schmerz zu mildern, als unsere Tochter das Haus verließ, um die Universität zu besuchen und schließlich solvent genug wurde, um nach ihrem Abschluss ihre eigene Wohnung zu besitzen."

Sarah rief aus: „Ich wusste nicht, dass ihr eine Tochter habt! Wie ihr bereits wisst, habe ich auch eine Tochter. Ihr erzählt mir von eurer und ich erzähle euch von meiner."

Essie antwortete: „Unsere Tochter heißt Joyce, aber wir nennen sie Joy. Wir konnten nicht widerstehen, sie Joyce Kilmer zu nennen, nach dem Dichter, der das berühmte Gedicht ‚Trees' geschrieben hat. Sie hat mein glattes blondes Haar, blaue Augen und schlanke Statur geerbt und sieht mir sehr ähnlich, außer dass sie Evans Seite der Familie in Bezug auf die Größe ähnelt. Sie ist fünf Fuß neun Zoll groß – fast so groß wie ihr Vater. Sie hat am Swarthmore College einen Abschluss in Liberal Arts gemacht, dann mit der Fotografie begonnen und arbeitet jetzt für The Inquirer. Letztes Jahr hat sie Sam Albright geheiratet."

Sarah fragte halb im Scherz: „Das wäre nicht DER Sam Albright, der berühmte Basketballspieler, oder?"

Evan antwortete mit einem breiten Grinsen: „Ja."

„Ihr glücklichen Schwiegereltern. Wetten, dass ihr alle fantastische Plätze bei den Basketballspielen bekommt, wenn er spielt. Begleitet Joy Sam, wenn das Team auf Tournee ist, oder hat sie ihren Job bei der Zeitung behalten?"

Essie sagte: „Sie begleitet Sam gelegentlich, aber sie hat ihren Job bei der Zeitung behalten, sodass wir sie oft sehen. Sie und Sam haben ein Stadthaus in der Stadt gekauft, und für den Moment sind sie dort zufrieden. Jetzt erzählt uns von eurer Tochter."

„Fremde würden nie erraten, dass meine Tochter und ich verwandt sind. Ihr Aussehen ähnelt eher der Familie ihres Vaters. Pat ist mittelgroß mit einer Größe von fünf Fuß sieben Zoll. Sie hat das dichte, dunkelbraune Haar ihres Vaters und trägt es lang und glatt. Sie hat Charles' Gesichtszüge – seine gerade Nase anstelle meiner Stupsnase und sein rechteckiges Gesicht anstelle meines herzförmigen Gesichts. Sie hat jedoch meine Augen. Pat wird bald ihr Studium an der Tiermedizinischen Fakultät der Universität von Pennsylvania abschließen. Ihr Ehemann ist Anwalt, spezialisiert auf Gesellschafts- und internationales Recht. Sein Name ist Edward Palliser, daher heißt sie jetzt Patricia Pullman Palliser. Klingt das nicht großartig? Es überrascht mich, dass Pat kein Haustier hat, aber ich denke, ihr Leben war in den letzten Jahren zu beschäftigt, um Platz für eines zu machen. Früher zeigte sie unseren Hund, Chopsticks, als sie eine Juniorenhandlerin war."

„Welche Rasse war Chopsticks?" fragte Essie.

„Pekinese. Wir alle haben ihn geliebt. Er wurde 12 Jahre alt und natürlich waren Pat, Charles und ich untröstlich, als er starb. Wir haben nicht sofort einen neuen Hund angeschafft, weil Pat kurz davor stand, das Haus zu verlassen, um die Universität zu besuchen, und ich brauchte Zeit, um über Chopsticks zu trauern. Als ich bereit war, mein Herz wieder für einen Hund zu öffnen, wurde bei Charles Magenkrebs diagnostiziert. Er wurde operiert und erholte sich so weit, dass er mehrere Jahre lang eine gute Lebensqualität hatte. Er kehrte zur Arbeit zurück und unser Leben ging im normalen Modus weiter, aber wir hatten immer die latente Angst, dass das Unglück jederzeit zuschlagen könnte, und das tat es auch. Vor drei Jahren starb mein Mann."

„Es tut uns sehr leid für deinen Verlust und deinen Kummer", sagte Essie. „Wie hat Pat es verkraftet? Wie hast du die Kraft gefunden, weiterzumachen?"

„Pat konzentrierte sich auf ihr Studium. Sie wollte die Tierarztschule beenden, und dieses Ziel hielt sie aufrecht. Ich musste für meine Tochter stark sein. Charles hatte gut für uns vorgesorgt, sodass wir glücklicherweise keine finanziellen Sorgen hatten. Ich vermisse ihn anfangs schrecklich, aber nach dem ersten Jahr ließ das allmählich nach. Ich erinnere mich daran, wie ich eines sonnigen Tages etwa zwei Jahre nach Charles' Tod zum Laden fuhr, und die Bäume waren belaubt, Tulpen blühten und die Welt sah außergewöhnlich schön aus. Plötzlich wurde mir klar, dass ich tief im Inneren wieder glücklich war. Meine Trauer war vorbei. Nun, ich bin kein besonders lebhafter Gast beim Abendessen. Kommen wir zu einigen glücklicheren Themen. Ich frage mich, wie sich Michael, Kissy und Kawdje vertragen. Sie waren sehr ruhig!"

„Hier sind sie jetzt", rief Essie aus. „Ich wette, sie wollen Futter. Wir sollten sie für ein paar Minuten nach draußen lassen, bevor sie gefüttert werden."

Es war draußen noch hell genug, um die Bäume und Sträucher zu genießen. Tulpen blühten, ebenso einige spätblühende Narzissensorten. Haustiere und Menschen schlenderten in fröhlicher Gemeinschaft durch den großen Garten. Die Idylle verwandelte sich in eine Actionszene, als Kawdje ein Eichhörnchen sah und die Verfolgung aufnahm, gefolgt von einer kläffenden Kissy und einem sprintenden Michael, der Kawdje schnell überholte. Sie alle umrundeten den Baum, der das Zuhause des Eichhörnchens war.

„Sie sind so verträglich miteinander", sagte Essie. „Ich möchte euch alle zum Abendessen zu mir nach Hause einladen. Ihr habt erwähnt, dass ihr denkt, dass Kissy den Hundesport Agility dem Vorführen auf Hundeausstellungen vorziehen würde. Ihr könnt Kissy und Kawdje auf dem Agility-Parcours ausprobieren, den ich für Michael habe. Die Sprünge können abgesenkt werden, um sie anzupassen."

„Danke, Sarah. Evan und ich würden gerne zum Abendessen kommen und unseren Haustieren einen Agility-Versuch ermöglichen. Gehen wir rein und besprechen es beim Abendessen. Wird Michael Braten und Gemüse essen?" fragte Essie.

„Michael liebt fast alle Tischgerichte."

„Ich habe Crème brûlée zum Nachtisch. Ich weiß, dass es eine ungewöhnliche Kombination mit Schmorbraten ist, aber es ist Evans Lieblingsdessert, also mache ich es oft. Kissy und Kawdje lieben Crème brûlée. Wenn Michael es nicht mag, kann ich ihm immer noch Gingersnaps geben."

Der Nachtisch war das Highlight. Drei Haustiere und drei Menschen taten der Crème brûlée alle Ehre. Es blieb kein Krümel übrig!

Kapitel Sieben

In der folgenden Woche nahmen Essie und Evan Kissy und Kawdje zu einer weiteren Hundeausstellung in der Kategorie Konformation mit. Es war ein milder, sonniger Tag mit einem wolkenlosen Himmel, und Kawdjes Stimmung hob sich entsprechend den perfekten Wetterbedingungen, da die Ausstellung im Freien stattfand. Er wusste, was von ihm erwartet wurde. Er hatte gelernt, dass die meisten Richter in die Richtung zeigten, in die er gehen sollte, also führte er Essie durch die Routine. Als er vor dem Richter anhielt, schaute er ihn fragend an und fragte gedanklich: „Na, habe ich alles richtig gemacht, oder was?"

Als sie den Ring verließen, gesellte sich Essie aufgeregt zu Evan und Kissy und sagte: „Kawdje hat wieder Best of Breed gewonnen. Jetzt hat er zwei Majors. Ich weiß, dass das bedeutet, dass wir bei dieser Ausstellung für die Non-Sporting Group Competition bleiben müssen, aber wenn Kawdje das gewinnt, wird er sein Championat haben!"

„Wenig wahrscheinlich", sagte Evan. „Er tritt gegen einen Pudel und einen Bichon Frisé an, und beide sind niedliche, flauschige Bälle. Er hat keine Chance! Na ja, bleiben wir und geben ihm eine Chance auf den Titel."

Sie schlenderten herum und blieben am Ring stehen, in dem Deutsch Kurzhaar gezeigt wurden. Sie hörten, wie ein Handler zu einer großen, schlanken, schönen eurasischen Frau sagte: „Topaz hat eine schöne Konformation, aber sie plodert durch das Vorführen, als wäre es eine

Qual für sie. Sie sieht nicht lebhaft und glücklich oder auch nur fokussiert aus, und wegen ihrer Einstellung wird sie niemals gut zeigen. Sie verschwenden Ihre Zeit und Ihr Geld." Die Frau dankte ihr düster für die ehrliche Einschätzung. Ihre Haltung war königlich, als sie dem Handler nachschaute, aber ihr Ausdruck war bedrückt.

Sie drehte sich um und sah Essie und Evan an, und ihr Gesichtsausdruck verwandelte sich in ein wunderschönes Lächeln, als sie Kawdjes Best-of-Breed-Schleife sah. Sie gratulierte Essie und Kawdje zum Sieg und sagte: „Ich denke, das ist das Nächste, was ich jemals an diese prestigeträchtige Schleife herankommen werde."

Essie dankte ihr und stellte sich und Evan vor. Sie erklärte, dass, obwohl sie beide Haustiere vorführten, Kissy kein Interesse daran hatte, gezeigt zu werden, und sie sie hauptsächlich in Konformationsausstellungen anmeldeten, um Kawdje Gesellschaft zu leisten und die Aktivität als Familie zu viert fortzusetzen.

Jeanette Bancroft stellte sich vor und informierte sie darüber, dass ihr Mann, Cole, selten an diesen Shows teilnahm, da er als Kardiologe immer einen vollen Arbeitsplan hatte, zusätzlich zu Notfällen. „Er möchte, dass Topaz ein Champion in Hundeausstellungen wird, weil er weiß, dass es aussichtslos ist, sie zu einem Feld-Champion auszubilden. Topaz betrachtet Rehe als Freunde und jagt sie nie von unserem Grundstück."

Jeanette erzählte von einem Vorfall, bei dem Topaz von einer Hirschkuh gejagt wurde, die um die Sicherheit ihrer Zwillingskitze besorgt war, als Topaz zu nahe an ihren Nachwuchs herantrabte. Evan und Essie lachten herzlich und Evan fragte: „Glauben Sie, dass Topaz Interesse am Hundesport Agility hätte?"

Jeanette sagte, sie würde Topaz gerne im Hundesport Agility trainieren, wenn der Hund Interesse an dem Sport zeige, und fragte, wie sie mehr darüber erfahren könne.

„Essie und ich haben eine Freundin, die einige Agility-Hindernisse auf ihrem Grundstück aufgebaut hat und ihren Hund trainiert. Sie hat uns eingeladen, Kissy und Kawdje auszuprobieren und zu sehen, ob einer von beiden eine Begabung und, was noch wichtiger ist, Interesse an dem Sport hat."

„Glauben Sie, Ihre Freundin würde mir erlauben, Topaz einmal mitzubringen, um den Parcours auszuprobieren? Wenn Topaz Interesse an Agility zeigt, wäre ich bereit, als ihr Handler ein Training zu absolvieren. Ich glaube, dass Hunde ein Lernprogramm brauchen, um sich weiterzuentwickeln. Sie haben eine gute Denkfähigkeit, ein Bedürfnis nach Kameradschaft und den Wunsch zu gefallen. Ich habe ein paar Nachbarn, und jeder von ihnen hat einen Hund, der immer alleine im Hinterhof ist, ohne Anregung oder Freundschaft. Was für ein langweiliges und leeres Leben!"

„Wir sind da gleicher Meinung", stimmte Essie zu. „Lassen Sie uns Telefonnummern austauschen. Ich werde meine Freundin kontaktieren, Ihre Anfrage an sie weiterleiten und mich bei Ihnen melden. Wo wohnen Sie? Ich wohne in Media und das Haus meiner Freundin ist in Chadds Ford."

Jeanette schrieb ihre Kontaktdaten auf einen Zettel, während sie erklärte, dass sie in der Nähe von New Hope im Bucks County lebte. Essie steckte den Zettel schnell in ihre Hüfttasche und sagte, dass sie zum Ring der Non-Sporting Group müsse, um Kawdje vorzuführen. Sie und Evan winkten zum Abschied und versprachen, sich bald zu melden.

Kawdje wusste, als er in einen weiteren Ring mit vielen Hunden anderer Rassen geführt wurde, dass etwas Besonderes anstand. Er stand direkt hinter einem großen Hund, aber seit er Michael kennengelernt hatte, hatten ihm große Hunde keine Angst mehr gemacht. Er wusste, dass sie alle an Leinen gehalten wurden, sodass er vor Angriffen sicher war. Vielleicht mochte der große Hund vor ihm auch schnelle Autofahrten und seinen Kopf aus dem Fenster hängen, so wie er und Michael es genossen. Seine Gedanken wanderten zu Topaz. Er hatte sie sofort gemocht. Sie war groß und schön und überhaupt nicht bedrohlich oder aggressiv. „Ja!", dachte er. „Einige große Hunde lohnen sich, kennenzulernen."

Er war in guter Stimmung, als er mit seiner Mama durch den Ring ging. Als er vor dem Richter anhielt, schaute er ihr direkt in die Augen. Als seine Mama ihn auf den Tisch hob, stand er ganz still in der gestapelten Position und bewegte seine Pfoten nicht, während die Richterin seine Zähne überprüfte und seinen Rücken und seine Beine abtastete. Nachdem seine Mama ihn wieder auf den Boden des Rings gestellt hatte, beobachtete er sorgfältig, wohin die Richterin zeigte, und wusste genau, in welche Richtung er und seine Mama gehen sollten.

Er ging etwas vor seiner Mama her, und als sie leicht an der Leine zog, drehte er sich schnell um, ohne den Schritt zu verlieren, und ging zur Richterin zurück. Kawdje wedelte mit dem Schwanz, um ihr zu sagen, dass er sie mochte, während er ihr ins Gesicht schaute. Seine Mama führte ihn zur Seite des Rings, und er stand still, während andere Hunde für die Richterin auftraten. Das Warten war langweilig und ermüdend, aber er tolerierte es, weil es Teil einer Routine war, die er gut kannte, und er fühlte sich sicher, weil er die Routine kannte. Er schaute die Richterin an, wann immer sie an ihm vorbeiging, und versuchte, irgendwelche Signale aufzunehmen, die ihm sagten, was als Nächstes zu tun war. Sie zeigte auf ihn und machte eine Bewegung, die bedeutete, dass er aus der Reihe treten und zu dem von ihr angegebenen Platz gehen sollte. Seine Mama war plötzlich sehr glücklich und aufgeregt. Er beobachtete, wie die Richterin auf mehrere andere Hunde zeigte, und sie wurden hinter ihm positioniert. Dann gestikulierte die Richterin, dass er im Ring herumlaufen sollte. Seine Mama zog an seiner Leine und rannte fast, während sie ihn um den Ring führte, also lief er schneller als je zuvor, um mit ihr Schritt zu halten. Er hörte lauten Applaus, dann hob seine Mama ihn in ihre Arme und die Richterin gab ihr eine riesige Schleife. Kawdje wusste, dass er etwas gewonnen hatte. Er posierte in der gestapelten Position, während sein Bild gemacht wurde. Sein Papa schaffte es, ihn und seine Mama zu umarmen, während er immer noch Kissy in seinen Armen hielt.

„Essie, du warst großartig im Ring, und Kawdje war heute ‚on'. Was für eine Leistung, eine Gruppenwertung zu gewinnen! Er hat ein Fünf-Punkte-Major gewonnen, also ist er jetzt ein Champion."

Kawdje dachte, die Show sei vorbei und war überrascht, wieder in den Ring geführt zu werden. Er war verwirrt, nur sechs andere Hunde zu sehen. Er beschloss, genau das zu tun, was er gerade erst getan hatte – still stehen in der gestapelten Position und sorgfältig beobachten, was die Richterin als Nächstes tun würde.

Evan beobachtete das Ganze von der Seite des Rings, und seine Hoffnungen, dass Kawdje Best in Show gewinnen würde, schwanden, als er den unglaublichen Bloodhound sah, der die Hound Group vertrat. Ein ebenso wunderbarer Neufundländer aus der Arbeitsgruppe und ein zitternder kleiner Shih Tzu aus der Spielzeuggruppe sahen ebenfalls wie Gewinner aus. „Sie alle sehen wie Gewinner aus und sind es auch", dachte er.

Er musste zugeben, dass Kawdje immer noch „on" war. Er sah stabil und selbstsicher aus und stapelte sich selbst, wann immer er nicht im Ring herumlief. Evans Kiefer klappte herunter und seine Augen weiteten sich ungläubig, als er beobachtete, wie die Richterin auf Essie zuging und ihr eine riesige Rosette überreichte. Selbst wenn er Kissy nicht in den Armen gehalten hätte, wusste er, dass er nicht die Kraft gefunden hätte, Beifall zu spenden. Er war zu überwältigt von seinen Gefühlen.

Er beobachtete, wie Essie Gratulationen entgegennahm und langsam durch die Menge der Gratulanten auf ihn zuging.

„Evan, ich bin fassungslos! Ich hätte nie gedacht, dass Kawdje ein Best in Show-Gewinner sein würde, als er und Kissy zu uns kamen. Er war der Zurückhaltende, der sich in neuen Situationen immer zurückhielt und Menschen und Umstände einschätzte. Heute hat er sich wirklich ins Zeug gelegt, und ich konnte sehen, dass er sich gut fühlte. Er mochte die Richterin, das hat sicher geholfen."

„Offensichtlich mochte die Richterin ihn, und das hat sicher auch geholfen. Nun, Essie, steht die Westminster Dog Show in Kawdjes Zukunft?"

„Ich mache mir keine großen Hoffnungen, dass er für die Teilnahme in Westminster zugelassen wird, und ich weiß nicht, ob ich bereit bin, ihn bei dieser prestigeträchtigen Show zu führen, obwohl ich manchmal denke, dass er mich im Ring führt. Er überlegt immer alles, und heute haben sich sein Kopf und sein Herz verbunden, und er hat es genossen. Er hat sich wie ein wahrer Champion gezeigt."

Kissy wusste, dass Kawdje gerade einen großen Sieg errungen hatte. Er erhielt Aufmerksamkeit von Menschen, die sich um ihn drängten. Sie liebte Menschen und liebte es, wenn alle sie bemerkten. Sie war sich sicher, dass, wenn sie auf Agility-Hindernissen auftrat, sie eine Gewinnerin wäre und alle ihr Aufmerksamkeit schenken würden.

Essie bemerkte, dass Kissy niedergeschlagen war, und sagte: „Ich frage mich, ob Kissy sich ausgeschlossen oder eifersüchtig fühlt, weil Kawdje heute so viel Aufmerksamkeit bekommen hat."

„Vielleicht schon. Wir werden bald mit dem Agility-Training beginnen. Wir werden Kawdje mit einbeziehen, aber ich vermute, dass Kissy im Hundesport Agility besser abschneiden wird als er, weil sie wagemutiger ist. Erinnerst du dich daran, wie lange er gebraucht hat, um zu lernen, wie man die Treppe mit offenen Stufen zu Hause erklimmt?"

„Evan, ich denke, das liegt daran, dass er Angst hatte, durch die Zwischenräume der Stufen zu fallen. Er hat definitiv keine Höhenangst. Obwohl er viel nachdenkt und überlegt, ist seine Logik nicht immer nach menschlichen Maßstäben nachvollziehbar.

Lass uns nach Hause gehen und feiern, Evan. Ich muss Joy und Sarah anrufen und ihnen alles über Kawdjes großen Sieg erzählen und dass er jetzt ein Champion ist. Außerdem muss ich Sarah fragen, ob wir Jeanette Bancroft und Topaz zu einem Versuch auf ihrem Dog-Agility-Parcours mitbringen dürfen, um herauszufinden, ob sie Freude an dem Sport haben. Du musst auch wissen, ob du Spaß am Dog-Agility-Teamwork hättest, denn du wirst Kissys Partner sein. Ich werde Kawdje in Agility führen, falls er an dieser Art von Hundesport teilnehmen möchte."

Als Essie und Evan, Kawdje und Kissy sich durch die Hundekisten und das zusammengepackte Grooming-Zubehör ihren Weg bahnten, wurden sie häufig von Handlern angehalten, die einen guten, genauen Blick auf Kawdje werfen und sich nach den Charaktereigenschaften des Tibet Spaniels erkundigen wollten. Kawdje genoss all die Aufmerksamkeit zufrieden und dachte, dass dieser Tag fast genauso gut gewesen sei wie eine Autofahrt mit dem Kopf aus einem offenen Fenster.

Während mehrerer Begegnungen mit anderen Handlern bellte Kissy, um die Aufmerksamkeit auf sich zu ziehen, und die Handler kamen ihrem Wunsch nach, indem sie ihren Kopf streichelten und bemerkten, was für ein hübsches Gesicht sie habe. Sie fragte sich, wofür Kawdje eine Schleife gewonnen hatte. „Ich kann schneller laufen als er. Warum sollte er für das Herumlaufen in einem Ring etwas gewinnen? Na ja, ich werde etwas finden, das aufregender und herausfordernder ist."

Kapitel Acht

Sarah streichelte Michaels Kopf, während sie die Ausstattung betrachtete, die aus drei Sprüngen, einem A-Rahmen, einem festen Rohrtunnel und Slalomstangen bestand, und war zufrieden, dass genügend Ausrüstung vorhanden war, damit die Haustiere ein gutes Agility-Training absolvieren konnten. Michaels Körper ging plötzlich in volle Alarmbereitschaft, und einige Sekunden später fuhr Essies und Evans Van ihre Einfahrt hinauf, gefolgt vom SUV der Bancrofts. Autotüren öffneten sich und Menschen und Haustiere stiegen aus. Michael rannte, um alle zu begrüßen, und hielt kurz an, als er Topaz sah, dann wedelte er noch enthusiastischer mit dem Schwanz. Ihr Duft war köstlicher als der saftigste Knochen, an dem er je geknabbert hatte. Sie hatte die richtige Größe, um ihm in die Augen zu schauen, und ihre warmen, braunen Augen waren die freundlichsten, freundlichsten und schönsten, in die er je geblickt hatte – abgesehen von Sarahs, korrigierte er hastig. Er wollte sie sehr gerne mit der Nase in Begrüßung berühren, war sich jedoch nicht sicher, wie sie reagieren würde, also hielt er sich zurück.

Sarah holte Michael ein und Essie und Evan stellten sie Jeanette und Cole vor. Sie fand, dass die große, elegante, eurasische Frau mit ihrer Ausstrahlung von Gelassenheit und Freundlichkeit und der große, schlanke, dunkelhaarige Mann mit dem intensiven Ausdruck und den durch randlose Brillen eingerahmten, durchdringenden, haselnussbraunen Augen gut zueinander passten. Ein exquisit schöner Deutsch Kurzhaar presste sich dicht an Jeanettes Bein, und Sarah spürte die enge Bindung zwischen den beiden und wusste, dass Topaz „Mamas Mädchen" und nicht „Papas Mädchen" war.

Sarah schüttelte Jeanette und Cole die Hände, dann strich sie mit der Hand über eines von Topaz' unglaublich seidigen Ohren. „Sie ist außergewöhnlich schön. Ihr Körper ist eine perfekte Balance aus Eleganz und Robustheit."

Jeanette sagte: „Das Vorführen für Konformation langweilte Topaz, also schnitt sie nicht gut ab. Mein Mann und ich hoffen, dass sie Spaß am Agility-Training haben wird. Vielen Dank, dass Sie uns Ihre Gastfreundschaft gewähren."

Cole betrachtete die Agility-Ausstattung und fragte: „Wie werden alle Haustiere die gleiche Ausrüstung nutzen können? Kissy und Kawdje sind im Vergleich zu Topaz und Michael winzig."

„Alle Sprünge sind verstellbar, sodass Haustiere jeder Größe die gleiche Ausstattung nutzen können. Bevor wir die Trainingseinheit beginnen, möchte jemand etwas zu trinken? Ich habe Eistee, Erfrischungsgetränke, Saft und Wasser. Außerdem gibt es Wasser für die Haustiere in der Nähe des Bereichs des Rasens, den ich dem Agility-Ring gewidmet habe. Zeigen wir ihnen jetzt ihren Wassereimer."

Sie gingen alle zum Eimer hinüber. Kissy und Kawdje waren gerade groß genug, um daraus zu trinken ohne auf den Hinterbeinen stehen zu müssen, um ihre Köpfe über den Rand zu bekommen. Sie liebten es! Es fühlte sich großartig an, aus demselben Wassereimer wie die großen Hunde trinken zu können. Michael drängte seinen Kopf in den Eimer und schlabberte Wasser zusammen mit ihnen. Topaz wartete höflich, bis die anderen drei fertig waren, bevor sie trank.

Kissy bemerkte den Dog-Agility-Parcours und hoffte aufgeregt, dass sie die Gelegenheit haben würde, ihre Schnelligkeit zu demonstrieren und zu lernen, wie man die Hindernisse bewältigt. Sie teilte ihre Gedanken mit den anderen. Kawdje fühlte sich sofort vorsichtig und besorgt, wie immer, wenn er mit einer neuen Situation konfrontiert war. Topaz sagte, dass es nach mehr Spaß aussähe als nur herumzustehen und auf ihre Chance zu warten, vor einem Richter herumzugehen, und dass es wirklich großartig wäre, wenn es eine Aktivität wäre, die sie und ihre Mama zusammen machen könnten. Michael erzählte den anderen dreien, dass er und Sarah schon eine Weile geübt hatten und ihm die Aktivität besonders gefiel, weil sie es zusammen machten.

Die Kilmers und Bancrofts lehnten ein Getränk ab, und alle waren sich einig, dass sie mit dem Agility-Training beginnen sollten. Sarah schlug vor, dass sie und Michael eine Demonstration geben könnten, nach der jeder ein Hindernis auswählen könne, um damit zu beginnen, seinem Haustier den Umgang beizubringen, und dann zum nächsten fortzufahren, und so weiter.

Sarah gab Michael ein Signal, den A-Rahmen zu besteigen und zu verlassen. Sie zeigte auf die beiden Kontaktpunkte am Hindernis. Jeder befand sich im unteren Teil des Rahmens, wo er den Boden berührte, und erstreckte sich etwa 50 Zentimeter nach oben. Sie erklärte, dass ein Hund die Sicherheitskontaktzone beim Besteigen und Verlassen des Hindernisses berühren muss. „Das Versäumnis, die Kontaktzonen zu berühren, und ein vorzeitiges Abspringen sind Fehler. Jeder Fehler wird mit Punkten bewertet, in der Regel fünf, und die Fehler werden zu der Zeit addiert, die ein Team benötigt, um den Kurs zu durchlaufen. Ein Team besteht aus einem Hundeführer und einem Hund. Das Team, das gewinnt, ist das Team mit den wenigsten Fehlern und der schnellsten Zeit. Es gibt verschiedene Arten von Agility-Klassen. Einige Klassen erfordern, dass ein Team innerhalb der Standardzeit so viele Punkte wie möglich sammelt, und das Team mit den meisten Punkten gewinnt. In diesen Klassen wird das Punktesammeln nach einem Fehler eingestellt. Es wäre nicht fair, wenn ein Team gewinnt, weil es die meisten Punkte gesammelt hat, obwohl es die meisten Fehler hatte."

Während Michael durch die Slalomstangen zickzackte, sagte Sarah, dass der Hund die Stangen immer von der rechten Seite betreten muss. Evan fragte: „Ändert sich die rechte Seite abhängig vom Ansatz? Könnte die linke Seite manchmal die richtige Seite sein?" Alle sahen verwirrt aus.

Sarah sagte entschuldigend: „Ich habe gelesen, dass die Slalomstangen immer von der rechten Seite betreten werden müssen. Ich glaube, Michael wird immer von seiner linken Seite eintreten müssen. Ich habe schreckliche Schwierigkeiten, meine rechte von meiner linken zu unterscheiden. Ich versuche, ihm beizubringen, zwischen seiner rechten und linken Seite zu unterscheiden. Ich rufe ‚links' zu ihm, wenn er die Stangen betritt, aber ich habe viele Fehler gemacht, weil es so lange dauert, die rechte Seite der Stangen und seine linke Seite in meinem Kopf zu übersetzen, dass ich ihn verwirre."

Evan fragte, wie er mehr Informationen über Dog Agility erhalten könne. Sarah sagte: „Es gibt eine Website, auf die du dich einloggen kannst, und ich werde dir diese Informationen nach dem Training geben. Wenn jemand entscheidet, dass Dog Agility etwas ist, das er weiterverfolgen möchte, schlage ich vor, dass wir uns häufig untereinander zum Üben treffen. Mein Haus und die Ausstattung stehen euch allen zur Verfügung. Außerdem könnte es eine Überlegung wert sein, dem Keystone Capers Dog Agility Club beizutreten. Ich werde es tun. Ich war bei einer Sitzung als Beobachterin, und es war hilfreich."

Evan sagte: „Lasst uns loslegen", während er mit Kissy zum ersten Sprunghindernis joggte. Kissy dachte, dass die oberste Stange mindestens dreimal höher aussah als der obere Teil ihres Kopfes, und überlegte, unter dem Sprung hindurchzuschlüpfen. Evan sprang, aber Kissy tat es nicht. Alle klatschten und jubelten und lobten Evan für seine Sprungkraft. Er lachte, machte eine Verbeugung, hob dann Kissy hoch und half ihr über den Sprung. Sarah ging zum Sprung hinüber und entfernte zwei Stangen. "Lass uns mit einer sehr niedrigen Höhe anfangen, die für ihre Größe angemessen ist. Später können wir die Schwierigkeit des Sprungs erhöhen." Evan und Kissy trabten wieder zum Sprung, und dieses Mal war Kissy nicht eingeschüchtert und sprang über die oberste Stange. Sie war begeistert von ihrem Erfolg, beschloss jedoch, dass Hochspringen nicht zu den besten Vorzügen des Lebens gehörte. Essie ließ Kawdje den Sprung ebenfalls probieren, während er auf niedriger Höhe eingestellt war, und er überwand ihn mit viel Platz. Er fühlte sich stark, mutig und rundum wunderbar und entschied, dass Dog Agility vielleicht doch Spaß machen könnte. Er überlegte, dass die Hindernisse verhinderten, dass diese Aktivität zu einem Rennen wurde, und dachte, dass er so vielleicht genauso gut wie Kissy sein könnte.

Sarah ersetzte die oberen Stangen des Sprungs. Jeanette und Topaz joggten darauf zu, und Topaz sprang mühelos darüber, ohne ins Straucheln zu geraten. Springen war für Topaz eine alltägliche Aktivität, da sie problemlos alte Zäune und andere Hindernisse auf ihrem Grundstück überwand. Sarah schlug vor, dass sie kurze Leinen an den Haustieren befestigten und sie die A-Wand hinauf, hinüber und hinunter führten, um ihnen beizubringen, die Kontaktzonen zu berühren und einen vorzeitigen Abstieg zu verhindern.

Jeanette führte Topaz zur A-Wand, die sie einfach nur ansah. Jeanette legte Topaz' Vorderpfoten auf die Basis der Wand und sagte: "Kontakt." Dann stellte sie sich neben das Hindernis und zog leicht an der Leine, um ihr zu zeigen, dass sie aufsteigen sollte. Topaz war verblüfft von diesem seltsamen Ding, das keine Treppe war und nichts mit etwas zu tun hatte, das sie je auf ihrem Grundstück erklommen hatte. Sie sah ihre Mama fragend an, die immer wieder "Hoch, hoch" sagte. Schließlich begann sie zu klettern und wurde durch das Lob ihrer Mama für ihre Mühe ermutigt. Nachdem sie den Gipfel erreicht hatte, stieg Topaz leicht und schnell hinunter und berührte die Kontaktzone, auf die ihre Mama zeigte, die dabei "Kontakt" sagte. Topaz verstand, dass sie auf den unteren Bereich des Brettes laufen sollte. Danach führte ihre Mama sie zu einem weiteren Sprung, der höher war als der erste. Auch diesen bewältigte sie mit Leichtigkeit.

Als sie die Slalomstangen erreichten, wusste sie nicht genau, was zu tun war, sodass Michael eine weitere Demonstration gab, nach der ihre Mama und ihr Papa ihr physisch halfen, sich zwischen den einzelnen Stangen hindurchzuwinden. Topaz fühlte sich unbeholfen, was eine neue Erfahrung für sie war.

Inzwischen trainierten Essie und Evan Kissy und Kawdje an der A-Wand. Kissy liebte es. Es war wie das Treppensteigen zu Hause. Kawdje hingegen zögerte. Für ihn sah es aus wie eine Treppe, aber eben nicht wie eine normale Treppe. Dann kam ihm der Gedanke, dass er von oben aus eine bessere Aussicht auf alles haben könnte, also stieg er schnell hinauf und weigerte sich, hinunterzusteigen. Er schaute sich ausgiebig um und genoss die Aussicht.

Essie wollte ihn gerade von der A-Wand heben, als sie plötzlich verstand, dass er es liebte, so hoch oben zu sein. Sie drehte sich zu Evan und sagte: "Ich hasse es, ihm den Spaß zu verderben, aber wir müssen ihm beibringen, oben nicht anzuhalten. Was soll ich tun?"

"Das ist eine schwierige Sache, Essie. Wenn er jemals ein ernsthafter Agility-Wettkämpfer werden soll, muss er jetzt trainiert werden, nicht an der Spitze der A-Wand zu zögern."

Essie stimmte zu und zog an Kawdjes Leine, um ihn zum Abstieg zu bewegen. Sobald er den Boden berührte, drehte er sich um und stellte sich der Rampe, die er gerade hinuntergestiegen war, und stieg rasch wieder nach oben. Eine kichernde Essie zog ihn die andere Seite hinunter. Er drehte sich abrupt um und sah zur A-Wand, bereit, erneut hinaufzusteigen. Sie hob ihn auf. "Du bist ein sturer kleiner Kerl", sagte sie, während sie ihn in ihren Armen wiegte.

Essie und Evan brachten ihre Haustiere zu den Slalomstangen. Noch einmal demonstrierte Michael, wie es gemacht wird.

in dem er sich zwischen den Stangen hindurchschlängelte. Kissy und Kawdje wurden zwischen den Stangen geführt und schienen Spaß an der Aktivität zu haben. Evan entfernte ihre Leinen und lockte Kissy, das Manöver zu wiederholen. Sie glitt schnell zwischen den Stangen hindurch und liebte die geschmeidige Bewegung, die sie an die Art erinnerte, wie sie einmal eine Schlange gesehen hatte. Kawdje trottete hinter ihr her und fühlte sich, als wäre er, wie immer, hinter Kissy her, was bei jeder Aktivität, die Geschwindigkeit erforderte, immer wieder geschah. Nach einer Stunde machten alle eine Pause. Die Haustiere versammelten sich um den Wassereimer. Jeder bekam einen großen Hundekeks, und obwohl Kissy und Kawdje nicht viel für Hundekekse übrig hatten, knabberten beide an ihrem Keks, weil sie stolz waren, dass sie die gleiche Größe wie Michael und Topaz bekommen hatten.

Topaz sagte: „Du führst alle Hindernisse gut aus, Michael. Wie schaffst du es, so mühelos zwischen den Stangen hindurchzugleiten?"

„Das braucht Übung. Sarah und ich machen das fast jeden Tag seit Wochen. Wir haben damit begonnen, kurz nachdem ich hierher gezogen bin."

Kissy sagte: „Michael, erzähl Topaz deine Geschichte, wie du zu deiner Mama Sarah gekommen bist."

Michael fasste eine Version seines Lebens in Mexiko und die Begegnung mit Sarah zusammen. Topaz sagte mitfühlend: „Ich habe nie erlebt, wie es ist, nicht geliebt zu werden oder auf mich allein gestellt zu sein. Ich bin froh, dass du jetzt ein Zuhause und eine Familie hast. Du hast ein großes Grundstück, um das du dich kümmern musst. Es ist so groß wie meines. Man erwartet von mir, dass ich die Hirsche von meinem Grundstück fernhalte, und das ist ein Problem, weil ich Hirsche mag. Außerdem sind sie viel größer als ich. Wenn ich versuche, sie zu vertreiben, rennen sie nicht weg. Ich bin eine Enttäuschung für meinen Papa, weil er sagt, dass ich ein Jagdhund bin und er erwartet, dass ich jage, aber ehrlich gesagt, mag ich das einfach nicht. Besonders mag ich es nicht, etwas zu jagen und zu verfolgen, das größer ist als ich. Ich verjage Murmeltiere, Kaninchen und Streifenhörnchen, und ich renne mit den Eichhörnchen zu ihren Heimattürmen um die Wette. Ich kann so schnell rennen, dass ich sie fast erwische. Ich bin mir nicht sicher, was ich tun würde, wenn ich wirklich ein Tier fangen würde. Ich mag sie und möchte nicht, dass ihnen etwas passiert oder dass sie verletzt werden – weder von mir noch von jemand anderem."

Michael sagte: „Wir haben auch Hirsche hier, aber sie rennen vor mir weg. Ich habe sie gewarnt, unsere Bäume nicht zu beschädigen und fernzubleiben. Sie kommen nachts auf mein Grundstück, aber ich kann nichts dagegen tun, weil ich im selben Raum wie Sarah schlafe und meine Priorität darin besteht, sie und unser Zuhause zu beschützen.

Die Hirsche werden Sarah oder unser Zuhause nicht verletzen, also halte ich einfach meine Sinne wachsam für jeden Eindringling, der eine Bedrohung für ihre Sicherheit darstellen könnte."

Die anderen drei waren beeindruckt.

„Was würdest du tun, wenn jemand ohne die Erlaubnis deiner Mama ins Haus kommen wollte?" fragte Kawdje.

„Ich würde warnend knurren und alles tun, was nötig wäre, um Sarah zu schützen, einschließlich meine Zähne in den Eindringling zu versenken."

„Ich schätze, Kissy und ich würden das auch tun," sagte Kawdje unsicher.

„Wir sind zwar klein," sagte Kissy, „aber wir haben scharfe, schrille Bellen und könnten unsere Mama und unseren Papa aufwecken, die wüssten, was zu tun ist, und sich um uns kümmern würden."

Kawdje stimmte zu. „Unser Papa und unsere Mama können alles bewältigen, aber ich denke, ich würde tatsächlich jemanden beißen, wenn ich wüsste, dass diese Person ihnen schaden wollte."

„Das würde ich auch tun," sagte Kissy, „aber ich habe noch nie jemanden getroffen, den ich nicht mochte, außer diesem Richter bei meiner ersten Hundeshow, und den habe ich nur leicht gebissen, weil er seine Finger in meinen Mund gesteckt hat."

Michael kicherte.

Topaz sagte: „Ich denke, ich könnte jemanden beißen, der meiner Mama schaden wollte. Ich kann spüren, was meine Mama fühlt, und weiß oft, was sie denkt. Wenn ich jemals spüren würde, dass sie vor jemandem oder etwas Angst hat, würde ich mein Bestes tun, um sie zu beschützen, aber die meiste Zeit beschützt sie mich."

Die Hunde sahen, wie ihre Familienmitglieder auf sie zugingen. „Ich denke, jetzt geht es weiter mit dem Training," sagte Michael. Die nächste

Stunde verging für alle schnell, und als Sarah vorschlug, ins Haus zu gehen und Abendessen zu haben, klatschten die Menschen in die Hände und die Haustiere wedelten mit den Schwänzen. Die Küche war ein geschäftiger Ort, als Sarah Aufgaben verteilte. Cole öffnete eine Flasche Wein und schenkte jedem ein Glas ein. Sarah nahm Ofenkartoffeln und eine geröstete Lammkeule aus dem Ofen. Der Duft von Knoblauch und Rosmarin ließ allen das Wasser im Mund zusammenlaufen, und die Haustiere sabberten. Evan schnitt das geröstete Lamm und Sarah legte die Scheiben auf eine Platte. Jeanette mischte einen Salat und verteilte ihn in Schalen, die Essie zum Esstisch trug. Dann häuften Sarah, Jeanette und Essie Reste in vier Hundenäpfe, während Cole und Evan Zeitungen auf dem Küchenboden ausbreiteten, auf die die Hundeschüsseln gestellt wurden. Das Training am Nachmittag hatte alle hungrig gemacht, und diejenigen, die im Esszimmer aßen, leerten ihre Teller fast genauso schnell wie diejenigen, die in der Küche aßen.

Das Dessert war ein Hit! Cole bemerkte: „Meine Großmutter hat früher immer Milchreis gemacht, und es war immer eines meiner Lieblingsdesserts. Meine Mutter hat ihn auch gemacht, aber es war nie ganz so gut wie bei Oma. Dein Pudding steht auf derselben Stufe wie der von Oma." Sarah strahlte vor Freude, als Jeanette und Essie sie baten, das Rezept zu teilen. Sie sagte, dass sie es tun würde, und erzählte, dass es ein altes Familienrezept ihrer Ur-Ur-Großmutter sei, das durch die Generationen weitergegeben wurde. Die Haustiere waren ebenso begeistert vom Dessert. Jeder verschlang seine Portion schnell, gierig und mit Vergnügen und überprüfte dann die Schüsseln der anderen auf Reste.

Während die Freunde Kaffee und Tee tranken, beschlossen sie, das Agility-Training bei Sarah fortzusetzen, da die Hindernisse bereits auf ihrem Rasen aufgebaut waren, und sich am Wochenende zum Üben zu treffen. Die Wetterbedingungen würden bestimmen, ob es am Samstag oder Sonntag stattfinden sollte. Essie und Jeanette bestanden darauf, dass sie abwechselnd das Abendessen mitbringen würden, um Sarah die Last des Kochens zu nehmen. Jeder teilte sich die Aufräumarbeiten. Es war ein anstrengender, aber zufriedenstellender Tag gewesen, und sobald das letzte Geschirr gespült, getrocknet und weggeräumt war, verabschiedeten sich die Bancrofts und die Kilmers. Michael und Sarah begleiteten sie zu ihren Autos. Bevor die Autos außer Sichtweite waren, rannte Michael ins Haus, hinauf ins Schlafzimmer und streckte sich auf seinem Bett aus. Er fühlte sich erschöpft vom ständigen Vorführen des Hindurchschlängelns zwischen den Stangen. Trotz seiner Erschöpfung hatte er das Training sehr genossen. Er mochte alle, besonders die wunderschöne Topaz, deren Duft noch köstlicher war als Milchreis. Er konnte es kaum erwarten, alle wiederzusehen.

Während der Heimfahrt sagte Essie zu Evan: „Lass uns einen Plan schmieden, um deinen Bruder mit Sarah bekannt zu machen. Ich glaube, sie würden gut zueinander passen. Weißt du, wann Gordon uns wieder besuchen wird?" Evan sagte, er wisse es nicht, versprach aber, seinen Bruder anzurufen und es herauszufinden.

Kapitel Neun

In der folgenden Woche traten Essie und Evan, Sarah und Jeanette dem Keystone Capers Dog Agility Club bei, der sich jeden Dienstagabend auf dem Anwesen von Mavis Lowden traf.

Mavis war eine große Frau. Alles an ihr war grau. Sie hatte graue Haare, trug dunkelgraue Hosen und eine hellgraue Bluse und schien zwischen über fünfzig und unter siebzig zu sein. Sie hatte eine feste, entschlossene Art, aber war auch freundlich und demonstrierte alles mit ihrem Pembroke Welsh Corgi und ihrem Flat-coated Retriever.

Neue Situationen setzten Kawdje normalerweise mehr unter Stress als die anderen drei Haustiere, aber selbst er nahm diese ungewohnte Situation in Angriff, nachdem er schnell bemerkt hatte, dass es nur acht Hunde gab, außer ihm und seiner Gruppe, und dass sie alle an der Leine waren, abgesehen von einem kleinen Hund und einem großen Hund, die die Besitzerin dieses großen Übungsplatzes benutzte, um die Hindernisse zu demonstrieren.

Mavis hatte verschiedene Techniken, um Hunden beizubringen, Befehlen zu folgen und die Bedeutung von links und rechts zu verstehen. Eine Pfeife oder ein Klickgerät konnte anstelle von Sprachbefehlen verwendet werden, wenn der Hundeführer dies bevorzugte. Sie zeigte, wie derselbe Parcours-Setup geändert wurde, um Hunderassen aller Größen gerecht zu werden.

„Nur die Hürden und Sprunghöhen werden geändert. Einige unserer Erstteilnehmer fragen sich vielleicht, warum große und kleine Hunde denselben Parcours benutzen und hinterfragen die Fairness einer solchen Praxis. Höhenunterschiede werden berücksichtigt, und die Standard-Parcours-Zeiten sind für jede Höhenkategorie unterschiedlich."

Mavis erklärte, dass eine Standard-Parcours-Zeit für jede Klasse und jeden Parcours unterschiedlich war und vom Richter bestimmt wurde, der den Weg, den der Hund nehmen muss, die Entfernung dieses Weges, die Anzahl der Hindernisse und den Schwierigkeitsgrad berücksichtigte.

„Eine Standard-Parcours-Zeit für dieselbe Klasse und denselben Setup wird für kleine Hunde langsamer und für große Hunde schneller sein, sodass ein kleiner Hund zwar denselben Weg durch einen Parcours laufen muss, aber eine längere Standard-Parcours-Zeit erhält, um diese Strecke zu laufen."

Sie informierte sie über das Verfahren zur Bestimmung der Sprunghöhe eines Hundes und die vier Sprunghöhenkategorien. „Ein Hund muss in der Lage sein, mindestens seine eigene Höhe am Widerrist und sogar höher zu springen. Ich werde die Gelegenheit nutzen, um unsere vier neuen Hundeklienten zu messen."

Michael, Topaz, Kissy und Kawdje wurden von der Schulter bis zum Boden gemessen. Michael und Topaz fiel in die Kategorie der 26-Zoll-Sprunghöhe, und Kissy und Kawdje in die Kategorie der 12-Zoll-Sprunghöhe. Mavis sagte, sie würde die Informationen an die USDAA-Behörden weiterleiten.

Mavis besprach dann die Etikette beim Parcours-Handling. "Ein Hundeführer muss den Hund im Ring ohne Leine führen und die Kontrolle über den Hund während der Ausführung behalten. Es führt zur Disqualifikation, wenn ein Hund unkontrolliert über den Parcours läuft, den Parcoursaufbau falsch durchläuft oder, Gott bewahre, aus dem Ring rennt. Stellen Sie sicher, dass die vierbeinigen Mitglieder Ihres Teams vor der Vorführung eine Toilettenpause einlegen, denn das Verunreinigen des Rings führt ebenfalls zur Disqualifikation. Außerdem sollten Sie immer pünktlich zu Ihrem geplanten Eintritt in den Ring erscheinen. Wenn Sie an mehreren Klassen in einer Veranstaltung teilnehmen und denken, dass es zu einem Zeitkonflikt kommen könnte, sprechen Sie mit den Veranstaltungsbeamten. Sie werden Ihre Auftritte so anpassen, dass Sie nicht gleichzeitig in zwei Ringen sein müssen."

Mavis beendete ihre Rede, indem sie fragte, ob es noch Fragen gäbe. Sarah sagte: "Die Weave-Pole müssen immer auf der rechten Seite betreten werden, und die rechte Seite hängt vom Anlauf ab. Ich trainiere Michael mit verbalen Befehlen. Soll ich also 'links' zu ihm sagen, weil er immer zwischen den ersten und zweiten Pfosten hindurch auf seine linke Seite dreht?" Mavis sagte: "Ja. Sein Einstieg in die rechte Seite der Pfosten erfolgt immer auf seiner linken Seite."

Nach dem Unterricht informierte Mavis sie, dass Hunde mindestens achtzehn Monate alt sein müssen, um an Dog Agility-Veranstaltungen teilnehmen zu können, und dass eine tierärztliche Bescheinigung erforderlich ist, um dies zu bestätigen. Sarah war in einem Dilemma, weil sie Michaels Alter nicht kannte. Jeanette sagte: "Dein Tierarzt kann eine Schätzung anhand der Untersuchung von Michaels Zähnen abgeben. Menschen haben Backenzähne, die im Alter von 2, 6 und 12 Jahren kommen, und Hunde haben vergleichbares und vorhersehbares Zahnwachstum. Ich schätze, er ist ungefähr so alt wie Topaz, und sie ist 18 Monate alt."

Als sie zu ihren jeweiligen Fahrzeugen für die Heimfahrt gingen, sagte Evan: "Ich habe mich auf der USDAA-Website eingeloggt, seit wir uns das letzte Mal bei Sarah getroffen haben, und Ausdrucke gemacht, die die Hindernisse und die verschiedenen Klassen beschreiben. Ich habe auch ihr offizielles Regel- und Vorschriftenbuch bestellt und sollte das bald erhalten. Wir können alles bei unserer nächsten Übungssitzung am kommenden Wochenende durchgehen."

Während der Fahrt nach Hause schlug Evan vor, Conformation Dog Shows für Kissy aufzugeben. "Ich weiß, dass sie Dog Agility liebt. Sie schlängelt sich durch diese Stangen wie ein Komet." "Kometen schlängeln sich nicht", lachte Essie. "Sie rasen durch den Weltraum und hinterlassen eine Spur." Evan sagte: "Kissy rast so schnell durch die Stangen, dass sie fast ihren Schwanz am Eingang der Weave Poles zurücklässt." "Wir sollten sie 'Kissy der Komet' nennen", erklärte Essie. Sie fügte hinzu, dass Kawdje heute Abend beim Training entspannter gewesen sei als bei Sarah. Evan sagte, er habe das auch bemerkt. "Lass uns ihn im Agility halten. Er könnte ein großartiger Wettkämpfer werden, und ich möchte, dass es eine Familienaktivität bleibt. Ernsthafte Dog Agility-Wettbewerbe sind zeitaufwendig und erfordern Reisen zu den Wettbewerben. Lass uns planen, das gemeinsam zu machen, es sei denn, er gibt uns zu verstehen, dass er es hasst. Lass uns außerdem eine Dog Walk-Ausrüstung kaufen, um Sarahs Agility-Kurs zu erweitern."

Sie trafen sich am Samstag bei Sarah zum Agility-Training. Essie und Evan kamen früh an, damit sie die Dog Walk-Ausrüstung im Parcours platzieren konnten. Evan brachte auch zwei Hula-Hoop-Reifen mit, und alle halfen, diese an Stangen zu befestigen, die Evan tief in den Boden steckte. Ein Reifen wurde auf eine Sprunghöhe für Kissy und Kawdje eingestellt, und der andere für Michael und Topaz. Jeanette überraschte alle, indem sie einen zusammenklappbaren Tunnel mitbrachte.

Das Training machte allen Spaß, jedoch hatte Sarah Schwierigkeiten mit ihrer Rechts-/Links-Unterscheidung.

Das Problem wurde verschärft, als sie versuchte, sich Michaels links und rechts zu merken.

Während der Mittagspause verteilte Evan Ausdrucke, die alle Hindernisse beschrieben.

Er verkündete: „Kontakt-Hindernisse sind diejenigen, die der Hund bei der Durchführung berührt, und das wären alle Hindernisse außer Sprüngen und Hürden. Wir sollten uns eine Wippe besorgen, weil keiner unserer Haustiere die Chance hatte, sie während des Treffens des Keystone Capers Dog Agility Club zu benutzen.

Die verschiedenen Sprünge und Hürden sind: Reifen-Sprung, Wünschebrunnen, Weitsprung, Busch-Sprung, Spreizhürden, Flügelhürden und Nicht-Flügelhürden.

Eine Spreizhürde ist wie eine niedrige Brücke, über die man springen muss, anstatt darüber zu laufen. Sie ist für kleine Hunde immer niedriger und kürzer als für größere Rassen. Alle Sprünge können angehoben oder abgesenkt werden, um die vier verschiedenen Sprunghöhenkategorien anzupassen, die im Championship-Programm, in das unsere Haustiere eingetragen sind, 12 Zoll, 16 Zoll, 22 Zoll und 26 Zoll betragen. Es gibt ein Performance-Programm, das weniger anstrengend ist und niedrigere Sprunghöhen hat. Es wäre für ältere Hunde oder Rassen geeignet, die aufgrund ihrer Knochenstruktur oder aus einer Vielzahl anderer Gründe nicht schnell und wendig sind. Wir müssen uns nur auf das Championship-Programm konzentrieren."

Alle fanden, sie sollten sich eine Wippe und eine Spreizhürde besorgen. Evan bot an, eine Spreizhürde für Kissy und Kawdje und eine größere für Michael und Topaz zu bauen und eine Wippe zu bestellen, die zu Sarahs Haus geliefert werden sollte. Die Gruppe stimmte zu, die Kosten zu teilen.

Sarah sagte: „Bald haben wir genug Hindernisse für einen kompletten Parcours-Setup. Übrigens hat meine Tochter Michaels Zähne überprüft und geschätzt, dass er mindestens 18 Monate alt ist."

Einige Wochen später kamen Essie und Kawdje von einer Conformation-Hundeausstellung, die in der Gegend stattgefunden hatte, nach Hause, und Essie verkündete, als sie durch die Haustür gingen: „Kawdje hat heute wieder Best in Show gewonnen."

Evan stieß einen begeisterten Jubelschrei aus und hob Essie in einer Bärenumarmung hoch. „Du wunderschöne kleine Handlerin. Ich wette, ich werde dich im Fernsehen bei der Westminster-Hundeausstellung sehen. Ich habe auch gute Nachrichten. Ich habe gerade mit Gordon telefoniert. Er kommt morgen zu Besuch."

Kissy und Kawdje erkannten die Aufregung in den Stimmen ihrer Eltern und reagierten, indem sie sich in der Küche gegenseitig jagten. Kissy hatte Kawdje vermisst, der früh am Morgen mit ihrer Mutter gegangen war.

Essie sagte: „Wir werden Gordon mit zu unserer Agility-Übung am Wochenende bei Sarah nehmen. Wir werden sie früher als gedacht einander vorstellen, und es wird ohne aufwändige Pläne geschehen, die wir geschmiedet haben. Die einfachsten Pläne funktionieren sowieso immer am besten. Ich sollte Sarah Bescheid geben, damit sie einen zusätzlichen Platz an ihrem Tisch deckt."

Kapitel Zehn

Jeanette legte den Hörer auf, und ihr Gesichtsausdruck zeigte deutliche Besorgnis, als sie sich zu Cole umdrehte. „Das war Brant Prescott, der Schwager meiner Schwester. Er sagte, Iris und Don seien bei einem Autounfall schwer verletzt worden. Beide haben Knochenbrüche und wurden in die Chirurgie gebracht. Er kennt das gesamte Ausmaß ihrer Verletzungen noch nicht. Wir werden auf unsere Nichte aufpassen müssen, während Iris und Don genesen. Jenny ist bei Brant, aber er kann nicht länger als ein paar Tage auf sie aufpassen. Sein Job erfordert viel Reisen, außerdem steckt er in einer Scheidung. Ich werde morgen nach Chicago fahren. Ich erwarte, dass ich dort bleiben muss, bis Jenny ihr Schuljahr in ein paar Wochen beendet hat, und dann bringe ich sie zu uns nach Hause. Sie wird wahrscheinlich während des Sommers bei uns leben, vielleicht sogar länger. Ich werde Topaz mitnehmen. Dann musst du nicht ein paar Mal am Tag nach Hause kommen, um sie rauszulassen, oder dir Sorgen machen, ob du sie den ganzen Tag draußen gelassen hast und sie über den Elektrozaun rennt und in Gefahr gerät."

„Vielleicht ist das die beste Lösung", sagte Cole und fragte dann: „Wie wirst du in ihr Haus kommen?"

„Ich werde Brant zurückrufen und ihm sagen, dass ich plane, morgen dorthin zu fahren. Wir werden uns im Krankenhaus treffen, und er kann mir den Schlüssel zu Iris' Haus geben oder mir sagen, wo ich einen finden kann."

Cole sagte: „Es wird hart für Jenny sein, so weit weg von ihren Eltern zu sein."

„Ich weiß, aber es ist nicht so, als wären wir Fremde für Jenny. Vielleicht werden Iris und Don bald entlassen und haben häusliche Pflege. Wie auch immer, ich werde morgen mit Topaz dorthin fahren, die Situation einschätzen und den besten Weg entscheiden, wenn ich mehr Informationen habe. Ich werde jetzt Sarah anrufen und ihr mitteilen, dass ich dieses Wochenende nicht am Agility-Training teilnehmen kann."

Sarah hörte mit Besorgnis zu, als Jeanette die Ereignisse schilderte. Sie bot sofort an, Topaz zu behalten, während Jeanette weg ist.

„Danke für dein Angebot, Sarah, aber ich weiß, dass sie zusätzliche Arbeit bedeutet und sie vielleicht trauern wird, weil sie mich vermisst."

„Hier ist ein weiterer Vorschlag, Jeanette. Lass sie während des Tages bei mir, während Cole arbeitet. Er kann sie jeden Abend abholen. Topaz ist auch nachts hier willkommen, wenn Cole Notdienst hat. Auf diese Weise wird es für sie keine so große Umstellung sein. Sie ist ein Schatz, und ich glaube, Michael ist in sie verliebt."

Jeanette lachte: „Ich weiß, dass sie dich und Michael mag und sich in deinem Zuhause wohlfühlen würde. Ich werde es mit Cole besprechen und dich ganz bald zurückrufen."

Topaz spürte, dass ihre Mama traurig, aufgeregt, besorgt und angespannt zugleich war. Sie beobachtete, wie ihre Mama einen Koffer packte und wusste, dass das bedeutete, dass sie ins Auto steigen und wegfahren würde. Manchmal nahm sie sie auch mit. Sie sprang erfreut auf, als ihre Mama sie rief, ins Auto zu steigen. Als sie bei Michaels Haus ankamen, war Topaz verwirrt. Warum sollte ihre Mama einen Koffer packen, nur um einen Ausflug zu Michaels Haus zu machen?

Sie sprang anmutig aus dem Auto und schaute sich um. Michael rannte zu ihr und berührte ihre Nase. Kissy und Kawdje waren nicht da, also beschloss Topaz, dass dies kein Agility-Training war. Sie beobachtete, wie ihre Mama ihre Futterschüssel an Sarah gab und dann ihre Lieblingsdecke aus dem Auto zog und sie ins Haus von Michael brachte. Was war hier los, fragte sie sich?

Als ihre Mama wieder herauskam, umarmte sie Topaz und flüsterte ihr ins Ohr. Da verstand Topaz, dass sie hier bei Michael und Sarah bleiben würde. Sie wusste nicht, wie lange, aber sie wusste, dass es nicht für immer sein würde.

Michael leckte ihre Schnauze und sagte ihr, wie glücklich er über ihre Gesellschaft sei. Sarah streichelte ihre Ohren und Topaz entspannte sich. Sie wusste, dass Sarah sie wirklich mochte, und Topaz' Stimmung hob sich, als sie daran dachte, dass Sarah immer leckeres Essen servierte. Gutes Essen war einer der großen Vorteile des Lebens.

Ihre Mama hatte mit Sarah gesprochen und drehte sich jetzt um und gab Topaz eine letzte Abschiedsumarmung. Als Topaz ihre Mama ins Auto steigen sah, das Summen des Motors hörte und das Auto verschwinden sah, wurde ihr übel. Sie vermisste ihre Mama schon jetzt. Sarah bot ihr ein Stück gekochte, gehackte Leber an, aber Topaz lehnte ab. Sie hatte einen so großen Kloß im Hals, dass sie sicher war, dass sie nie wieder etwas schlucken können würde.

Michael schlug vor, dass sie eine Runde um das Grundstück laufen könnten, und Topaz stimmte zu. Er zeigte ihr die stattliche Kiefer, unter der er gerne lag.

Sie nahmen den Duft von Hirschen auf, und Michael sagte: „Pass auf, ich zeige dir, wie ich sie dazu bringe, vor mir wegzulaufen."

Michael rannte umher und schnüffelte, bis er die Spur aufnahm, und folgte ihr, dicht gefolgt von Topaz.

„Dreh dich hierhin", sagte Topaz, als sie nach links abbog. Und tatsächlich, hinter einer Gruppe hoher Büsche stand eine kleine Hirschherde. Michael gab eine Reihe kurzer, scharfer Bellen von sich und warnte sie, dass sie sein Land sofort verlassen müssten! Etwa vier Hirschkühe und zwei junge Hirsche, die gerade die Phase der gefleckten Kälber hinter sich hatten, rannten und sprangen tiefer in den Wald hinein. Ein junger Bock blieb unsicher stehen. Michael nahm eine aggressive Jagdhaltung ein. Langsam pirschte er sich an den jungen Bock heran, während er ein tiefes, grollendes Knurren ausstieß. Michael zögerte nicht in seinem Vorwärtsgang, und der junge Bock drehte sich um und lief der Herde hinterher.

„So wird das gemacht. Du pirschst langsam vorwärts, gibst ihnen genug Zeit zum Weglaufen und lässt sie wissen, dass du der Boss bist und nicht zurückweichen wirst. Sie geben immer nach."

„Aber, Michael, ich habe Mitleid mit den Hirschen. Sie würden niemals jemanden verletzen, außer um ihre Jungen zu schützen."

„Topaz, du sollst Wild jagen und Tiere verfolgen. Du hast eine großartige Nase, um Düfte aufzunehmen. Ich denke, das liegt daran, dass du aus einer langen Reihe von Jagdmeistern stammst."

„Ich weiß, Michael, aber mein Problem ist, dass ich die meisten Tiere mag und Angst habe, diejenigen zu jagen, die größer sind als ich. Danke, dass du mir dein Land gezeigt hast. Lass uns jetzt reingehen. Ich glaube, ich hätte gerne etwas zu essen und zu trinken."

Cole entwickelte eine tägliche Routine, bei der er Topaz am frühen Morgen bei Sarah absetzte und sie kurz vor dem Abendessen wieder abholte. Er war froh, Topaz abends bei sich zu haben. Sie war sanft, intelligent und wohlerzogen. Topaz und Jeanette waren sich in gewisser Weise ähnlich. Beide waren ruhig und fähig; dann korrigierte er diesen Gedanken schnell. Jeanette war nicht gerade ruhig. Es war nur so, dass sie alles mit einer gewissen Ökonomie der Bewegung und Anstrengung zu tun schien. Er liebte seine Frau so sehr, dass er sich manchmal durch die unheimliche, psychische Verbindung ausgeschlossen fühlte, die sie und Topaz teilten. Vielleicht würden er und Topaz sich während Jeanettes Abwesenheit näher kommen.

Cole nahm am Samstag am Agility-Training in Jeanettes Abwesenheit teil und kam gerade vor den anderen bei Sarah an. Michael sprang aus dem Haus, um sie zu begrüßen, gerade als Essie und Evan vorfuhren. Als Gordon aus seinem Fahrzeug stieg, stellte er sich Cole vor.

Michael und Topaz drängten sich um Gordon, schnüffelten an seinen Schuhen und leckten seine Hände. Sie mochten und vertrauten ihm sofort. Kissy und Kawdje liebten ihn fast genauso sehr wie ihre Eltern. Gordon schlurfte langsam und unbeholfen auf Sarahs Haustür zu. Er hatte Angst, seine Füße zu heben und normal zu gehen, aus Angst, auf eine der Pfoten der Haustiere zu treten, die aufgeregt um ihn herumliefen.

Sarah kam durch die Haustür und lächelte zur Begrüßung. Gordon war sprachlos, als sein Bruder sie vorstellte. Sie kam ihm so vertraut vor. Alles an ihr war genau richtig, von der Farbe ihres goldbraunen welligen Haares, das zu ihren Augen passte, bis hin zum goldenen Ton ihrer leicht gebräunten Haut. „Sie ist ein goldenes Mädchen", dachte er. „Ihr Lächeln würde einen Kerker erhellen."

Er schüttelte ihre ausgestreckte Hand und sagte etwas, woran er sich unmittelbar danach nicht mehr erinnern konnte. Er hoffte, dass es etwas Höfliches gewesen war, das Sinn ergab.

Sarah schien die Sonne plötzlich heller zu scheinen, als sie Gordon die Hand schüttelte. Sie hatte das Gefühl, ihn schon einmal getroffen zu haben, und dachte: „Er sieht Evan nicht sehr ähnlich, aber sie sind verwandt, also muss es eine genetische Ähnlichkeit in vielerlei Hinsicht geben, wie zum Beispiel in der Art, wie sie sich bewegen, dem Rhythmus ihrer Sprache—irgendetwas. Er ist größer als sein Bruder und hat blaue Augen statt grauen wie Evan, außerdem ist sein Haar dick und blond. Er hat den gleichen Körperbau wie Evan, nur dass seine Schultern breiter sind. Er ist ein echter Hingucker!"

Sarah wusste, dass sie ein Faible für große Männer hatte, und Gordon war mindestens 1,88 Meter groß. Sie war sich ihrer eigenen Größe von knapp 1,57 Meter sehr bewusst und hatte das Gefühl, dass es sie ausglich, mit einem großen Mann zusammen zu sein. Sie wusste, dass Topaz es störte, einen sehr kurzen Schwanz zu haben, und dass Kawdje es nicht mochte, so klein zu sein. Sie konnte das nachempfinden, da sie immer groß sein wollte, also machte sie ihren Mangel an Größe wett, indem sie große Männer bevorzugte. Wenn sie nicht groß sein konnte, war die nächstbeste Option, mit jemandem zusammen zu sein, der es war. Sie riss sich zusammen und bot allen Erfrischungsgetränke an, bevor sie mit dem Training begannen.

Gordon schlug eine simulierte Agility-Prüfung vor und bot an, die Zeit zu messen. Alle halfen dabei, einen Weg durch den Parcours zu markieren, indem sie eine Nummer an jedes Hindernis hängten. Der Parcours würde mit der Nummer eins beginnen, zum Hindernis Nummer zwei fortschreiten und so weiter.

„Ich habe keine Stoppuhr, also wird für dieses Training meine Armbanduhr ausreichen. Ihr habt einige Minuten Zeit, um den Parcours zu begehen und zu planen, wo ihr zwischen den Hindernissen laufen oder stehen werdet, damit ihr dem Hundeteammitglied am besten zeigen könnt, was zu tun ist und wohin es als Nächstes gehen soll."

Gordon ging mit Sarah den Parcours ab und sagte: „Du bist eine wundervolle Gastgeberin und großzügig, dein Haus an den Wochenenden für alle zu öffnen."

„Das ist für mich nicht viel Aufwand. Wir machen meistens ein Mitbringessen, sodass ich nicht viel kochen muss. Alle helfen bei den Aufräumarbeiten. Ich fühle mich gesegnet, meine Wochenenden mit angenehmen Gefährten und einem gemeinsamen Ziel zu verbringen. Die Freunde, die ich während meiner Ehe hatte, entfernten sich nach dem Tod meines Mannes."

„Es tut mir leid um deinen Verlust. Evan und Essie haben erwähnt, dass du verwitwet bist. Sie haben mir auch gesagt, dass du eine erwachsene Tochter hast. Siehst du sie oft?"

„Nicht so oft, wie ich es gerne würde. Pat führt ein geschäftiges Leben, aber ich finde Trost darin, zu wissen, dass es ihr gut geht, dass sie glücklich ist und ihren Traum erfüllt, Tierärztin zu werden." Gordon sagte: „Ich schätze, sie hat deine Liebe zu Tieren geerbt." „Das hat sie wohl. Ich habe beobachtet, dass Tiere uns so ähnlich sind. Sie haben die gleichen Gefühle wie wir; sie haben die Fähigkeit zu denken; sie genießen viele der gleichen Aktivitäten wie wir und haben, genau wie Menschen, eine Vorliebe für die Annehmlichkeiten des Lebens. Zum Beispiel liebt es Michael, in seinem bequemen Bett zu schlafen, genauso wie ich es in meinem tue. Er liebt es, im Auto zu fahren und die Landschaft zu genießen, genau wie ich, außer dass er es liebt, seinen Kopf aus dem Fenster zu hängen, während er die Landschaft bewundert. Er hat sich sehr menschlich verhalten, als er misstrauisch gegenüber Menschen wurde und Angst hatte, sich wieder auf Liebe einzulassen, weil er misshandelt worden war."

„Essie und Evan haben mir erzählt, dass du ihn von deiner Reise nach Mexiko mitgebracht hast und dass sein vollständiger Name Michael Archangelo ist. Ich wette, hinter diesem erhabenen Namen steckt eine Geschichte, und ich würde sie gerne hören."

„Ich kann sie jetzt nicht erzählen, weil unsere Pause fast vorbei ist. Vielleicht kann ich sie dir beim Abendessen erzählen, wenn es die anderen nicht stört, die Geschichte noch einmal zu hören."

Gordon nutzte die Gelegenheit, um Sarah einzuladen. „Warum erzählst du sie mir nicht beim Abendessen morgen Abend? Ich würde dich gerne ausführen, wenn du Zeit hast."

„Danke für die Einladung, und ich nehme an. Wann wirst du mich abholen?"

Gordon beschloss schnell, sie auch für den Nachmittag einzuladen. „Wenn du am Nachmittag Zeit hast, würde ich gerne gegen 14 Uhr vorbeikommen. Wir könnten das Philadelphia Art Museum besuchen. Sie haben normalerweise eine besondere Sammlung, die ausgeliehen wurde. Würde dich das interessieren?"

„Das ist eine wunderbare Idee, Gordon. Wenn du gegen 13 Uhr hierherkommst, werde ich das Mittagessen für uns bereithalten. Vielleicht brauchen wir eine Stärkung für all das Laufen, das wir machen werden."

Gordon sagte: „Super! Eins Uhr ist perfekt."

„Ich sollte den Parcours nochmal abgehen, um meine Strategie zu planen. Ich habe nicht wirklich aufgepasst, während wir geredet haben."

Sarah joggte zurück zum Hindernis, das als Nummer eins bestimmt worden war, während Gordon sich etwas abseits des Parcours positionierte. Er gab ihr ein paar Minuten und holte dann seine Trillerpfeife heraus und verkündete: „Okay Teams! Alle bereit machen. Sarah und Michael sind Team Eins; Cole und Topaz sind Team Zwei. Wir werden die Sprünge senken, bevor Essie und Kawdje als Team Drei dran sind, gefolgt von Evan und Kissy, die Team Vier sind."

Als Gordon Sarah und Michael zusah, bemerkte er, wie sie auf ihre linke Hand schaute und einen markierten Punkt darauf sah. Sie zögerte, als sie Michael befahl, nach links oder rechts zu drehen. Das bremste ihre Leistung, die trotz ihres offensichtlichen Rechts-Links-Orientierungsproblems schnell war. Michael benutzte jedes Hindernis ohne Zögern oder Schwierigkeiten. Gordon dachte, dass sie das Zeug zu einem Champion-Team hatten, und ihm kam eine Idee, wie er Sarah bei ihrem Rechts-Links-Dilemma helfen konnte.

Unterdessen war es für Gordon offensichtlich, dass Cole und Topaz nicht daran gewöhnt waren, zusammenzuarbeiten. Topaz war anmutig und eine natürliche Springerin, die mehr Zeit brauchte, um sich mit den Stangenhindernissen vertraut zu machen. Ihre Leistung wurde durch Coles mangelnde Erfahrung beeinträchtigt, aber trotz allem war ihre Zeit nicht viel langsamer als die von Sarah und Michael. Tatsächlich war Topaz überglücklich, dass ihr Vater mit ihr trainierte, und sie wollte ihm so sehr gefallen, dass es sich negativ auf ihre Leistung auswirkte, weil sie nicht so entspannt war wie beim Training mit ihrer Mutter. Sie konnte die Gedanken und Gefühle ihres Vaters nicht so gut erfassen wie die ihrer Mutter, und das Ergebnis war, dass sie sich auf dem Trainingsparcours allein fühlte.

Gordon sah, dass Essie und Kawdje wie ein Team arbeiteten. Ihre Erfahrung bei den Conformation-Hundeshows unterstützte ihre Zusammenarbeit im Hundesport. Kawdje hatte einen natürlichen Sprung bei all seinen Sprüngen. Er wollte auf der Hundebrücke lange genug zögern, um sich umzusehen, aber Essie drängte ihn weiter. Kawdje gehorchte aus Gewohnheit, aber auch, weil er allmählich verstand, dass diese Art von Aktivität Schnelligkeit und Aktion erforderte. Niemand blieb jemals stehen oder wartete geduldig darauf, dass ein Richter einen bei den Dog-Agility-Übungen begutachtete. Die Slalomstangen waren seine am wenigsten beliebten Hindernisse, und er trottete durch sie hindurch. Gordon hatte keine Ahnung, ob Kawdjes Zeit hervorragend oder schlecht war. Er konnte seine Leistung weder mit der von Michael noch mit der von Topaz vergleichen. Er würde warten müssen, bis Kissy den Parcours gelaufen war, um eine akzeptable Standardzeit für Hunde in der 12-Zoll-Sprung-Höhenkategorie festzulegen. Gordon lächelte über Kissys aggressive und enthusiastische Einstellung. Sie war unentschlossen, ob sie auf Evans Führung warten oder vorauspreschen und ihr eigenes Ding machen sollte. Sie war keine natürliche Springerin und hatte nicht den Sprung, den Kawdje hatte, aber sie machte das mehr als wett, indem sie so wendig war und sich von einem Hindernis zum nächsten beeilte. Er berechnete, dass ihre Zeit im Vergleich zu Kawdjes um fast zwei Sekunden schneller war.

Alle genossen den simulierten Agility-Wettbewerb so sehr, dass sie die nummerierten Papierstücke auf verschiedene Hindernisse verteilten, um einen neuen Weg durch den Parcours zu markieren. Gordon verkündete, dass sich die Zeit jedes Teams verbessert hatte. Gordons Beitrag zur Übungseinheit war von unschätzbarem Wert, und alle sagten es ihm auch. Es war ein langer und befriedigender Nachmittag gewesen, und als Sarah fragte, ob sie bereit seien, zu Abend zu essen, joggten Essie und Evan, Cole und Topaz, Kissy und Kawdje zur Haustür und versuchten, gemeinsam hindurchzueilen.

Gordon ging zu Sarah und Michael und sagte: „Ich hoffe, Sie sind nicht beleidigt, wenn ich sage, dass mir aufgefallen ist, dass Sie Schwierigkeiten haben, rechts von links zu unterscheiden. Ich habe einen Vorschlag, der Ihnen bei Ihrem Dilemma helfen könnte." Sarah stöhnte und hob ihre linke Hand und zeigte Gordon das „L"-Zeichen, das sie auf ihre Handfläche gemalt hatte. „Das hilft mir nicht, Michaels links und rechts schnell zu unterscheiden. Ich weiß, dass mein Problem unsere Leistung verlangsamt. Ich freue mich über jeden Vorschlag, der eine Lösung bieten könnte."

Gordon sagte: „Ich sprühe oft Linien, um Bereiche zu markieren, wenn ich bei einer Ausgrabung bin. Es ist einfacher, als Pfähle in hartgepackte Erde zu schlagen, und es verhindert die Möglichkeit, irgendwelche flach vergrabenen Artefakte zu beschädigen. Es brachte mich auf die Idee, dass Sie, wenn Sie Ihre linke Hand und Michaels linkes Ohr in einer auffälligen Farbe besprühen, die leicht zu sehen ist, immer eine sichtbare Referenz und Erinnerung an sein und Ihr linkes haben würden. Oder Sie könnten sein rechtes Ohr und Ihre rechte Hand besprühen, je nachdem, was Ihnen besser passt."

Gordons Atem stockte, und er fühlte sein Herz einen Schlag aussetzen, als Sarah strahlend lächelte, während sie ihm direkt in die Augen schaute. „Das ist eine großartige Lösung! Ich werde morgen früh eine ungiftige, wasserbasierte Sprühfarbe kaufen und deinen Vorschlag ausprobieren, bevor du zum Mittagessen kommst."

Michael sah ein Leuchten, das Sarah und Gordon umgab, und er bewegte sich näher, um in dieses Strahlen einbezogen zu werden. Er schwelgte in dem Gefühl des Schwebens und der Freude, die ihn überall kribbeln ließ. Es fühlte sich an, als würde er im Sonnenschein baden, während er still dasaß, während sie redeten.

Als die drei ins Haus gingen, wärmte Essie Lasagne im Ofen auf, und Evan mischte den Salat, den sie mitgebracht hatten. Cole hatte einen dekadent reichhaltigen Schokoladenkuchen von einer Bäckerei gekauft. Da er wusste, dass Hunde niemals Schokolade bekommen sollten, hatte er auch Milchreis für die Haustiere mitgebracht. Alle klatschten und lachten, als die Desserts verteilt wurden. Als der Abend zu Ende ging, wollten Menschen und Haustiere das Haus nur ungern verlassen, obwohl sie sich müde fühlten.

Als sie sich verabschiedeten, fragte Cole Sarah, ob er Topaz über Nacht bei ihr lassen könne.

kommende Woche. "Ich werde nächsten Dienstag einen langen, anstrengenden Tag haben und erst gegen 23 Uhr oder später nach Hause kommen. Am folgenden Morgen muss ich gegen 6 Uhr das Haus verlassen. Wäre es in Ordnung, wenn ich Topaz am Dienstagnachmittag vorbeibringe und sie bis Mittwochnachmittag hier lasse?"

"Kein Problem, Cole. Bringen Sie ihr Bett mit oder soll ich Decken bereitstellen, auf denen sie schlafen kann?"

"Ich bringe ihr Bett mit. Ich denke, es ist am besten, ihre Schlafgewohnheiten so normal wie möglich zu halten. Ich kann dir gar nicht genug danken, dass du dein Zuhause so großzügig für Topaz und uns alle jedes Wochenende öffnest."

In der Zwischenzeit verließ Gordon nur widerwillig das Haus mit seinem Bruder und seiner Schwägerin, innerlich verärgert darüber, dass er nicht mehr Zeit allein mit Sarah verbringen konnte, weil Cole sie in ein Gespräch verwickelt hatte.

Als Cole und Topaz nach Hause kamen, blinkte die Nachrichtenanzeige am Anrufbeantworter. Cole drückte einen Knopf und hörte Jeanettes Stimme sagen: "Ich bin froh, dass ich Topaz nicht mitgenommen habe, weil ich meistens im Krankenhaus bin, Jenny von der Schule abhole oder Lebensmittel einkaufe. Iris hat ein gebrochenes Becken und ihr rechtes Bein und der rechte Arm sind gebrochen, außerdem hat sie Muskelprellungen sowie gerissene Bänder und Sehnen. Beide Beine von Don sind gebrochen und er hat gebrochene Rippen. Zum Glück haben weder er noch sie innere Verletzungen. Ich gehe davon aus, dass wir Jenny den ganzen Sommer über haben werden. Sie ist klug und gut erzogen. Du wirst es lieben, sie bei uns zu haben. Wie kommst du zurecht? Ruf mich bitte an."

Er rief sie an und erzählte ihr von den Ereignissen des Tages. Jeanette sagte: "Klingt, als wäre Gordon ein echter Pluspunkt während der Übung gewesen. Wie habt ihr beide, du und Topaz, zusammen abgeschnitten?"

"Sie hat keine Spitzenleistung gezeigt, weil sie es gewohnt ist, mit dir zusammenzuarbeiten, aber wir haben es geschafft. Willst du mit ihr sprechen?"

Topaz erkannte die Stimme ihrer Mutter. Sie wünschte sich von ganzem Herzen, dass ihre Mutter bei ihr wäre. Sie bellte ein paar Mal ins Telefon, um ihrer Mutter zu sagen, dass sie sie vermisst, aber dass es ihr gut geht.

Kapitel Elf

Michael alarmierte Sarah über Gordons Ankunft, indem er an der geschlossenen Haustür bellte. Sie hatte gerade den Salat fertig gemacht, der zu den heißen Pastrami-Sandwiches serviert werden sollte. Der heiße Tee und Kaffee waren bereit, da es ein kühler, regnerischer Tag war. Sie begrüßte ihn und sie speisten am Küchentisch, während Michael seinen Pastrami in seinem Napf verschlang, den Sarah auf den Boden in ihrer Nähe gestellt hatte.

Michael beobachtete, wie Sarah sich eine Jacke anzog und als sie zu ihm kam und sechsmal seinen Rücken berührte, wusste er, dass sie ihm sagte, wie lange sie weg sein würde. Er wusste auch, dass seine spezielle Hundetür abgeschlossen sein würde, weil Sarah sie immer nachts und auch tagsüber abschloss, wenn sie lange weg war oder es regnete oder schneite. Er streckte sich auf dem Teppich im hinteren Flur aus. Es war ein guter Ort, um zu ruhen, während er Wache hielt. Er entschied sich, von Topaz und sich selbst zu träumen, wie sie zusammen Hirsche durch den Wald jagten.

Sarah und Gordon streiften durch das Museum und stellten fest, dass sie beide den Impressionismus liebten und keine Freude an der modernen Kunst hatten. Später, beim Abendessen in einem italienischen Restaurant in South Philly, erzählte Sarah die Geschichte, wie sie und Michael zueinander gefunden hatten. Sie beschrieb, wie aufgebracht Michael war, als er in einer Kiste in den Frachtraum des Flughafens für den Flug nach Pennsylvania gerollt wurde.

„Ich war besorgt wegen seiner Unterkunft, aber ich hatte keine Wahl. Ich hatte mein Auto nicht nach Mexiko mitgenommen, also war eine Heimfahrt keine Option. Mir fällt kein triftiger Grund ein, warum nicht jede Fluggesellschaft bestimmte Flüge und spezielle Flugzeuge hat, die Passagierkabinen so modifizieren, dass Haustiere mit ihren Familien reisen können. Es muss Menschen wie mich geben, die bereit wären, das Flugticket zu bezahlen, damit ihr Haustier im Kabinenbereich reisen kann. Es wäre beruhigend, den Kabinenbereich, in dem die Zwinger untergebracht sind, regelmäßig besuchen zu können und mit dem tierischen Familienmitglied zu sprechen. Ich denke, dass bei sehr langen Flügen eine Toilettenpause für jedes Haustier vorgesehen sein sollte. Ein Haustier nach dem anderen herauszulassen und das Tier an der Leine zu führen, während es zu einem Bereich für die Toilettengeschäfte gebracht wird, sollte möglich sein."

„Wie würdest du die Pausen regeln? Würden Flugbegleiter dabei involviert sein oder wäre die Betreuung der Haustiere während des Fluges ausschließlich die Verantwortung der Familienmitglieder? Wie stellst du dir den Bereich für die Tier-Toilette vor?"

Sarah sagte: „Ich habe das noch nicht im Detail durchdacht; ich würde jedoch nicht erwarten, dass Flugbegleiter in irgendeiner Weise mit den Tieren interagieren. Das wäre weder für die Haustiere noch für die Passagiere beruhigend. Es sollte im Haustierbereich ein frei/besetzt-Schild geben, genau wie bei den Toiletten für Menschen. Es sollte nie mehr als ein Haustier gleichzeitig aus einer Transportbox sein. Das würde jede Möglichkeit von Kämpfen zwischen aufgeregten und gestressten Haustieren verhindern. Außerdem denke ich, dass es eine Trennwand zwischen Hunde- und Katzenboxen geben sollte. Auch Pipiunterlagen, die während der Trainingszeit für Welpen verwendet werden, könnten für jede Toilettenpause der Haustiere benutzt werden. Davon sollte es auf jedem Flug genügend Vorrat geben. Sie könnten nach der Nutzung durch die Haustiere leicht entsorgt und nach dem Flug zusammen mit anderem Müll entfernt werden." Sie lächelte, dann fügte sie hinzu: „Entschuldigung. Manchmal komme ich bei diesem Thema ins Schwärmen."

Gordon schaute sie bewundernd an und sagte, dass er ihre Idee für sehr umsetzbar halte. „Sarah, es lohnt sich, das näher zu untersuchen, und ich würde dir gerne bei der Recherche helfen, wenn du möchtest. Vielleicht könnten wir eine Fluggesellschaft für die Idee interessieren. Viele von ihnen haben finanzielle Probleme, und deine Idee könnte ihnen helfen, die Einnahmen zu steigern."

Sarah war erstaunt, als sie einen Mann hörte, der an ihrem Tisch vorbeiging und sagte, dass es 19:45 Uhr sei. „Gordon, es ist fast 20 Uhr. Michaels Hundetür ist abgeschlossen. Ich muss schnell nach Hause."

Gordon winkte einem Kellner zu und bezahlte die Rechnung. Sie schnappten sich ihre Jacken und eilten aus dem Restaurant. Als Sarah die Haustür öffnete, begrüßte Michael sie beide mit gleicher Begeisterung, bevor er nach draußen stürmte. Sarah kochte Kaffee und schloss die Hundetür auf. Gerade als sie sich an den Küchentisch setzten, kam Michael durch seine Hundetür herein. Zu Sarahs Erstaunen ging Michael zu Gordon, setzte sich neben ihn und legte seinen Kopf auf Gordons Knie. Michael spürte die unglaubliche Energie, die Sarah und Gordon umhüllte und sich nach außen ausbreitete, um ihn mit einzuschließen. Es fühlte sich an, als würde er sich ausdehnen, um dieser warmen, glücklichen Energie zu entsprechen. Es war wie ein Sonnenbad, aber viel, viel besser. Er wusste, dass beide glücklich waren, und er war es auch.

Als Cole am nächsten Tag Topaz ablieferte, beschrieb Michael ihr die schöne Energie, die er von Sarah und Gordon ausgehend wahrnahm. „Spürst du dieselbe Art von Energie zwischen und um deine Mama und deinen Papa herum?"

„Ich habe nie darüber nachgedacht, Michael. In meinem Zuhause herrscht immer eine ruhige, beständige Glückseligkeit. Ich kenne nichts anderes. War Sarah traurig, bevor sie Gordon getroffen hat?"

„Nein. Wir waren immer glücklich zusammen. Es ist nur so, dass ich noch nie zuvor so eine besondere und erhebende Energie gespürt habe. Es fühlt sich an, als könnte ich schweben."

Topaz berührte ihre Nase mit Michaels und sagte: „Es ist ein trüber Tag. Lass uns zusammen auf dem Fenstersitz liegen, während ich dir von meiner Erfahrung erzähle, wie ich versuchte, Rehe zu vertreiben."

Nachdem sie sich gemütlich niedergelassen hatten,

Nachdem sie sich gemütlich niedergelassen hatten, fuhr Topaz fort: „Mein Papa rief mich gestern Abend nach draußen und sagte mir, ich solle eine Rehherde von unserem Grundstück vertreiben. Ich habe deine Methode kopiert, wie du mit ihnen umgehst. Ich schlich langsam vorwärts, während ich so bedrohlich wie möglich knurrte. Die Hirschkühe und ihre Jungen schlossen sich sofort zusammen und rannten in den Wald. Ich zögerte nicht in meinem Vorgehen und knurrte weiter, während ich auf die Hirsche zuging, die pfiffen und schnaubten. Ich spürte ihre Unsicherheit, wie sie mit der Situation umgehen sollten. Einige von ihnen erkannte ich wieder, da ich vor nicht allzu langer Zeit im Gras neben ihnen geschlafen hatte, und sie erkannten mich wahrscheinlich auch und fragten sich, warum die plötzliche Veränderung in meinem Verhalten. Alle Hirsche drehten sich um und folgten den Hirschkühen, bis auf einen. Mein Papa drängte mich weiter, ich solle ihn vertreiben. Ich bellte und sprang herum, aber der übriggebliebene Hirsch scharrte mit den Hufen und senkte sein Geweih. Ich hatte Angst, dass er mich angreifen würde! Ich war zwischen dem entschlossenen der Bock und mein herrischer Vater. Ich hatte solche Angst und wünschte, meine Mama wäre bei mir oder du wärst an meiner Seite, um den Bock zu vertreiben. Mein Vater rannte auf den Bock zu, schrie und schwenkte die Arme, und der Bock trabte in den Wald. Wieder einmal enttäuschte ich meinen Vater."

Während Topaz und Michael miteinander kommunizierten, sagte Cole zu Sarah, dass Jeanette ihre Nichte mit nach Hause bringen würde und fragte, ob es in Ordnung wäre, wenn sie Jenny zu den wöchentlichen Agility-Übungen mitbringen würden.

„Natürlich! Ist Jenny nicht etwa elf Jahre alt? Mag sie Hunde?" „Ja, sie ist elf, und ich weiß nicht, ob sie Hunde mag. In ihrem Haushalt gibt es keine Haustiere."

„Cole, ich wette, dass es für Jenny eine echte Freude sein wird, Topaz in der Nähe zu haben. Ich sehe, dass du Topaz' Bett mitgebracht hast. Ich lasse sie in meinem Schlafzimmer schlafen und stelle ihr Bett neben Michaels. Mach dir keine Sorgen um sie. Topaz ist daran gewöhnt, hier zu sein, und fühlt sich wohl."

Später an diesem Tag kam Gordon mit einem riesigen Blumenstrauß aus Lilien, Rittersporn und Spargelfarn zu Sarah nach Hause. Sie stellte die Blumen in eine Vase, die sie perfekt zur Geltung brachte, und platzierte das Arrangement auf dem großen Couchtisch im Wohnzimmer. Topaz stieg vom Fensterplatz herunter und trottete hinüber, um an den Blumen zu schnuppern.

„Sie ist so süß und sanft, Gordon. Ich glaube nicht, dass sie einen Jagdtrieb in sich hat."

Beide lachten und jeder gab ihr eine Umarmung, bevor sie sich gegenseitig umarmten. Topaz fühlte, wie eine Welle heller, glücklicher Energie sie durchströmte. Es war wie die Energie, die in ihrem eigenen Zuhause herrschte, nur dass diese viel intensiver war. Sie tappte zurück zum Fensterplatz, kletterte hinauf und kuschelte sich an Michael, dann erzählte sie ihm von ihren Wahrnehmungen der Energie.

Sarah und Gordon tranken heiße Schokolade in der Küche und sprachen über Flugreisen für tierische Familienmitglieder.

„Gordon, was wäre, wenn ein Haustier verloren ginge, so wie manchmal Gepäckstücke verloren gehen, oder nicht auf den richtigen Anschlussflug umgeladen würde oder auf dem ursprünglichen Flug bliebe und an einem falschen Ziel oder in einem anderen Land landen würde? Übernimmt die Fluggesellschaft die Verantwortung für die Versorgung des unglücklichen Haustiers, oder was passiert dann?"

Sie waren sich einig, dass es definitiv sicherer wäre, wenn ein Haustier in der Passagierkabine reisen und das Familienmitglied sicherstellen könnte, dass die Transportbox aus dem Flugzeug und durch das Terminal gebracht wird, um den Anschlussflug zu erreichen.

„An kleinen Flughäfen, die keine Gates haben, die das Flugzeug direkt mit dem Terminal verbinden, müssten die Passagiere direkt im Freien über Treppen ein- und aussteigen? Wenn ja, wäre es schwierig, eine Transportbox die Treppe hinauf oder hinunter zu bekommen", sagte Sarah.

„Wenn ein Flugzeug so klein ist, denke ich, dass Haustiere an der Leine geführt werden könnten und selbst die Treppen hinauf oder hinunter gehen. Ich weiß, dass in einigen sehr kleinen Flugzeugen Hunde während des Fluges auf dem Kabinenboden liegen dürfen", antwortete Gordon und fragte dann: „Hast du Lust, etwas Feldforschung an einem Flughafen zu betreiben? Wir könnten früh zu Abend essen, wenn du möchtest."

„Kommen wir lieber hierher zurück zum Abendessen. Auf diese Weise werden Michael und Topaz nicht so lange im Haus eingesperrt sein. Ich habe einen Hackbraten im Kühlschrank, der nur darauf wartet, in den Ofen geschoben zu werden, wenn wir nach Hause kommen, und einen Lebkuchen-Kuchen zum Nachtisch."

Der Nachmittag verging wie im Flug, während sie die Fluggesellschaften besuchten. Ihnen wurde der Zugang zum Frachtbereich, in dem ein Haustier untergebracht wäre, verweigert. Sie erkundigten sich nach Platzverhältnissen und Temperaturbedingungen und wurden darüber informiert, dass das Tier zum Ticketbereich gebracht und von dort in eine Transportbox und in den Frachtraum gebracht würde. Das Tier würde getrennt vom Gepäck in einem unbeleuchteten, druckbelüfteten Raum bei einer Temperatur von etwa 19 bis 21 °C reisen. Außerdem durften Tiere nicht reisen, wenn die Außentemperatur weniger als -12 °C oder mehr als 29 °C betrug, da die Frachttür während des Be- und Entladens des Gepäcks offen war und alle Teile des Frachtraums kalt oder heiß werden konnten.

je nach Außentemperaturen. Man sagte ihnen, dass der Frachtraum angenehme Reisebedingungen für jedes Tier biete und nicht lauter sei als das, was Passagiere in der Kabine erleben würden.

Als sie durch den Kurzzeitparkplatz am Flughafen gingen, waren sie sich einig, dass Fluggesellschaften Haustiere als Tiere betrachteten und nicht als echte Familienmitglieder.

„Michael hatte echte Trennungsangst, als er in den Frachtraum gebracht wurde. Wenn ich ihn während des Fluges hätte besuchen können, wäre er beruhigt gewesen und hätte gewusst, dass alles in Ordnung ist, selbst wenn es für ihn eine neue und fremde Erfahrung war."

„Er ist so intelligent und gesellig, Sarah. Es ist mir eine Ehre, dass er so schnell mein Kumpel geworden ist."

„Er liebt dich, Gordon. Ich glaube, ich bin ein klein wenig eifersüchtig darauf." Inzwischen hatten sie ihr Auto erreicht, und Gordon drehte sich zu Sarah um und sagte: „Apropos Liebe, ich muss das einfach in einer direkten und unromantischen Weise herausplatzen lassen: 'Ich liebe dich' und das tue ich seit dem ersten Moment, als ich dich sah. Das klingt wie ein Klischee, aber ich habe das Gefühl, dass ich dich schon immer gekannt habe. Als ich dir vorgestellt wurde, wollte ich sagen: 'Haben wir uns nicht schon einmal getroffen?' Aber ich hatte Angst, dass du es als abgedroschene Anmache auffassen und mich von deinem Radar streichen würdest."

Sarah schaute zu Gordon auf mit einem Blick in ihren Augen und einem Lächeln, das Eis in heißes Wasser verwandeln könnte. „Ich hatte sofort das gleiche Gefühl der Vertrautheit, sagte mir aber, dass es daran liegt, dass du Evans Bruder bist. Ich finde keine Worte, um zu beschreiben, wie unglaublich glücklich ich bin, dass du mich liebst, weil ich dich auch liebe."

Gordon schlang seine Arme um sie, sah sie an, als hätte er den kostbarsten Schatz seines Lebens gefunden, und küsste sie leidenschaftlich. Sarah schlang ihre Arme um seinen Hals und ließ alle Gedanken an alles außer Gordon und die köstliche Perfektion des Kusses los. Noch letzte Woche hatte sie sich alt gefühlt—nun, nicht genau alt, aber auf jeden Fall mittleren Alters, und jetzt fühlte sie sich jung und voller Energie. Liebe war ein besserer Energielieferant als ein Berg von Vitaminen.

Autos auf dem Kurzzeitparkplatz fuhren vorbei und einige der Insassen hupten, rollten ihre Fenster herunter und jubelten und riefen ermutigende Worte, aber Gordon und Sarah hatten den Rest der Welt ausgeblendet. Als sie schließlich ihre alternative Realität verließen, fanden sie sich neben Sarahs Auto wieder, mit einem sich langsam bewegenden, ständig wechselnden Publikum von Fahrern, die klatschten und jubelten. Sie grinsten und winkten allen zu.

Während der Heimfahrt machte Gordon Sarah einen Heiratsantrag und sie nahm an. Er wollte sofort heiraten, aber Sarah zögerte und sagte, dass sie ihren Kindern Bescheid geben und auf die Möglichkeit ihrer Ablehnung und ihres Einspruchs gegen die Heirat vorbereitet sein müssten.

Gordon schlug vor, dass sie durchbrennen könnten, wodurch es sinnlos wäre, wenn ihre Familien Einwände erheben würden.

„Das würde unsere Kinder verletzen, und ich möchte, dass meine Tochter meine Trauzeugin wird. Würdest du nicht gerne Kevin als deinen Trauzeugen haben? Wenn wir sie in unsere Hochzeit einbeziehen, wird es wirklich eine Familienangelegenheit. Lass uns zuerst unseren Kindern die Nachricht überbringen, dann den anderen Familienmitgliedern, und hoffen, dass sie froh sind, dass wir eine weitere Chance haben, ein glückliches Eheleben zu führen."

Gordon sagte: „Selbst wenn Kevin und/oder Pat Einwände haben, plane ich trotzdem, dich zu heiraten, egal was passiert. Ich hoffe, dass du genauso empfindest."

„Ja, das tue ich, aber ich möchte, dass wir so diplomatisch wie möglich sind und versuchen, unsere Familien und engen Freunde in unsere Hochzeit einzubeziehen."

Sie besprachen, wo sie nach ihrer Hochzeit leben würden. Gordon sagte, dass er oft auf archäologischen Feldforschungen unterwegs sei und nicht in der Gegend von Phoenix leben müsse, um seine Karriere zu verfolgen, sodass er seinen Hauptwohnsitz in Pennsylvania haben könnte. Sie entschieden, ihre jeweiligen Häuser zu verkaufen und ein gemeinsames Haus zu kaufen.

Familienmitgliedern mitteilen und hoffen, dass sie sich freuen werden, dass wir eine weitere Chance auf ein glückliches Eheleben haben."

Gordon sagte: „Wenn Kevin und/oder Pat Einwände haben, werde ich dich trotzdem heiraten, egal was passiert. Ich hoffe, du siehst das genauso."

„Ja, das tue ich, aber ich möchte, dass wir so diplomatisch wie möglich sind und versuchen, unsere Familien und engen Freunde in unsere Hochzeit einzubeziehen."

Sie besprachen, wo sie nach der Heirat leben würden. Gordon sagte, dass er oft auf archäologischen Feldreisen sei und nicht in der Phoenix-Gegend leben müsse, um seine Karriere zu verfolgen, sodass er Pennsylvania zu seinem Heimatbasis machen könnte. Sie beschlossen, ihre jeweiligen Häuser zu verkaufen und ein gemeinsames Haus zu kaufen das keine Geister vergangener Erinnerungen für sie oder ihre Kinder hatte.

Sarah sagte, sie würde morgen einen Immobilienmakler kontaktieren, um nach einem Haus für sie zu suchen, und dass sie genug Grundstück haben wollte, um das Agility-Setup unterzubringen. Gordon wollte genug Land für einen Hubschrauberlandeplatz.

„Ich werde meinen Hubschrauber vorerst in Arizona lassen, weil ich dort die meiste Feldarbeit mache. Irgendwann werde ich sehen, ob ich im Archäologie-Department einer der Universitäten in dieser Gegend eine Stelle bekommen kann."

Nach weiteren Diskussionen darüber, wo sie leben würden, kehrte das Thema zu den Flugreiseunterkünften für Haustiere zurück, und

Gordon sagte: „Lass uns überlegen, unsere eigene haustierfreundliche Fluggesellschaft zu gründen. Mein Sohn studiert Luft- und Raumfahrttechnik sowie Maschinenbau. Ich werde ihn bitten, Änderungen an Flugzeugen zu entwerfen, die Tierabteile in der Hauptpassagierkabine unterbringen, und einen Aufzug zu installieren, um eingesperrte Haustiere in das Flugzeug zu heben, wenn Reisende auf das Rollfeld gehen und Treppen hinaufsteigen müssen, um ein- und auszusteigen. Meistens, wenn das Boarding über ein Gate erfolgt, wäre der Aufzug nicht notwendig, da ein eingesperrtes Haustier ins Flugzeug gerollt werden könnte. Dein Schwiegersohn ist Anwalt, oder? Wir könnten ihn bitten, eine Satzung zu erstellen."

„Ich weiß nicht, ob das Eds Fachgebiet ist. Ich werde es mit Pat besprechen und sie kann Ed sich bei uns melden lassen. Es wird mir die Gelegenheit geben, ihr von uns zu erzählen. Außerdem werde ich sie und Ed zum Agility-Training am Wochenende einladen. Es wird die Einführung weniger intensiv machen, wenn andere anwesend sind und die Agility-Aktivität etwas von der Aufmerksamkeit von unserer bevorstehenden Hochzeit ablenkt."

„Gute Idee, Sarah. Ich werde es mit Essie und Evan klären, ob Kevin am Wochenende kommen kann, aber ich werde ihm vorher von uns erzählen. Das wird ihm die Möglichkeit geben, sich eine plausible Ausrede einfallen zu lassen, wenn er von der Nachricht verärgert ist und das Gefühl hat, dass er die Situation im Moment nicht akzeptieren kann."

„Gordon, wenn meine Tochter mir sagen würde, dass sie jemanden heiraten möchte, den sie erst seit einigen Tagen kennt, würde ich ihr raten, zu warten."

„Hast du Zweifel an mir oder unserer Beziehung, Sarah?" Sie drückte Gordons Hand.

„Definitiv nicht!"

Sie war überrascht, ihr Zuhause zu sehen, und sagte: „Die Fahrt ging schnell." Als sie durch die Haustür gingen, begrüßten Michael und Topaz sie mit ausgelassener Begeisterung.

„Es ist ein Vergnügen, nach Hause zu kommen und so herzlich empfangen zu werden. Jeder sollte so viel Glück haben", sagte Sarah.

Kapitel zwölf

Das Wetter wurde für das Agility-Training am Wochenende als perfekt vorhergesagt. Sarah betrachtete den Agility-Parcours, der jetzt eine Wippe und einen Bürstensprung umfasste, die Gordon und Evan gestern zusammengebaut hatten. Damals hatte Evan ihr erzählt, dass er die Website der USDAA überprüft hatte und herausgefunden hatte, dass die nordöstliche regionale Meisterschaft im Hundesport bald in der Nähe stattfinden würde. Sie war froh, dass die Hunde noch einige intensive Übungen an den neu installierten Hindernissen machen konnten, bevor sie an den Regionalmeisterschaften teilnahmen. Auch Jeanette würde mit Topaz noch dringend benötigte Übung vor dem Event bekommen, da sie und Jenny vor ein paar Tagen nach Hause gekommen waren.

Gordon und Kevin waren die ersten Ankömmlinge. Sarah bemerkte, dass Kevin genauso groß wie sein Vater war und ihm sehr ähnlich sah. Er hatte das Grinsen seines Vaters, seine lockere Haltung und sein selbstsicheres Auftreten. Sein blondes Haar war dunkler als das von Gordon und seine Augen waren haselnussbraun, nicht blau wie die seines Vaters. Sie gab ihm eine kurze Umarmung, als Gordon sie einander vorstellte. „Du siehst deinem Vater sehr ähnlich, Kevin, und vielleicht erscheinst du mir deshalb vertraut. Willkommen! Es freut mich sehr, dich kennenzulernen."

Michael lief um Kevin herum und schnüffelte ihn gründlich ab, dann setzte er sich neben ihn und drückte seinen Kopf gegen Kevins Bein. Kevin kniete sich hin, um ihm direkt in die Augen zu sehen. „Also bist du der Wunderhund, von dem mein Vater erzählt hat. Danke für das herzliche Willkommen." Michael legte eine Pfote auf Kevins Oberschenkel und berührte Kevins Gesicht mit seiner Nase. An Kevins Duft erkannte Michael, dass er mit Gordon verwandt war. Er wusste, dass Kevin jünger war als Gordon, und schloss daraus, dass dies Gordons Nachkomme war. Er liebte ihn sofort, genauso wie er Gordon liebte. Er schaute Kevin in die Augen und wusste, dass er gut, stark und freundlich war, genau wie sein Vater. Kevin streichelte Michaels Ohren und Nacken und kraulte ihn unter dem Kinn. „Ich freue mich, dass wir zur gleichen Familie gehören."

Sarahs Herz erwärmte sich für Kevin. Sie erkannte seine angeborene Freundlichkeit und Sensibilität. Sie und Gordon grinsten einander an. Das erste Treffen war sehr gut verlaufen, auch dank Michael. Sie hörten, wie Autotüren geöffnet und geschlossen wurden, gefolgt von Jipp-Tönen von Kissy und Kawdje.

die durch Michaels Hundetür in die Küche hüpften. Kevin hockte immer noch vor Michael. Kissy schlüpfte zwischen sie, stand so hoch sie konnte auf ihren Hinterbeinen, um Kevins Gesicht zu küssen, und leckte dann Michaels Schnauze. Sie war glücklich, mit einigen ihrer Lieblingsmenschen zusammen zu sein und jemanden neuen kennenzulernen. „Was für ein großartiger Tag", dachte sie.

Kawdje hielt sich zurück, bis Kevin die Hand ausstreckte und ihn in den Kreis zog. Kawdje wünschte, er könnte so aufgeschlossen und selbstbewusst sein wie Kissy.

Essie und Evan brachten Essen mit, und Sarah war damit beschäftigt, alles im Kühlschrank zu verstauen. Mitten im Gewusel in der Küche kamen Pat und Ed an und brachten Hühnchen und Maisbrotfüllung mit, die vorbereitet und gebacken werden mussten.

Gordon war überrascht, dass Pat ihrer Mutter so wenig ähnelte, und er fand, dass sie und ihr Mann sich genug ähnlich sahen, um miteinander verwandt zu sein. Ed schien mehrere Zentimeter größer als Pat zu sein, sein Haar war dick und dunkelbraun wie das von Pat, aber seine Augen passten zu seiner Haarfarbe, während Pats Augen den goldenen Farbton ihrer Mutter hatten. Pat hatte die aktive Effizienz ihrer Mutter, jedoch in einer durchsetzungsfähigeren, entschlossenen Art. Gordon vermutete, dass sie das Mitgefühl ihrer Mutter für Tiere geerbt hatte, weil sie Tierärztin war—naja, fast. Ed war im Vergleich dazu ruhig, obwohl sein liebenswürdiges und unprätentiöses Auftreten ihm wahrscheinlich Freunde einbrachte und ihm in seiner Karriere als Anwalt half.

Sarah fühlte sich nervös, als sie die Einführung machte, weil sie nicht sicher war, wie Pat auf Gordon reagieren würde. Pat war entsetzt gewesen, als sie von der bevorstehenden Hochzeit ihrer Mutter mit einem Mann hörte, den sie erst eine Woche kannte. Sarah hatte Pats Annahme über die Kürze ihrer Verlobung nicht korrigiert. Sie hoffte, dass Pat niemals herausfinden würde, dass sie Gordon erst drei Tage gekannt hatte, bevor sie seinen Heiratsantrag annahm.

Pat mochte Kevin sofort. Wie könnte sie auch jemanden nicht mögen, der so offensichtlich Hunde liebte und, noch wichtiger, so offensichtlich von Hunden geliebt wurde? Sie dachte, dass Hunde ein gutes Gespür für Menschen und eine angeborene Fähigkeit hatten, zu erkennen, wem sie das Geschenk ihrer Liebe und Loyalität anvertrauen konnten. Sie gab widerwillig zu, dass Gordon der großartige Kerl zu sein schien, den ihre Mutter beschrieben hatte. Außerdem war er leicht anzusehen. Sie korrigierte diesen Gedanken und sagte sich, dass er geradezu umwerfend attraktiv war, ebenso wie Kevin. Irgendwie sahen ihre Mutter und Gordon als Paar aus, und das nicht nur, weil sie gut zusammen aussahen. Es gab ein unsichtbares Band zwischen ihnen, das sie wie zwei Hälften eines Ganzen erscheinen ließ. Sie fühlte einen Stich der Traurigkeit, als sie an ihren Vater dachte, dann sagte sie sich streng, dass er gewollt hätte, dass ihre Mutter glücklich ist und nicht den Rest ihres Lebens einsam und in Trauer um ihn verbringt. „Ich will das auch für Mama", dachte Pat.

Sie bemerkte plötzlich, dass Michael mit seinem Kopf gegen ihr Bein stieß, und spürte Kissys Vorderpfoten an ihren Schienbeinen, um ihr zu helfen, sich auf ihren Hinterbeinen zu balancieren. Pat lachte, kniete sich hin und legte die Arme um die beiden.

Michael hatte eine Unruhe von Pat gespürt. Er hatte sie nie anders erlebt, als glücklich, wenn sie zu Besuch war. Auch Kissy hatte eine Anspannung bei einigen der Anwesenden bemerkt und entschied, dass das beste Mittel, um Glück und Freude zu verbreiten, darin bestand, alle zu küssen, und genau das tat sie.

Kawdje bemerkte Ed, der etwas abseits von den anderen stand, und verstand sofort, dass Ed ihm sehr ähnlich war. Er tappte zu ihm hinüber, setzte sich hin und bettelte. Ed nahm ihn auf den Arm. Kawdje war von seiner hohen Position begeistert! Er fühlte eine Bindung zu diesem ruhigen Mann, also legte er seinen Kopf an Eds Wange.

Essie sagte: „Alle—schaut euch Kawdje an. Er hat Ed als Freund ausgewählt. Ed, sei geehrt, denn Kawdje ist zurückhaltend und distanziert, und es dauert normalerweise eine Weile, bis er Vertrauen und Freundschaft schenkt."

Alle drängten sich um sie. Ed und Kawdje waren erfreut, nicht nur einbezogen zu sein, sondern sogar im Mittelpunkt der Aufmerksamkeit zu stehen.

In diesem Moment kamen Jeanette, Cole, Jenny und Topaz mit weiterem Essen an. Es wurden Vorstellungen gemacht, und Sarah und Essie gaben Jeanette jeweils eine Willkommens-Umarmung und dann Jenny. Sie hatten erwartet, dass Jenny Jeanette ein wenig ähneln würde, und waren überrascht zu sehen, dass sie für ihr Alter klein war. Jennys Mutter, Iris, fehlte die Größe ihrer Schwester, und der asiatische Teil von Jennys genetischem Erbe wurde durch die kaukasische Ergänzung ihres Vaters weiter verdünnt. Jennys Haare waren hellbraun und sehr glatt. Ihre Augen waren ihr herausragendes Merkmal, nicht nur wegen ihrer ungewöhnlichen grünen Farbe und ihres exotischen Aufwärtswinkels, sondern auch wegen der starken, fokussierten Energie, die wie ein Laserstrahl von ihnen ausging. Essie und Sarah bemerkten, dass sie die ökonomischen Bewegungen ihrer Tante Jeanette hatte, als Jenny schnell aus dem Weg sprang, um nicht von Michaels heftig wedelndem Schwanz getroffen zu werden, während er Topaz begeistert begrüßte.

Kissy spürte, dass Jenny zwar nicht unglücklich, aber auch nicht wirklich glücklich war. Sie entschied, dass ihr Kussheilmittel gebraucht wurde, und als sie auf Jenny zuging, wedelte Kissy so enthusiastisch mit ihrem Schwanz, dass sie am ganzen Körper wackelte. Wieder einmal stand sie auf ihren Hinterbeinen und stützte sich mit ihren Vorderpfoten an Jennys Beinen ab. Jenny war von Kissy verzaubert. Sie plumpste auf den Boden und zog Kissy auf ihren Schoß. Sie kicherte, als Kissy ihr Gesicht leckte.

„So", dachte Kissy. „Jetzt habe ich sie glücklich gemacht."

Evan kündigte an, dass er Ausdrucke über die verschiedenen Arten von Agility-Klassen habe und schlug vor, dass sie die Anforderungen durchgehen, bevor sie mit ihrem Wochenendtraining beginnen.

Nachdem alle, einschließlich der Haustiere, sich bequem im Wohnzimmer eingerichtet hatten, sagte Evan: „Die Hindernisse, die beim Dog Agility verwendet werden, sind: A-Rahmen, Wippe, geschlossener Tunnel, starrer Rohr-Tunnel, Webstangen, Hundelaufsteg, Tisch, Reifen-Sprung, Wunschtor-Sprung, Weitsprung, Hürden und Mehrfach-Hürden.

Es gibt eine Standard-Agility-Klasse und vier Nichtstandard-Klassen. Die vier Nichtstandard-Klassen sind Gamblers, Snooker, Staffel und Jumpers."

Während Evan Diagramme verteilte, die er gezeichnet hatte und die eine vorgeschlagene Hindernisanordnung für jede Art von Dog-Agility-Klasse zeigten, schlug er vor, dass sie die Informationen unmittelbar vor dem Üben der jeweiligen Klasse studieren sollten.

„Da wir bald die Pairs Relay üben werden, möchte vielleicht jeder dieses Diagramm ansehen, während ich Informationen zu den Regeln für diese Klasse vorlese."

Der Relay-Kurs ähnelt einem Standard-Agility-Setup, mit der Ausnahme, dass nicht alle Kontakt-Hindernisse enthalten sein müssen und der Tisch niemals als Hindernis verwendet wird. Die Gewinner des Relay sind die Teams, die die schnellste Zeit und die wenigsten oder keine Fehler haben. Fehler werden zur Zeit hinzuaddiert. Es wird als Pairs Relay bezeichnet, wenn zwei Teams einen Kurs absolvieren, und als Three Dog Relay, wenn drei Teams einen Kurs absolvieren. Meiner Meinung nach erfordert diese Klasse echten Sportsgeist, denn wenn ein mittelmäßiges Team mit einem hervorragend performenden Team gepaart wird und das mittelmäßige Team langsam ist und Fehler macht, wird die Gesamtwertung des Teams dies widerspiegeln, und das großartige Team wird eine viel niedrigere Platzierung haben, als es aufgrund seiner Leistung verdient hätte. Außerdem, wenn ein Team disqualifiziert wird, verliert das andere Team ebenfalls. Die USDAA verlangt, dass jedes Team die Relay-Klasse nicht mehr als einmal auf jeder Titulierungsstufe mit demselben Partnerteam ausführt. Diese Regel verhindert, dass zwei Spitzenteams immer zusammen antreten.

Sarah sagte: „Soweit ich weiß, können Michael und Topaz einmal auf der Starters-Stufe antreten, einmal auf der Advanced-Stufe und noch einmal auf der Masters-Stufe für das Pairs Relay gepaart werden, falls wir jemals so weit kommen sollten."

„Das ist richtig", antwortete Evan. „Ich möchte auch erwähnen, dass ein Hundeführer seinen Hund halten darf, während das andere Team den Kurs läuft."

„Was für eine Erleichterung!", rief Sarah. „Ich konnte mir nur vorstellen, wie Michael davonrennt, um sich Topaz anzuschließen und die Hürden mit ihr zu springen."

Essie sagte: „Wir sollten besser Kontakte auf dem Agility-Kurs knüpfen und uns mit anderen Teams in unseren jeweiligen Sprunghöhenkategorien paaren, bevor wir uns für jedes Relay-Event anmelden, oder wir nehmen das Glück der Auslosung und lassen uns von den Event-Offiziellen mit anderen Teilnehmern paaren."

Pat fragte: „Steht USDAA für United States Dog Agility Association?"

„Das ist richtig", sagte Evan.

„Was gilt als Fehler?" fragte sie.

Evan antwortete: „Einige Möglichkeiten, einen Fehler zu machen, wären das Nicht-Berühren der Kontaktzonen bei Kontakt-Hindernissen, das Verfehlen einer Webstange, das Nicht-saubere-Überwinden eines Sprungs oder das Verweigern eines Hindernisses. Einige Verstöße führen zur Disqualifikation, wie das Verschmutzen des Rings, drei Verweigerungen auf dem Parcours, Anzeichen von Aggression, das Verlassen des Rings, bevor die Leistung abgeschlossen ist, und das Laufen des falschen Parcours, was auch das Springen in die falsche Richtung beinhaltet."

Pat fragte: „Wer legt die Zeitlimits für die Vorführungen fest?"

Evan antwortete: „Noch eine gute Frage, und ich bin stolz, die Antwort zu wissen. Jede Klasse, in jedem Event, hat eine Standardzeit für den Parcours (SCT), die vom Richter dieser Klasse festgelegt wird. Die Standardzeit für den Parcours wird für große Hunde, die denselben Parcours absolvieren, schneller sein als für kleinere Hunde. Nehmen wir an, dass ein Hund in der 26-Zoll-Höhenkategorie auf Starter-Niveau in der Standard-Agility-Klasse eine SCT von 50 Sekunden hat. Ein Hund in der 22-Zoll-Höhenkategorie auf demselben Parcours wird mehr Zeit haben, um den Parcours zu absolvieren, und ein Hund in der 16-Zoll-Kategorie noch mehr Zeit. Der Hund in der 12-Zoll-Höhenkategorie hat die meiste Zeit, um den Parcours abzuschließen.

Je fortgeschrittener das Niveau, desto kniffliger wird der Parcours, mit zusätzlichen Hindernissen in allen Klassen und weniger Zeit, um den Parcours zu absolvieren."

Pat fragte: „Ist das Masters-Niveau das höchste Niveau, auf dem ein Hund antreten kann?"

„Nein", antwortete Evan. „Das Championship-Niveau ist höher als das Masters-Niveau. Allerdings werden alle Klassen auf Masters-Niveau und höher nach den Masters-Regeln durchgeführt. Viele Teams setzen den Wettbewerb fort, nachdem sie das Champion-Level erreicht haben und den Titel 'Tournament Master' sowie die Bronze-, Silber-, Gold- und Platin-Metall-Auszeichnungen erworben haben."

„Ich nehme an, man könnte ein Leben lang weiter an Wettkämpfen teilnehmen", kommentierte Pat.

Evan sagte: „Ich habe mir die Agenda der World Cynosport vom letzten Jahr angesehen und es gibt auch nicht titelführende Veranstaltungen wie Disc Dogs und Dock Dogs. Ich habe auch die Bedeutung von 'cyno' nachgeschlagen. Es ist Griechisch für Hund."

Jeanette mischte sich ein: „Mich würden die Dock Dogs interessieren. Topaz liebt das Wasser. Es wäre lustig, sie in diesem Wettbewerb anzumelden. Cole und ich haben einen Steg an unserem Teich und jeder ist herzlich eingeladen, jederzeit die Haustiere mitzubringen und den Teich zu nutzen. Ich werde mehr über den Dock Dogs-Wettbewerb herausfinden."

Evan sagte: „Er findet jedes Jahr im November in Arizona statt. Alle Klassen werden nach den Masters-Regeln durchgeführt, und keine kann für den Titelgewinn verwendet werden, auch wenn alle USDAA-Regeln und Vorschriften eingehalten werden müssen. Ich glaube, dass Teams aus anderen Ländern an der Veranstaltung teilnehmen. Es wäre eine gute Lernerfahrung für uns."

Sarah sagte: „Vielleicht werden wir nicht genug Erfahrung oder Fachwissen haben, um an einer solchen Veranstaltung teilnehmen zu können. Der November wird da sein, bevor wir uns versehen."

Essie rief: „Wir sollten aufhören zu reden und mit dem Training anfangen."

Alle nahmen ihre Tassen und Gläser und trugen sie in die Küche, dann gingen sie nach draußen zum Agility-Parcours. Sarah bat Gordon, Zeitnehmer zu sein.

„Aber nur, wenn du mir einen Kuss und eine große Umarmung gibst."

Sarah drehte sich um und wollte ihm einen kurzen Kuss geben, aber Gordon, der sich um die Zuschauer nicht kümmerte, zog sie an sich und gab ihr, was die grinsende Jenny „einen kilometerlangen Kuss" nannte. Alle applaudierten!

„Okay, okay", erinnerte sie Evan. „Zeit, die Hindernisse für eine Staffelklasse anzuordnen."

„Wir haben keinen Staffelstab zum Weitergeben", sagte Essie.

„Kein Problem", sagte Sarah. „Ich werde einen Ast von einem Busch abbrechen." „Ich helfe dir", bot Gordon an.

„Vergiss es", sagte Pat. „Ich helfe ihr. Ihr zwei könntet im Wald verloren gehen, und wer weiß, wann wir euch wiedersehen würden."

„Wann wir euch wiedersehen würden."

Jenny kicherte. Während Sarah und Pat nach einem geeigneten Stock suchten, bewegten die Männer einige Hindernisse, und Jeanette und Essie beschlossen, wo die Stabübergabezone sein würde.

Die Sprünge waren für die 26-Zoll-Höhenkategorie eingestellt, also traten Michael und Sarah zuerst an, während Topaz und Jeanette in der vorgesehenen Stabübergabezone standen.

Michael war irritiert, weil Sarah einen Stock hielt, während sie ihn von einem Hindernis zum anderen leitete. Er entschied, dass Sarah spielen wollte, also versuchte er mehrmals, ihr den Stock abzunehmen. Sie sagte immer wieder „Nein" in einem festen, entschlossenen Ton, also konzentrierte er sich schließlich darauf, den Parcours zu laufen.

Als Sarah den Stock an Jeanette übergab, stürzte sich Michael darauf. Topaz tat es ihm gleich, und die Hunde schlugen Jeanette das „Preisspiel" aus den Händen. Michael und Topaz dachten, dies sei ein Spiel „Tauziehen" und liebten es. Das war das bisher spaßigste Agility-Training, das sie jemals hatten. Topaz vergrub ihre Zähne in dem Holz. Michael hielt ein Ende mit seinen Zähnen fest und schüttelte den Kopf hin und her.

Kissy sah die Schein-Schlacht und stürzte sich in das Getümmel. Der Stock war lang genug, dass sie sich mit ihrem Kiefer daran festhalten konnte. Sie wurde fast vom Boden abgehoben. Das war ihr egal. Sie liebte und vertraute Michael und Topaz und wusste, dass sie ihr niemals wehtun würden. Kawdje tauchte neben ihr auf und schnappte nach einem Biss.

Sie hörten alle Sarah sagen: „Nein. Nein. Stopp!" Sie ignorierten sie. Alle anderen lachten zu sehr, um etwas zu sagen. Schließlich fühlte Kissy ihren Papa, wie er sie hochhob, und sie ließ den Stock los. Topaz wurde sich ihrer Mama bewusst, die ihr über den Rücken streichelte. Kawdje wurde von Essie weggezogen und in ihren Armen gehalten, und Michael schenkte Sarah seine Aufmerksamkeit, die ihm die Hand hinhielt und ihm befahl, ihr den Stock zu übergeben.

Nachdem das Lachen abgeklungen war und die Sprunghöhen gesenkt worden waren, begannen Essie und Kawdje die Staffel. Essie hielt den Stock mit ihrer linken Hand und versuchte, ihn außerhalb von Kawdjes Sichtweite zu halten. Da Kawdje nicht sehr vertraut mit der Wippe war, wollte Essie sicherstellen, dass er die Kontaktzone beim Abstieg berührte, also berührte sie den Bereich mit ihrer rechten Hand und sagte „Kontakt", während sie ihre linke Hand, die den Stock umklammerte, von ihrem Körper weghielt. Kawdje stieg sanft die Wippe hinab, berührte die Kontaktzone am unteren Teil der Planke und packte den Stock fest mit seinen Zähnen, ohne aus dem Schritt zu geraten. Essie reagierte automatisch, indem sie den Stock nach oben und weg von ihm zog, aber Kawdje hielt mit aller Kraft fest. Er zog seine Pfoten an seinen Körper und ließ sich von ihr aus dem Setup tragen.

Evan hielt Kissy in seinen Armen, was verhinderte, dass sie sich Kawdje in seinem Bestreben, den Stock zu erobern, anschloss. Zum Glück hatten Jeanette und Sarah Topaz und Michael am Halsband gepackt und verhinderten ihre Versuche, sich dem Spiel anzuschließen.

Alle johlten und lachten, und Pat, die drinnen den Esstisch gedeckt hatte, kam gerade rechtzeitig heraus, um Kawdjes Verstoß gegen die Etikette im Agility-Training zu sehen. Sie lachte so sehr, dass ihr die Augen tränten. Als das Lachen abklang, verkündete Pat: „Ich habe den Esstisch gedeckt. Die Hühner sind gebraten. Der Salat ist angerichtet. Jemand muss die Hühner tranchieren, und dann können die Tierpfleger die Hundenäpfe füllen. Ihr wisst alle, wie viel Futter euer Tier frisst."

Kevin fragte, als er auf sie zuging: „Tierpfleger? Was bedeutet das?"

Pat sagte: „Ich glaube nicht, dass Menschen Haustiere als ihr Eigentum betrachten sollten. Menschen können Schmuck, Häuser, Autos und dergleichen besitzen, aber Haustiere sind fühlende Wesen, die denken und fühlen, handeln und reagieren. Sie träumen sogar. Ein Wesen sollte nicht ein anderes besitzen, nur weil es über ein höheres Denkvermögen oder eine größere Intelligenz verfügt—zumindest so, wie wir Menschen Intelligenz messen."

„Mein Vater hat mir erzählt, dass Sie Tierärztin sind. Sie sind im richtigen Beruf. Ihre Einstellung zu Haustieren ist lobenswert und sehr fortschrittlich. Wenn ich jemals einen Hund bekomme, werde ich daran denken, mich als Hüter statt als Besitzer zu sehen."

Pat gestand, „Ich habe mir versprochen, einen Hund zu nehmen, wenn ich die Tierarztschule abgeschlossen habe, aber ich werde noch eine Weile warten und sehen, wie sich die Dinge entwickeln, bevor ich eine so große Entscheidung treffe. Schließlich ist ein Haustier viele Jahre bei einem und hat einen tiefgreifenden Einfluss auf das Leben."

Mittlerweile waren sie in der Küche, und Pat setzte Kevin daran, den Salat und die Schüsseln zum Esstisch zu tragen. Ed tranchierte die Hühner, während Jenny die Füllung in eine Schüssel löffelte.

Ed sagte: „Haustiere können dein Leben wirklich verändern. Denk an die großen Veränderungen im Leben deiner Mutter, Pat. Sie hat Michael Archangelo mit nach Hause gebracht, und deswegen hat sie Essie und Evan getroffen, als sie an derselben Hundeschau teilnahmen. Durch Essie und Evan hat sie Gordon, Jeanette und Cole kennengelernt. All unsere Leben haben sich verändert, weil deine Mutter Michael gerettet hat. Wir haben dieselben Leute getroffen, plus Kevin und Jenny. Wir alle haben uns wegen der vier Hunde getroffen. Sie sind das Zentrum unseres Rades der Freundschaft."

Jenny, Kevin und Pat hörten auf mit ihren Aufgaben und sahen ihn an. Pat ging hinter ihn, legte ihre Arme um seine Taille und legte ihre Wange an seinen warmen Rücken. „Ed, du redest nicht viel, aber wenn du es tust, drückst du dich poetisch aus. Die Hunde sind definitiv das Zentrum unseres Rades der Freundschaft. Wir müssen beim Mittagessen darauf anstoßen."

Die anderen kamen durch die Küchentür herein wie eine schnatternde Gänseschar—oder bellend, je nach Spezies.

Nachdem die Näpfe der Haustiere gefüllt und die Menschen am Tisch Platz genommen hatten, stand Ed auf, hob sein Glas mit Eistee und sagte: „Auf Michael, Topaz, Kissy und Kawdje. Sie geben uns Liebe, Loyalität, Freude und Gesellschaft, alles Komponenten der Freundschaft, und wir erwidern dies. Die meisten von uns hätten einander nicht getroffen, wenn es diese vier Hunde nicht gegeben hätte. Sie sind das Zentrum unseres Rades der Freundschaft, und ich schließe die Haustiere mit ein, wenn ich sage, dass all unsere Leben durch unsere Freundschaften bereichert wurden."

Alle stießen an und nippten an ihrem Wasser, Tee oder Limonade. Sie klatschten und lobten Ed für seinen eloquenten Trinkspruch. Die vier Hunde liefen ins Esszimmer, um zu sehen, was los war. Sie wollten bei keinem Spaß und Spiel ausgeschlossen sein und waren enttäuscht, alle sitzen zu sehen.

„Kehren wir zu unserem Essen zurück", sagte Michael.

Nachdem sie ihr Essen verschlungen und die Näpfe der anderen inspiziert hatten, um sicherzustellen, dass keiner einen Bissen übrig gelassen hatte, den ein anderer noch zu Ende essen konnte, nahmen sie die Ruheposition ein und besprachen das Training am Vormittag. Keiner von ihnen konnte verstehen, warum sie nicht das „Stock schnappen"-Spiel spielen durften.

„Warum darf mein Papa den Stock tragen und nicht ich?" fragte Kissy.

„Sarah wirft oft einen Stock, und ich soll ihn holen und zu ihr tragen", kommentierte Michael.

Kawdje sagte: „Sie wollen den Stock tragen und ihn sich gegenseitig geben und uns keinen davon lassen. Ich weiß nicht, warum, aber ich werde darüber nachdenken, und vielleicht komme ich auf einen Grund."

Topaz sagte: „Unsere Mamas und Papas verändern ständig den Aufbau. Ich frage mich, warum sie das tun."

Kissy erklärte: „Ich mag die Veränderungen. Es macht Spaß, nicht zu wissen, was als Nächstes passieren wird."

Michael sagte: „Vielleicht wollen sie, dass wir in der Lage sind, mit verschiedenen Aufbauten zu arbeiten. Es sorgt dafür, dass ich Sarah mehr Aufmerksamkeit schenke, weil ich nie weiß, welches Hindernis ich als Nächstes benutzen muss."

Kawdje mischte sich ein: „Ich finde es beunruhigend, nicht zu wissen, welches Hindernis als Nächstes kommt; aber obwohl sich der Aufbau ändert, ändern sich die Hindernisse und wie wir sie nutzen sollen, nicht."

Kawdje sah zu Topaz und sagte: „Du scheinst immer zu wissen, was deine Mama von dir will."

„Warum ist das so?" fragte Kawdje.

„Meine Mama und ich haben immer eine besondere Verbindung gehabt, die mir hilft zu wissen, was sie von mir will", antwortete Topaz.

„Funktioniert es auch umgekehrt? Weiß sie, was du willst?" fragte Kissy.

„Ich denke schon. Oft weiß sie, was ich will oder brauche, bevor ich es selbst weiß. Zum Beispiel, eines Nachts, als ich auf meinem Bett lag und meine Mama gerade ins Bett steigen wollte, holte sie plötzlich eine Decke aus dem Schrank und deckte mich damit zu. Nachdem sie das getan hatte, wurde mir bewusst, dass ich gefroren hatte. Wir haben eine besondere Verbindung, und ich kann nicht erklären, wie oder warum."

Michael erzählte den anderen, dass er Gefühle sehen und spüren könne, und beschrieb Kissy und Kawdje die Helligkeit und das Gefühl großer Freude, das zwischen und um Sarah und Gordon herumströmte und das ihn das Gefühl gab, er könne in der Luft schweben, wenn es ihn umgab. Topaz erzählte ihnen, dass sie es auch gesehen und gespürt hatte, als sie während der Abwesenheit ihrer Mutter bei Michael zu Hause war.

Kissy und Kawdje beschrieben ihre Methode, ein Bild von dem, was sie wollten, in das Herz ihrer Mama oder ihres Papas zu legen.

„Wir machen das einfach weiter, bis einer von ihnen das Bild bekommt", sagte Kawdje.

In der Zwischenzeit erzählte Evan der Gruppe im Speisesaal von der Geschichte des Dog Agility-Sports. „Die United States Dog Agility Association wurde 1986 gegründet und ihre Regeln basierten auf denen, die bereits in Großbritannien in Kraft waren. Viele Länder auf der ganzen Welt nehmen jetzt am Dog Agility-Sport teil, und die Zahl wächst ständig. Alle zwei Jahre findet ein internationaler Wettbewerb in einem der Länder statt, das Mitglied der International Federation of Cynological Sports ist. Unser Land ist Mitglied der IFCS. In diesem Jahr hat bereits ein internationaler Wettbewerb stattgefunden, also haben wir genug Zeit, die Titelleiter zu erklimmen, Erfahrung zu sammeln und nächstes Jahr so viele Punkte wie möglich zu sammeln, in der Hoffnung, im Frühjahr des darauffolgenden Jahres als Team USA ausgewählt zu werden."

Sarah sprach mit zitternder Stimme: „Es macht mir Angst, an einen internationalen Wettbewerb zu denken. Keiner von uns hat jemals an einer lokalen Veranstaltung teilgenommen."

Jeanette kündigte an: „Ich werde mich darum kümmern, morgen einen Stab für das Staffeltraining mitzubringen. Ich habe eine Idee, wie wir verhindern können, dass unsere Haustiere den Stab als ‚Stockhol-das-Spiel-für-alle'-Spiel verwenden."

Essie schlug vor: „Lasst uns heute Nachmittag Gamblers üben. Es wird eine Herausforderung sein, die Kontrolle auszuüben, während wir so weit von unseren Haustieren entfernt stehen." Alle stimmten zu, und es klapperte, als Geschirr aus dem Speisesaal in die Küche gebracht wurde.

Evan, der es hasste, Geschirr zu spülen oder irgendwelche Aufräumarbeiten nach einer Mahlzeit zu machen, schlug vor, dass die Männer nach draußen gingen, um den Parcours für eine Gamblers-Aufstellung neu anzuordnen, während die Frauen Geschirr spülten und Reste wegräumten. Er eilte durch die Küchentür, bevor jemand Zeit hatte, einen Kommentar abzugeben. Gordon, Kevin, Cole und Ed folgten ihm so schnell sie konnten.

Essie stemmte die Hände in die Hüften und sagte: „Evan hasst das Aufräumen nach einer Mahlzeit. Die meisten Männer tun das. Irgendwie kommen sie immer um die Küchendienste herum."

Die drei Frauen erledigten das Aufräumen schnell, danach studierten sie das Diagramm, das Evan von einem Gamblers-Parcours gemacht hatte, und lasen die Regeln für diese Klasse sorgfältig durch, bevor sie sich den anderen draußen anschlossen.

Evan gab das Diagramm und die Regeln für Gamblers an Gordon und Cole weiter, und dann verkündete er, für alle, einschließlich Jenny, eine Zusammenfassung der Regeln, wobei er einige hilfreiche Tipps mit einstreute.

„Während der Eröffnungsphase versuchen Hund und Hundeführer, so viele Punkte wie möglich zu sammeln. Alle Hindernisse können unbegrenzt oft genutzt werden, aber Punkte können nur zweimal pro Hindernis verdient werden. Es macht Sinn, keine Zeit zu verschwenden, indem man ein Hindernis mehr als zweimal nutzt. Wenn das Signal des Richters das Ende der Eröffnungsphase und den Beginn der „Gamble"-Sequenz anzeigt, muss der Hundeführer im festgelegten Hundeführerbereich sein und dort bleiben, während er den Hund anweist, die „Gamble"-Hindernisse zu bewältigen.

Obwohl die Eröffnungsphase keine vorgegebene Route hat, ist die Gamble-Sequenz festgelegt. Mindestens drei Hindernisse werden immer verwendet, und die Richtung, in der sie genommen werden müssen, ist deutlich markiert. Während der Gamble-Sequenz ist der Hundeführer immer mindestens 9 Fuß vom Hund entfernt: Diese Distanz erhöht sich auf 15 Fuß im Masters-Level. Diese Klasse erfordert Strategie und Distanzkontrolle vom Hundeführer. Wenn ein Hund ein Hindernis fehlerhaft bewältigt, werden keine Punkte für diesen Fehler verdient, wie es in den Klassen Standard Agility, Jumpers und Relay der Fall wäre, wo das Team mit der schnellsten Zeit und den wenigsten Fehlern gewinnt. In dieser Klasse und in Snooker gewinnt das Team mit den meisten Punkten, und die Zeit dient als Tiebreaker."

Nach zwanzig Minuten waren alle bereit, mit Gamblers zu beginnen. Sarah hatte ihre Hand und Michaels Ohr neonorange gesprüht. Jenny erklärte, dass sie das coolste Team aller Zeiten seien. Michael konnte sein Ohr nicht sehen, und sobald die Sprühfarbe getrocknet war, fühlte es sich nicht anders an als das andere, also vergaß er es. Topaz, Kissy und Kawdjes Sehvermögen erkannte sein Ohr nicht als schockierend hellorange, also ignorierten sie es.

Der Parcours war für die Sprunghöhe von 26 Zoll aufgebaut worden. Topaz und Jeanette gingen als Erste. Sie waren hervorragend. Als Jeanette während des Gambles im definierten Bereich der Hundeführer stand, befolgte Topaz die Anweisungen, als hätte sie den Parcours schon hundert Mal gemacht.

Coles Herz schwoll vor Stolz, als er Jeanette und Topaz zusah. Er dachte, dass selbst wenn Topaz zu dumm sei, um bei Regen ins Trockene zu gehen, und nicht mutig genug, um Hirsche zu vertreiben, sie sich bei Dog Agility doch wirklich zusammenreißen konnte – dank nicht zuletzt seiner unglaublichen Frau, die für alles, was sie sich vornahm, ein Talent zu haben schien.

Sarahs Inneres zitterte, während sie auf den Start wartete. Sie schaute auf Michaels leuchtend orangefarbenes Ohr und hoffte, dass es ihr helfen würde, schnell sein Links und Rechts zu erkennen. Sie betete inständig, dass ihre Leistung kein großer Rückschlag nach Jeanette und Topaz' eleganter Teamarbeit sein würde. Vor allem wollte sie Michael nicht zurückhalten, der das Potenzial hatte, ein fantastischer Agility-Hund zu sein.

Sie holte tief Luft und sagte zu Michael: „Los geht's." Sie blieb während der Eröffnungssequenz in seiner Nähe, sodass es kein Problem war, sich an Rechts und Links zu erinnern, weil sie auf jedes Hindernis zeigen und den Namen sagen konnte, das Michael als nächstes benutzen sollte. Ihr Hauptanliegen während der Punkte sammelnden Eröffnungsphase war, vor Michael zu bleiben und sich so zu positionieren, dass er ihr Signal deutlich sehen konnte, welches Hindernis er als nächstes nehmen sollte und in welche Richtung. Als Michael sich dem A-Rahmen näherte, sah Sarah, dass er zum Sprung bereit war, und rief schnell „Kontakt", damit er nicht auf halber Höhe des aufsteigenden Brettes absprang und den Kontaktpunkt am Beginn des Aufstiegs verpasste. „Ich muss mit ihm an den Kontaktpunkten arbeiten", dachte sie.

Als sie die Eröffnungsphase beendet hatten, hatte sie ihren Weg durch den Parcours so gestaltet, dass sie sich im Bereich der Hundeführer befand und Michael in einer guten Position war, um die Wippe zu benutzen, die das erste Hindernis des „Gambles" war. Sie hielt ihre neonorangefarbene linke Hand auf Brusthöhe vor sich, sodass sie sie leicht sehen konnte, und drehte ihre Richtung, um mit Michaels Richtung übereinzustimmen, während sie ihre Befehle ausrief. Es half, ihr Rechts/Links-Dilemma zu lindern.

Weil es eine gute Disziplin für die Hunde wäre, für eine 5-Sekunden-Zählung in Ruhepose zu bleiben, während sie sich fast 10 Fuß vom Bereich der Hundeführer entfernt befanden, hatten sie beschlossen, den Tisch als letztes Hindernis im „Gamble" zu verwenden, obwohl er in offiziellen Wettbewerben niemals auf diese Weise verwendet werden würde. Michael beendete den Parcours, indem er für die 5-Sekunden-Zählung in Ruhepose auf dem Tisch blieb. Sarah war sehr stolz auf ihn und schickte ein dankbares Gebet gen Himmel, dass Michael zumindest links von rechts unterscheiden konnte.

„Er ist klüger als ich", dachte sie. Sie hatte es etwas ablenkend gefunden, ständig auf ihre linke Hand zu schauen und dann aufzublicken, um sich an der Position von Michaels linkem Ohr zu orientieren, aber die Sprühfarbe half definitiv, ihr Rechts/Links-Dilemma zu verringern.

Es war eine gute Leistung, aber nicht ganz so glatt und koordiniert wie die von Jeanette und Topaz. Gordon überprüfte die Stoppuhr, und obwohl Michaels Leistung nicht so schnell war wie die von Topaz, wusste er, dass es an Sarahs langsameren Überlegungen lag, welche Richtung sie Michael befehlen sollte. Er hatte gesehen, wie sie während ihrer Leistung immer wieder von ihrer orangefarbenen Hand zu Michaels orangefarbenem Ohr schaute, aber sie hatte keinen Rechts-von-Links-Fehler gemacht. Der Hinweis war eine hilfreiche physische Referenz, und Gordon war sicher, dass Sarah, je mehr sie ihn benutzte, entspannter und selbstbewusster werden würde und die Leistung des Teams sich verbessern würde.

Alle halfen mit und senkten schnell die Sprunghöhen, um Kissy und Kawdjes 12-Zoll-Sprunghöhe anzupassen. Essie und Kawdjes Leistung ging Evan und Kissys voraus. Kawdje folgte während seiner Leistung pflichtbewusst den Anweisungen seiner Mama und konzentrierte sich auf sie, während er in der Ruhepose auf dem Tisch blieb und auf ihr Signal wartete, abzuspringen. Essie umarmte und küsste ihn und sagte ihm, dass er der beste kleine Kerl sei, mit dem jemand jemals das Vergnügen haben könnte, zu arbeiten.

Sie hatte befürchtet, dass Kawdje aufstehen und seine Haltung in die gestapelte Position bringen könnte, die auf dem Tisch bei einer Conformation Dog Show erforderlich war, aber er schien keine Ähnlichkeit zwischen der großen, niedrigen, quadratischen Fläche, die im Dog Agility verwendet wurde, und dem höheren, kleineren Tisch zu erkennen, der in Conformation Dog Shows verwendet wurde, um dem Richter bei der Untersuchung kleiner Hunde zu helfen.

Evan wartete ungeduldig darauf, Kissys Können zu zeigen. Sie war eine schnelle und furchtlose Konkurrentin. Er ließ sie während der Eröffnungsphase die Weave Poles zweimal benutzen, weil sie so schnell durch sie hindurchschlängeln konnte und sie den höchsten Punktwert hatten. Während er im Bereich der Hundeführer während der Gamblers-Sequenz stand, rief er die Anweisungen so schnell, wie er die Worte formen konnte, und sie reagierte mit erstaunlicher Beweglichkeit und Geschwindigkeit. Sie sprang auf den Tisch und nahm auf sein Kommando hin die Ruheposition ein, ignorierte ihn jedoch, als er ihr befahl zu bleiben. Sie erhob sich immer wieder halb, dann nahm sie die Ruhepose ein, während er sie aufforderte, zu bleiben, und nach einer Sekunde erhob sie sich wieder halb, in Erwartung, vom Tisch zu springen. Es sah aus, als würde sie eine Hundeversion von Liegestützen machen. Es war offensichtlich, dass Kissy weitermachen wollte und nicht glaubte, dass das Einnehmen einer Ruhepose für 5 Sekunden als Leistung zählte.

Alle versuchten, ihre Lächeln zu verbergen, außer Jenny, die entzückt kicherte.

Essie sagte selbstgefällig: „Ich denke, dass jedes Mal, wenn Kissy sich geweigert hat, in der Ruhepose zu bleiben, ein Fehler war. Ich bin sicher, dass sie mindestens 20 Punkte gesammelt hat. Ich weiß nicht, ob das zur Disqualifikation führt, aber wenn nicht, gibt das dir und Kissy sicherlich die langsamste Zeit."

Evan rief nach Kissy, damit sie zu ihm kam. Er hielt sie in seinen Armen und sagte: „Kleine, du bist zu eifrig. Manchmal gehört auch Stillhalten zur Leistung. Wir haben Arbeit vor uns. Du musst lernen, auf meine Anweisungen zu warten."

Alle beschlossen, den Tag in Bezug auf Agility zu beenden und ein Abendessen mit aufgewärmten Resten zu essen. Sarah kündigte an, dass sie ein leckeres Dessert aus Mascarpone- und Ricotta-Käse zubereitet hatte, das auch mit den Haustieren geteilt werden könnte. Es war ein geselliger Abend für Haustiere und Menschen. Während Strategien zur Punktesammlung bei Gamblers am Esstisch besprochen wurden, erinnerten sich die Haustiere, die in der Küche speisten, an ihre Lieblingsdesserts und entschieden sich dafür.

Michael fand das neue Dessert fast so köstlich wie Crème brûlée. Topaz zögerte eine Weile, bevor sie entschied, dass sie auch dachte, Crème brûlée sei immer noch ihr unangefochtener Favorit. Kissy und Kawdje sagten, das schmackhafte neue Dessert sei so gut wie Milchreis, rangiere jedoch nach Crème brûlée an zweiter Stelle. Alle waren sich einig, dass Desserts eines der besten Vergnügen im Leben sind; nicht so gesegnet wie Teil einer glücklichen Familie zu sein, nicht so erfüllend wie treue Freunde zu haben, nicht so komfortabel wie ein weiches, sauberes Bett zum Schlafen, nicht so herausfordernd und aufregend wie Agility, aber sehr, sehr seelenbefriedigend.

Kapitel Dreizehn

Am nächsten Morgen um etwa 11 Uhr versammelten sich alle wieder auf Sarahs Rasen für das Agility-Training, mit Ausnahme von Kevin, der auf einem Flug zurück zu seiner Universität war. Die Freunde hatten am Vorabend entschieden, dass an diesem Tag nur die Pairs Relay und Snooker Klassen geübt werden würden.

Jeanette hatte ein rätselhaftes Lächeln im Gesicht, als sie ein Paar Gartenhandschuhe anzog. Sie fragte Sarah, ob sie ein robustes Paar Gartenhandschuhe hätte und schlug vor, dass sie sie tragen sollte. Sarah joggte in die Garage, um ein Paar zu holen.

Topaz und Jeanette begannen ihre Darbietung ohne Zwischenfall. Jeanette konnte sehen, dass Topaz sehnsüchtig auf den Staffelstab schaute, aber sie befolgte alle Befehle und nahm jedes Hindernis wie angewiesen und versuchte nicht, den neuen Stock zu greifen. Als sie den Bereich zum Weiterreichen des Stabes erreichten und Jeanette den Stab an Sarah weitergab, wedelte Michael mit dem Schwanz, weil er so glücklich war, dass Topaz in seiner Nähe war. Er wollte spielen, also sprang er zum Stock. Topaz hatte gesehen, wie Michael sein Gewicht auf seine Hinterbacken verlagerte, um sich auf einen Stockfang-Sprung vorzubereiten, und entschied, ihm zuvorzukommen. Beide erreichten den Preis gleichzeitig und rissen ihn Sarah mühelos aus der Hand, bevor sie die Gelegenheit hatte, ihn richtig zu greifen.

Kissy und Kawdje hatten zwischen ihrer Mama und ihrem Papa an der Seitenlinie gesessen. Mit fröhlichem Gebell rannten sie quer über den Parcours und schlossen sich dem Kampf an. Plötzlich hörte das Schwanzwedeln auf und mehrere unglückliche Jauler waren zu hören. Der Stab wurde fallengelassen, und die Haustiere gingen schnell davon.

Gordon starrte auf das Schauspiel von Michael und Topaz, Kissy und Kawdje, die mit gesenkten Köpfen, angelegten Ohren und hängenden Schwänzen auf ihre Eltern zugingen, und fragte: „Was ist passiert?"

Jeanette erhob die Stimme: „Ich habe Rosenstöcke zusammengebunden und einige Dornen daran gelassen. Es ist eine gemeine, aber schnelle und effektive Methode, ihnen beizubringen, dass der Stab kein Spielzeug ist."

Cole dachte: „Sie sieht aus wie eine Göttin, aber sie ist gerissen."

Pat fragte: „Warst du in deinem früheren Leben Lehrerin?"

Jenny sagte: „Tante Jeanette, du bist ein Grinch!"

Die Pairs Relay Klasse setzte sich ohne weiteren Zwischenfall fort, und die Haustiere benahmen sich so gesittet wie alte Damen bei einer Teeparty.

Die Freunde beschlossen, die Snooker-Klasse zu üben, während die Haustiere noch in einer gehorsamen Stimmung waren. Alle bewegten sich um die Hindernisse, um Evans Diagramm eines Snooker-Aufbaus zu entsprechen. Evan zitierte dann die Regeln: „Im Snooker sind allen Hindernissen Farben zugeordnet. Jede Farbe hat immer denselben Punktwert, und zwar wie folgt: Rot wird immer 1 Punkt wert sein, Gelb—2, Grün—3, Braun—4, Blau—5, Pink—6 und Schwarz—7 Punkte.

Rote Hindernisse sind immer Hürden, die an die verschiedenen Sprunghöhenkategorien angepasst werden können. Farben, die anderen Hindernissen zugewiesen werden, können sich von Veranstaltung zu Veranstaltung ändern; jedoch werden Punktwerte von 6 oder 7 normalerweise schwierigeren Hindernissen wie der Wippe oder den

Slalomstangen zugewiesen, anstatt beispielsweise dem Rohr-Tunnel. Während der Eröffnungsphase möchte man so viele Punkte wie möglich sammeln, bis zu einem Maximum von 24, wenn 3 rote Hindernisse genutzt werden. Es gibt ein Protokoll, das befolgt werden muss. Ein rotes Hindernis muss zuerst genommen werden, gefolgt von einem Hindernis einer anderen Farbe, dann eines der zwei verbleibenden, ungenutzten roten Hindernisse, gefolgt von einer anderen Farbe, dann das letzte ungenutzte rote Hindernis, dann wieder eine andere Farbe. Es gibt einen Haken—die Punktevergabe hört auf, wenn ein rotes Hindernis nicht erfolgreich genommen wird oder das 'Rot-Farbe-Rot'-Protokoll nicht eingehalten wird.

Während des Schlussteils, der Snooker-Sequenz, müssen die Hindernisse in der richtigen Farbfolge genommen werden, beginnend mit Gelb, das 2 Punkte wert ist, und aufsteigend im Punktwert. Die Punktevergabe endet in der Snooker-Sequenz, wenn der Hund einen Fehler macht oder die Zeit abläuft. Wie in der Gamblers-Klasse gewinnt das Team mit den meisten Punkten und die Zeit ist der Tiebreaker."

Sie beschlossen, der Wippe den höchsten Punktwert von sieben zu geben, weil sie das neueste Hindernis war und ihre Unvertrautheit es wahrscheinlich zum schwierigsten Hindernis für die Haustiere machte, obwohl Topaz und Kawdje immer noch durch die Slalomstangen trotteten.

Evan, Essie, Sarah und Jeanette liefen den Parcours ab und entschieden sich für ihre Strategie für die Eröffnungssequenz. Die Wippe wurde am entgegengesetzten Ende des Parcours zu den drei roten Sprüngen platziert, was bedeutete, dass wertvolle Zeit verwendet würde, um die maximale Anzahl von Punkten in der Eröffnungssequenz zu sammeln. Zeit würde sich ansammeln, während die Haustiere die gesamte Länge des Aufbaus hin und her rennen.

Alle wussten, dass das Team mit den meisten Punkten gewann und dass die Zeit der Tiebreaker war. Sie wussten auch, dass sie während der Eröffnungssequenz keine weiteren Punkte sammeln konnten, wenn ein rotes Hindernis nicht erfolgreich genommen wurde, daher wussten sie, dass sie vorsichtig sein mussten. Die Eröffnungsphase erforderte definitiv eine Strategie.

Jeanette wusste, dass Topaz eine natürliche Springerin und körperlich stark war. Sie entschied sich, sie die Wippe dreimal benutzen zu lassen – einmal nach jeder roten Hürde – während der Eröffnungssequenz. Damit würde sie die maximale Punktzahl sammeln. Obwohl die Slalomstangen näher waren, hatte Topaz noch keinen natürlichen Rhythmus entwickelt, um zwischen den Stangen hindurchzugleiten, und sie waren einen Punkt weniger wert als die Wippe.

Sarah entschied sich ebenfalls dafür, dass Michael die maximale Punktzahl sammeln sollte, indem er die Wippe dreimal in der Eröffnungssequenz benutzte. Er war ein starker, vielseitiger Konkurrent, der sich mit jedem Hindernis wohl fühlte.

Essie entschied, dass es eine klare Entscheidung war, Kawdje die Wippe dreimal in der Eröffnungssequenz benutzen zu lassen. Er war klein, aber ein starker und gut konditionierter Konkurrent, der die Länge des Kurses drei Mal hin und zurück laufen konnte und dennoch in der Lage war, die roten Hindernisse mit Leichtigkeit zu überspringen, da er eine natürliche Sprungfähigkeit hatte. Er war langsam durch die Slalomstangen, sodass die Tatsache, dass sie näher an den roten Hindernissen waren, ihm zeitlich nicht helfen würde.

Evan überlegte, dass Kissy es liebte zu rennen und schnell war. Er dachte nicht, dass es sie erschöpfen würde, die Länge des Kurses zwischen jedem roten Hindernissprung hin und her zu laufen, und dass sie dadurch daran gehindert würde, jeden Sprung sauber auszuführen. Kissy hatte nichts dagegen, zu springen, solange sie nicht denselben Sprung immer wiederholen musste. Unter Berücksichtigung der Größenunterschiede berechneten die Handler, dass Kissy die schnellste Zeit hatte. Keines der Haustiere sammelte Fehlerpunkte.

Das Mittagessen war ein Fest der Reste, außer einem frischen, warmen Lebkuchen mit warmer Zitronensoße als Topping. Sarah sagte, sie habe es nach einem alten Familienrezept ihrer Ururgroßmutter gemacht Großmutter. Bevor Essie und Jeanette nach dem Rezept fragen konnten, sagte Sarah, dass sie es ihnen per E-Mail schicken würde. Sie strahlten vor Dankbarkeit.

Während sie bei Tee und Kaffee verweilten, kündigte Evan an, dass das Nordost-Hundegeschicklichkeitsturnier in zwei Wochen in Kennett Square stattfinden würde. „Wir müssen mit unserer Mission beginnen, Champion-Hundegeschicklichkeitsteams zu werden. Die Veranstaltung beginnt am Freitagmorgen um 10 Uhr und endet am Sonntag um 14 Uhr. Ich habe die Zeitpläne von der USDAA-Website heruntergeladen und die Klassen markiert, in denen wir antreten sollten. Es werden alle Starter-Level-Klassen sein, die zur Titelerreichung zählen. Wir können es schaffen, an zwei Standard-Agility-Klassen, zwei Gamblers-, zwei Snooker-Klassen und zwei Pairs-Relay teilzunehmen. Wenn unsere Haustiere in jeder dieser Klassen eine qualifizierte Punktzahl erzielen, haben sie zwei Drittel des Championship-Programms auf dem Starter-Level abgeschlossen. Wir können in Erwägung ziehen, unsere furchtlose Viererbande am Steeplechase, einem Jumpers-Parcours, und am Grand Prix, der einer Standard-Agility-Klasse ähnelt, beide nach Masters-Regeln, teilnehmen zu lassen. Das bedeutet, dass die Standardkurszeiten viel schneller sein werden als auf dem Starter- und Advanced-Level."

Er verteilte die Ausdrucke. Alle, außer Pat und Ed, die nach dem Mittagessen gegangen waren, durchstöberten die Zeitpläne, besprachen die Klassen und ob sie ein Zelt und ein warmes Mittagessen für jeden Tag mitbringen sollten. Sie beschlossen, den Agility-Aufbau jeden Tag auf informeller und individueller Basis zur Vorbereitung auf die bevorstehende Hundegeschicklichkeitsveranstaltung zu nutzen.

Früh am Montagmorgen rief Pat Sarah an und vertraute ihr an, dass sie Gordon wirklich mochte, aber sehr besorgt über ihre Verpflichtung zur Heirat nach so kurzer Zeit sei. Sie fragte, wann sie vorhatten zu heiraten, und Sarah sagte, dass sie wahrscheinlich nicht vor Ende des Sommers heiraten würden.

„Das sind ganze drei Monate, Pat."

„Mom, du wärst außer dir gewesen, wenn Ed und ich nach nur drei Monaten geheiratet hätten. Wo werdet ihr heiraten?"

„Hier. Nicht in diesem Haus, ich meine in dieser Gegend. Du weißt, dass Gordon und ich einen Makler damit beauftragt haben, ein Zuhause für uns zu suchen."

Pat sagte mit heiserer Stimme, als ob sie Tränen zurückhalten würde: „Ich werde das Haus vermissen, in dem ich mit dir und Daddy aufgewachsen bin, aber ich bin froh, dass du wieder glücklich und beschäftigt bist, Mom. Ich mag Kevin wirklich, und das ist gut so, denn er wird mein Stiefbruder. Er ist Gordon sehr ähnlich. Sie sind nette Leute und ich denke, wir werden gut miteinander auskommen. Wir alle haben etwas gemeinsam – wir lieben Hunde. Jeder, der Hunde liebt, hat sein Herz am rechten Fleck und ist in meinem Buch in Ordnung. Also wird es eine Herbsthochzeit, Mom. Kann ich dir bei der Planung helfen?"

Sarah fühlte sich benommen vor Erleichterung, dass ihre Tochter die neue Wendung der Ereignisse akzeptiert hatte. „Dieser Sommer wird wie eine Achterbahnfahrt. Übrigens, dieses vergangene Wochenende war so beschäftigt, dass Gordon keine Gelegenheit hatte, mit Ed darüber zu sprechen, dass er eine Satzung oder was auch immer erforderlich ist, für die Gründung einer Fluggesellschaft erstellt, die sowohl Menschen als auch Haustiere im Kabinenbereich befördert. Evan und Essie wollen mitmachen. Ich erwarte, dass Jeanette und Cole das auch wollen. Gordon hat die Sache mit Kevin besprochen und ihn gebeten, über die erforderlichen Änderungen nachzudenken, um einen Aufzug für eingesperrte Haustiere zu installieren und den Kabinenraum so umzugestalten, dass ein Bereich für Tierboxen geschaffen wird."

„Mom, ich liebe diese Idee! Ich bin sicher, Ed wird die erforderliche rechtliche Arbeit erledigen. Wie kann dieses großartige Projekt finanziell realisiert werden? Ist Gordon reich?"

„Ich weiß es nicht, Pat. Weder er noch Evan müssen die tägliche Tretmühle durchlaufen, um komfortabel zu leben. Evan ist ein scharfsinniger Investor und er verwaltet die meisten von Gordons Investitionen für ihn. Ich gehe davon aus, dass wir das herausfinden, wenn wir uns bald mit dir und Ed und allen zu einem Abendessen treffen. Essie und Evans Tochter, Joy, und ihr Mann, Sam Albright, werden ebenfalls an dem Treffen teilnehmen. Joy möchte die glückliche Frau kennenlernen, die ihren Onkel Gordon heiraten wird. Sie ist Journalistin und Fotografin bei der Zeitung The Philadelphia Inquirer. Ihr Mann spielt Basketball."

Pat quietschte: „Ist er DER Sam Albright?" „Der einzig Wahre!" antwortete Sarah.

Etwa eine Stunde später hörte Michael ein Fahrzeug die Auffahrt hinauffahren. Er verließ das Haus durch seine Hundetür und war überrascht und erfreut, Topaz zu sehen. Er rieb seine Schnauze an ihr, gab dann Jeanette und Jenny eine kurze Begrüßung, bevor er auf den großen Van der Kilmer-Familie zulief, der gerade zum Stehen kam.

Nachdem Kissy und Kawdje sich ihm und Topaz angeschlossen hatten, saßen sie zusammen und beobachteten interessiert, wie Evan und Gordon ein Hindernis namens „Dog Walk" aus dem Van luden. Während sie es zusammenbauten, erzählte Sarah den anderen, dass sie mit Pat darüber gesprochen hatte, Ed mit der Abwicklung der rechtlichen Angelegenheiten zur Gründung einer haustierfreundlichen Fluggesellschaft zu beauftragen.

„Gordon, sie wird Ed bitten, dich heute Abend anzurufen, sobald er von der Arbeit nach Hause kommt."

Jeanette fragte: „Könnten Cole und ich da auch ein Teil von sein?" Sarah gab ihr eine kurze Erklärung zu ihren Plänen für eine haustierfreundliche Fluggesellschaft und sagte, sie seien herzlich eingeladen, mitzumachen.

Essie sagte: „Lasst uns die Diskussion beim Abendessen bei mir zu Hause beginnen. Das nimmt Sarah die Last, uns als Treffpunkt zu dienen.

Schließlich werden wir auch dieses Wochenende wieder in deinem Esszimmer einfallen."

Jeanette sagte, dass Cole donnerstagabends in der Regel verfügbar sei. Alle stimmten dann zu, dass dieser Abend die erste Wahl für das Treffen wäre, falls es Ed passt.

Sarah schnallte Michael die Leine an und zusammen joggten sie zum Dog Walk. Er führte es makellos aus! Topaz und Jeanette hatten ebenfalls eine sehr beachtliche Leistung, obwohl Topaz zögerlicher und weniger sicher war, als sie die horizontale Planke überquerte. Jeanette musste Topaz nicht daran erinnern, den Kontaktbereich während ihres Aufstiegs und Abstiegs zu berühren, da Topaz offensichtlich vorsichtig war. Kissy lief furchtlos hinauf, quer über und hinunter vom Dog Walk. Evan musste sich beeilen, um mit ihr Schritt zu halten. Sie war zu klein, um über die Kontaktzonen zu springen, was wahrscheinlich eine gute Sache war. Andernfalls hätte sie in ihrer Hast, die Aufgabe mit Höchstgeschwindigkeit auszuführen, diese möglicherweise verpasst. Kawdje ging gemächlich die aufsteigende Planke hinauf und beschloss, auf der horizontalen Planke anzuhalten und die Aussicht zu genießen. Jenny kicherte, als sie Essie dabei beobachtete, wie sie den zögerlichen Kawdje über die horizontale Planke des Dog Walks lockte. Nachdem er widerwillig abgestiegen war, schlug Evan vor, die Hunde die Übung wiederholen zu lassen, diesmal ohne kurze Leinen, da sie während offizieller Hundegeschicklichkeitsveranstaltungen ohne Leinen auftreten müssten.

„Lasst uns eine Standard-Agility-Klassenübung mit dem Dog Walk machen", schlug Jeanette vor.

Sarah sprang auf den Vorschlag ein: „Gute Idee. Falls keiner von euch das Diagramm für diese Klasse hat, kann ich meines aus dem Haus holen und wir können diese Einrichtung nutzen."

Essie und Evan stimmten zu.

Evan erinnerte sie daran, dass die Regeln für die Standard-Agility-Klasse die gleichen wie für die Relay-Klasse sind, in dem Sinne, dass das Team mit der schnellsten Zeit und den wenigsten oder keinen Fehlern gewinnt. „Alle Hindernisse werden in dieser Klasse verwendet, einschließlich des Tisches, der im Relay nicht verwendet wird."

Jeder befestigte Nummern an den Hindernissen, um den Weg durch den Parcours zu markieren. Da die Sprunghöhe auf die Kategorie von 26 Zoll eingestellt war, wurde entschieden, dass Michael zuerst auftreten würde, gefolgt von Topaz. Nachdem die Sprunghöhe auf die 12-Zoll-Kategorie angepasst worden war, sollte Kissy auftreten und Kawdje als Letzter.

Kawdje beobachtete die anderen mit einer mürrischen Miene. Er fragte sich, warum er immer der Letzte sein musste. Er war verärgert, weil es jetzt ein weiteres Hindernis im Parcours gab. Während er den Fortschritt der anderen beobachtete, bemerkte er, dass der wackelige, knifflige Wippe sofort nach dem Hundewalk benutzt werden musste.

Er trottete auf den Parcours und machte deutlich, dass er nicht begeistert war. Während seiner Vorstellung war er nervös, weil er die schwierige Wippe benutzen musste und dann noch durch die lästigen Slalomstangen hindurch musste.

Als seine Mutter ihm signalisierte, den Hundewalk zu nehmen, ging er pflichtbewusst die aufsteigende Rampe hinauf und über die horizontale Platte. Er genoss die zusätzliche Höhe, die ihm der Hundewalk gab, und seine Stimmung besserte sich. Er fühlte sich sicher genug, um sich umzusehen, während er nach vorne ging. Er sah ein Reh am Waldrand. Er bellte, um die anderen zu alarmieren, und rannte die Rampe des Hundewalks hinunter auf das Reh zu, so schnell, dass Essie ihn nicht fangen konnte.

Michael und Kissy stimmten in das Gebell mit ein und jagten in voller Geschwindigkeit hinterher. Topaz lief widerwillig hinterher, in einem entspannten, gemächlichen Tempo. Sie wollte keine Konfrontation mit dem Reh und wollte auf keinen Fall, dass ihre Freunde ihm wehtaten.

Der kürzeste Weg zum Reh erforderte, dass Kawdje über Hürden sprang. Er überwand sie wie ein Hochspringer. Michael war immer noch hinter ihm, holte aber auf. Kissy bellte aufgeregt, ihre kurzen Beine trugen sie so schnell wie möglich, während Topaz in entspannterem Tempo folgte.

Topaz lief neben ihr her. Die erschreckte Herde war verblüfft, als sie ein sehr kleines Wesen schnell auf sich zulaufen sahen. Sie waren Michael gewohnt und waren sich nicht sicher, was dieses kleine, schnelle Ding war. Als es näher kam, erkannten die Hirsche den Geruch eines Hundes. Die Herde änderte den Fokus und sah Michael und Topaz, deren Geruch ihnen vertraut war, plus einen weiteren sehr kleinen, kläffenden Hund. Die Hirsche drehten sich um und verschwanden im Wald.

Die Haustiere hörten, wie ihre Familien nach ihnen riefen, und während Michael, Topaz und Kissy die Verfolgung aufgaben, wollte Kawdje die Hirsche in den Wald verfolgen. Doch er entschied, dass Vorsicht, zumindest für jetzt, der bessere Teil der Tapferkeit war. Er war sich nicht sicher, wie viele Hirsche die Herde umfasste, und er überlegte, dass ohne Unterstützung niemand wusste, was ihm passieren könnte. Kurz überlegte er, die ganze Hirschherde zu jagen, anstatt sich der Wippe zu stellen, aber entschied dann, wirklich mutig zu sein und sich diesem kippeligen Hindernis zu stellen. Widerwillig drehte er sich zurück in Richtung des Agility-Parcours.

Jenny war über die Unterbrechung der Routine hocherfreut und lachte, bis sie nach Luft schnappte. Gordon und Evan lachten ebenfalls, bis ihnen die Tränen über die Wangen liefen.

„Es war wie eine Fuchsjagd, nur dass es eine Hirschjagd war, mit einem winzigen tibetischen Spaniel an der Spitze", sagte Gordon.

„Wer hätte gedacht, dass in Kawdje das Herz eines Jagdkriegers schlägt?" rief Evan aus.

Kawdje stolzierte zu seinem Papa, der ihn aufhob und ihm den Nacken knuddelte.

„Was für ein Kerl du bist! Du bist voller Widersprüche. Du hattest so lange Angst, die Treppe hinaufzusteigen, als du ein Welpe warst, und du bist misstrauisch und vorsichtig bei allem Neuen, aber du bist bereit, eine Herde Hirsche zusammenzutreiben. Ich frage mich, wie du auf Büffel oder Löwen und Tiger reagieren würdest."

Gordon streichelte Kawdjes Kopf, also übergab Evan ihn an seine Arme. Während Gordon Kawdje kuschelte und lobte, spürte Michael ein ungewohntes Gefühl, das ihn überkam, als er die liebevolle Aufmerksamkeit beobachtete, die Gordon Kawdje schenkte. Plötzlich fühlte er sich unglücklich und deprimiert und wollte, dass Gordon ihn auch liebte, also ging er zu ihm und drückte seinen Kopf gegen Gordons Bein. Gordon hockte sich hin, stellte Kawdje auf den Boden und teilte seine Zuneigung zwischen den beiden auf.

Essie bemerkte mürrisch, dass Kawdje absichtlich eine Ablenkung geschaffen hatte, weil er keine Lust hatte, Agility zu üben. „Ich weiß, dass er die Wippe nicht besonders mag."

„Na ja", sagte Sarah. „Er hat uns allen einen guten Lacher beschert. Agility sollte Spaß machen."

Kawdje beschloss, dass er es besser wieder gutmachen sollte, also stolzierte er zu seiner Mama, stellte sich auf die Hinterbeine und stützte seine Vorderpfoten gegen ihre Beine, während er sie so flehend wie möglich ansah. Er wusste, dass sein besonderer Blick bei den Richtern bei Conformation Dog Shows gut ankam, und hoffte, dass er das Herz seiner Mama erweichen würde. Essie seufzte resigniert und hob ihn auf.

„Okay, mein Freund, lass uns zurück an die Arbeit gehen." Sie trug ihn zum Hundewalk und setzte ihn auf die horizontale Planke, wo er gestanden hatte, bevor er losgerannt war, um die Hirsche zu jagen. Er führte das Hindernis schnell aus und rannte zur gefürchteten Wippe. Kawdje fühlte sich jetzt entspannter und schritt sicher die Planke hinauf. Als er den Drehpunkt erreichte und spürte, dass sich die Planke unter seinen Pfoten in eine horizontale Position bewegte, setzte er langsam eine Pfote nach vorne, dann die andere, und die Planke bewegte sich in die waagerechte Position.

„Das ist cool", dachte er. „Wenn ich still stehe, bleibt die Planke waagerecht, und ich kann mich umsehen und weit in die Ferne schauen. Vielleicht sehe ich mehr Hirsche."

Er hörte, wie seine Mama ihn aufforderte, weiterzugehen, also ging er widerwillig weiter, und die Planke neigte sich nach unten, bis sie das Gras berührte. Er rannte hinunter und auf den Rasen.

„Nun, das war gar nicht so schlimm", dachte er. „Eigentlich war es sogar irgendwie lustig."

Zu Essies Überraschung deutete Kawdje an, dass er die Übung wiederholen wollte, indem er sich umdrehte, zur Wippe schaute und seine Vorderpfoten darauf legte. Sie ließ ihn erneut darauf trainieren, und dieses Mal machte er es mit Geschwindigkeit und Perfektion. Kawdje und Essie waren begeistert!

Der Rest des Trainings verlief gut und der Morgen verging wie im Flug. Alle beschlossen, am Donnerstag gegen 17:00 Uhr bei den Kilmers zu Hause anzukommen.

Kapitel Vierzehn

Später Donnerstagnachmittag hatte Essie gerade den Esstisch gedeckt und Evan stellte Gläser auf die Theke der Bar, als Kissy und Kawdje bellten und die Ankunft von Jeanette, Cole, Jenny und Topaz ankündigten. Die drei zweibeinigen Gäste brachten köstliche Trifle- und Milchreisdesserts mit und bemerkten das schöne ländliche Umfeld. Essie bot ihnen an, das Grundstück zu zeigen. Sie marschierten über das Gelände, während Essie ihnen ihre prächtige Kiefernart mit lockigen Nadeln sowie einige alte Azaleen- und Rhododendronarten zeigte, die sich in kleinen Gruppen von Hartriegelbäumen sammelten.

Kissy und Kawdje waren damit beschäftigt, Topaz ihr Grundstück zu zeigen. „Siehst du die niedrig wachsenden Wacholderbüsche dort drüben?" fragte Kawdje. „Ein Maulwurf lebt darunter. Er hat ein Loch unter den Wurzeln gemacht, in das er flüchtet, sobald wir ihm nahe genug kommen, um ihn zu fangen."

„Ich sehe, dass ihr versucht habt, ihn auszugraben", sagte Topaz, als sie ein kleines ausgehobenes Loch beobachtete. „Möchtet ihr, dass ich euch helfe?"

Kissy und Kawdje sagten gleichzeitig ein entschiedenes „Ja".

Essie hörte, wie Sarah, Gordon und Michael ankamen. Da Gordon länger blieb, als er geplant hatte, war er bereits am Nachmittag zu Sarah gefahren, um sie und Michael in einem Mietwagen abzuholen. Pat und Ed waren Gordon in ihrem eigenen Auto gefolgt.

Michael sprang aus dem Auto, stürmte zu seinen Freunden und sah interessiert auf das Loch, das sie gruben. Kissy brachte ihn auf den neuesten Stand über den Maulwurf, der unter den Wurzeln des Wacholderbusches lebte, und Michael grub im wahrsten Sinne des Wortes mit. Bald hatten die vier Hunde den kleinen Busch ausgegraben, doch zu ihrer Enttäuschung war kein Maulwurf zu finden. Sie konnten ein Labyrinth kleiner Tunnel sehen, also gruben sie mit Beharrlichkeit und Fleiß weiter. Sie rissen einen weiteren Busch aus.

Nachdem sie eine Weile mit ihren Freunden geplaudert und Wein getrunken hatte, fragte sich Essie, wo die Haustiere waren, und entschuldigte sich, um nach ihnen zu sehen.

Evan füllte gerade Jennys Glas mit 7 Up nach und hätte es fast fallen gelassen, als sie alle Essies Schrei hörten. Alle sprangen auf und rannten in Richtung des Lärms. Essies niedrig wachsende Wacholderbüsche, die in einer gewellten Anordnung gepflanzt worden waren, um das gewellte Zedernschindeldach des Hauses zu imitieren, das das Haus in einem etwa vier Fuß breiten Rahmen umgab, waren ausgerissen und zur Seite geworfen worden.

ein Durcheinander aus freigelegten Wurzeln. Sie stand daneben mit einem entsetzten Ausdruck im Gesicht.

„Ich wusste, dass Kissy und Kawdje an diesem Bereich interessiert waren und kleine Löcher gegraben hatten. Ich dachte, dass wahrscheinlich ein Maulwurf oder eine Wühlmaus unter einem der Wacholder war, aber ich hätte nie gedacht, dass Michael und Topaz ihnen helfen würden, meine Büsche auszugraben. Mein Garten ist ruiniert", jammerte Essie.

Joy und Sam, die gerade angekommen waren, rannten schnell von ihrem Auto auf die Gruppe zu.

„Mama, was ist los?" fragte Joy.

Essie zeigte auf die Verwüstung und sagte: „Schau dir nur meine Blue Star Wacholder an. Die Pflanzanordnung ist ruiniert."

Sams Schultern bebten und er drehte sich weg, während er eine Hand über seinen Mund legte, um sein Lachen zu unterdrücken. Jeanette fühlte sich furchtbar und fühlte sich auch verantwortlich, ebenso wie Sarah, da offensichtlich war, dass Topaz und Michael den größten Teil des Schadens verursacht hatten.

„Oh, großartig", dachte Jeanette. „Es ist mein erstes Mal hier, und der Abend hat nicht gut begonnen." Sie entschuldigte sich für Topaz' Verhalten und sagte: „Gib mir eine Schaufel und einen Eimer Wasser. Wenn die Wacholder sofort wieder eingepflanzt werden, denke ich, dass sie gerettet werden können."

Evan und Gordon brachten Schaufeln in den Bereich, während Cole zwei Schläuche miteinander verband und ein Ende an einen Außenwasserhahn schraubte. Essie holte einige Pfähle aus der Garage und alle halfen mit, die Wacholder wieder einzupflanzen und aufzurichten.

Michael, Topaz, Kissy und Kawdje beobachteten mit gespanntem Interesse die Bemühungen, die Sträucher wieder einzupflanzen. Kissy sagte: „Sie bauen das Zuhause dieses Viechs wieder auf."

Kawdje erwiderte: „Das gibt uns eine weitere Chance, ihn wieder auszugraben."

Topaz sagte: „Ich spüre, dass meine Mama definitiv verärgert ist, dass wir diese Büsche ausgegraben haben."

Michael fasste die Situation zusammen: „Wir alle hatten Spaß daran, gemeinsam zu graben, um dieses Vieh zu fangen, aber keiner unserer Familien versteht uns."

„Lasst uns das beim Abendessen besprechen", schlug Kawdje vor. „Ich rieche, dass wir Schinken essen werden."

Kissy fügte hinzu: „Es gibt Milchreis zum Nachtisch. Lecker!"

Sie gingen zügig zum Haus und warteten an der Tür, bis ihre Familien aufholten.

Beim Abendessen wurden die Logistikfragen zur Gründung einer Fluggesellschaft besprochen, die der ganzen Familie, einschließlich der Haustiere, diente. Alle wollten ihrer Fluggesellschaft einen einprägsamen Namen geben, der die Idee förderte, dass Haustiere vollwertige Familienmitglieder sind, die ebenfalls vollen Service erhalten.

Jenny durchbrach das Geschwätz und sagte einfach: „Pal."

Alle starrten sie an. Dann rief Joy aus: „Ja, das ist perfekt, und es sollte mit doppeltem P geschrieben werden, also PPAL, was für People Pets Air Line stehen würde."

Es gab eine Reihe von begeisterten Ja-Rufen.

„Warum hast du an PAL gedacht?" fragte Jeanette.

„Topaz spürt, wenn ich traurig bin, weil ich meine Eltern vermisse und mir Sorgen um sie mache, und sie kommt zu mir, legt ihren Kopf auf meinen Schoß oder kuschelt sich an mich. Ich dachte, dass sie mein Pal ist. Dann dachte ich, dass diese Buchstaben für Pet Air Lines stehen könnten."

„Gute Idee", sagte Cole. „Du hast unserer Fluggesellschaft einen Namen gegeben."

Das Gespräch drehte sich um die Satzung, die Ed ausarbeiten würde, wie viel Flugkosten für reisende Haustiere berechnet werden sollten, wie viele Flugzeuge man zunächst anschaffen sollte und welche Flughäfen und Flugrouten angeboten werden sollten.

Gordon schlug vor: „Wir sollten zunächst nur in diesem Land Flüge anbieten und, wenn es gut läuft – kein Wortspiel beabsichtigt – könnten wir Flüge nach Kanada und einige karibische Inseln hinzufügen. Wir möchten Flüge zu Orten anbieten, an denen einige Hotels/Motels haustierfreundlich sind."

Pat sagte: „Ich kann Richtlinien für das Reisen mit Haustieren im Flugzeug aufstellen. Zum Beispiel sollten alle Impfungen aktuell sein, plus Dokumentation über eine kürzliche tierärztliche Gesundheitsuntersuchung, und ich denke, dass alle Haustiere Fotoausweis genau wie Menschen. Es könnte verhindern, dass eine skrupellose Person das Zertifikat eines gesunden Haustiers von jemand anderem benutzt und es als ihr eigenes, ungeimpftes oder krankes Haustier ausgibt. Es könnte auch helfen, Haustierdiebstahl zu verhindern."

„Das sind gute Punkte", sagte Gordon.

Sam warf ein: „Wie viel Geld müssen wir aufbringen, um diese Fluggesellschaft in die Luft zu bekommen?"

Joy sagte: „Da gehst du schon wieder, mit Wortspielen."

Alle diskutierten darüber, wie viel sie in PPAL investieren könnten, und kamen zu dem Schluss, dass es im Vergleich zu dem, was benötigt würde, nur ein winziger Betrag sein würde.

Jeanette meinte, sie sollten nicht zu schnell aufgeben und schlug vor, bei einigen der kommenden Hundesportveranstaltungen Fragebögen zur Verfügung zu stellen. „Die Leute, die an Hundesport teilnehmen, sind unsere potenziellen Kunden. Finden wir heraus, ob sie eine haustierfreundliche Fluggesellschaft nutzen würden, welche Flugstrecken für sie am bequemsten wären und wie viel sie bereit wären, für den Service zu zahlen. Außerdem sollten wir den Fragebogen mit einer Broschüre begleiten, in der die Dienstleistungen beschrieben werden, die wir für Haustiere anbieten möchten, die mit ihrer Familie reisen."

Alle fanden, dass das eine großartige Idee sei, und versprachen, Jeanette ihre Ideen und Vorschläge bezüglich des Inhalts der Fragebögen mitzuteilen.

Nach dem Ende des Treffens lud Jeanette alle am Sonntag zu sich nach Hause ein, um Michael, Kissy und Kawdje als „Dock Dogs" auszuprobieren. Joy und Sam, Pat und Ed lehnten die Einladung ab und sagten, dass ihre Wochenendpläne bereits voll seien, aber die anderen versprachen, gegen 11 Uhr zu kommen und vor dem Mittagessen zu gehen.

„Oh nein", sagte Jeanette. „Bleibt doch zum Mittagessen. Das gibt uns eine weitere Gelegenheit, über PPAL zu sprechen."

Als Gordon Sarah und Michael nach Hause fuhr, sagte Sarah, dass ihre Immobilienmaklerin ein Haus im Bucks County gefunden habe, das möglicherweise genau das wäre, was sie suchen, aber es würde erst in ein paar Tagen auf den Markt kommen.

Gordon sagte: „Wenn das Grundstück groß genug ist und die örtlichen Gesetze es nicht verbieten, könnte ich meinen Bell Jet Ranger auf dem Grundstück behalten. Wenn nicht, gibt es einen kleinen Flughafen in Bucks County, und vielleicht könnte ich ihn dort unterstellen."

„Machen wir uns noch keine zu großen Hoffnungen", warnte Sarah. Innerlich hatte sie jedoch das Gefühl, dass dieses Haus vielleicht genau das richtige sein könnte, das zu ihnen sprechen würde, sobald sie durch die Tür traten und sagte: „Ich gehöre euch."

Michael dämmerte schläfrig auf dem Rücksitz. Er hörte das Wort Zuhause mehrmals, als Sarah und Gordon miteinander sprachen. Er war sich bewusst, dass sein und Sarahs Zuhause nicht Gordons Zuhause war und fragte sich, ob sie über einen Ort sprachen, der für alle drei ein Zuhause sein könnte. Er liebte sein Zuhause mit Sarah, aber er würde es gerne für ein anderes verlassen, wenn es bedeutete, dass Gordon bei ihnen leben würde.

Kapitel Fünfzehn

Sonntagmorgen kamen die angehenden Champion-Hund-Agility-Teams innerhalb weniger Minuten nacheinander zu den Dock-Dog-Versuchen an. Sarah schnappte nach Luft vor Ehrfurcht über die Schönheit des Hauses von Jeanette und Cole. Die Auffahrt war lang und gewunden und wegen all der alten Bäume und des üppigen Farnwuchses darunter sah sie das schöne Feldstein- und Stuckhaus erst, als die Auffahrt endete und sich in einen Parkplatz öffnete, der sechs Fahrzeuge aufnehmen konnte. Große Rasenflächen auf beiden Seiten und hinter dem Haus gaben ihm eine stattliche Ausstrahlung. Einige Baum-Pfingstrosen blühten, und die Blumen waren so groß und exquisit geformt und perfekt, dass sie künstlich aussahen. Schöne Blumen säumten einen Seitenrasen, mit einem Wald aus alten Bäumen als Hintergrund. Der Rasen auf der gegenüberliegenden Seite des Hauses umgab eine große Steinterrasse, und als Sarah und Gordon darauf zugingen, blieben sie stehen, um den herrlichen Ausblick zu genießen. Der Rasen neben der Terrasse war etwa fünfzig Fuß eben, bevor er abfiel. Es war so steil, dass die Bäume am Rand dieses Rasenstücks die grandiose Aussicht, die sich über Meilen erstreckte, nicht versperrten.

„Ich hätte nichts dagegen, in einem solchen Haus zu wohnen", sagte Gordon. „In der Tat würde ich es lieben."

Sie gingen zur Haustür, und Michael schlenderte zwischen ihnen. Jenny öffnete die Tür bei ihrem Klopfen und lud sie ein. Jeanette erschien im Flur und wischte ihre Hände an ihrer Schürze ab. Topaz war dicht neben ihr, und sie und Michael leckten sich gegenseitig die Schnauze, während ihre Familien sich begrüßten. Cole kam durch die Hintertür und trug einen Stapel Brennholz, das er in die Feuerstelle legte, bevor er Sarah umarmte und Gordon die Hand schüttelte.

Sarah sagte, sie und Gordon seien so beeindruckt von ihrem Haus und dem umliegenden Gelände. Jeanette und Cole boten ihnen an, eine Führung zu geben, falls sie eine wünschen würden.

Der hintere Rasen war herausragend. Eine Rosenlaube spannte sich über den Eingang eines steinernen Pfades, der dazu einlud, betreten zu werden. Das Ende des Pfades öffnete sich zu einem runden Hof aus Stein, der von Metallbögen umgeben war, über die Kletterrosenbüsche gezogen wurden. Verwitterte Tonkrüge, gefüllt mit bunten Blumen, standen rund um den Hof, ebenso wie mehrere steinerne Bänke, die jahrhundertealt aussahen, obwohl Jeanette und Cole sie erst im vergangenen Jahr gekauft hatten. Ein Brunnen am anderen Ende des Hofes vervollständigte ein exquisit schönes und ruhigen Außenbereich.

Gordon und Sarah schauten in stiller Bewunderung.

Schließlich sagte Sarah: „Was für eine unglaublich schöne Umgebung! Das ist unbeschreiblich schön. Ihr könntet es für Hochzeiten vermieten und ein Vermögen verdienen."

Jeanette fragte: „Möchtet ihr hier heiraten? Es wäre uns eine Ehre und Freude, eure Hochzeit auszurichten."

„Was für ein wunderbares Angebot! Ihr seid so liebe und besondere Freunde, aber Gordon und ich möchten euch nicht die Mühe machen, unsere Hochzeit auszurichten."

Gordon unterbrach: „Wer sagt, dass wir das nicht wollen? Ich denke, das ist der perfekte Ort für unsere Hochzeitszeremonie, und ich nehme das Angebot in unserem Namen an."

Sarah stotterte: „Jeanette und Cole, ich liebe euer Haus und die Gärten. Es ist idyllisch. Ich möchte nur nicht die Last der Hochzeitsvorbereitungen auf euch legen."

Jeanette lächelte: „Cole und ich möchten, dass ihr hier heiratet." Cole fügte hinzu: „Die Sache ist beschlossen."

Sarah bedankte sich und sagte: „Ich würde Jenny gerne als Blumenmädchen haben, wenn sie noch hier ist, wenn die Hochzeit stattfindet. Außerdem möchte ich, dass Michael an der Hochzeit teilnimmt. Vielleicht gehe ich mit ihm den Gang entlang. Jetzt, wo ich darüber nachdenke, sollten alle Haustiere bei der Hochzeit dabei sein und vielleicht sogar Teil der Zeremonie sein. Was denkst du darüber, Gordon?"

Er zog sie zu sich für eine Umarmung und sagte: „Passt mir gut. Sie sind Teil unserer Familien, also warum sollten sie nicht dabei sein?"

Jeanette lachte und sagte: „Topaz liebt es zu singen. Vielleicht könnte sie bei der Hochzeit singen. Sie singt zum Mond, besonders wenn er voll ist. Cole nennt es Heulen, aber ich weiß, dass sie singt."

In der Zwischenzeit sagte Michael zu Topaz, während sie um ihr Haus gingen: „Du hast genauso viel Wald wie ich, Topaz. Du hast sogar mehr Rasen."

In diesem Moment kamen Essie, Evan, Kissy und Kawdje an. Die Haustiere rannten aufeinander zu und berührten die Nasen. Topaz sagte: „Ich habe Michael mein Grundstück gezeigt. Wollt ihr euch der Tour anschließen?"

Sie folgten Topaz zur Steinterrasse. Kawdje konnte meilenweit sehen und dachte, dass es besser war, auf dieser Terrasse zu sitzen als auf seiner eigenen Steinmauer oder oben auf dem A-Rahmen-Hindernis zu stehen. „Wow", dachte er. „Nicht schlecht!"

Topaz führte sie dann zum Teich. Sie gingen auf den Steg und spähten in das Wasser, das zu trüb war, um den Grund zu sehen. Keiner der anderen hatte jemals zuvor geschwommen, also führte Topaz sie vom Steg in Richtung Ufer, wo sie waten konnten. Sie zeigte ihre Schwimmkünste. Michael watete ins Wasser, bis der Boden plötzlich wegfiel. Instinktiv paddelte er heftig und zu seiner Überraschung schwamm er. Er schwamm in einem Halbkreis und steuerte ans Ufer.

Kissy sah Michaels Erfolg und fühlte sich ermutigt, es zu versuchen. Nachdem sie ein paar Schritte ins Wasser gemacht hatte, konnte sie den Boden nicht mehr berühren. Sie versuchte, am Ufer entlang zu schwimmen, bekam es aber nicht richtig hin. Sie musste sich enorm anstrengen, um nicht unterzugehen. Ihr nasses Fell beschwerte sie. Sie fühlte sich panisch, schwer und unbeholfen, was für sie ein neues Gefühl war. Schnell entschied sie, dass ihr Schwimmen keinen Spaß machte, also stieg sie aus dem Wasser und schüttelte sich kräftig.

Kawdje beobachtete besorgt Kissys Schwimmversuch. Vorsichtig steckte er eine Pfote ins Wasser. Es war nicht warm wie das Wasser, das seine Mama oder sein Papa benutzten, wenn er im großen Waschbecken zu Hause gebadet wurde; aber da den anderen nichts passiert war, ging er ein Stück weiter in den Teich. Das Wasser war kühl, aber nicht unangenehm kalt. Plötzlich war da kein Boden mehr, auf dem er laufen konnte, also paddelte er wie Michael instinktiv, und zu seiner Überraschung und Freude schaffte er es, den Kopf über Wasser zu halten. Er schwamm wie Topaz und Michael, und seine Begeisterung gab ihm Selbstvertrauen. Er schwamm eine kurze Strecke vorwärts, bevor er in einem Halbkreis schwamm und zum Ufer paddelte. Als er den Boden berührte, schwamm er am Ufer entlang. Er dachte, dass Schwimmen leichter zu lernen sei als die offene Treppe zu Hause zu erklimmen.

Als ihre Familien am Teich ankamen, waren sie überrascht, Topaz, Michael und Kawdje schwimmen zu sehen und noch mehr überrascht, dass Kissy es nicht tat. Sie konnten an ihrem nassen Fell erkennen, dass sie das Schwimmen bereits versucht hatte. Als sie sich weigerte, auf Evans Drängen hin wieder ins Wasser zu gehen, schlussfolgerten sie, dass es nicht ihre Art von Sport war.

Jeanette sagte: „Ich bin mir nicht sicher, ob Kawdje ein Star in der Dock-Dog-Wettbewerb werden wird. Es ist nicht für kleinere Hunde ausgelegt." Evan sagte: „Wenn er sich entscheidet, dass es ihm Spaß macht, ins Wasser zu tauchen, um einen Ball zu holen, werden wir ihn unterstützen. Wer weiß? Vielleicht wird Dock Dogs irgendwann eine Klasse für kleinere Rassen eröffnen."

Jeanette stand am Ende des Docks und rief nach Topaz, sie solle zu ihr kommen. Als Topaz etwa 3 Meter entfernt war, warf Jeanette den Ball so weit wie möglich ins Wasser und befahl: „Hol!" Topaz rannte ans Ende des Docks, sprang ins Wasser und schwamm in Richtung des Balls. Sie holte ihn und schwamm ans Ufer, den Ball im Maul haltend. Sie watete aus dem Wasser, ohne anzuhalten, um das Wasser von ihrem Fell zu schütteln, und lief freudig zu ihrer Mutter. Jeanette nahm den Ball, lobte sie und positionierte Topaz dann etwa 6 Meter vom Ende des Docks entfernt. Sie ging zurück zum Ende des Docks, machte einen hohen, weit ausholenden Bogen mit ihrem linken Arm, schnippte mit den Fingern, als sie die Armbewegung beendete, und sagte: „Spring," und dann „Hol." Sie warf den Ball eine gute Strecke in den Teich. Topaz rannte auf das Ende des Docks zu. Nun verstand sie, dass ihre Mutter wollte, dass sie einen großen Sprung machte, also schoss sie in die Luft und streckte ihre Vorderbeine aus, als sie im Wasser landete. Es war ein gewaltiger Sprung! Jeanette schätzte ihn auf etwa 6 bis 7 Meter vor dem Aufprall. Alle pfiffen und klatschten. Topaz fühlte sich sehr stolz.

Michael ging auf den Steg und machte deutlich, dass er sich auch am Dock-Dog versuchen wollte, also folgte Sarah ihm und warf den Ball eine kurze Strecke, da sie soweit sie wusste, Michael gerade erst schwimmen gelernt hatte. Michael war erleichtert, dass er nicht weit vom Steg springen musste, um den Ball zu holen, da es das erste Mal war, dass er ins Wasser sprang. Er machte einen Bauchplatscher, schaffte es aber, seinen Kopf über Wasser zu halten. „Bis jetzt läuft alles gut," dachte er. Er holte den Ball und schwamm so schnell er konnte zum Ufer. Er kletterte aus dem Wasser, ließ den Ball fallen, schüttelte sich ab, nahm dann den Ball wieder auf und brachte ihn zu Sarah, die auf dem Steg stand. Alle applaudierten begeistert.

Noch zweimal führte Michael die Dock-Dog-Routine aus, und mit jedem Versuch sprang er weiter. Essie und Evan beschlossen, dass Kawdje den Ball vom Ufer holen sollte, zumindest für seinen ersten Versuch, um zu sehen, wie er die Aufgabe bewältigte. Kawdje sah zu, wie seine Mutter den Ball ins Wasser warf und zu ihm sagte: „Hol." Er wusste, was zu tun war, weil er sich erinnerte, was Topaz und Michael getan hatten. Also watete er ins Wasser und schwamm in Richtung des Balls. Er versuchte, ihn zu holen, konnte aber seine Kiefer nicht weit genug öffnen, um den Ball zu fassen. Er wich ihm bei jedem Versuch aus. Er schwamm immer wieder auf den Ball zu, bis er seine Mutter rufen hörte. Er war in einer Zwickmühle. Er sollte den Ball zurückbringen, aber er konnte ihn nicht mit seinem Maul greifen. Er beschloss, es noch einmal zu versuchen. Kein Glück. Er konnte den Ball einfach nicht festhalten. Er hörte, wie das Wasser neben ihm spritzte, und sah dann Topaz. Sie ergriff den Ball in ihren Kiefern und schwamm in Richtung Ufer, knapp vor ihm bleibend. Er war schockiert, wie weit er vom Ufer entfernt geschwommen war. Topaz ließ den Ball kurz vor ihm ins Wasser fallen. Er schwamm darauf zu.

aber bevor er ihn erreichen konnte, schnappte sie sich den Ball mit ihren Kiefern und schwamm zum Ufer. Wieder ließ sie den Ball ein Stück vor ihm ins Wasser fallen. Sie wiederholte dies, bis er das Ufer erreichte. Kawdje war sehr erleichtert über Topaz' Hilfe und bedankte sich bei ihr, als er aus dem Wasser watete und zusah, wie sie den Ball ins Gras fallen ließ. Kawdje stupste den Ball mit der Nase in Richtung seiner Mutter, bis er ihre Schuhe berührte. Dann schüttelte er das Wasser aus seinem Fell, und alle quietschten auf.

Essie hob Kawdje auf, und alle lobten ihn abwechselnd für seinen Mut, seine Hartnäckigkeit und Entschlossenheit. Essie reichte Kawdje in Evans Arme weiter und lobte dann Topaz dafür, dass sie Kawdje gerettet hatte.

Evan sagte: „Ich hätte wissen müssen, dass der Ball zu groß für seinen Mund ist. Ich werde ihm einen kleineren besorgen."

„Evan, er kann nicht gegen große Rassen in Dock Dogs antreten. Vielleicht ändern sich die Regeln, und es eröffnen sich Level für kleinere Rassen, Essie. Außerdem genießt er das Wasser. Tibet Spaniels sollen eigentlich kein Wasser mögen, aber Kawdje weiß das offenbar nicht."

Kissy hatte ununterbrochen gebellt, während Kawdje im Wasser war, um ihn zu ermutigen und Alarm zu schlagen, dass er in Schwierigkeiten war. Sie war sehr aufgeregt und besorgt, dass Kawdje etwas zustoßen könnte. Jetzt, wo er sicher an Land und im Mittelpunkt der Aufmerksamkeit war, war sie verärgert und eifersüchtig. „Irgendwie schafft er es immer, ins Rampenlicht zu treten", dachte sie.

Jeanette holte Handtücher aus dem Haus, und alle machten sich daran, die Haustiere trocken zu rubbeln.

Die Haustiere waren immer noch feucht, als sie ein Mittagessen aus gehackter Leberwurst und gekochten Limabohnen, gemischt mit Trockenfutter und mit selbstgemachter Hühnerbrühe übergossen, verschlangen.

Nachdem sie gegessen hatten, diskutierten sie das Ereignis des Morgens.

Kawdje sagte: „Ich hatte wirklich Spaß. Ich wusste, dass ich den Ball holen sollte, aber er rutschte immer wieder weg, weil er zu groß war, um in mein Maul zu passen. Topaz, danke noch einmal, dass du mich zum Ufer geführt hast. Du bist eine gute Schwimmerin, und ich fühlte mich sicher, weil du in meiner Nähe warst."

Michael sagte bewundernd: „Topaz, du kannst wirklich weite Sprünge vom Dock machen. Du warst großartig."

„Danke, Michael und Kawdje. Ich fand, dass ihr beide erstaunlich wart. Ihr habt beim ersten Training einen großartigen Job gemacht."

Kissy fühlte sich ausgeschlossen. „Ich hasse Schwimmen. Mein nasses Fell hat mich runtergezogen. Ich mag kein kaltes Wasser, und ich werde niemals so etwas Nutzloses tun wie vom Dock ins kalte Wasser zu springen, um einen Ball zu holen. Gib mir einen warmen, bequemen Fenstersitz mit einem weichen Kissen, auf dem ich meinen Kopf ablegen kann, und eine schöne Aussicht zum Anschauen."

Topaz, Michael und Kawdje verstanden, dass Kissy verärgert war, weil sie endlich etwas gefunden hatte, was sie nicht sofort erobern konnte. Unwillig sein, etwas nicht zu mögen oder Angst davor zu haben, war eine neue Erfahrung für sie. Michael wechselte vorsichtig das Thema auf das Agility-Training.

In der Zwischenzeit ging es im Esszimmer um Immobilien. Gordon sagte: „Sarah und ich werden uns in ein paar Tagen ein Haus in dieser Gegend ansehen. Es ist nicht weit von einem kleinen Flughafen entfernt, wo ich Platz für meinen Hubschrauber mieten könnte. Außerdem gibt es genug Land mit dem Haus, dass ich, wenn die örtliche Verordnung es zulässt, eine Landefläche dafür einrichten könnte."

„Würdest du Jeanette, Jenny und mich irgendwann einmal mitnehmen?" fragte Cole. „Ich wollte schon immer mal in einem Hubschrauber fliegen."

„Absolut," sagte Gordon. „Mein Hubschrauber ist ein Bell Jet Ranger, der bis zu acht Personen befördern kann, wenn er nicht mit Fracht beladen ist."

Jeanette schlug Sarah, Essie und Jenny vor, sich ins Wohnzimmer zu setzen und über die Hochzeit zu sprechen und die Männer sich weiter über das Fliegen unterhalten zu lassen. Jenny bat um Erlaubnis, ein Videospiel zu spielen. Als sie es sich gemütlich gemacht hatten, sagte Sarah: „Ich habe vor ein paar Tagen eine alte Aufnahme von Mario Lanza gehört, wie er dieses wunderbare Lied 'Because' singt. Du weißt schon, das Lied, das beginnt „Weil du zu mir kommst mit nichts außer Liebe," nun, ich möchte, dass das bei meiner Hochzeit gesungen wird. Es ist ein alter Klassiker, aber ein guter. Ich denke, eine kleine, intime Feier in dieser wunderschönen Umgebung wäre ideal. Ich möchte ein langes Hochzeitskleid tragen und Rosen in der Hand haben, weil es in dem Lied eine Zeile gibt, die so ähnlich lautet: „Ich sehe die Rosen an deinen Füßen blühen."

Ich werde handgeschriebene Briefe an die Familie meines verstorbenen Mannes schicken, um ihnen von meiner bevorstehenden Hochzeit zu erzählen, aber keine Einladungen. Keines seiner Geschwister ist reisefähig und ich denke, keiner von ihnen wird kommen wollen, obwohl ich sicher bin, dass sie sich für mich freuen werden. Ich werde nur euch und unsere Kinder einladen, einige meiner Kirchenfreunde und eine Kindheitsfreundin, mit der ich immer in Kontakt geblieben bin, plus meinen Pastor, den ich gerne die Trauung vornehmen lassen möchte, und seine Frau. Mein Bruder und seine Familie werden sicher kommen wollen. Ich habe Gordon noch nicht gefragt, wen er zur Hochzeit einladen möchte. Ich möchte, dass Jenny mein Blumenmädchen ist, wenn das möglich ist, und ich möchte, dass all unsere Haustiere teilnehmen. Was denkt ihr?"

Unterdessen saßen Michael, Topaz, Kissy und Kawdje auf der Steinterrasse, die den wunderschönen Ausblick überblickte. Jenny saß auf einem nahegelegenen Stuhl und spielte ihr Handheld-Videospiel. Sie besprachen das Dock Dogs-Training. Topaz erzählte den anderen, dass die schwungvolle Geste, die ihre Mutter mit ihrem Arm gemacht hatte, kurz bevor sie den Ball ins Wasser geworfen hatte, bedeutete, dass sie wollte, dass sie einen großen Sprung machte.

„Ich denke, wir sollen so weit wie möglich ins Wasser springen, anstatt direkt am Steg ins Wasser zu springen."

„Wollen wir es nochmal machen?" fragte Michael.

„Ich weiß, ich wäre besser, wenn ich diesen Ball nicht holen müsste", sagte Kawdje.

Kissy, die auf Jennys Schoß saß, mischte sich ein: „Nicht ich. Ich mag Schwimmen nicht und ich glaube nicht, dass unsere Mütter und Väter wollen, dass wir noch einmal nass werden."

Jenny hob Kissy von ihrem Schoß auf die Terrasse, stand auf und ging ins Haus. Sie fand ihre Tante Jeanette, die die bevorstehende Hochzeit mit den anderen Frauen besprach. Sie verkündete: „Topaz, Michael, Kissy und Kawdje sprechen miteinander. Sie machen Geräusche, die keine Bellen sind. Ich weiß nicht, was sie sagen, aber sie reden definitiv miteinander."

Ihre Tante lächelte sie an und sagte: „Ja, natürlich tun sie das, Liebes."

Essie und Sarah nickten zustimmend, und Essie sagte: „Das stimmt. Sie kommunizieren wirklich miteinander."

Kapitel Sechzehn

Zwei Tage später informierte Sarahs Immobilienmaklerin sie darüber, dass das Haus, auf dessen Verkauf sie gewartet hatten, nun offiziell auf dem Markt sei. Sarah rief sofort Gordon an und sie vereinbarten, sich am frühen Nachmittag im Büro der Maklerin zu treffen und ihr dann zum Grundstück zu folgen. Sarah rief ihre Freunde an und teilte ihnen mit, dass das morgendliche Agility-Training zwar wie geplant stattfinden würde, sie und Michael jedoch an diesem Nachmittag nicht am Dock Dogs-Training teilnehmen würden, da sie und Gordon sich das Haus in Bucks County ansehen wollten, auf das sie schon gewartet hatten. Jeanette bot an, Michael nach dem Agility-Training mit nach Hause zu nehmen.

„Danke, Jeanette. Wir holen ihn später am Nachmittag oder am frühen Abend ab. Ich rufe dich an, nachdem wir das Haus besichtigt haben, und gebe dir eine genaue Zeit durch."

Nach dem Ende des Agility-Trainings war Michael verwirrt, aber nicht unglücklich, als Sarah ihm klar machte, dass er mit Topaz nach Hause gehen sollte. Sie berührte ihn einmal am Rücken, sodass er intuitiv verstand, dass sie damit nur heute meinte.

Nachdem sie im Büro der Immobilienmaklerin angekommen waren, rief die Maklerin die Statistiken des Hauses auf ihrem Computer auf. Es gab eine große Wohnküche mit eigenem Eingang sowie einen Waschraum und ein Badezimmer, die daran anschlossen. Ein Esszimmer befand sich zwischen der Küche und einem großen Wohnzimmer. Es gab ein großes Hauptschlafzimmer mit eigenem Badezimmer sowie zwei weitere große Schlafzimmer und ein kleines, das als Arbeitszimmer genutzt werden konnte.

Es gab ein weiteres großes Badezimmer sowie eine Gästetoilette. Das Grundstück umfasste 12 Hektar, die größtenteils bewaldet waren.

Sie folgten der Maklerin in ihrem eigenen Fahrzeug und fuhren eine lange, gepflasterte Auffahrt hinauf, die sich in gutem Zustand befand. Beide hatten ein gutes Gefühl, als sie die Dachlinie erblickten. Das Haus war zweistöckig, wobei das Obergeschoss aus zwei großen, unfertigen Räumen bestand. Sarah und Gordon freuten sich über die Dachgaubenfenster sowie die seitlichen Fenster und stellten sich vor, wie diese zu Schlafzimmern oder einem Büro umgebaut werden könnten.

Die Küche hatte einen Schieferfliesenboden und der Rest des Hauses war mit wunderschönem gelben Kiefernholzboden ausgestattet. Die Fenster im Ess- und Wohnzimmer reichten fast bis zum Boden und rahmten einen Ausblick ein, der spektakulär und ähnlich wie der von Jeanette und Cole war, mit seiner langen, weitreichenden Aussicht auf der Südseite des Hauses.

Das Haus. Der einzige Nachteil war, dass die Garage klein und nicht mit dem Haus verbunden war, der Rasenbereich nicht groß und die Bepflanzung unspektakulär war.

Gordon fragte: „Ist dieses Haus für dich?"

Sarah legte ihre Wange an Gordons Brust. „Das ist unser Zuhause. Das Haus sagte ‚Ich gehöre euch', sobald ich es betreten habe. Und du?"

„Ich auch."

Die lächelnde Maklerin schrieb ihr Angebot auf. Sarah rief Jeanette an, während Gordon Evan die Neuigkeiten mitteilte.

Sie aßen in dem einzigen Restaurant in der Gegend, das Paella servierte, Gordons Lieblingsgericht. Sie besprachen ihre Hochzeit und beschlossen, ein Datum festzulegen.

Sarah schlug vor, dass sie Anfang Oktober heiraten. Gordon fragte: „Warum bis Oktober warten?"

Sarah sagte: „Weil wir nicht wissen, ob unser Angebot für das Haus angenommen wird. Wenn es angenommen wird, haben wir den 25. August als Übergabetermin festgelegt, was kaum mehr als 60 Tage sind. Die jetzigen Eigentümer könnten nicht bereit sein, so schnell auszuziehen, selbst wenn sie unser Gebot annehmen. Außerdem möchte ich mindestens ein paar Wochen nach den Dog Agility-Events haben, um alle Details unserer Hochzeit zusammenzuziehen. Noch etwas, da die Hochzeit bei Jeanette und Cole stattfindet, denke ich, dass sie auch ein wenig mehr Zeit haben möchte. Ich würde den 24. September nehmen, weil ich zufällig weiß, dass das ein Samstag ist, weil ich es früher nachgeschlagen habe."

Gordon stöhnte: „Könnten wir nicht einfach durchbrennen?"

Sarah lächelte. „Du musst dich nicht um die Details kümmern. Grundsätzlich musst du nur auftauchen und ‚Ja, ich will' sagen, wenn der Pastor dich dazu auffordert. Ich erwarte, dass du mit PPAL und der Planung von Garagenrenovierungen und dem Bau eines Hubschrauberlandeplatzes beschäftigt bist, falls unser Angebot angenommen wird. Außerdem musst du dein Stadthaus verkaufen und die Dinge, die du behalten möchtest, nach Pennsylvania umziehen."

Die Kellnerin brachte ihren Flan-Nachtisch. Ein sehr kleines Päckchen, eingewickelt in goldene Folie, lag neben Sarahs Dessert. Sie sah Gordon fragend an.

„Was ist das?"

„Öffne es und finde es heraus."

Sarah riss die Verpackung ab, die eine kleine Schmuckschachtel enthüllte, die sie schnell öffnete. Ein atemberaubender Verlobungsring aus Diamanten und Saphiren glitzerte wie Mondlicht auf Wasser. Sie spürte, wie Tränen in ihre Augen stiegen, als sie Gordon ansah.

„Du wirst doch nicht weinen, oder? Gefällt er dir nicht? Möchtest du keinen Verlobungsring?"

„Ich weine, weil ich glücklich bin. Er ist wunderschön. Er ist der perfekte Ausdruck unserer Liebe."

„Darf ich ihn dir an den Finger stecken?"

Sarah gab ihm die Ringschachtel und hielt ihre Hand hin. Er schob den Ring auf ihren vierten Finger der linken Hand. Er passte perfekt!

„Jetzt sind wir offiziell verlobt", sagte Gordon und drückte ihre Hand an seine Lippen und küsste sie.

Später, als sie bei Jeanette und Cole vorbeischauten, um Michael abzuholen, bewunderten alle den Ring und gratulierten ihnen herzlich zur offiziellen Verlobung. Jenny bat, den Ring anprobieren zu dürfen, und Sarah erlaubte es ihr. Michael wusste, dass etwas Besonderes passiert war, weil diese wunderbare, leichte, glückliche Energie, die Sarah und Gordon immer umgab, stärker und stabiler war und ihn und alle anderen umhüllte. Er sah, wie alle auf etwas schauten, das wie ein winziges, leuchtendes Halsband wirkte, das einen ihrer Finger umschloss, so wie sein Halsband seinen Hals umschloss. Er erinnerte sich, wie wichtig es für einen Hund war, in Mexiko ein Halsband zu tragen.

Straßenhunde von San Miguel, die kein Halsband trugen, waren nicht Teil einer Familie. Er erinnerte sich, wie glücklich und geliebt er sich gefühlt hatte, als Sarah ihm das Halsband um den Hals gelegt hatte, das er immer noch trug. Er teilte seine Gedanken mit Topaz, und sie kamen zu dem Schluss, dass Gordon diesen kleinen, funkelnden Ring wie ein Halsband an Sarahs Finger gelegt hatte.

Topaz sagte: „Meine Mutter hat zwei Ringe an einem ihrer Finger und trägt sie die ganze Zeit. Manchmal legt sie auch andere kleine Ringe an andere Finger. Sie trägt sogar manchmal Ringe um ihren Hals!"

Sie kamen zu dem Schluss, dass der Ring, den ihre Mütter und Väter die ganze Zeit am gleichen Finger trugen, wichtig sein musste und bedeutete, dass sie zur selben Familie gehörten, genauso wie ihre eigenen Halsbänder es taten. Gordon und Sarah beschrieben das Haus, auf das sie gerade ein Käuferangebot abgegeben hatten.

„Es liegt etwa fünf Meilen von hier entfernt. Es ist sehr privat, und man kann die Nachbarn nicht sehen, aber ich nehme an, das ist eine sichere Gegend", sagte Gordon.

„Das ist sie, obwohl wir in den letzten sechs Monaten mehrere Autodiebstähle hatten", antwortete Cole.

„Eines der ersten Dinge, die ich tun werde, wenn unser Angebot angenommen wird, ist, ein Sicherheitssystem zu installieren und eine Garage zu bauen, die ans Haus angrenzt", sagte Gordon.

Nach einigen weiteren Minuten des Gesprächs verabschiedeten sich Sarah, Gordon und Michael unter Glückwünschen und fuhren zu Essie und Evans Haus, um ihnen den Verlobungsring zu zeigen.

Wieder erhielten sie Umarmungen und Glückwünsche. Obwohl Essie und Evan wussten, dass Gordon plante, Sarah einen Verlobungsring zu geben, sahen sie ihn zum ersten Mal, da er nicht wollte, dass jemand anderes den Ring vor Sarah sah. Sie fanden ihn großartig. Kissy und Kawdje wurden abgeholt und ihnen wurde der Ring gezeigt.

Die Hunde verstanden sofort, dass etwas Besonderes passiert war, weil Sarah noch nie etwas so Glänzendes an ihrem Finger getragen hatte und ihre Mutter und ihr Vater so viel Aufhebens darum machten. Sie fragten Michael danach. Er erklärte, dass er dachte, es habe die gleiche Bedeutung wie die Halsbänder, die sie alle trugen.

„Oh, also zeigt es, zu welcher Familie du gehörst", sagte Kawdje.

„Dann sind Sarah und Gordon eine Familie und du bist Teil ihrer Familie, Michael", folgerte Kissy.

„Ja", sagte Michael stolz. „Ich habe früher allein auf den Straßen von Mexiko gelebt, und jetzt habe ich eine Mutter und einen Vater und ein Zuhause. Ich habe Gordon sofort geliebt und ihm vertraut, als ich ihn gerochen habe."

„Vielleicht wohnt ihr jetzt alle zusammen im selben Haus", sagte Kissy.

Gordon fuhr Michael und Sarah nach Hause und ging kurz darauf. Michael war so enttäuscht, dass er kaum die Kraft hatte, die Treppe hinaufzuklettern und sich auf sein Bett zu werfen. Er dachte, der Ring bedeute, dass Gordon immer bei ihnen leben würde. Er lag wach und fragte sich, warum Gordon nicht geblieben war, und dann kam ihm ein Gedanke. „Vielleicht riecht Gordon den schwachen Geruch eines anderen Mannes in diesem Haus, und er will deshalb nicht hier wohnen." Er schlief ein und dachte darüber nach, wie Gordon das Duftproblem lösen könnte.

Kapitel Siebzehn

Früh am Freitagmorgen traf sich die Gruppe, mit Ausnahme von Cole, der arbeitete, auf dem Gelände, auf dem die Nordost-Hundesport-Meisterschaft stattfand. Gordon begleitete sie und übernahm die Verantwortung, sich um Jenny zu kümmern. Viele Teilnehmer von außerhalb waren mit Wohnmobilen angereist. Sie hatten die Markisen ihrer Wohnmobile ausgefahren, Hundezäune aufgestellt und sahen gemütlich aus, als wären sie für die nächsten Tage gut eingerichtet. Es war offensichtlich, dass viele Wettbewerber eine Fangemeinde mitgebracht hatten.

Es war ein bewölkter Tag und obwohl kein Regen vorhergesagt war, waren Zelte über den Ringen aufgestellt, in denen die Hundeagility-Darbietungen stattfinden sollten. Die Seiten waren hochgerollt, sodass es einfach war, hinein- und hinauszugehen. Die Freunde hatten ein kleines Zelt mitgebracht, um sich vor Sonne oder Regen zu schützen, sowie eine tragbare Zaunbarriere, um die Hunde zu sichern. Sie hatten auch Pak-n-Fold-Kennels mitgebracht, hauptsächlich, um einen sicheren, bequemen Platz für die Hunde zum Schlafen zwischen den Klassen zu haben und sie vom oft feuchten und kühlen Gras fernzuhalten. Jeder hatte einen tragbaren Stuhl. Sie stapelten einen großen Korb mit Essen und mehrere Thermoskannen mit heißem Kaffee und Tee unter ihrem Zelt.

Alle Ersttteilnehmer bei einer USDAA-Veranstaltung wurden vermessen, um sicherzustellen, dass die angegebene Höhe korrekt war. Kissy und

Kawdje qualifizierten sich für die 30 cm Sprunghöhe, während Michael und Topaz für die 65 cm Sprunghöhe qualifiziert wurden.

Sie waren erstaunt, so viele andere Hunde zu sehen. Kawdje entspannte sich, als er merkte, dass alle anderen Hunde wie bei den Conformation-Dog-Shows an Leinen waren.

„Das muss ein sehr spezielles Agility-Training sein", sagte er.

„Ich frage mich, ob wir die gleichen Dinge machen werden, die wir immer auf Michaels Rasen üben?", wunderte sich Kissy.

„Ich werde einfach das tun, was ich immer tue – Sarahs Anweisungen folgen und es so schnell wie möglich machen", kündigte Michael an.

„Das ist ein guter Plan", verkündete Topaz.

Die Hunde waren in jede verfügbare Starters-Klasse eingetragen, die an diesem Tag stattfand. Sie traten am Morgen in den Klassen Snooker und Gamblers an. Sarah und Jeanette hatten vor Leistungsangst während des "Walk-Throughs" für ihre erste Klasse, die Gamblers war. Glücklicherweise ließ ihre Nervosität mit der körperlichen Aktivität des Wettkampfs nach und beeinträchtigte die Leistungen von Michael und Topaz nicht, obwohl Topaz die Angst ihrer Mutter gespürt hatte.

Jeanette und Topaz' unheimliche Verbindung kam ihnen während der Abschlusssequenz zugute, als sie immer mindestens neun Fuß voneinander entfernt waren. Topaz und ihre Mutter gewannen die Starters Gamblers Klasse. Michael und Sarah belegten den zweiten Platz.

Essie und Evans erste Klasse war Snooker. Beide blieben ruhig, was nicht zuletzt darauf zurückzuführen war, dass sie bereits Erfahrung in Konformations-Hundeausstellungen hatten. Auch Kawdje blieb ruhig, da er das Treiben dieser Ausstellungen gewohnt war und die Unruhe um ihn herum ausblenden konnte, um sich auf seine Leistung zu konzentrieren. Kissy spürte vor ihrer ersten Aufführung ein ungewohntes Zittern in ihrem Bauch. Sie wurde beruhigt, als ihr Vater ihr über den Rücken strich und sie sich daran erinnerte, dass er die ganze Zeit bei ihr sein würde.

Kawdje trat kurz vor Kissy an, und als sie den lauten Applaus für seine Leistung hörte, dachte sie: "Alles, was er kann, kann ich schneller." Das trieb sie zu ihrer schnellsten Aufführung überhaupt an. Sie freute sich über den Applaus, den sie erhielt, und dachte: "Hurra für mich! Ich liebe das!"

Kissy belegte den ersten Platz in der Starters Snooker Klasse und Kawdje den dritten Platz. Ein kleiner Ratten-Terrier namens Zippy kam auf den zweiten Platz.

Als Kissy in ihrer nächsten Klasse antrat, die Gamblers war, war sie übermütig und wollte eigenständige Entscheidungen treffen. Sie ignorierte das Signal ihres Vaters und nutzte eine nahe gelegene Hürde zum dritten Mal, wodurch sie für diesen Sprung keine Punkte erhielt, und ihre Aktion brachte sie weiter von der hoch bewerteten Dog Walk entfernt, die Evan für sie nutzen wollte. Sie wieder in Position zu bringen, um den Dog Walk zu nutzen, kostete zusätzliche Sekunden ihrer Aufführungszeit.

Kawdje gewann die Starters Gamblers und Zippy kam auf den zweiten Platz. Trotz ihres undisziplinierten Verhaltens belegte Kissy den dritten Platz, was keine geringe Leistung war, da es eine große Klasse war.

Nach jeder Klasse fand eine kurze Zeremonie statt, bei der die Siegerteams mit einer Schleife und einem Pokal ausgezeichnet wurden, deren Farbe ihre Platzierung anzeigte. Kissy, Kawdje und Topaz verstanden sofort die Bedeutung der Auszeichnungen für ihre Leistungen, da sie bereits Erfahrung in Konformations-Hundeausstellungen hatten. Sie erklärten Michael abwechselnd die Bedeutung der Auszeichnungen.

Kissy liebte die Anerkennung und den Applaus. Es war wie der Lebenselixier für sie! Kawdje genoss das Gewinnen, aber er hatte einfach nicht Kissys Leidenschaft für das Gewinnen und den inhärenten Bedarf an Anerkennung. Meistens setzte er seinen Verstand darauf, den Zweck von Dingen herauszufinden. Topaz liebte das Gewinnen hauptsächlich, weil sie spürte, dass es ihrer Mutter gefiel, und weil sie die Zeremonie mit ihrer Mutter teilte, und sie liebte jede Aktivität, bei der sie mit ihrer Mutter zusammen sein konnte. Michael war sehr erfreut über die Anerkennung seiner Agilität. Bevor Sarah in sein Leben kam, hatte niemand irgendetwas an ihm bemerkt, das es wert war, Applaus zu erhalten. Dennoch war die Befriedigung, die er durch die Zustimmung der Menge empfand, unbedeutend im Vergleich zu der Freude, die ihn erfüllte, als er Sarahs und Gordons Stolz auf seine Leistung spürte.

Der Rest des Vormittags verlief reibungslos. Alle Haustiere hatten fehlerfreie Auftritte, die deutlich innerhalb der Standard-Kurszeiten lagen. In der Kategorie 26 Zoll gewannen Michael und Sarah Snooker und Topaz und Jeanette belegten den dritten Platz.

Alle waren mehr als bereit, sich Zeit für das Mittagessen zu nehmen. Die Paare sammelten ihre tragbaren Stühle ein, eilten zu ihrem Zelt, klappten die Stühle wieder auf und ließen sich darauf fallen. Gordon und Jenny schenkten Tee und Kaffee ein und öffneten die Kühlbox.

Die Futterschalen der Haustiere wurden mit Futter gefüllt, das wie ein magischer Verschwindezauber verschwand. Kissy und Michael knusperten Gingersnaps als Dessert und Kawdje und Topaz aßen Milchreis, danach legten sie sich glücklich in ihre Pak-n-Fold-Kennels für ein wohlverdientes Nickerchen.

„Sie werden etwas Schlaf brauchen. Es wird ein langer Nachmittag", sagte Essie. „Wir haben die Jumpers-, Pairs Relay- und Standard-Agility-Klassen."

Jenny erzählte den Erwachsenen, dass sie sich mit ein paar Kindern angefreundet hatte, die für die Junior Handler Trials am Sonntag gemeldet waren, und dass sie selbst Junior Handler werden wollte. Jeanette fragte, ob sie bei einem zukünftigen Event mit Topaz auftreten wollte. „Nein. Ich möchte mit Kissy zusammenarbeiten. Sie hat die richtige Größe für mich und sitzt gern auf meinem Schoß."

„Wir müssen Onkel Evan und Tante Essie um Erlaubnis bitten", sagte Jeanette.

Evan legte seinen Arm um Jennys Schulter. „Das nächste Mal, wenn wir alle bei Tante Sarah trainieren, zeige ich dir, wie du Kissy führst. Sie kann knifflig sein, weil sie einen so starken Wettbewerbsgeist hat. Sie greift einen Parcours regelrecht an und will nicht gebremst werden. Deshalb neigt sie eher dazu, Fehler zu machen, indem sie ihren eigenen Weg wählt, wenn du sie vorauskommen lässt. Es wird wahrscheinlich gut für sie sein, mit mehr als einem Handler zu arbeiten."

Jenny umarmte Evans Taille und drückte ihn. „Danke, Onkel Evan."

Während sie entspannt Eistee schlürften und Kekse knabberten, brachte Jeanette das Thema PPAL auf.

„Ich habe fünfhundert Broschüren und fünfhundert Fragebögen bestellt. Cole wird sie heute Nachmittag bei der Druckerei abholen. Morgen können wir neben unserem Zelt einen kleinen Stand aufbauen. Die Fragebögen müssen uns nach dem Ausfüllen zurückgegeben werden. Cole und ich dachten, es sei am besten, sie nicht per Post zurückzuschicken und keine unserer Privatadressen Fremden zugänglich zu machen."

„Welche Informationen hast du auf den Broschüren und welche Fragen hast du auf den Fragebögen gestellt?", fragte Evan.

„Mehr oder weniger das, was wir während des Abendessens besprochen haben. Die Fragebögen fragen: ‚Wie viel wären Sie bereit, für sichere, bequeme Flugunterkünfte für Ihr Haustier auszugeben; wären Sie damit zufrieden, wenn Ihr Haustier in einem separaten Abteil der Flugzeugkabine untergebracht wird; wie oft würden Sie eine haustierfreundliche Fluggesellschaft nutzen; würden Sie international mit Ihrem Haustier reisen, wenn sichere und bequeme Unterkünfte für Ihr Haustier verfügbar wären' und so weiter.

Die Broschüren beschreiben die Unterkünfte, die wir für Haustiere envisagieren, sowie Informationen über die Anforderungen an die

Gesundheit der Haustiere, einschließlich Impfungen, Haustier-Foto-ID, sowie die Art des Check-ins und Einsteigens für Haustiere, die wir für PPAL bereitstellen möchten."

Sarah fügte hinzu: „Pat und Ed haben sich bereit erklärt, das ganze Wochenende über bei den Broschüren zu bleiben. Pat hofft, dass PPAL irgendwie in Schwung kommt, kein Wortspiel beabsichtigt. Sie hat ihr Herz darauf gesetzt, die hauptamtliche Tierärztin der Fluggesellschaft zu werden."

Jeanette fuhr fort: „Pat hat viel zum Inhalt der Informationsbroschüre beigetragen. Ein großer Teil ist den für diesen Flugtyp erforderlichen Impfungen gewidmet, sowie Informationen über fluggesellschaftszugelassene Kennels, in denen die Haustiere untergebracht werden müssen.

Wir haben das vorgeschlagene In-Flight-Protokoll von PPAL beschrieben, wie zum Beispiel, dass es Passagieren nicht gestattet ist, Haustiere zu besuchen, solange das Anschnallzeichen eingeschaltet ist, und auch nicht, den Haustierbereich zu betreten, wenn das ‚Besetzt'-Schild leuchtet, was darauf hinweist, dass ein anderer Passagier dort ist und sein Haustier möglicherweise aus dem Kennel genommen hat. Pat dachte sogar daran, potenzielle Kunden darüber zu informieren, dass Piddle Pads für den Gebrauch der Haustiere vor oder während des Fluges erhältlich sein würden. Außerdem sind Informationen über einen ausgewiesenen Toilettenbereich für Haustiere und das zu befolgende Protokoll enthalten."

Gordon fragte interessiert: „Wie plant ihr, den Haustiertoilettenbereich sauber zu halten, wenn männliche Hunde das Bein heben, um zu urinieren?"

Sarah sagte: „Ich habe Pat dieselbe Frage gestellt. Sie meinte, der Toilettenbereich sollte Reihen von Clips an der Wand haben, die in unterschiedlichen Höhen angebracht sind, damit Piddle Pads an der Wand befestigt werden können, um sie vor Verschmutzung zu schützen, sowie eine weitere Matte auf dem Boden, um diesen zu bedecken."

Jenny bemerkte, dass es teurer wäre, mit einem männlichen Hund zu reisen als mit einem weiblichen, weil die Männchen jedes Mal zwei Pads bräuchten, wenn sie den Toilettenbereich benutzen, während die Weibchen nur eine benötigten.

Alle lachten, und Evan stellte fest, dass dies wohl die einzige Gelegenheit sei, bei der ein Männchen einer Art mehr Kosten verursachen würde als ein Weibchen. Gordon grinste, schwieg jedoch klugerweise, während die Damen seinen Bruder böse anstarrten. Der Nachmittag verging für alle wie im Flug.

Im Starters Pairs Relay waren Kissy und Kawdje als Paar sowie Topaz und Michael als Paar in ihren jeweiligen Sprunghöhen-Kategorien gemeldet.

Der Pairs Relay begann mit der 12-Zoll-Sprunghöhen-Kategorie. Kissy und Kawdje wurden in den Armen ihrer Eltern gehalten, während sie auf ihren Einsatz am Eingangstor warteten. Sie sahen den Staffelstab, den die Hundeführer trugen, und da sie diese Art von Training bereits kannten, wussten sie, was sie erwartete, und wurden völlig entspannt.

Kissy liebte den Relay-Kursaufbau, weil er eine Vielzahl von Hindernissen enthielt, und sie nahm den Kurs mit Selbstvertrauen in Angriff. Sie sah, wie ihr Vater das Signal gab, das bedeutete, dass als nächstes ein Weitsprung zu nehmen war, also bereitete sie sich auf ihr am wenigsten geliebtes Hindernis vor — das aufsteigende Weitsprunghindernis. Unbewusst passte sie ihren Rhythmus an, sodass sie ihre Vorderpfoten direkt vor dem Hindernis platzierte, dann schwang sie ihre Hinterbeine unter sich, setzte sie dort ab, wo ihre Vorderpfoten gewesen waren, und stieß sich kräftig nach oben und vorne ab. Sie überquerte das aufsteigende Weitsprunghindernis mit reichlich Abstand und war so begeistert und stolz auf sich, dass sie für einen Moment vergaß, weiter auf ihren Vater zu achten, und ohne es zu merken ihr Tempo verringerte.

Sie hörte ihren Vater rufen: „Rechts", und das brachte ihre Konzentration zurück. Sie lenkte nach rechts, rannte durch den Rohr-Tunnel und beendete den Rest des Kurses mit Leichtigkeit. In ihrem Herzen wusste sie, dass sie sehr gut abgeschnitten hatte. Ihr Vater hob sie auf und flüsterte ihr ins Ohr: „Du hast das Weitsprunghindernis in hoher Eleganz überwunden. Papas kleines Mädchen ist die Beste!"

Kissy leckte sein Gesicht und dachte: „Jetzt weiß ich, wie ich einen Weitsprung mache. Ich weiß, wo ich meine Pfoten platzieren muss, damit ich einen guten Abstoß bekomme. Ich werde mir merken, das jedes Mal so zu machen, wenn ich springe. Ich werde immer besser, und bald werde ich immer die Beste sein!"

Später, als Evan und Essie das Punktetablett für die Pairs Relay-Ergebnisse überprüften, hatten Kissy und Kawdje in ihrer Sprunghöhen-Kategorie den ersten Platz belegt.

„Ich bin genauso stolz, wie ich es immer war, wenn Joy etwas außergewöhnlich gut gemacht hat", sagte Essie.

„Ich auch", stimmte Evan zu.

Trotz ihres hektischen Zeitplans konnten Essie und Evan ihre Freunde in der 26-Zoll-Kategorie des Pairs Relay antreten sehen. Sie saßen neben Gordon und Jenny auf den Stühlen, die Sarah und Jeanette kürzlich verlassen hatten. Essie hielt Kawdje auf ihrem Schoß, während Jenny Kissy hielt und ihr ins Ohr flüsterte, dass sie der beste, schönste Hund der ganzen Welt sei. Kissy wackelte herum, bis sie sich so positioniert hatte, dass sie auf dem Rücken lag, den Kopf in der Armbeuge von Jenny gebettet, und ihren Bauch zum Streicheln präsentierte. Jenny kicherte und strich langsam in kreisenden Bewegungen über Kissys Bauch. Bald war Kissy tief eingeschlafen. Der Weitsprung war harte Arbeit gewesen.

In der Zwischenzeit fütterte Essie Kawdje mit Stücken eines Haferkekses als besondere Belohnung für eine gut gelungene Leistung.

Während ihrer Pairs Relay Aufführung bemerkte Sarah, dass Michael abgelenkt wirkte, und stellte schnell fest, dass er immer dann, wenn er parallel zu Topaz war oder ihr gegenüberstand, hin- und hergerissen war zwischen dem Beobachten von ihr Richtung und dem Blick zu Topaz.

Sie kochte innerlich, weil sie nicht schnell genug laufen konnte, um sich immer zwischen Michael und seine Sicht auf Topaz zu stellen.

Als Michael durch den zusammenklappbaren Tunnel lief, erkannte Sarah, dass er direkt auf den Bereich zulaufen würde, wo der Staffelstab übergeben wurde und wo Topaz stand. Ihr Herz schlug schnell und sie schnappte nach Luft, während sie ihre Beine so schnell wie möglich bewegte, um einige Meter vor ihm zu sein, wenn er aus dem Tunnel kam, und ihm somit die Sicht auf Topaz zu versperren. Sie schaffte es! Glücklicherweise erforderte das nächste Hindernis, dass Michael eine 90°-Rechtskurve machte, was bedeutete, dass er sich von dem Bereich entfernte, in dem Topaz und Jeanette standen. Das ganze Erlebnis war nervenaufreibend, und Sarah betete, dass Michael während der Stabübergabe ruhig stehen bleiben würde.

Etwa auf halber Strecke von Sarahs und Michaels Aufführung bemerkte Jeanette, dass Michael nicht all seine Aufmerksamkeit auf Sarah und die Aufführung richtete, und erkannte, dass der Grund dafür Topaz war. Sie bewegte sich immer wieder so, dass sie Michaels Blick auf Topaz blockierte. Als sie sich dem Ziel näherten, befahl Jeanette Topaz zu "bleiben", stellte sich dann davor und etwas entfernt von ihr und streckte ihren Arm aus, um den Stab von Sarah zu empfangen.

Sobald Sarah den Stab losließ, griff sie nach Michaels Halsband, weil sie wusste, dass er im Begriff war, voller Begeisterung zu Topaz zu springen. Jeanette und Topaz rannten schnell aus dem Stabübergabebereich des Hundeführers.

Topaz zeigte eine makellose Leistung und ließ sich von nichts ablenken. Sie hatte gespürt, dass ihre Mutter nicht wollte, dass sie Michael begrüßte, nachdem er den Parcours beendet hatte, und dass sie schnell weg wollte, um ihre eigene Aufführung so schnell wie möglich zu beginnen. Topaz lief schneller als jemals zuvor.

Als sie ins Ziel rannten, hörte sie Applaus und fühlte sich einen Moment lang niedergeschlagen, weil das Training vorbei war. Ihre Lieblingszeit war immer, wenn sie und ihre Mutter sich nur aufeinander konzentrierten.

Die Gruppe versammelte sich unter dem Zelt für einen Snack und eine Getränkepause, bevor sie ihre Ausrüstung einpackten und aufbrachen. Sarah und Jeanette drückten ihre Erleichterung darüber aus, dass Topaz und Michael nicht für die nächsten beiden Starters-Level-Pairs-Relay-Klassen zusammen eingeteilt würden. Die beiden Frauen hofften, dass Michael und Topaz, bis sie für ein Relay auf dem Fortgeschrittenen-Level als Team antreten könnten, erfahrenere Wettkämpfer sein und mit dem Verhaltensprotokoll während der Stabübergabesequenz vertrauter sein würden. Die Hunde und Menschen gratulierten einander zu ihren guten Leistungen. Michael und Topaz belegten den ersten Platz im Starters Pairs Relay für ihre Sprunghöhenkategorie, ebenso wie Kissy und Kawdje. Kissy gewann die Standard-Agility-Klasse und Kawdje wurde Zweiter. Der Rat Terrier Zippy hatte diese Klasse wahrscheinlich schneller absolviert als Kawdje, aber fünf Fehlerpunkte gemacht, was ihn auf den dritten Platz brachte.

Michael gewann die Standard-Agility-Klasse in seiner 26-Zoll-Sprunghöhen-Kategorie. Topaz belegte einen sehr knappen zweiten Platz. Kawdje gewann die Starters-Jumpers-Klasse für die 12-Zoll-Sprunghöhen-Kategorie, und Kissy belegte den dritten Platz. Topaz belegte den zweiten Platz bei den Jumpers für die 26-Zoll-Kategorie, und Michael wurde Dritter. Das waren hervorragende Leistungen für Anfänger!

Als sie über die morgige Steeplechase Runde 1 diskutierten, leckten die Haustiere durstig Wasser und legten sich dann, ohne dass sie dazu aufgefordert werden mussten, in ihre Kennels für eine kurze Pause.

Die Freunde beschlossen, dass sie, wenn es der Zeitplan erlaubte, morgen einige der Grand Prix-Halbfinals ansehen würden.

Wie der Steeplechase war es ein Ereignis ohne Titelvergabe. Auch hier wurde nach den Regeln der Masters gelaufen und es war offen für alle Teilnehmer, unabhängig von der Titulierung. Der Parcoursaufbau wäre dem der Standard-Agility-Klasse gleichwertig. Die Gewinner würden kein Geld erhalten, wie es im Steeplechase der Fall war. Sie hatten sich bei der Anmeldung der Haustiere zu den nordöstlichen Regionalmeisterschaften darauf geeinigt, dass nichts davon zu gewinnen wäre, sie auch im Grand Prix anzumelden.

Die Teilnahme am Steeplechase würde ihnen eine Vorstellung vom Hundesport-Kaliber ihrer Haustiere und ihrer Scharfsinnigkeit als Hundeführer geben, mit dem Anreiz, möglicherweise Geld zu gewinnen, plus der Erfahrung von Begegnungen mit erfahrenen Agility-Teams. Der Grand Prix würde dieselbe Erfahrung und Begegnung bieten, jedoch ohne die Möglichkeit, Geld zu gewinnen. Sie hatten beschlossen, auf ein weiteres Hundesport-Turnier zu warten, bevor sie am Grand Prix teilnehmen würden.

Während sie sich in eine stehende Position schoben und ihre tragbaren Stühle zusammenklappten, sagte Evan: „Ich fühle mich eingerostet. Kissy wird mich morgen durch die Klassen ziehen müssen."

Kapitel Achtzehn

Es war sonnig, aber leicht kühl, als Pat und Ed, Sarah und Michael früh am Samstagmorgen ankamen und einen Tisch neben ihrem Zelt aufstellten, um die PPAL-Broschüren und Fragebögen zu präsentieren. Jeanette, Cole, Jenny und Topaz kamen etwa fünf Minuten später mit Broschüren und einer Kühlbox mit Essen an. Nachdem ein dezentes Schild über haustierfreundliches Reisen aufgestellt worden war und Broschüren und Fragebögen davor platziert wurden, trafen Essie und Evan ein und trugen Kissy und Kawdje. Joy begleitete sie und trug eine Kühlbox mit Essen und Getränken. Joys Ehemann Sam hatte am Wochenende Spiele, die ihn daran hinderten, teilzunehmen.

Joy sah ihren Eltern zu, wie sie mit Kissy und Kawdje auftraten. Sie war erstaunt über Kissys Leistung in der Jumpers-Klasse. Ihr Vater hatte gesagt, dass Kissy das Springen nicht mochte, aber soweit sie sehen konnte, schien Kissy mühelos über die Hürden zu fliegen. Sie bemerkte, dass Kissy nach vorne sprang und die Hürden gerade so überquerte, während Kawdje nach oben sprang und Luft zwischen seinem Körper und der oberen Stange ließ.

Joy schlenderte zurück zu ihrem Zelt und schlug Pat und Ed vor, eine Pause zu machen, wenn sie wollten. Sie nahmen das Angebot an und eilten zum Ring, wo bald die 26-Zoll-Kategorie der Starters-Jumpers-Klasse stattfinden würde. Essie und Evan folgten Joy zu ihrem Zelt. Sie wollten, dass Kissy und Kawdje etwas Wasser und einen Leckerbissen bekamen.

Mehrere Gruppen von Leuten hielten an, um die Broschüren zu lesen und Fragebögen auszufüllen, was Essie, Evan und Joy für die nächsten Minuten beschäftigte.

Pat, Ed, Sarah, Gordon, Jeanette, Cole, Jenny, Michael und Topaz schlenderten in Richtung des Zeltes. Alle hatten breite Grinsen auf ihren Gesichtern, einschließlich Michael und Topaz.

„Wir haben es gut gemacht!", verkündete Gordon.

„Wir wissen noch nicht, welchen Platz wir in der Jumpers-Klasse belegt haben, aber Michael und Topaz haben keine Fehler gemacht und waren gut innerhalb der Standardkurszeit", fügte Sarah hinzu.

„Wir auch", sagte Essie.

Nachdem Michael und Topaz ihre Leckerbissen bekommen hatten, fragte Jeanette: „Pat, Joy und Ed, würdet ihr für ein paar Minuten bei unseren Haustieren bleiben, während wir das Punktetablett für die Jumpers-Klasse überprüfen?"

„Klar doch", antwortete Ed.

Zu aller Überraschung hatte Kissy die schnellste Zeit in der 12-Zoll-Kategorie der Jumpers-Klasse gepostet. Kawdje belegte den zweiten Platz. Topaz belegte den ersten Platz in der 26-Zoll-Sprunghöhen-Kategorie und Michael wurde Zweiter.

Essie sagte: „Kawdje ist heute nicht in Schwung. Kissy ist immer bereit, mit ganzem Herzen zu konkurrieren."

Sarah fügte hinzu: „Ich denke, Michael hat die gleiche Einstellung. Er hat es locker angegangen, aber ich bin mir nicht sicher, ob er schneller hätte sein können als Topaz. Sie hat eine wunderbare Sprungfähigkeit."

Evan kündigte an: „Es ist fast Zeit für Runde 1 des Steeplechase. Wenn wir gut abschneiden, könnten wir uns für Runde 2 am Sonntag qualifizieren. Ein Steeplechase besteht hauptsächlich aus Sprüngen plus einem A-Rahmen und Webstöcken. Wir haben die Wahl, den A-Rahmen und die Webstöcke jeweils einmal zu nutzen oder eines dieser Hindernisse zweimal und das andere gar nicht zu nutzen. Es wird eine schnelle Kurszeit haben, da es nach den Regeln der Masters gelaufen wird. Denkt daran, es ist ein vorbestimmter Kurs, also müssen wir die Sprünge in der Reihenfolge nehmen, in der sie aufgestellt sind. Dies ist keine Klasse, in der Strategie zählt. Das Team mit der schnellsten Kurszeit und den wenigsten Fehlern gewinnt. Teilnehmer, die unter den ersten vier oder fünf Plätzen landen, gewinnen Geld."

Sarah sagte: „Schade, dass unsere Haustiere das nicht wissen. Vielleicht würden sie schneller laufen, wenn sie es wüssten."

„Vielleicht auch nicht", sagte Jeanette. „Sie führen bereits glückliche Leben. Mehr Geld würde ihnen nichts kaufen, was sie nicht schon haben. Wir werden gegen erfahrenere Teams antreten, da es für alle Hunde offen ist, unabhängig von Titeln. Lasst uns sicherstellen, dass wir keine Nervosität, die wir vielleicht empfinden, auf die Haustiere übertragen."

„Bist du nervös?", fragte Cole und gab seiner Frau eine aufmunternde Umarmung.

„Nur ein bisschen", antwortete Jeanette. „Ein Steeplechase fühlt sich im Vergleich zu den Starters-Klassen wie das große Geschäft an. Ich möchte die Starters-Klassen nicht schlechtmachen. Es ist nur so, dass ich das Gefühl hatte, dass wir alle auf dem Starters-Level auf derselben Spielfläche waren."

„Ich fühle mich selbst ein bisschen angespannt", gab Sarah zu.

„Ich auch", fügte Essie hinzu.

Alle sahen zu Evan. „Ich fühle mich sicher. Ich bin im Team mit Kissy dem Kometen."

„Ich werde mich übergeben", erwiderte Essie.

„Das kann ich dir nicht verübeln", sagte Evan mit einem Grinsen. „Du bist im Team mit Kawdje dem Störrischen."

„Nun, ich bin mit Topaz zusammen, die ein echter lebendiger Edelstein ist", prahlte Jeanette.

„Ich habe euch alle übertroffen, weil mein Partner der Namensvetter des Erzengels Michael ist", sagte Sarah und streichelte Michaels leuchtend orangefarbenes linkes Ohr.

„Ich kann nicht glauben, was ich da höre", murmelte Joy zu Pat und Ed. „Kinder", tadelte Pat.

„Es ist Zeit, dass ihr den Kurs vor der Aufführung ablauft. Joy, Ed und ich bleiben bei den Haustieren, während ihr das macht. Gordon, Cole und Jenny, geht ihr mit den Kindern oder bleibt ihr hier bei den Erwachsenen?"

Cole antwortete: „Ich stelle unsere Klappstühle am Ring auf. Jenny kann mir helfen."

Gordons Handy klingelte und er entschuldigte sich, um den Anruf entgegenzunehmen, während Sarah, gefolgt von Jeanette, Essie und Evan, in Richtung des Steeplechase-Rings gingen.

Später, als sie sich versammelten, um den Beginn des Steeplechase zu sehen, umarmte Gordon Sarah und flüsterte ihr ins Ohr: „Unser Immobilienmakler hat angerufen. Unser Angebot wurde angenommen und die Verkäufer haben darum gebeten, den Übergabetermin auf den 15. August vorzuverlegen."

Sarah legte ihre Arme um Gordons Taille und sie küssten sich. Michael stand auf seinen Hinterbeinen, um in die Liebkosungen einbezogen zu werden. Als sie ihm zuflüsterten, verstand er das Wort „Zuhause" und spürte, dass sie nicht das Haus meinten, in dem er und Sarah lebten. Er wusste, dass etwas Wunderbares und Wichtiges passiert war. Die glückliche, erhebende Energie, die zwischen Sarah und Gordon floss, erfasste ihn ebenfalls.

Später, als Michael Kawdje den Steeplechase-Parcours laufen sah, dachte er, dass er schnell war und den A-Rahmen wie ein großer, starker Hund erklomm. Michael wusste, dass Kawdje sehr konzentriert auf seine Leistung war und so schnell lief, wie er konnte. Er wollte aufmunternd bellen, aber Sarahs Hand ruhte neben seiner Schnauze und er wusste, dass sie wollte, dass er ruhig blieb. Als Kawdje und seine Mutter den Ring verließen, sah Michael einen kleinen, kurzhaarigen Hund mit großem Selbstbewusstsein in den Ring stolzieren. Der Hund hatte eine erstaunliche Leistung und Michael dachte, dass er vielleicht schneller gewesen sein könnte als Kawdje.

Als nächstes tänzelte Kissy zierlich in den Ring. Michael konnte sehen, dass sie aufgeregt war und dass es all ihre Kontrolle brauchte, um stillzustehen, während sie auf das Startsignal wartete. Obwohl sie zierlich war, lief sie mit unglaublicher Schnelligkeit durch den Parcours. Er sah zufrieden zu, wie sie das Weitsprunghindernis überwand und dann in Richtung des A-Rahmens beschleunigte. Als sie von diesem Hindernis abstieg, sprang sie früh ab, bevor sie den letzten Kontaktpunkt berührte. In ihrer Eile, den Parcours zu beenden, hatte sie nicht auf ihren Vater geachtet, der auf den letzten Teil der absteigenden Planke deutete, kurz bevor sie den Boden berührte. Michael wusste nicht, warum dieser Teil betreten werden musste. Er wusste nur, dass Sarah ihn immer bis ganz unten zum A-Rahmen laufen ließ, bevor er das Hindernis verlassen durfte, und dass sie ihn immer dazu brachte, die erste Stufe zu berühren, anstatt ihn die aufsteigende Planke in der Mitte hinauf zu springen. Er sah zu, wie Kissy mehrere weitere Hürden überwand und dann durch die Webstöcke schoss und den Ring verließ.

Später, als er mit Sarah, Topaz und Jeanette in der Nähe des Eingangstors auf ihren Einsatz wartete, sah Michael einen Hund, der wie ein riesiger Klumpen aus weißem, lockigem Haar mit Beinen aussah. Er fragte den „haarigen Beinen" nach seinem Namen und hörte ihn sagen: „Mop." Michael und Topaz hörten, wie Sarah und Jeanette mit Mops Mutter plauderten, die ihnen sagte, dass sein Name Champion Mama's Swish N' Mop of Keystone's Corner sei, aber sein Spitzname Mop und er sei ein Komondor. Michael fragte Mop, wie er es schaffte, mit all dem Haar, das herumflatterte und ihn beschwerte, zu laufen und zu springen.

„Es ist nicht einfach, aber ich genieße diese Art von Veranstaltung mehr als die Shows, bei denen ich viel herumstehen und vor einem Richter laufen muss. Meine Mutter und ich haben gerade erst angefangen, zu Hundesportveranstaltungen zu gehen. Manchmal kommt mein Vater auch mit, aber er tritt nicht mit mir im Ring auf. Ich kann mein Haar nicht schneiden lassen, weil sie mich in die Westminster Dog Show eintragen wollen. Ich war letztes Jahr in dieser Hundeshow und habe in meiner Rasse den zweiten Platz belegt."

Mop fragte Michael dann: „Warst du jemals bei dieser anderen Art von Hunde-Event, bei dem man wie das perfekte Beispiel seiner Rasse aussehen muss?"

„Ähm, nein. Meine Mutter interessiert sich für keine andere Art von Hundeshow außer Hundesport."

„Was ist deine Rasse und wie heißt du?" fragte Mop Michael.

„Mein Name ist Michael Archangelo."

Topaz sagte schnell: „Hallo, Mop. Mein Name ist Topaz und ich bin ein Deutsch Kurzhaar."

„Oh, du jagst gern", sagte Mop.

„Nein, Mop. Ich jage nicht gern. Ich bin eine große Enttäuschung für meinen Vater, weil ich keine anderen Kreaturen jagen oder verfolgen will. Auf der positiven Seite kümmert sich meine Mutter nicht darum und liebt mich trotzdem. Wir haben eine besondere Verbindung zueinander. Ich kann normalerweise spüren, was sie denkt oder fühlt."

Mop bemerkte: „Du hast diesen Jagdinstinkt wahrscheinlich in eine intuitive Bindung zu deiner Mutter kanalisiert."

Topaz war überrascht von seiner Wahrnehmung.

„Daran habe ich nie gedacht, Mop. Vielen Dank für deine sehr aufschlussreiche Beobachtung."

Mop wandte sich an Michael und sagte: „Ich glaube, du hast mir deine Rasse nicht gesagt."

Michael dachte schnell nach und sagte: „Ich bin ein Calle-Hund aus San Miguel de Allende in Mexiko."

Topaz verbarg ein Lächeln, weil sie wusste, dass „Calle" in Michaels Muttersprache „Straße" bedeutet. Michael hatte Mop gerade erzählt, dass er ein Straßenhund war.

Mop sagte: „Das klingt nach einer seltenen Rasse." Michael antwortete: „Nicht in San Miguel, da nicht."

Es war Topaz' Zeit, in den Ring zu gehen, und während sie zum Eingangstor schritt, wünschte sie Michael und Mop viel Glück.

„Schneller Parcours, Topaz", sagte Mop.

„Hör! Hör!" fügte Michael hinzu.

Topaz dachte, dass Mop wirklich ein netter Kerl war. „Es ist schade, dass er all das schwere Haar hat, mit dem er beim Laufen durch den Parcours zu kämpfen hat", dachte sie.

Dann schaltete Topaz alles andere aus und stimmte sich auf ihre Mutter ein. Sie hörte ihre Mutter „Schnell" sagen und wusste, dass sie gebeten wurde, so schnell wie möglich zu laufen. Sie sah, wie ihre Mutter sie zum ersten Hindernis signalisierte, und Topaz konzentrierte sich auf den Parcours vor ihr.

Während Mop und Michael auf ihren Einsatz warteten, fragte Mop, warum Michaels Ohren zwei verschiedene Farben hatten. „Ich will nicht unhöflich sein, und wenn du es mir lieber nicht sagen möchtest, Michael, sag es einfach, und ich werde nicht beleidigt sein."

Michael erklärte: „Meine Mutter sprüht vor jedem Training Farbe auf mein linkes Ohr und ihre linke Hand. Irgendwie hilft ihr das zu wissen, in welche Richtung sie mir sagen soll, dass ich abbiegen oder hinlaufen soll."

Mops Mutter kam zu ihm, nahm ihm die Leine und das Halsband ab. Während sie zum Eingangstor schritten, bellte Michael: „Spring hoch und berühre den Himmel!" zu Mop.

Michael beobachtete, wie Mop auftrat. Sein üppiges Fell flatterte, schwang und wischte bei jeder Bewegung, die er machte. Michael hoffte, dass es sich nicht an einem Hindernis verfangen würde.

Auch Sarah sah sich Mops Leistung an. Sie dachte, er sähe aus wie eine riesige, unordentliche Perücke, die ein eindringliches Gespräch mit sich selbst führte.

Michael war immer noch in einer freudigen und unbeschwerten Stimmung, als er mit seiner Leistung begann. Sarahs und Gordons Geflüster über „Zuhause" war noch in seinem Kopf. Er hoffte, dass die drei bald zusammen leben würden. Er hörte, wie Sarah leise seinen Namen sagte, und konzentrierte sich auf den Parcours.

Er wechselte ständig den Blick von Sarah zu dem Hindernis, zu dem er als nächstes laufen sollte. Es schien so mühelos. Selbst die Webstöcke schienen rutschig und er hatte noch nie so schnell zwischen ihnen gezickzackt. Nachdem er und Sarah den Ring verlassen hatten, rannten sie zu Gordon und alle drei umarmten sich.

Nachdem alle Zeiten für ihre Klassenhöhe gepostet worden waren, hatte Michael die erste Runde des Steeplechase gewonnen. Topaz war Dritte geworden und Mop hatte es unter die Top 30 % geschafft, sodass auch er berechtigt war, in der zweiten Runde des Steeplechase am Sonntag aufzutreten. Ein Zwergpinscher namens Olé hatte in der 12-Zoll-Kategorie gewonnen. Er war der kleine Hund, den Michael mit großer Selbstsicherheit in den Ring hatte stolzieren sehen. Kawdje hatte den zweiten Platz belegt und Kissy schaffte es trotz ihrer 5-Punkte-Strafe für das Verpassen eines Kontaktpunktes unter die Top 30 %.

Beim Mittagessen freuten sich die Freunde über ihr gutes Abschneiden im Steeplechase. Evan besprach mit Jenny Kissys Tendenz, während der Aufführung eigenständige Entscheidungen zu treffen, da Jenny ein Junior Handler mit Kissy als Partnerin werden würde. Jenny fasste Kissys Problem zusammen, indem sie ihrem Onkel Evan sagte, dass er Kissy nicht dazu ermutigte, noch schneller zu laufen, als sie es ohnehin schon tat.

„Sie denkt, dass du mit ihrer Leistung zufrieden bist, weil du nicht glaubst, dass sie besser sein kann, als sie es bereits ist. Sie hat beschlossen, dass es dir egal ist, wie sie auftritt. Du umarmst und lobst sie immer. Wenn wir wieder auf Tante Sarahs Rasen trainieren, solltest du sie dazu bringen, diese Kontaktpunkte immer wieder zu berühren. Wann immer sie versucht, dich zu überholen, lass sie wissen, dass sie falsch liegt. Sie ist aggressiv, und wenn sie denkt, dass du nicht stark und schnell genug bist, um der Anführer zu sein, dann…"

wird sie die Anführerin sein."

Die anderen stoppten ihre Gespräche, um Jenny zuzuhören, und staunten über ihre Einsicht.

Evan sagte: „Vielleicht hast du recht! Ich glaube, du wirst eine erstklassige Junior Handlerin, Jenny. Ich kann es kaum erwarten, dich mit Kissy arbeiten zu sehen."

Ihre Nachmittagsaktivitäten begannen mit der Standard-Agility-Klasse. Dieses Mal sollte Topaz und Michaels Sprunghöhen-Klasse als Erste auftreten. Michael war immer noch in einer unbeschwerten, euphorischen Stimmung, als er und Sarah den Ring betraten. Der Gedanke, dass

Gordon bald mit Sarah und ihm zusammenleben könnte, kreiste immer wieder in seinem Kopf. Er fühlte sich Sarah besonders nahe. Es war, als wären sie beide in einem großen Liebesballon. Er konzentrierte sich mehr auf die Bindung zwischen ihnen als auf die Hindernisse, was die Aufführung für Sarah erleichterte.

Weil er so aufmerksam ihr gegenüber war, fiel es Sarah leichter, ihr links von ihrem rechts zu unterscheiden, und Michaels links von seinem rechts, aber sie war trotzdem froh, ihre orangefarbene Hand und Michaels orangefarbenes Ohr als Referenz zu haben.

Sie beendeten den Lauf gut innerhalb der SCT und ohne Fehlerpunkte.

Gordon wartete in der Nähe des Ausgangs. Er umarmte Sarah, kniete sich dann hin und legte seine Wange an Michaels Schnauze.

„Hast du bemerkt, wie gut Michael sich im Ring verhalten hat? Er war sehr aufmerksam mir gegenüber. Ich glaube, wir entwickeln diese besondere Bindung, die Jeanette und Topaz haben."

Gordon sagte: „Ich denke, er ist anders, seit wir darüber gesprochen haben, dass unser Angebot für das Haus angenommen wurde, das wir kaufen. Glaubst du, er versteht, dass wir bald alle zusammenleben werden?"

Sarah sagte nachdenklich: „Er versteht das Wort ‚Zuhause'. Ich weiß auch, dass er nicht will, dass du uns verlässt, wenn du zu Essie und Evan zurückfährst. Ich vermute, dass er weiß, dass etwas vor sich geht."

Als sie das Punktetablett überprüften, machte Sarah einen kleinen Freudentanz, nachdem sie sah, dass Michael den ersten Platz belegt hatte. Topaz war Dritte geworden.

Evan folgte Jennys Rat und war deutlicher, als er Kissy dazu anleitete, die Kontaktzonen zu berühren und seinen Anweisungen zu folgen. Sie schien ruhiger als sonst. Trotz ihrer verminderten Überschwänglichkeit belegte sie den ersten Platz in der Standard-Agility-Klasse. Kawdje wurde Zweiter.

Das Starters-Pairs-Relay war das letzte Ereignis des Nachmittags. Michael, Topaz, Kissy und Kawdje waren alle im Registrierungspool mit anderen, die einen Relay-Partner benötigten, eingetragen worden. Kawdje wurde mit Zippy, dem Rat Terrier, gepaart, und Kissy wurde mit einem Boston Bull Terrier namens Sam zusammengeführt. Topaz und ein großer Border Collie, dessen Name Brew war, bildeten ein Team. Michael und eine Mischlingshündin, die wie eine Kombination aus Dobermann und Schäferhund aussah und deren Name Hattie war, wurden ebenfalls zusammengeführt.

Essie und Evan berieten sich kurz mit den anderen Hundeführern, mit denen sie jeweils gepaart waren, um eine Methode zur Stabübergabe zu besprechen.

Zippy trat als Erster auf und Kawdje war beeindruckt von der Energie, Geschwindigkeit und Begeisterung, die er zeigte. Das spornte ihn zu seiner besten Leistung aller Zeiten an, weil er Zippy übertreffen wollte.

Kissy lief den Parcours, bevor ihr Partner an der Reihe war. Sie gab alles, was sie hatte, und achtete dabei darauf, die Anweisungen ihres Vaters abzuwarten. Sie zeigte eine schnelle und fehlerfreie Leistung, aber Sam war eine andere Geschichte. Er war nervös und sehr unsicher. Das Ansehen von Kissys schneller und makelloser Leistung schüchterte ihn ein. Er zeigte eine stockende Leistung. Er lief an einer Hürde vorbei und musste zurückgewiesen werden. Er stieß die obere Stange einer der Hürden um. Evans positive Stimmung verschwand, als er Sams Leistung beobachtete. Er hoffte, dass Kissys Leistung gut genug gewesen war, um das Paar zu einer qualifizierenden Punktzahl zu führen.

Michael war außergewöhnlich und Hatties Hundeführerin, eine Frau aus Connecticut, lobte seine Leistung überschwänglich. Sie sagte großzügig, dass es, wenn sie das Pairs Relay gewinnen würden, Sarah und Michaels Leistung zu verdanken wäre. Sarah antwortete, dass Hattie und ihre

Hundeführerin ein großartiges Team seien und es eine Freude gewesen sei, mit ihnen zusammenzuarbeiten.

Topaz und Jeanette waren herausragend, aber Brew und sein Hundeführer waren ein behäbiges Paar. Jeanette presste die Lippen zusammen und erinnerte sich daran, dass sie auf dem Starters-Level waren und sie nicht kritisch sein sollte. Brew schien vor jedem Hindernis zu pausieren, als würde er versuchen, sich daran zu erinnern, wie er es benutzen sollte. Dieses Verhalten spiegelte das seines Hundeführers wider, eines jungen Mannes, der dem Aufbau mit einem verwirrten Ausdruck näherte, als würde er sich fragen, wo er war, wie er dorthin gekommen war und was er als Nächstes tun sollte. Jeanette betete, dass Brew und Horace es schaffen würden, innerhalb der SCT zu bleiben. Sie versuchte, sich daran zu erinnern, wie hoch die Fehlergrenzen auf dem Starters-Level waren. Sie wusste, dass mehr Fehler erlaubt waren als auf den fortgeschrittenen und Meisterschafts-Leveln, bevor man ausgeschieden wurde. Brew und Horace waren 30 Sekunden über der SCT. Sie hatten keine weiteren Fehler gemacht. Jeanette hoffte, dass sie und Topaz, Horace und Brew trotz des Zeitlimits eine qualifizierende Leistung erbracht hatten.

Danach bat Jeanette Sarah, Topaz' und Brews Leistungsbewertung auf dem Punktetablett zu überprüfen. „Ich habe nicht den Mut, selbst nachzusehen."

Sarah ging ein paar Minuten später zu ihr und umarmte sie. „Du und Topaz, Horace und Brew habt eine qualifizierende Punktzahl erreicht. Ich werde dir nicht sagen, wie weit unten auf der Rangliste ihr seid, weil es nur darauf ankommt, dass euer Pairs Relay eine qualifizierende Leistung war."

„Wie habt ihr und Michael und eure Partner abgeschnitten?" fragte sie Sarah. „Wir haben den ersten Platz belegt. Hattie hatte eine wunderbare Leistung."

Jeanette gratulierte Sarah und sagte: „Ich habe Hattie beobachtet und sie hatte wirklich eine sehr gute Leistung, aber Michael war phänomenal. Er rannte den Parcours, als wäre er aus einer Kanone geschossen worden.

Er sprang mühelos über die Hürden. Ich denke, er hat seine bisher beste Leistung gezeigt. Er wird immer besser, und du scheinst dein Links/Rechts-Dilemma überwunden zu haben. Ich fand, dass ihr beide im Pairs Relay eine besondere Verbindung gezeigt habt. Ihr verbessert euch beide in einem phänomenalen Tempo. Ich prognostiziere, dass ihr Teil von Team USA bei der nächsten International Federation of Cynological Sports sein werdet."

Sarah errötete bei dem Lob, schauderte jedoch bei dem Gedanken, international anzutreten.

Als sie ihre Sachen zum Aufbruch packten, verkündete Cole, dass viele ihrer Flugblätter mitgenommen worden seien, sie aber immer noch Broschüren für morgen übrig hätten.

„Jeder, mit dem ich gesprochen habe, sagte, dass sie für die sicheren, bequemen Flugbedingungen, die wir für Haustiere befürworten, genauso viel bezahlen würden wie für sich selbst. Einige sagten sogar, dass sie bereit wären, doppelt so viel zu zahlen, damit ihr Haustier in der Kabine sei, wie für ihren eigenen Sitzplatz."

Evan schlug vor, dass es ihnen morgen, da der Zeitplan leicht sei, zugutekommen würde, einige Meisterschaftsklassen zu beobachten, um zu sehen, womit sie sich auf fortgeschritteneren Levels auseinandersetzen müssten, da diese Parcours kniffliger zu bewältigen wären als die Starters-Level-Aufbauten. Nachdem das Geplauder nachgelassen hatte, verkündeten Gordon und Sarah, dass ihr Gebot für das Haus, das sie sich angesehen hatten, angenommen worden war.

Sie wurden umarmt und beglückwünscht.

Pat sagte: „Lasst uns alle auswärts essen und feiern!"

Jenny erwiderte: „Dann könnten wir die Hunde nicht mitnehmen. Tante Jeanette und Onkel Cole, könnten wir nicht alle zu uns einladen, damit die Haustiere dabei sein könnten? Wir könnten Pizza bestellen, die geliefert wird."

Jeanette umarmte sie und Cole verkündete: „Großartige Idee! Die Pizza geht auf uns. Lasst uns alle im Konvoi zu uns fahren."

Es war eine laute, glückliche Gruppe, die das Veranstaltungsgelände verließ.

Kapitel Neunzehn

Am Sonntagmorgen, während alle Kühlboxen auspackten und sich auf einen weiteren Wettkampftag auf dem Veranstaltungsgelände vorbereiteten, erzählte Gordon Sarah, dass er ein Gebot auf sein Stadthaus mit einem gewünschten Abwicklungstermin am 29. August erhalten hatte. Sie küssten und umarmten sich, und Michael stieß sie an und verlangte, in die Liebkosungen einbezogen zu werden. „Gordon, ich werde sofort unseren Immobilienmakler anrufen und ihr sagen, dass sie mein Haus sofort zum Verkauf anbieten soll. Ich hoffe, potenzielle Käufer lassen sich nicht von den Hundesportgeräten abschrecken, die überall auf dem Rasen verteilt sind." Pat begleitete ihre Mutter und Michael auf der Fahrt zum Turniergelände, da Ed an juristischen Schriftsätzen arbeiten musste. „Ihr zwei seid wie ein Paar Teenager", beklagte sie sich. Ihre Mutter antwortete: „Komm und schließe dich uns für eine Vierer-Umarmung an." „Hmpf!" war alles, was Pat sagte, aber sie ging auf sie zu und drängte sich zwischen Michael und ihre Mutter.

Joy und Pat blieben bei den Broschüren, während die anderen einige Aufführungen der Advanced- und Masters-Level anschauten. Die Haustiere ruhten sich in ihren Boxen aus. Als Sarah eine Leistung auf dem Masters-Level eines Border Collies in der 22-Zoll-Sprungkategorie beobachtete, wandte sie sich an Gordon. „Der Parcours auf dem Masters-Level sieht im Vergleich zum Starter-Level kompliziert aus. Ich bin mir nicht sicher, ob ich Michael auf einem schwierigen Parcours mit einer schnellen Standard-Zeit führen kann, während ich versuche, mit Michaels Tempo Schritt zu halten, dazu noch mein Links von meinem

Rechts und sein Links von seinem Rechts zu unterscheiden. Einige Leute haben mich gefragt, warum Michaels linkes Ohr orange gefärbt ist. Die meisten dachten, es sei verletzt worden. Du solltest die seltsamen Blicke sehen, die sie mir geben, wenn sie meine orange Hand sehen."

„Ihr beide werdet großartig sein", sagte Gordon ermutigend.

Das Starters Gamblers begann mit der 26-Zoll-Sprungkategorie. Michael blieb euphorisch, weil er immer wieder hörte, wie Sarah und Gordon das Wort „Zuhause" aussprachen. Er war sich sicher, dass die drei bald zusammen leben würden. Er liebte und vertraute Gordon genauso sehr wie Sarah. Er dachte: „Wenn wir drei zusammen leben würden, wäre es noch fantastischer, als den Kopf während einer schnellen Autofahrt aus dem Fenster zu hängen." Michael zeigte eine hervorragende Leistung in Gamblers, zum Teil, weil er glücklich und unbeschwert war. Auch Topaz, die überglücklich war, dass ihr Vater anwesend war und ihr Zuneigung und Anerkennung zeigte, war hervorragend.

Topaz und Jeanette gewannen den Gamblers-Wettbewerb. Michael und Sarah kamen knapp auf den zweiten Platz. Cole umarmte seine Frau und kniete sich dann hin, um seine Arme um Topaz' Hals zu legen. „Du magst als Jagdhund wertlos sein, aber als Agility-Hund bist du Gold wert." Unterdessen war Kissys Leistung herausragend, aber auch Kawdjes und Zippys waren bemerkenswert. Die drei erzielten die gleiche Punktzahl. Kissy gewann. Ihre Zeit war eine halbe Sekunde schneller als die von Kawdje. Kawdje belegte den zweiten Platz und Zippy den dritten.

Nach Getränken und Snacks schlummerten die Tiere in ihren Kennels. Bald war es Zeit für die zweite Runde des Steeplechase. Die Kategorie der 26-Zoll-Sprunghöhe stand als erstes auf dem Zeitplan, gefolgt von den Kategorien 22 Zoll, 16 Zoll und 12 Zoll. Essie und Evan drängten Pat, ihrer Mutter bei der Steeplechase zuzusehen, und ermutigten Joy, sie zu begleiten, während sie bei den PPAL-Broschüren blieben.

Als alle zurückkehrten, musste Sarah fast eine ganze Flasche Wasser trinken, bevor sie sprechen konnte. Essie beschäftigte sich damit, Wasser in Schüsseln zu gießen, die Topaz und Michael lecken konnten. „Okay.

Lasst Essie und mich nicht im Unklaren. Wer hat gewonnen und wie haben Michael und Topaz abgeschnitten?" Jenny platzte heraus: „Michael hat gewonnen. Er war so schnell; es war großartig. Er hat einen schicken, ähm, oh, was war das für ein Hund, Onkel Cole?" „Ein Rhodesian Ridgeback", antwortete er. „Ja. Er war so groß wie Michael und wurde Zweiter. Topaz belegte den dritten Platz", sagte Jenny, während sie Topaz streichelte, die dicht neben ihr stand. Evan fragte nach der Anzahl der Hunde, die in der Höhe von Michael und Topaz angetreten waren, und Gordon meinte, es seien etwa dreißig gewesen.

Bald war es Zeit für Essie und Kawdje sowie Evan und Kissy, um im Steeplechase zu starten. Pat bot an, bei den Broschüren und Hunden zu bleiben und auf Michael und Topaz aufzupassen, die sich in ihren Kennels wohlverdiente Nickerchen gönnten, und ließ alle anderen am Ring zuschauen. Sarah versprach, zurückzukommen, sobald Kissy und Kawdje ihre Performance beendet hatten.

Während Kissy und Kawdje darauf warteten, zu starten, stolzierte Olé, ein Zwergpinscher, mit erhobenem Kopf auf sie zu. „Ich bin Olé und gewinne immer dieses Steeplechase", verkündete er. „Warum wirst du Olé genannt?" fragte Kissy. „Weil meine Mama und mein Papa sagen, dass ich es wert bin, bejubelt zu werden." „Vielleicht hast du sie nicht richtig verstanden. Vielleicht sagten sie, du seist etwas, über das man spotten sollte", erwiderte Kissy. Andere Hunde, die in Hörweite waren, kicherten.

Olé schaute auf Kissy herab, was schwer war, da sie beide etwa gleich groß waren. Er kläffte sie an und nannte sie eine kleine Hündin. Kissy erklärte ruhig, dass sie offiziell definitiv eine sei. Wieder einmal kicherten alle Hunde, die nah genug waren, um das Gespräch zu hören. Kawdje warnte Olé, dass er und Kissy Partner seien und er nicht zulassen würde, dass er schlecht über sie spreche. „Fang meinen Staub", sagte Olé und drehte ihnen den Rücken zu.

„Was für ein Mistkerl er ist", sagte ein kleiner Japan Chin. „Ich war einmal mit ihm in einem Staffelrennen gepaart und er ist schnell, aber weil wir nicht die schnellste Zeit hatten, gab er mir die Schuld."

„Wie heißt du?" fragte Kissy. „Ich bin Chrysee." „Das reimt sich auf meinen Namen, der Kissy ist." „Kissy, wäre es nicht toll, wenn wir zusammen im Paar-Staffellauf antreten würden? Kissy und Chrysee – klingt gut!"

zusammen, nicht wahr?"

Essie und Evan bemerkten, wie sich Kissy und Kawdje mit dem kleinen schwarz-weißen Japan Chin anfreundeten, und sie stellten sich ihrem Hundeführer vor. Sie erfuhren, dass Chrysee nicht für Hundeausstellungen qualifiziert war, weil ihr Nasenleder eine tief fleischfarbene Tönung hatte, was als Fehler angesehen wurde.

„Warum ist das ein Fehler?" fragte Evan.

Die Frau, die sich als Nancy Feldman vorgestellt hatte, erklärte, dass schwarz-weiße Japan Chin schwarzes Nasenleder haben müssten, während ein Chin mit Zitronen- oder Rotabzeichen rotes oder tief fleischfarbenes Nasenleder haben sollte.

„Trotz ihrer unüblichen Nasenfarbe finde ich sie wunderschön," sagte Essie. „Vielleicht könnten wir unsere Hunde für eine Paarsstaffel zusammenbringen. Wir sind noch auf dem Starters-Level. Wir hoffen, bald auf das Fortgeschrittenen-Agility-Level hinarbeiten zu können."

„Chrysee wird ihr Fortgeschrittenen-Agility-Titel dieses Wochenende erreichen; jedoch könnten eure Hunde bis zum Sommer auf ihrem Niveau sein, da mein Mann, Chrysee und ich den Sommer im Ferienhaus unserer Tochter in Ontario, Kanada, verbringen werden und nicht an Wettkämpfen teilnehmen. Lasst uns Kontaktinformationen austauschen."

Olé und sein Herrchen betraten den Ring. Kissy bat ihren Vater, sie hochzuheben, also setzte Evan sie auf seine Schulter, und Essie hielt

Kawdje in ihren Armen. Nancy Feldman spürte, wie Chrysee ihr Bein tätschelte, also hob sie auch Chrysee hoch, damit sie die Aktion im Ring beobachten konnte.

Alle drei Hunde waren enttäuscht, als sie sahen, dass Olé schnell und sicher war und den Parcours mit Leichtigkeit meisterte. Als seine Vorführung fast vorbei war und er die Slalomstangen benutzen wollte, begann er jedoch mit der zweiten Stange anstatt der ersten und musste von vorne beginnen, was ihm Fehlerpunkte einbrachte und die Zeit erhöhte.

Kissy bellte vor Freude.

Chrysee murmelte: „Es hätte keinem besseren Hund passieren können."

Kawdje hielt sich mit einem Kommentar zurück, aber seine Augen funkelten vor Freude. Chrysee und ihre Besitzerin betraten als Nächste den Ring. Kissy und Kawdje wurden noch immer in den Armen ihrer Eltern gehalten, sodass sie ihren Auftritt beobachten konnten. Es war offensichtlich, dass sie schnell war und gut sprang, alle Hürden mühelos überwand. So weit sie sehen konnten, hatte sie keinerlei Probleme.

Evan trug Kissy zum Eingangstor und setzte sie ab, bevor sie den Ring betraten. Sie war aufgeregt, aber nicht nervös und fühlte sich selbstbewusster, seit sie gelernt hatte, die Doppelhürde zu springen. Sie mochte es immer noch nicht, während einer Klasse so viele Hürden zu überwinden, und bevorzugte die Abwechslung der Hindernisse in der Standard-Agility-Klasse, aber sie fühlte sich stark. Sie überwund alle Hürden. Die Slalomstangen waren ihr Lieblingshindernis und, wie immer, bewegte sie sich mit einem schnellen, schlangenartigen Rhythmus hindurch. Ihr Vater hob sie auf und trug sie nach ihrem Lauf in seinen Armen.

Er ging, bis sie einen guten Aussichtspunkt hatten, um Essie und Kawdje zuzusehen. Kawdje hatte eine großartige Vorstellung und obwohl er nie so schnell wie Kissy durch die Stangen slalomen konnte, verpasste er keine einzige. Er hatte eine natürliche Sprungkraft, und der Steeplechase-Kurs kam ihm dabei zugute. Evan setzte Kissy ab und als sie zum Ausgangstor gingen, um Essie und Kawdje zu begrüßen, trafen sie auf Olé und sein Herrchen.

Kissy sagte süß beim Vorbeigehen: „Olé, Olé, du hast eine Polé verfehlt" (was sie als pōlāy aussprach).

Evan war erstaunt, als der Zwergpinscher, den er als einen der zuvor aufgetretenen Hunde erkannt hatte, sich grundlos zu Kissy umdrehte und sie anknurrte. Er hob sie hoch und hielt sie schützend in seinen Armen. Sie kuschelte sich an seine Schulter. Sie konnte es kaum erwarten, Kawdje zu erzählen, wie sie es Olé heimgezahlt hatte.

Als Essie und Evan bei ihrem Zelt ankamen, sagte Jeanette: „Glückwunsch zu zwei feinen Leistungen. Wir haben die 12-Zoll-Kategorie des Steeplechase beobachtet, bis Kawdje fertig war, und sind dann alle hierher zurückgekommen, um das Mittagessen vorzubereiten. Was sind die endgültigen Ergebnisse in deiner Kategorie?"

Essies Stolz war offensichtlich, als sie quietschte: „Kawdje ist Numero Uno! Er hat gewonnen!"

Kawdje war überrascht, als alle um ihn herumstanden. Er wurde gestreichelt und von einer Person zur anderen gereicht. Er entschied, dass er wohl das Event gewonnen hatte, das all diese wunderbaren Sprünge beinhaltete.

Joy fragte vorsichtig: „Wie hat sich Kissy platziert? Ich fand, dass sie eine großartige Leistung gezeigt hat."

Evan hob Kissy über seinen Kopf und verkündete: „Kissy war Numero Dos. Der süße Komet hat den zweiten Platz belegt, obwohl sie keine natürliche Springerin ist. Sie ist schlau und hat eine Methode entwickelt, um alle möglichen Hürden zu überwinden."

Kissy genoss die Aufmerksamkeit, die ihr zuteilwurde. Sie wusste, dass auch sie gut abgeschnitten hatte. Die ganze harte Arbeit und

Anstrengung, die es gekostet hatte, all diese Sprünge zu schaffen, waren die Aufmerksamkeit, die sie nun erhielt, wert.

Heißer Hackbraten und Limabohnen wurden Haustieren und Menschen serviert. Kawdje leckte sich die Lippen und grub sich ein, weil Limabohnen eines seiner Lieblingsspeisen waren. Die Haustiere lehnten den Obstsalat ab, aber aßen Gingersnaps oder Haferkekse als Dessert.

Die Snooker-Klasse auf dem Starters-Level begann gegen 13 Uhr. Essie, Evan, Sarah und Jeanette machten einen Vorauftritts-Walkthrough. Die Webstöcke hatten den höchsten Punktwert von sieben erhalten. Essie und Jeanette waren sich bewusst, dass Kawdje und Topaz nicht besonders schnell bei den Webstöcken waren, aber die Wippe hatte einen Punktwert von sechs und lag weiter entfernt, sodass ihre Nutzung nach jedem „Roten" Hindernis zeitaufwendiger und weniger punkteträchtig in der Eröffnungsphase wäre. Sie wussten, dass das Team mit den meisten gesammelten Punkten gewinnen würde. Die Zeit war der Tiebreaker.

Kissy war hervorragend in der Eröffnungssequenz. Webstöcke waren ihre Spezialität, und die Verwendung nach jedem der drei roten Sprünge in der Eröffnungsphase hob ihre Stimmung und verschaffte ihr einen unglaublich schnellen Start. Sie liebte die abschließende Snooker-Sequenz wegen der Vielzahl an Hindernissen, und zu ihrer größten Freude war keines davon eine Hürde. Trotz ihrer Euphorie disziplinierte sie sich, ihren Vater stets im Blick zu behalten und ihn führen zu lassen.

Kawdje's Leistung war fehlerfrei und zuverlässig, aber nicht so herausragend wie die von Kissy. Webstöcke waren sein am wenigsten bevorzugtes Hindernis, und viermal durch sie hindurch zu trotten, war fast mehr, als er ertragen konnte. Als er und seine Mutter den Ring verließen, sah er, dass sein Vater und Kissy darauf warteten, sie zu begrüßen.

Evan sagte zu Essie: „Nun, Kissy der Komet hat ihren Spitznamen im Snooker alle Ehre gemacht und Kawdje der Behäbige auch."

Essie warf ihm einen finsteren Blick zu. „Sein Spitzname ist Kawdje der Vorsichtige, und ich möchte dich daran erinnern, dass langsam, aber stetig das Rennen gewinnt."

Michael und Topaz zeigten beide fehlerfreie und beeindruckende Leistungen. Michael nutzte alle Hindernisse mit Leichtigkeit, und da er immer noch in einer emotionalen Hochstimmung war, schien seine Leistung mühelos zu sein. Webstöcke waren nach wie vor das am wenigsten beliebte Hindernis für Topaz, aber sie hatte eine rhythmische Methode entwickelt, um sie zu nutzen, und fühlte sich nun sicher. Michael gewann Starters Snooker in seiner Sprunghöhen-Kategorie. Topaz belegte den zweiten Platz. Kissy der Komet gewann Snooker in der 12-Zoll-Sprunghöhen-Kategorie. Kawdje der Behäbige wurde Dritter.

Alle machten eine Pause, bevor sie einpackten. Die Futterschalen der Haustiere wurden mit Wasser gefüllt. Sarah warf Gingersnaps in die Luft, die Michael geschickt fing und kaum zu kauen brauchte, bevor er sie hinunterschluckte. Jenny fütterte Kissy mit Stücken von Gingersnaps. Essie hatte genug von ihren selbstgemachten Haferkeksen mitgebracht, um sie mit Topaz zu teilen, die sie genauso gern mochte wie Kawdje. Jeanette zerbröselte einige davon in Topaz' Futterschüssel und sie verschwanden in zwei Schleckern. Essie vorsichtig fütterte Kawdje Stück für Stück. Er zerkaute jedes gründlich, bevor er es herunterschluckte.

Alle waren sich einig, dass die Nordöstlichen Regionalmeisterschaften eine großartige Veranstaltung gewesen waren. Die Haustiere hatten in jeder Klasse, in der sie angetreten waren, eine qualifizierende Punktzahl erreicht, und jedes hatte Geld für seine Platzierungen im Steeplechase gewonnen.

Joy erklärte: „Keiner von euch sollte sich jemals eingeschüchtert fühlen, gegen erfahrenere Teams anzutreten. Die Kompetenz von Hundeführer und Hund wurde im Hundesport von euch allen bewundernswert demonstriert."

Pat goss Eistee und Limonade in Einwegbecher und reichte sie herum.

„Lasst uns auf die Agility-Helden anstoßen", schlug sie vor.

„Auf unsere fantastischen Agility-Teams", sagte Gordon.

„Chug-a-lug", sagte Jenny.

Alle grinsten sie an.

„Wo hast du diesen Ausdruck gehört?" fragte ihr Onkel Cole. Jenny zuckte die Schultern, „Von einigen der Kinder in der Schule."

Evan sagte: „Das Geld, das wir für die gute Platzierung im Steeplechase gewonnen haben, wird das ausgleichen, was wir für die Agility-Ausrüstung ausgegeben haben, die das Gras auf Sarahs Grundstück plattdrückt."

„Apropos mein Grundstück", sagte Sarah, „mein Haus wird morgen zum Verkauf angeboten. Ich würde es vorziehen, an lokalen Veranstaltungen teilzunehmen, weil ich beschäftigt sein werde mit dem Packen und versuchen muss, mein Haus in einem vorzeigbaren Zustand zu halten. Glücklicherweise hat der Ort, den Gordon und ich bald unser Zuhause nennen werden, genügend Platz, um unsere gemeinsame Agility-Ausrüstung unterzubringen."

Essie sagte, dass die nächste Regionalmeisterschaft im Juli im Bundesstaat Washington stattfinden würde.

„Evan und ich haben nicht vor, diese Strecke zu fahren, um an der Veranstaltung teilzunehmen. Wenn es einen haustierfreundlichen Flugdienst gäbe, würden wir in Erwägung ziehen, dorthin zu fliegen, aber wie ihr alle, würden wir Kissy und Kawdje nicht im Frachtraum unterbringen, außer in einem dringenden Notfall."

Pat sagte: „Die meisten PPAL-Broschüren wurden mitgenommen und viele Leute haben die Fragebögen ausgefüllt. Wir werden die Antworten lesen müssen. Vielleicht gibt es Ideen, an die wir noch nicht gedacht haben."

Joy sagte: „Vielleicht enthalten einige von ihnen Informationen über mögliche finanzielle Unterstützer."

„Wir können hoffen", sagte Jeanette.

Gordon sagte: „Zurück zur Immobilienangelegenheit! Mein Stadthaus wurde verkauft. Der Übergabetermin ist der 29. August. Ich werde zurück nach Arizona fliegen, arrangieren, meine Möbel zu verkaufen oder zu spenden, weil es die Transportkosten nicht wert ist, sie hierher zu bringen, meine Bücher, Kleidung und andere persönlichen Dinge in meinen SUV packen und zurückfahren. Vorerst lasse ich meinen Hubschrauber in Arizona. Er ist sicher im gemieteten Hangar, wo ich ihn aufbewahre."

„Es wird großartig sein, dich in meiner Nähe zu haben, kleiner Bruder", sagte Evan.

„Hey, alter Mann. Ich habe ein paar Zentimeter mehr als du", sagte Gordon, der größer war als sein älterer Bruder.

Während die anderen plauderten, sagte Gordon leise zu Sarah: „Ich möchte etwas vorschlagen, über das du nachdenken sollst, bevor du sofort ‚nein' sagst. Lass uns vor dem Übergabetermin am 15. August für unser Haus in Bucks County heiraten und während der Fahrt in den Westen für die Übergabe meines Stadthauses zusammen sein. Danach könnten wir zu den Südwestlichen Regionalmeisterschaften in Kalifornien fahren und dann auf dem Rückweg nach PA die Süd-Zentral-Regionalmeisterschaften in Texas besuchen. Es wäre gut für dich und Michael, an diesen beiden wirklich großen Hundesportveranstaltungen teilzunehmen. Wir könnten unsere Flitterwochen bis kurz vor oder nach den World Cynosport Games, die im November in Arizona stattfinden, verschieben und dann auf eine warme, sonnige Insel oder wohin du willst fahren."

Sarah sagte sofort: „Gordon, ich…"

Er unterbrach sie: „Sag nicht nein, ohne über meinen Vorschlag nachzudenken."

Sie schwieg einen Moment, dann lächelte sie und sagte: „Ja."

Er starrte sie für ein paar Sekunden ungläubig an, dann jubelte er, stand auf, zog sie auf die Füße, legte die Arme um ihre Taille, hob sie vom Boden und schwenkte sie herum.

Pat hörte auf zu packen und schaute zu ihnen. „Ihr seid wie ein Paar Teenager. Ich fühle mich wie die Mutti, und das ist ein sehr verstörendes Gefühl."

Cole fragte: „Was ist los? Wollt ihr uns etwas mitteilen?"

„Wir werden vor der Hausübergabe am 15. August heiraten. Wir fahren für die Übergabe meines Stadthauses nach Arizona und nehmen an den regionalen Agility-Meisterschaften in Kalifornien und Texas teil. Wir werden eine richtige Hochzeitsreise an einem romantischen Ort machen, kurz vor oder nach den World Cynosport Games," sagte Gordon.

Sarah sagte zu Jeanette: „Fühl dich nicht verpflichtet, unsere Hochzeit bei dir zu Hause zu veranstalten. Die Ereignisse überschlagen sich im Eiltempo, und es bleibt nicht genug Zeit, um die schöne Zeremonie vorzubereiten, die du planst."

„Natürlich haben wir genug Zeit, Sarah. Wir haben fast sechs Wochen. Kein Problem."

Nach Umarmungen und Glückwünschen beendeten sie das Packen der Ausrüstung, bauten das Zelt ab und entschieden einvernehmlich, in der kommenden Woche die morgendlichen Trainingseinheiten bei Sarah ausfallen zu lassen.

Kapitel Zwanzig

Topaz erwachte plötzlich noch vor Sonnenaufgang. Sie hörte ein Geräusch, das keines der vertrauten war, die sonst von Hirschen und Kleintieren stammten, wie Michael die Tiere draußen nannte. Sie knurrte, aber ihre Eltern wachten nicht auf. Müde kletterte sie aus ihrem Bett, tappte in den Flur und die Treppe hinunter. Sie hörte das fremde Geräusch erneut und knurrte, während sie sich der hinteren Tür im Flur näherte. Sie hörte Jenny leise die Treppe hinunterkommen. „Willst du raus, Topaz?" flüsterte sie. Topaz hob eine Vorderpfote und legte sie auf die Tür. Jenny hob die Hand, um die Alarmanlage des Hauses auszuschalten, und stellte fest, dass ihre Tante und ihr Onkel sie am Vorabend vor dem Zubettgehen nicht aktiviert hatten. Sie öffnete die Tür, um Topaz nach draußen zu lassen, und war überrascht, dass Onkel Cole das Garagentor nicht geschlossen und abgeschlossen hatte, nachdem er gestern Abend spät nach Hause gekommen war. Sie beschloss, das Garagentor manuell herunterzuziehen, anstatt durch das ganze Haus zur Tür zu gehen, die die Garage über den Hauswirtschaftsraum mit dem Haus verband, um den Knopf zu drücken, der das Garagentor automatisch öffnete und schloss.

Sie ging nach draußen in Richtung des offenen Garagentors, streckte sich so hoch sie konnte, um den Türgriff zu erreichen, und erstarrte vor Schreck, als sie einen fremden Mann in Onkel Coles großartigem Jaguar sah. Er stieg schnell aus dem Auto und befahl ihr in gedämpfter Stimme, nicht zu schreien oder zu sprechen. Jenny drehte sich um und rannte so schnell sie konnte zur hinteren Flurtür. Der Mann packte sie von hinten und warf sie zu Boden, sodass sie auf dem Bauch landete. Ihr blieb die Luft weg. Sie konnte nur keuchen und wimmern. Sie spürte das Knie des Mannes auf ihrem Rücken, das sie in die harte Asphaltauffahrt drückte. Er packte eine Handvoll ihrer Haare und zog ihren Kopf nach hinten, bis sie dachte, ihr Nacken würde brechen. Ihr Gesicht schlug auf die Auffahrt auf. Der unglaublich harte, stechende Schmerz, der durch ihren Kopf schoss, war wie nichts, was sie jemals zuvor erlebt hatte. Ihr wurde übel. Sie konnte das Gewicht des Knies des Mannes nicht mehr spüren.

Topaz sah den Fremden an, und Verwirrung lähmte sie. Sie beobachtete, wie er Jenny zu Boden warf. Topaz hatte noch nie jemanden gebissen oder auch nur angeknurrt. Sie hatte noch nie gesehen, wie ein Mensch einem anderen wehtat, und wusste nicht, was sie tun sollte. Vielleicht sollte sie den Angreifer stellen, so wie sie es in Filmen gesehen hatte, aber sie war sich nicht sicher.

fremden Mann. Als sie sah, wie er Jennys Gesicht auf die Einfahrt schlug und Jennys schwachen Schmerzensschrei hörte, wurde sie wütend. Jenny war ihre Freundin, und Topaz erkannte, dass Jenny, nun ja, irgendwie wie ein Welpe war und geschützt und umsorgt werden musste. Topaz rannte knurrend auf die beiden zu und sprang auf den Mann. Sie biss in den Nacken des Mannes und begann, ihn von Jenny wegzuziehen. Er schrie und versuchte sich zu drehen, um sie zu packen. Topaz' Griff um seinen Nacken lockerte sich, aber sie biss sich am Kragen seiner Jacke fest und hielt mit der Beharrlichkeit eines Bulldogs fest. Plötzlich hielt sie nur noch die Jacke in den Zähnen. Der Fremde hatte seine Jacke geöffnet und die Knöpfe abgerissen, um sie hastig loszuwerden.

Er drehte sich zu Topaz um und zog eine Waffe aus seinem Hosenbund, doch sie sprang auf ihn und warf ihn auf den Rücken. Sein Hinterkopf knallte auf den Asphalt, und er verlor die Waffe. Als er sich auf die Seite rollte und versuchte, aufzustehen, positionierte sich Topaz hinter ihm und hielt seinen Hals zwischen ihren Kiefern. Sie wusste nicht, woher dieser Instinkt kam. Sie wusste nur, dass sie seinen Hals packen musste, um ihn zu besiegen. Sie hörte ihn schreien, und jedes Mal, wenn er versuchte, sich zu drehen oder mit den Fäusten auf ihren Kopf zu schlagen oder an ihrem Halsband oder ihren Ohren zu ziehen, antwortete sie, indem sie ihre Kiefer fester um seinen Hals schloss.

Plötzlich leuchteten die Außenlichter ihr in die Augen, und ihre Mutter und ihr Vater standen neben ihr. Ihr Vater sprach beruhigend auf sie ein und bat sie, den Mann loszulassen, aber sie blieb in beißender Nähe zu seinem Hals. Ihre Mutter hielt Jenny, die nun aufrecht saß. Jedes Mal, wenn der Fremde versuchte, sich aufzusetzen, knurrte Topaz so bedrohlich und autoritär, wie sie nur konnte. Er blieb liegen. Ein Auto mit blinkenden Lichtern erschien. Zwei Polizisten stiegen aus und rannten auf die Gruppe zu. Ihre Mutter zog sie vom Fremden weg, und Topaz sah zu, wie er gefesselt, aufgerichtet und in das Polizeiauto gebracht wurde. Die Polizei sprach mit ihrer Mutter, ihrem Vater und Jenny. Dann sprachen sie mit ihr, streichelten ihren Kopf und strichen ihr über die langen Ohren. Sie wusste, dass sie sie dafür lobten, dass sie Jenny gerettet hatte.

Topaz ging zu Jenny hinüber und leckte ihr Gesicht dort, wo sie Blut roch. Jenny schlang die Arme um ihren Hals und sagte: „Du hast mir das Leben gerettet, Topaz. Du bist der beste Freund, den man sich wünschen kann. Ich werde dich immer lieben." Topaz spürte, wie ihr Vater ihr über den Rücken strich und mit ihr sprach. „Topaz, mein Mädchen, du hast deine Prioritäten richtig gesetzt. Du gehst auf gefährliche Kreaturen wie diesen miesen, gefährlichen Autodieb los und lässt Hirsche und Murmeltiere in Ruhe, weil sie uns keinen körperlichen Schaden zufügen. Es war ein glücklicher Tag für uns alle, als du in unser Leben kamst. Ich bin stolz auf dich. Ich kann es kaum erwarten, allen von dem mutigen, klugen Haustier zu erzählen, mit dem ich mein Zuhause teile."

Topaz hob den Kopf und lehnte sich an ihren Vater, der die Arme um sie legte und ihren Hals und ihre Brust streichelte. „Du bist mein besonderes Mädchen, und ich liebe dich," flüsterte er in ihr langes, seidiges Ohr. Etwas in ihrer Brust schien sich auszudehnen und nach außen zu strömen, um die ersten Sonnenstrahlen zu treffen, die durch die Äste der hohen Bäume drangen und sie alle wärmten.

Später an diesem Morgen rief Jeanette Sarah an, dann Essie und Evan, und schilderte ihnen den Vorfall. Jenny war ins Krankenhaus gebracht worden, um eine CT-Untersuchung ihres Kopfes machen zu lassen, um sicherzustellen, dass sie keine Schädelverletzung oder subdurale Blutung erlitten hatte. Zum Glück war alles in Ordnung. Sie erfuhren später, dass der Autodieb für eine Reihe von Autodiebstählen in ihrer Gegend verantwortlich gewesen war.

An diesem Nachmittag rief die Polizei an und erkundigte sich, ob Topaz eine aktuelle Tollwutimpfung hatte, da sie die Haut des Diebes am Hals durchstochen hatte. Cole nahm den Anruf entgegen und versicherte der Polizei, dass alle Impfungen von Topaz aktuell waren, was gut war, da er und seine Frau sich um ihre Gesundheit sorgten, da sie möglicherweise mit dem Blut des Autodiebs in Kontakt gekommen war.

Michael vermisste die häufigen morgendlichen Trainingseinheiten und die Gesellschaft seiner Freunde, besonders von Topaz. Er freute sich, dass Gordon jeden Tag bei ihm zu Hause war, aber er und Sarah waren zu beschäftigt damit, Dinge in Kisten zu packen und sie in die Garage zu tragen, um mit ihm spazieren zu gehen. Mehrmals kamen fremde Menschen in sein Zuhause und gingen durch jedes Zimmer. Sarah ließ ihn in der Küche bei ihr bleiben, aber er hörte sie und wusste, dass sie das ganze Haus durchgegangen waren.

Eines Morgens kamen seine Freunde zu ihm nach Hause, und sie nahmen wieder ihre Agility-Übungen auf. Er hatte eine Unterredung neben dem Wassereimer mit Topaz, Kissy und Kawdje. Topaz beschrieb ihren Vorfall mit dem üblen Fremden, der Jenny verletzt hatte. Michael war sehr beeindruckt, als Topaz den Kehlgriff beschrieb, mit dem sie den Mann überwältigt hatte. Er merkte, dass auch Kissy und Kawdje beeindruckt waren. „Mein Papa ist jetzt stolz auf mich," sagte Topaz. „Er scheint sich nicht mehr daran zu stören, dass ich keine Hirsche jage."

Michael erzählte den anderen von den Veränderungen bei ihm zu Hause und davon, dass Gordon und Sarah über etwas glücklich waren und oft das Wort „Zuhause" sagten. „Ich habe das Gefühl, dass sie darüber sprechen, gemeinsam in einem anderen Haus zu leben als diesem hier." Die anderen drei sahen erschrocken aus. Topaz fragte mit zitternder Stimme: „Heißt das, dass wir dich vielleicht nie wiedersehen?" „Ich glaube nicht. Ich hatte eine supertolle Autofahrt zu dem Ort, den sie sich angesehen haben und auf den sie sich beziehen, wenn sie ‚Zuhause' sagen. Es ist gar nicht weit von hier entfernt." Die anderen sahen erleichtert aus.

Jeanette erzählte ihren Freunden, dass Cole plante, das lange Wochenende zum 4. Juli und das darauffolgende frei zu nehmen, um nach New York zu fahren und Topaz bei ein paar Agility-Wettkämpfen anzumelden. Evan und Essie sagten, dass auch sie gerne an diesen Wettkämpfen teilnehmen würden. „Ich wünschte, ich könnte mitkommen," sagte Sarah bedauernd. „Aber ich habe das Gefühl, dass ich an dieses Haus gebunden bin, solange es in vorzeigbarem Zustand bleiben muss."

Evan meinte: „Dein Haus wird verkauft, ob du hier bist oder nicht. Warum machst du es nicht einfach sauber, bis es für dich zufriedenstellend ist, und gehst zu den Agility-Wettkämpfen, wann immer du willst? Dein Immobilienmakler kann sich um alles kümmern." Gordon legte einen Arm um Sarah. „Ich unterstütze diesen Vorschlag. Ich biete sogar an, hier zu bleiben und auf das Haus aufzupassen, falls du Michael zu dem Agility-Wettkampf nach New York mitnehmen willst. Ansonsten begleite ich euch gerne." Sarah schenkte ihm ein strahlendes Lächeln und sagte: „Lass es uns machen!"

Die Haustiere erhielten ihre Agility-Titel während des Wettkampfes, der am Wochenende des 4. Juli im Raum Binghamton, New York, stattfand. Topaz war überglücklich, dass ihr Vater beim Event dabei war. Jedes Mal, wenn sie und ihre Mama den Ring verließen, begrüßten ihr Vater und Jenny sie mit offenen Armen und umarmten sie. Sie fühlte sich so unterstützt und wertgeschätzt, dass sie alle ihre Klassen meisterte und in allem, woran sie teilnahm, den ersten Platz belegte. „Mein Leben ist absolut perfekt," dachte sie.

Es war ein großartiges Wochenende für alle. Michael belegte in allen Klassen den zweiten Platz, mit Ausnahme der Paarsstaffel. Kawdje belegte den ersten Platz im Jumpers und den zweiten in allen anderen Klassen, mit Ausnahme der Paarsstaffel, in der er den dritten Platz erreichte. Kissy belegte den zweiten Platz im Jumpers, den ersten in Snooker, Standard Agility und Paarsstaffel sowie den dritten Platz im Gamblers.

Während die Hundeführer ihre Ausrüstung packten, beschlossen sie, den Unabhängigkeitstag, der am nächsten Tag war, bei Essie und Evan zu feiern. Jeder würde eine Kleinigkeit für ein gemeinsames Essen mitbringen, und sie würden die Feier mit einem lokalen Feuerwerk abschließen.

Die Woche nach dem 4. Juli war für alle sehr beschäftigt. Sarah konnte in keinem der örtlichen Geschäfte ein Hochzeitskleid finden, das für eine Witwe Mitte vierzig geeignet war. Joy schlug vor, dass sie und ihre Mutter, Sarah und Pat, Jeanette und Jenny zu einem exklusiven Kleidergeschäft in der Innenstadt von Philadelphia fahren, wo sie dachte, dass Sarah ihr perfektes Kleid finden könnte. Die Inhaberin könnte passende Outfits für Pat und Jenny anfertigen, und das i-Tüpfelchen wäre nach dem Einkaufen ein Roastbeef-Sandwich bei Nick's. Die Idee eines Ausflugs nach Philly wurde mit Begeisterung aufgenommen.

Als sie im Kleidergeschäft ankamen, erwiesen sich Joys Instinkte als perfekt. Raphaella, die Inhaberin, zog für Sarah ein paar Modelle von einem Kleiderständer. Nach dem Anprobieren war die allgemeine Meinung, dass das ärmellose pfirsichfarbene Kleid, so blass, dass es fast weiß war, der Gewinner war. Das Material war weich und fließend. Der Rock fiel nah am Körper, schwang aber unterhalb der Knie aus, und der Saum wellte sich, wenn Sarah ging. Raphaella schlug vor, dass sie eine modifizierte Schleppe aus hauchdünnem Chiffon anfertigen könnte, die mit Druckknöpfen am Rücken der Taille befestigt wird, sodass sie nach der Zeremonie bei Bedarf entfernt werden kann, sowie eine sehr kurze, eng anliegende Jacke aus dem gleichen Material. „Sie kann getragen werden, falls Ihr Hochzeitstag unerwartet kühl wird. Wenn Sie die Jacke und die Schleppe abnehmen, ist das Kleid ein knöchellanges Kleid, das für viele Anlässe geeignet ist."

„Was ist mit den Kleidern für die Trauzeugin und das Blumenmädchen?" fragte Sarah. Raphaella zog sofort ein tief pfirsichfarbenes, ballerinalanges Kleid mit Wasserfallausschnitt vom gleichen Kleiderständer. Der Rock war im Stil ähnlich wie Sarahs Hochzeitskleid, und das Kleid war ärmellos. Pat sah darin wunderbar aus, und es waren nur wenige Änderungen nötig. Raphaella sagte, dass sie zwar keine Kinderkleidung führe, aber ihre Näherin leicht ein passendes Kleid für Jenny anfertigen könnte. „Ich werde ihre Maße nehmen, und vielleicht könnten Sie sie in ein paar Wochen für eine Anprobe wiederbringen. Bis dahin habe ich die Änderungen und Accessoires für die anderen beiden Kleider fertig."

Während Raphaella die Verkäufe verbuchte, erkundigte sich Sarah, ob sie ein Geschäft kenne, wo man ein Hochzeitsoutfit für Männer kaufen oder mieten könne. Raphaella empfahl Carlo's Herrenmode für besondere Anlässe, ein paar Straßen weiter, und schrieb eine Wegbeschreibung auf. Später, als sie im Nick's Restaurant saßen und sich hungrig in Roastbeef-Sandwiches stürzten, wobei der Fleischsaft ihnen über die Kinn und auf die Teller tropfte, murmelte Sarah zwischen den Bissen, dass dies ihr Lieblingssandwich sei. „Meins auch", schaffte es Jenny zwischen den Bissen zu sagen. „Lass uns in zwei Wochen nach meiner Anprobe wieder hierherkommen." Jeanette fragte: „Wie wäre es, wenn wir alle zu Jennys Anprobe kommen und danach einen Abstecher zu Nick's machen?" „Aber sicher", sagte Essie. „Ich werde mehrere Roastbeef-Sandwiches zum Mitnehmen bestellen. Ich werde Evan zwei zum Abendessen servieren und eins für mich. Kissy und Kawdje mögen vielleicht das Roastbeef, also bestelle ich vielleicht vier zum Mitnehmen. Ich kann immer noch zwei dieser köstlichen Sandwiches verschlingen, wenn die Haustiere keins wollen."

Kapitel Einundzwanzig

Die Hochzeitsprobe war ein Riesenspaß! Zum Anfang trugen die Haustiere ihre Hochzeitsoutfits. Michael sah in schwarzer Fliege und Frack aristokratisch aus. Er trug ein weißes Brusttuch statt eines Hemdes, das an der Innenseite der Jacke festgeknöpft wurde, um es an Ort und Stelle zu halten. Sarah hatte entschieden, ihm den Zylinder zu ersparen, als sie das Outfit auswählte. Er sah etwas verwirrt aus, als sie ihn mit Gordons Hilfe einkleidete, aber weil er sie beide liebte, ertrug er die Kleidung geduldig. Topaz trug ein tief pfirsichfarbenes Spandex-Oberteil mit Reihe um Reihe von Rüschen, das ihren Oberkörper zwischen den Vorder- und Hinterbeinen bedeckte. Ein Stretchband aus pfirsichfarbenem Material mit einer seidenen, pfirsichfarbenen Rose schmückte ihren Hals. Alle fanden, dass sie elegant aussah. Topaz konnte sich selbst nicht sehen, aber sie fühlte sich wie ein Trottel. Wenigstens war sie dankbar, dass ihre Kleidung nicht kratzte! Kawdje trug einen schwarzen Kummerbund und eine passende Fliege. Er kratzte ständig an seinem Hals und drehte die Fliege so, dass sie schließlich auf dem Rücken seines Halses saß, anstatt unter seinem Kinn. Kissy sah zierlich und bezaubernd aus in einem blassen, pfirsichfarbenen Rüschenrock aus Chiffon. Sie trug ebenfalls eine blass pfirsichfarbene, seidenne Rose, die mit Klebeband auf ihrem Kopf befestigt war.

Alle Hochzeitsgäste waren zur Probe eingeladen. Sarahs Bruder, John Sandell, und seine Frau, Merrill, waren einige Tage vor der Hochzeit aus Kalifornien angereist und hatten sich durch eine Besichtigung von historischen Sehenswürdigkeiten in Philadelphia und des Pennsylvania

Dutch Gebiets in Lancaster County zurückgehalten. Ihr Sohn und seine Frau waren in Kalifornien geblieben, da sie in wenigen Wochen ihr erstes Kind erwarteten. Sarahs Kindheitsfreundin, Judy, und ihr Mann, Clyde Hoskins, waren aus Virginia angereist, zusammen mit ihrer neunzehnjährigen Tochter, Katie, und ihrem siebzehnjährigen Sohn, Clyde Jr. Sie hatten das Pennsylvania Dutch Gebiet zusammen mit Sarahs Bruder und Schwägerin besichtigt, da Clyde es schon immer sehen wollte, seit er den Film „Der einzige Zeuge" gesehen hatte.

Sarahs Pastor, Reverend Paul Tyler, und seine Frau, Belle, trafen ebenfalls ein. Sarah teilte ihrem Pastor mit, dass sie den Gang zur Trauung mit ihrem Hund beschreiten wollte und den Teil der Zeremonie, „Wer gibt diese Frau diesem Mann zur Ehe?", aus den Gelübden gestrichen haben wollte. Er stimmte ihrem Wunsch bereitwillig zu. Gordon und Evans Schwester, Melanie, und ihr Mann, Joe Tate, waren mit ihrer sechzehnjährigen Tochter, Jillian, und ihrem achtzehnjährigen Sohn, Marlon, aus Oklahoma angereist und waren angekommen, Morgen. Zweiundvierzig Personen nahmen an der Probe und der Hochzeit teil, einschließlich der Haustiere. Alle klatschten und jubelten, als die Haustiere den steinernen Weg entlang liefen, der am nächsten Tag der Hochzeitsgang sein würde. Auf beiden Seiten des Weges waren Stühle aufgestellt. Steinurnen waren mit Blumenarrangements gefüllt, die das Gelände in einen Hochzeitslauben verwandelt hatten. Zwei der Urnen markierten den Bereich, wo normalerweise ein Altar gestanden hätte. Michael ging gemessen neben Sarah in Richtung Gordon, Kevin und einem Mann, den er noch nie zuvor gesehen hatte. Er wusste, dass dieses ganze Treffen etwas Besonderes bedeutete, konnte jedoch nicht ganz erfassen, worum es ging. Was auch immer geschah, es schloss ihn ein, und das war beruhigend.

Der Zeremonienmeister, den Evan engagiert hatte, hatte eine CD mit alten Aufnahmen gebrannt: „Because", gesungen von Mario Lanza, und „True Love", gesungen von Bing Crosby und Grace Kelly – beide sollten Teil der Hochzeitszeremonie sein. Es war ein lauer Abend – nicht zu heiß, nicht zu kühl und nicht zu feucht. Auch das Wetter für den

Hochzeitstag versprach genauso perfekt zu werden. Sarah dachte: „Das Universum segnet meine Hochzeit und schenkt mir wunderbares Wetter."

Nick's Roastbeef-Sandwiches wurden in Buffetform serviert, begleitet von Maiskolben, gemischtem Salat, verschiedenen Weinen, Bier und alkoholfreien Getränken. Zum Nachtisch gab es Schokoladenkuchen, Eis und Milchreis. Der Milchreis wurde hauptsächlich für die Haustiere angeboten, war jedoch auch bei den meisten anderen beliebt. Sarah und Gordon verabschiedeten sich lange und umarmten sich innig zum Gute Nacht sagen. Gordon hatte nie bei Sarah übernachtet, da er sich unwohl fühlte, im Haus ihres verstorbenen Mannes zu bleiben. Obwohl Sarahs Persönlichkeit und Stil das Haus ausfüllten, spürte Gordon immer eine leise Anwesenheit von Charles. Schon früh in ihrer Beziehung entschied er, dass sie, wenn sie zusammenlebten, in einem gemeinsamen Zuhause wohnen würden. Michael drängte sich zwischen sie, um die Liebkosungen zu teilen.

Am nächsten Morgen trainierte Michael auf dem Agility-Parcours und war gerade am A-Frame, als Pat und Eds Auto anhielt. Er war nicht überrascht, da sie in der vergangenen Woche häufig zu Besuch gewesen waren. Jedes Mal, wenn sie kamen, nahmen sie ein Möbelstück oder einen weiteren Teppich mit. Er lief ihnen entgegen und begleitete sie ins Haus. Michael schaute interessiert zu, wie Pat Sarah half, ein langes Kleid anzuziehen. Die Gespräche und das Kichern der beiden versetzten ihn in einen leichten Schlaf. Er erwachte plötzlich, als er spürte, dass ihm etwas über die Vorderbeine gezogen wurde. Er erkannte, dass Sarah und Pat ihm die gleichen Kleider anzogen, die er am Vorabend getragen hatte. Er entschied, dass es bedeutete, dass er für eine weitere Feier eingekleidet wurde, und stand bereitwillig auf, um ihre Bemühungen zu unterstützen. Aufgeregt dachte er an eine weitere Feier mit leckerem Essen. Er hoffte, dass es wieder Roastbeef und Milchreis geben würde, und begann bereits, bei dem Gedanken daran zu sabbern.

Die Autofahrt war okay, aber nicht großartig, fand Michael, weil die Fenster geschlossen blieben, sodass er seinen Kopf nicht hinausstrecken und den Wind in seinem Fell und seinen Ohren spüren konnte. Pat sagte zu Ed: „Falls Michael jammert, öffne bitte nicht die Fenster, denn Mom und ich wollen keine vom Wind zerzausten Frisuren."

Nachdem das Auto zum Stehen gekommen war und Ed seine Tür geöffnet hatte, sprang Michael heraus und war überglücklich, dass sie wieder bei Topaz' Zuhause waren, wo das Fest des vergangenen Abends stattgefunden hatte. Seine Begeisterung ließ etwas nach, als er die Luft schnupperte und feststellte, dass heute kein Roastbeef auf dem Menü stand. Topaz trabte auf ihn zu und berührte seine Nase zur Begrüßung.

„Werden wir auf dieser Feier auch etwas zu essen bekommen?" fragte er sie.

„Ja, das werden wir. Ich kann nicht in die Küche, weil sie voller Fremder ist, die das Essen vorbereiten. Mama und Papa scheinen sie zu kennen, also denke ich, dass alles in Ordnung ist. Die gleichen Leute, die gestern Abend hier waren, sitzen draußen."

Kissy und Kawdje sprangen auf sie zu, gefolgt von Jenny, die ein langes Kleid trug, das für Michael ähnlich wie Sarahs aussah. Michael schnupperte an der Blume auf Kissys Kopf und wollte ihr gerade sagen, dass ihre Blume keinen Duft hatte, als er bemerkte, dass Sarah neben ihm stand.

Sie schob eine Hand unter den Kragen seiner Jacke und hielt ihn leicht fest. Er beobachtete, wie Jenny eine Leine an Kissys Halsband befestigte. Er sah Pat vor Sarah stehen. Alle anderen waren bereits auf ihren Plätzen, und es war ruhig geworden. Plötzlich hörte er Musik, und der traditionelle Hochzeitsmarsch klang für Michael glücklich und sanft.

Jenny und Kissy gingen zwischen den Reihen der sitzenden Leute hindurch, und Jenny hörte, wie die Gäste leise murmelten, wie süß die beiden zusammen aussahen. Kissy liebte ihr Outfit. Ihre Mutter hatte sie vor einen Spiegel gehoben, damit sie sich selbst sehen konnte. Sie dachte, dass die Blume auf ihrem Kopf sie größer erscheinen ließ. Sie genoss die Aufmerksamkeit, die ihr zuteil wurde.

Michael wartete ruhig neben Sarah, bis Pat anhielt und sich neben Kevin und dem Pastor aufstellte, den Michael noch vom Vorabend in Erinnerung hatte. Dann sah er Gordon neben dem Pastor stehen und versuchte, zu ihm zu laufen, doch Sarah hielt ihn zurück und sagte leise: „Bleib." Dann befahl sie: „Bei Fuß," und sie gingen in langsamen, gemessenen Schritten auf Gordon zu. Sein Herz schien nicht groß genug, um all das Glück zu fassen, das er fühlte.

Sarah hörte Bruchstücke der geflüsterten Kommentare der Hochzeitsgäste. „Ihr Begleiter ist ungewöhnlich, aber würdevoll."

„Auf einen Hund kann man zählen, dass er einem zur Seite steht, egal unter welchen Umständen."

Als sie direkt vor dem Pastor standen, Michael beobachtete, wie Sarah ihre Jacke anzog, und dann zog Pat ihn zu sich, bis er an ihrer Seite stand.

Sarah stand ruhig da, während die außergewöhnliche Stimme von Mario Lanza die Aufnahme von „Because you come to me with naught save love ... I see the roses blooming at your feet" sang. Rosen waren in niedrigen Behältern arrangiert und bildeten einen Halbkreis um die Hochzeitsgesellschaft. Sarah sah, wie Gordon sie mit solcher Liebe in den Augen ansah, dass sie blinzelte, um Tränen zurückzuhalten.

Plötzlich erklang eine andere, sehr starke Stimme. Sie hielt einen klaren Ton so lange, dass alle über die Lungenkapazität und Atemkontrolle staunten.

Michael erkannte sofort Topaz' Stimme. Er beschloss, auch einen Beitrag zur feierlichen Stimmung zu leisten.

Als Kawdje hörte, wie Topaz und Michael zusammen mit der Männerstimme „sangen", beschloss er, sich dem Chor anzuschließen, da er sich selbst als ein kleiner Barde sah.

Kissy hatte zwar keine musikalische Stimme, aber das hielt sie nicht davon ab, sich dem Hundechor anzuschließen. Topaz' Stimme stieg stark über alle anderen, einschließlich Mario Lanzas. Jeanette und Cole waren entsetzt und versuchten, ihr mit den Händen das Maul zu schließen, aber Topaz schüttelte sie ab und stolzierte zum Altar. Kawdje sprang von seinem Platz zwischen Essie und Evan und rannte zu Kissy.

Gordon presste die Lippen fest zusammen, um ein Grinsen zu unterdrücken. Sein Gesicht verdunkelte sich schnell vor Besorgnis, als er Sarahs gesenkten Kopf und ihre zitternden Schultern sah. Er dachte, sie würde weinen und wollte sie gerade tröstend in die Arme nehmen, als sie ihr Gesicht hob und er mit Erleichterung sah, dass sie lachte.

Der Pastor hob sein Gebetbuch vor sein Gesicht, um sein Lachen zu verbergen, doch es war ein Trick, der Auto, um für ihre Flitterwochen aufzubrechen. Die Gäste winkten ihnen zum Abschied, und die Hunde begleiteten sie mit einem letzten, fröhlichen Bellen.

Niemand konnte sich dem fröhlichen Chaos entziehen. Bald heulten alle Anwesenden mit den Hunden mit. Der junge Mann, der die Hochzeit filmte, hielt die Kamera trotz seines Lachens erstaunlich ruhig. „Das hier wird ein Hit," dachte er, „aber ich muss erst Gordons und Sarahs Erlaubnis einholen, bevor ich es ins Internet stelle." Als das Lachen nachließ, fuhr die Zeremonie fort.

Der Pastor sprach Worte, die Michael nicht verstand, aber als er sah, wie Gordon Sarah einen glänzenden Ring an den Finger steckte und Sarah ihm ebenfalls einen ansteckte, hätte er beinahe vor Freude gebellt. Er erinnerte sich an seine Unterhaltung mit Topaz, Kissy und Kawdje über die besonderen Finger-Ringe, die ihre Besitzer immer trugen, und er wusste nun, dass Sarah und Gordon von nun an als sein „Mama und Papa" zusammenleben würden.

Nach der Zeremonie erklang die schöne Aufnahme von Bing Crosby und Grace Kelly mit „True Love," während Sarah und Gordon das Hochzeitsbuch unterschrieben. Alle erwarteten, dass Topaz wieder die „Canine Chor" anführen würde, also stimmten, wie auf ein stilles Einverständnis hin, alle mit Bing und Grace ein. Wie zuvor war Topaz' Stimme über alle anderen hinweg deutlich zu hören.

Der restliche Tag verlief ungewöhnlich entspannt und gesellig für eine Hochzeitsfeier. Die Haustiere wurden von allen bewundert. Mehrere Gäste fragten Jeanette und Cole, ob sie jemals darüber nachgedacht hätten, Topaz für den jährlich in New York City stattfindenden Singenden-Hund-Wettbewerb anzumelden.

„Sie würde den Preis mit Sicherheit gewinnen," erklärte Sarahs Bruder.

In der Zwischenzeit speisten die Hunde genüsslich Garnelencocktail, den Kawdje, der Wählerische, jedoch ablehnte, und Hähnchen Cordon Bleu, das sie alle mit Begeisterung fraßen. Kawdje probierte ein paar gedünstete grüne Bohnen mit Butter, aber Kissy verzichtete darauf. Alle aßen den gekühlten, pochierten Wildlachs, auch wenn Kawdje seine Portion nur widerwillig kaute.

„Ich schwimme gerne, aber ich mag nichts essen, was auch schwimmt," grummelte er.

Topaz und Michael verschlangen alles, was ihnen angeboten wurde, einschließlich Hochzeitstorte und Crème Brûlée. Kissy naschte sparsam von der Torte, und Kawdje schnupperte daran und lehnte sie ab, aber beide stürzten sich auf die Crème Brûlée.

„Das ist wirklich der König der Desserts," verkündete Kawdje, und die anderen drei stimmten ihm zu.

Der DJ und Zeremonienmeister spielte eine Mischung aus alten Klassikern und neueren Hits. Alle tanzten. Essie tanzte mit Kawdje auf dem Arm, und Evan tanzte daneben mit Kissy. Sarah, Gordon und Michael legten gemeinsam einen flotten Boogie hin. Sam, Joy, Pat, Ed, Jeanette, Cole und Topaz bildeten eine Conga-Linie, der sich andere Gäste nach Belieben anschlossen, sich lösten und wieder einreihten.

Topaz verbrachte viel Zeit nahe am DJ und seinem Rekorder, wo sie ihre eigene Hundeversion zu jedem Lied zum Besten gab, das gerade gespielt wurde. Kevin, der immer höfliche junge Gentleman, tanzte einen Foxtrott mit Belle Tyler, der Frau des Pastors, und dann viele Tänze mit

Katie Hoskins. Paul Tyler liebte den Cha-Cha und drehte eine Runde mit allen Damen. Pat und Ed legten mehrere rockige Tänze auf, die so gut waren, dass die anderen Gäste einen Kreis um sie bildeten und im Takt klatschten.

Sarah und Gordon hatten jedem Gast eine Einwegkamera geschenkt, unter anderen Dingen, und jeder ließ sich mit Sam und ein weiteres Mal mit dem Brautpaar fotografieren.

Während einer Tanzpause warf Sarah ihren Brautstrauß. Katie Hoskins war ziemlich verärgert, als Jillian Tate vor ihr heraussprang und ihn fing.

Kurz darauf schlichen sich Sarah und Gordon nach oben in Jeanettes und Coles Haus und zogen sich aus ihren Hochzeitsoutfits um. Sie trugen nun unauffälligere Kleidung, als sie in Richtung von Gordons Auto gingen, um ihre Flitterwochen anzutreten. Die Gäste winkten ihnen zum Abschied, und die Hunde begleiteten sie mit einem letzten, fröhlichen Bellen.

SUV. Sie waren schockiert, als sie den Zustand des Fahrzeugs sahen. Es war mit Bändern geschmückt, leeren Dosen, die am hinteren Stoßfänger befestigt waren, und „Just Married" war auf jede Scheibe geschrieben. Die nächsten fünfzehn Minuten verbrachten sie damit, die Schrift und die Dekoration zu entfernen. Kurz bevor sie in den SUV stiegen, zog Gordon Sarah zu sich und gab ihr, wie die grinsende Jenny es nannte, den „Mutter-aller-Küsse". Als sie nach Luft schnappten, murmelte er: „Mrs. Gordon Kilmer, wir machen uns auf, um eine Nacht in der Hochzeitssuite im DuPont Hotel in Wilmington zu verbringen."

Die Hochzeitsgesellschaft war noch voller Energie, als die Frischvermählten aufbrachen. Die Hochzeitsgäste klatschten, jubelten und riefen ihre guten Wünsche an Sarah und Gordon, während Michael, in einem Zustand des Unglaubens und der Verzweiflung, zusah, wie Sarah und Gordon ohne ihn davonfuhren. Pat und Ed hielten ihn fest, und egal wie sehr er sich bemühte, er konnte sich nicht losreißen.

„Warum haben sie mich zurückgelassen?" fragte er sich immer wieder. Er hatte geplant, dass die drei für immer zusammenleben würden. Als er schließlich begriff, dass sie für immer fort waren, brach er zusammen. Jeder Teil von ihm schmerzte, und mit jedem Atemzug stöhnte er vor Kummer.

für immer verlassen."

Pat und Ed standen vor einem Rätsel. Michael weigerte sich, aufzustehen, und sie waren nicht in der Lage, ihn alleine hochzuheben. Kevin, der in der Nähe stand, bemerkte die Situation. Er kniete sich zu Michael und versuchte, ihn zum Aufstehen zu bewegen, aber es half nichts. „Er leidet unter starker Trennungsangst," sagte er. „Ich weiß, dass Dad und Sarah geplant haben, dass er die Nacht bei euch verbringt, aber ich frage mich, ob er sich sicherer fühlen würde, wenn er in Sarahs Haus schläft und in seinem eigenen Hundebett."

„Wir haben sein Hundebett in unserem Auto," sagte Ed. „Ed, vielleicht sollten wir heute Nacht bei Mom übernachten. Michael sieht so trostlos aus, dass ich bereit bin, alles zu versuchen, was ihn aufmuntern könnte."

„Mein Gott!" rief Ed aus. „Wie werden wir das überstehen, wenn sie ihn für eine zweiwöchige Hochzeitsreise auf irgendeine verzauberte Insel zurücklassen?"

„Ich weiß es nicht. Im Moment müssen wir dieses Problem lösen. Lass uns Kevins Vorschlag folgen und heute Nacht bei Mom schlafen."

Inzwischen hatten sich auch Topaz, Kissy und Kawdje um Michael versammelt. Sie versuchten, ihn zu trösten, aber er war untröstlich. Immer wieder murmelte er: „Sie haben mich verlassen." Michael spürte, wie Topaz' lange, seidige Ohren über seinen Kopf strichen und ihre warme Zunge seine Schnauze leckte. Er spürte Kissy und Kawdjes Pfoten auf seinem Hals. Trotz ihrer tröstenden Gesten überkam ihn eine mächtige Welle der Traurigkeit, die sich wie ein schmutziger Fluss durch ihn zog und Schlamm und Trümmer in jede Ecke seines Körpers spülte.

Sarah und Gordon hatten ihn verlassen! Er wollte nicht mehr leben.

Allmählich bemerkten die Hochzeitsgäste, dass etwas nicht stimmte, und sie versammelten sich um Michael. Pat, Ed und Kevin erklärten den anderen, dass Michael in einem emotionalen Zusammenbruch steckte, weil Sarah und Gordon ohne ihn gegangen waren.

Allmählich bemerkten die Hochzeitsgäste, dass etwas nicht stimmte, und sie versammelten sich um Michael. Pat, Ed und Kevin erklärten den anderen, dass Michael in einem emotionalen Zusammenbruch steckte, weil Sarah und Gordon ohne ihn gegangen waren. Pat erzählte den auswärtigen Gästen, die Michaels Vorgeschichte nicht kannten, dass er ein Straßenhund gewesen war, den ihre Mutter in Mexiko gerettet hatte. „Wer weiß, welche Prüfungen und Leiden er durchgemacht hat, bevor meine Mutter ihn mit nach Hause genommen hat? Er ist sehr emotional an meine Mutter und Gordon gebunden. Vielleicht denkt er, dass sie ihn für immer verlassen haben."

für immer."

Michael hörte viele freundliche Stimmen, die ihm aufmunternde Worte zuflüsterten. Doch ihre Besorgnis und ihr Mitgefühl vermochten nichts gegen seine Verzweiflung und Einsamkeit auszurichten. Topaz, Kissy, Kawdje, Jenny, Kevin, Pat, Ed und alle anderen umgaben ihn, aber er fühlte sich so allein wie damals, als er auf den Sandhügeln in San Miguel lag – und noch weit verlassener als damals.

Jeanette bot an, Michael bei sich zuhause übernachten zu lassen, zusammen mit Topaz. Essie und Evan boten an, ihn zu sich nach Hause zu nehmen, damit er in der Nähe von Kissy und Kawdje schlafen konnte. Die Mehrheit entschied jedoch, dass Pat und Ed, Kevin, Essie und Evan, Jenny sowie Topaz, Kissy und Kawdje alle bei Sarah übernachten würden, um Michael Gesellschaft zu leisten.

Jeanette erklärte, dass sie und Cole nicht gehen konnten, bis die Catering-Mitarbeiter alles aufgeräumt und das Haus verlassen hatten. Außerdem musste Cole am nächsten Morgen sehr früh aufstehen, um seine Patienten zu besuchen. Sie wussten, dass Jenny bei ihren Freunden sicher sein und sich über die Gesellschaft von Topaz freuen würde, und dass Topaz es trösten würde, Jenny bei sich zu haben, während ihre Mutter und ihr Vater abwesend waren.

Kevin, Sam und Ed hoben Michael auf den Rücksitz von Pat und Eds Auto.

Jeanette packte hastig eine Übernachtungstasche für Jenny und half ihr, sich aus ihrem Blumenmädchenkleid in Shorts und ein T-Shirt umzuziehen.

Kevin, Essie und Evan fuhren nach Hause, um sich in bequeme, legere Kleidung umzuziehen und die Schlafunterlagen der Haustiere mitzunehmen.

Sam und Joy brachten Jenny und Topaz zu Sarahs Haus. Die anderen Hochzeitsgäste verabschiedeten sich von Jeanette, Cole und voneinander, bevor sie in ihren Autos davonfuhren.

Cole beobachtete, wie alle losfuhren, und sagte: „Nun, Michaels emotionaler Zusammenbruch hat die Hochzeitsfeier abrupt beendet."

Am nächsten Morgen waren Sarah und Gordon überrascht, so viele Autos vor ihrem Haus zu sehen.

„Die Hochzeitsgesellschaft scheint von Jeanettes Haus zu mir gewechselt zu haben," sagte Sarah.

Sie öffnete die Küchentür, roch den Duft von Kaffee und sah Jeanette, die Saft in Gläser goss, und Jenny, die Hundenäpfe füllte. Kevin trank eine Tasse Kaffee, Ed briet Eier und Pat deckte den Esstisch, da der Küchentisch für alle Anwesenden zu klein war. Essie und Evan bereiteten Toast zu und bestrichen die Scheiben mit Butter. Kissy und Kawdje rannten schwanzwedelnd zu Sarah und Gordon, um sie zu begrüßen.

„Das ist ein wunderbares Begrüßungskomitee," sagte Gordon und versuchte, seine Verwunderung und Überraschung zu verbergen.

Alle lachten und umarmten sie. Jeanette goss für jeden von ihnen Kaffee ein und schlug vor, sich zu setzen, während alle abwechselnd erklärten, warum sie hier waren.

Aus den tiefen Tiefen seines Elends meinte Michael, Gordons Stimme zu hören, aber er wischte es als Traum beiseite. Er hatte nicht die Kraft, eine weitere Enttäuschung stehend zu ertragen, also beschloss er, für immer in seinem Bett zu bleiben. Topaz lag ausgestreckt in seiner Nähe, und darüber war er froh. Er hoffte, dass sie bei ihm sein konnte, bis zum Ende. Er spitzte die Ohren, weil er sicher war, gerade Sarahs Stimme gehört zu haben. „Ja!"

Er sprang von seinem Bett auf und hüpfte über Topaz, um so schnell wie möglich aus dem Schlafzimmer zu stürmen. Er rannte die Treppe hinunter und stürzte in die Küche. Er sprang auf Sarahs und Gordons Schoß. Sie saßen Seite an Seite am Küchentisch, und er war groß genug, um beide Schöße zu bedecken, während er sich quer über sie legte.

Es gab kein trockenes Auge in der Küche, als alle zusahen, wie die drei liebevolle Grüße austauschten. Michael schenkte Sarah und Gordon das enthusiastischste Wiedersehen, das ein Haustier jemals bekam die intensivste Begrüßung, die ein Haustier je erlebt hatte. Sarah und Gordon umarmten, streichelten, küssten und tätschelten Michael und murmelten ihm liebevolle Worte der Beruhigung zu. Gordon sagte: „Okay, Kumpel, heute Nacht nehmen wir dich mit ins Motel." Sarah sprach mit entschlossener Stimme: „Gordon, wir können im Dezember nicht auf eine sonnige Hochzeitsreise gehen und Michael zurücklassen. Er könnte sich vor Sehnsucht nach uns verzehren. Wohin wir auch gehen, wir müssen ihn mitnehmen."

„Da bin ich ganz bei dir, goldenes Mädchen," antwortete Gordon.

Sie hatten gerade das Frühstück beendet, als das Telefon klingelte. Sarah nahm ab und erkannte die Stimme ihrer Immobilienmaklerin, die fragte, ob eine späte Nachmittagsbegehung ihres Hauses am 19. August möglich sei, da die Übergabe für den 20. August um 9 Uhr morgens geplant war. Sarah versicherte ihr, dass dies in Ordnung sei.

Nach dem Auflegen verkündete Sarah: „Morgen früh ist die Übergabe unseres neuen Hauses in Bucks County, und bis zum Mittag wird es unseres sein. Ihr seid alle herzlich eingeladen, vorbeizukommen und es euch anzusehen. Gordon und ich haben Schlafzimmer- und Küchenmöbel gekauft, die morgen Nachmittag geliefert werden. Das wird das letzte Mal sein, dass wir hier zusammen sitzen, denn die Leute, die die Möbel gekauft haben, die Pat und Ed nicht wollten, kommen heute Nachmittag, um sie abzuholen."

Essie sagte: „Evan, Kevin und ich bringen morgen Abend das Abendessen zu eurem neuen Zuhause. Wir können es kaum erwarten, es zu sehen!"

Gordon legte einen Arm um die Schultern seines Sohnes und sagte: „Sarah und ich haben ein Schlafzimmer-Set für eines der Gästezimmer gekauft, damit du bei uns bleiben kannst, bis du zurück nach Purdue fliegen musst."

Kevin grinste seinen Vater an. „Du willst mich doch nur hierhaben, um dir beim Möbelrücken, Streichen und sonst was zu helfen." Innerlich jedoch freute er sich riesig, dass sein Vater und Sarah ihn in ihr Eheleben einbinden wollten.

Sarah spürte, wie erleichtert Kevin war, die Einladung erhalten zu haben, bei ihnen zu bleiben, und schlug vor, dass sie alle zusammen im nahegelegenen State Park zu Mittag essen könnten. Dann lud sie spontan alle ein. „Im Park sind Hunde an der Leine erlaubt. Ich weiß, dass das eine spontane Einladung ist, aber das gibt mir die Gelegenheit, die Reste aus meinem Kühlschrank für Sandwiches zu verwenden. Ich kann alles Nötige dazu kaufen."

Jeanette verkündete, dass nichts gekauft werden müsse, da ihr Kühlschrank voller Reste vom Hochzeitsessen sei. „Ich fahre jetzt gleich nach Hause und packe das Essen in Kühlboxen. Vielleicht ist Cole da, wenn ich ankomme, und kann sich uns anschließen. Ist es okay, wenn ich Jenny und Topaz hierlasse?"

Evan sagte: „Jenny und Kissy können Junior-Handling-Agility üben, und ich werde sie beaufsichtigen." Jenny tanzte durch die Küche und umarmte Evan um die Taille. „Danke, Onkel Evan."

Am nächsten Tag, während der Hausübergabe von Sarah und Gordon am örtlichen Gerichtsgebäude, fuhr Kevin mit Michael zu einem kleinen Park in der Nähe, da es zu heiß war, ihn im Auto zu lassen. Sie dösten im Schatten einer riesigen Eiche, bis das Klingeln von Kevins Handy ihn weckte. Es war sein Vater, der ihm sagte, dass die Übergabe abgeschlossen sei und er sie abholen solle.

Die vier besichtigten das gesamte Haus. Michael ging eng an Sarahs Seite. Seit dem Wiedersehen nach der Hochzeit blieb er immer in Streicheldistanz zu ihr und Gordon. Er erinnerte sich daran, kurz einmal hier gewesen zu sein, obwohl er damals im Auto geblieben war. Er vergaß niemals einen Geruch und war sicher, dass dies der Ort war, den Sarah und Gordon als „Zuhause" bezeichneten.

Im Haus gab es noch keine Möbel, und Michael wusste nicht, was er davon halten sollte. Er fragte sich, ob er auf seinem weichen, bequemen Bett schlafen würde, wie letzte Nacht im Motel.

Er wollte nach draußen gehen und das Gelände erkunden, aber nicht so sehr, wie er bei Sarah und Gordon bleiben wollte. Schließlich gingen Sarah und Gordon nach draußen, und er und Kevin folgten ihnen. „Wow!" rief Kevin aus, als er den weiten Panoramablick nach Süden sah. Michael drückte seine Zustimmung mit einem anerkennenden Bellen aus. Gordon sagte: „Da unten fließt ein Bach durch das untere Ende des Grundstücks. Vielleicht sollten wir einen Teil davon zu einem Teich vergrößern lassen. Lass uns alles erkunden."

Beim Spaziergang durch ein bewaldetes Gebiet entdeckten sie Spuren eines alten Quellhauses. „Wir könnten einen Teich anlegen lassen. Es gibt eine Quelle, die ihn speisen könnte," meinte Gordon. Michael fühlte sich voller Stolz bei dem Gedanken an das gesamte Grundstück, das er für Sarah und Gordon patrouillieren und beschützen würde.

Als sie zum Haus zurückkehrten, bog ein Möbelwagen in die Einfahrt ein. Die nächsten Stunden verbrachten sie damit, die Möbel zu arrangieren. „Wir müssen das ganze Haus streichen, die Böden erneuern und die Küche renovieren, aber das muss erst einmal reichen," sagte Sarah.

„Denkst du wirklich, dass wir eine neue Küche brauchen?" fragte Gordon.

„Unbedingt! Ich brauche eine moderne Küche genauso dringend, wie du eine neue Garage brauchst."

Kevin musste ein Lächeln verbergen, als er seinen Vater sagen hörte: „Okay, goldenes Mädchen. Eine neue Küche kommt auf die To-Do-Liste," und Sarah erwiderte: „Ganz oben auf die Liste."

Sie waren gerade fertig mit dem Einrichten des Wohnzimmers, als Jeanette, Cole, Jenny und Topaz ankamen und mehr Reste vom Hochzeitsessen mitbrachten. Während Jeanette, Cole und Jenny das Haus gezeigt wurde, führte Michael Topaz über das Grundstück. Plötzlich hörten sie Kissys scharfes, befehlendes Bellen und rannten zurück zum Haus.

Essie und Evan, Joy und Sam trugen Essen und Wein in die Küche. Kissy und Kawdje rannten auf Topaz und Michael zu. „Das ist ein riesiger Ort!" stellte Kawdje fest.

„Warte, bis du den Bach und das Quellhaus siehst," sagte Michael.

Während sie in Richtung Wald gingen, kamen Pat und Ed an. Pat fragte ihre Mutter, ob sie sich keine Sorgen mache, die Haustiere zu verlieren. Sarah antwortete: „Das ist das erste Mal seit dem Morgen nach der Hochzeit, dass Michael von meiner Seite gewichen ist. Er klebt an Gordon und mir wie eine Fliege am Klebeband. Ich weiß, dass er nicht weit weg gehen wird, und weil die vier immer zusammenbleiben, bedeutet das, dass sie alle in der Nähe bleiben. Außerdem, sobald das Essen auf dem Tisch steht, erscheinen sie wie von Zauberhand."

Alle hatten ein Einweihungsgeschenk mitgebracht. Essie und Evan schenkten ihnen einen großen Feuerholzhalter und ein Kaminset. Kevins Geschenk war eine Ladung gut abgelagertes Brennholz, das Ende September geliefert werden sollte. Jeanette und Cole hatten einige ihrer preisgekrönten Rosenstöcke geteilt und ein Dutzend eingetopfte Exemplare zum Umpflanzen mitgebracht, plus Gartenschere, Gartenhandschuhe und Rosendünger. Pat und Ed schenkten ein Set Bettwäsche und einen passenden Bettvolant für Sarahs und Gordons Schlafzimmer. Pat erinnerte sich, dass ihre Mutter die Bettwäsche bewundert hatte, als sie vor einigen Wochen zusammen einkaufen waren. Jennys Geschenk war ein kleines Schälchen in Form eines Hundekopfes, das ein wenig Ähnlichkeit mit Michael hatte.

„Es soll neben der Küchenspüle stehen und ist dafür gedacht, dass du deine Uhr und Ringe oder dein Armband hineinlegst, während du Geschirr spülst oder Gemüse wäschst. So machen es meine Mama und Tante Jeanette immer."

Sarah umarmte sie und sagte, dass es eines der speziellsten und nützlichsten Geschenke sei, die sie je erhalten habe.

Sie hörten die Hunde bellen. Gordon schaute zur Küchentür hinaus und sah, wie der Umzugswagen zum Stehen kam. Es dauerte nicht lange, die Agility-Ausrüstung und die wenigen Habseligkeiten auszuladen, die Sarah zog in ihr neues Zuhause ein. Gordon öffnete einige Weinflaschen, und nachdem alle ihre Gläser für die verschiedensten Trinksprüche erhoben hatten, die ihnen einfielen, waren sie in bester Stimmung. Das Gespräch wandte sich den bevorstehenden Agility-Wettbewerben für die Hunde zu.

Evan sagte: „Unsere Haustiere brauchen nur noch ein Qualifikationsergebnis in jeder der Advanced-Level-Klassen, um den Titel 'Advanced Agility Dog' zu erreichen. Dann geht es weiter zum 'Master Agility Dog'. Es wäre großartig, wenn alle unsere verwöhnten, wertvollen, unübertroffenen

Familienmitglieder den Titel 'Master Agility Dog' erreichen könnten, bevor wir im November zum World Cynosport-Event in Arizona fahren." Alle lachten, als Evan über die Zungenbrecher-Alliteration von so vielen Wörtern, die mit „p" beginnen, stolperte.

Jeanette verkündete, dass sie, Jenny und Topaz übermorgen nach Chicago fahren würden, um Jennys Eltern zu besuchen und alles zu packen, was Jenny für einen Winter in Pennsylvania brauchen würde. Topaz würde auf dem Weg in den Advanced-Klassen an einem Wettbewerb teilnehmen und, falls sie den Titel 'Advanced Agility Dog' erreicht hätte, nach ihrer Rückkehr in Ohio in den Masters-Klassen antreten.

Evan sagte: „Wir haben Kissy und Kawdje für zwei Agility-Wettbewerbe in Massachusetts angemeldet. Wenn sie am 28. August in den Advanced-Level-Klassen Qualifikationsergebnisse erzielen, ändern wir ihre Anmeldung für den Wettbewerb vom 3. bis 6. September von Advanced zu Masters Level."

„Und was steht bei euch an?" fragte Cole Gordon und Sarah.

„Wir fahren nach Arizona zur Übergabe meines Stadthauses am 29. August und reisen dann zu den Southwestern Regional Championships in der Nähe von San Francisco, die vom 2. bis 5. September stattfinden. Danach werden Sarah und Michael an den South Central Regional Championships in Texas teilnehmen."

Essie rief aus: „Wow! Unsere 'Meilen-pro-Minute'-Zeitpläne werden uns eine Weile auf Trab halten!"

Kapitel Dreiundzwanzig

Michael beobachtete, wie Gordon Koffer in den SUV packte, zusammen mit seinem Pak-'n-Fold-Kennel, seinem Bett und seiner Schüssel, und war sich nicht sicher, ob er glücklich oder enttäuscht sein sollte. Er liebte das Reisen, aber er liebte auch dieses Zuhause, in das sie gerade erst eingezogen waren. „Auf der positiven Seite", dachte er, „sie gehen nicht ohne mich weg."

Es war eine glückliche Reise für alle drei. Sarah packte eine Kühlbox mit Lebensmitteln und füllte sie unterwegs mit Einkäufen aus Supermärkten wieder auf. Sarah und Gordon aßen in Restaurants zu Abend und bestellten extra für Michael, sodass sie immer eine Hundetüte mit leckerem Essen hatten, die sie jeden Abend ins Motel zurückbrachten. Gelegentlich bestellten sie auch Take-out-Gerichte, die sie alle zusammen in einem Park oder in ihrem Motelzimmer aßen, während sie einen Film ansahen.

Mehrmals wanderten die drei auf Pfaden. Einmal übernachteten sie in einem Bed and Breakfast am Fluss in Missouri und mieteten eines der Boote. Michael hatte seine allererste Bootsfahrt. Nachdem sie wieder an Land gegangen und das Boot am Steg festgemacht hatten, ging Michael schwimmen.

„Das ist entschieden. Michael liebt das Schwimmen, also müssen wir auf unserem Grundstück einen Teich anlegen", sagte Gordon.

Bei der Ankunft in Gordons Stadthaus ging Michael hinein und verstand sofort, dass Gordon hier lebte. Sein Geruch war überall. Michael mochte diesen Ort nicht annähernd so sehr wie das Zuhause, das sie verlassen hatten, und hoffte, dass sie nicht für immer hier leben würden.

Am nächsten Morgen, nach dem Frühstück, sah Michael zu, wie Gordon die Kühlbox in den SUV legte. Er wusste, dass es keine lange Reise werden würde, weil keine Koffer gepackt worden waren. Nach einer nicht allzu langen Fahrt parkte Gordon und alle stiegen aus und gingen auf ein seltsam aussehendes Fahrzeug zu. Michael musste einen Hochsprung machen, um hineinzukommen. Er wusste, dass es kein Auto war, aber es hatte Sitze. Er sprang auf einen und Gordon schnallte ihn an.

Michael roch den verlockenden Duft von Burritos in der Kühlbox, die Gordon auf den Sitz gegenüber von ihm schnallte. „Wohin auch immer wir drei gehen, es wird leckeres Essen geben, also wird es ein großartiger Tag", dachte er.

Michael erkannte das vertraute Schwebungsgefühl, das er während der Reise von San Miguel de Allende zu Sarahs Zuhause erlebt hatte. Der erschreckende Gedanke, dass sie ihn vielleicht zurück nach Mexiko fliegen würden und ihn auf der Straße zurücklassen würden. Der Gedanke packte ihn und ließ ihn nicht mehr los.

Er jaulte vor Kummer. Gordon sagte: „Er nimmt sonst alles gelassen hin, außer als wir unsere Hochzeitsnacht ohne ihn verbracht haben. Wir sind jetzt beide bei ihm, also was könnte ihn so verärgern?" Sarah fiel ein, dass dies Michaels erster Flug seit seiner Reise von San Miguel war, und sie teilte das Gordon mit. „Ich denke, Michael hat Angst, dass er nach Mexiko zurückgeflogen wird. Er begann Sekunden nach dem Abheben zu jaulen. Er erkennt wahrscheinlich das Gefühl des Fliegens und verbindet es mit dem Flug von Mexiko nach Pennsylvania. Vielleicht denkt er, dass alle Flüge nach oder von Mexiko sind."

„Das ist ein guter Einblick, goldenes Mädchen. Wer weiß, wie ein Hund denkt? Was können wir tun, um ihn zu beruhigen?"

„Würde es das Gleichgewicht des Helikopters stören, wenn ich mich auf den Sitz gegenüber von Michael setze, sodass ich ihn berühren kann? Vielleicht würde ihn das beruhigen."

„Beweg dich einfach langsam und stell die Kühltasche nach vorne."

Michael fühlte sich besser, als Sarah ihm den Hals streichelte. Er verstand nicht genau, was sie sagte, aber er spürte die liebevolle Fürsorge, die sie und Gordon für ihn hatten, und entspannte sich genug, um klar zu denken. „Sie würden mich nicht nach Mexiko zurückfliegen und auf der Straße zurücklassen, weil sie mich lieben. Ich liebe sie, und ich würde sie niemals verlassen, also würden sie mich auch nie verlassen, weil sie mich lieben." Er klammerte sich an diesen tröstlichen Gedanken, aber das unangenehme, mulmige Gefühl in seinem Bauch – die Sorge, dass er vielleicht doch nach San Miguel zurückgeflogen und verlassen werden könnte – ließ ihn nicht ganz los.

Nach einer Stunde Flugzeit landete Gordon den Helikopter in der Nähe der Kiva-Stätte, die er im letzten Jahr erkundet hatte. Michael sprang aus dem Bell Jet Ranger und sah sich in der Wüstenwildnis um. Er ging so nah bei Sarah, dass er sie mehrmals anstieß. Sie sagte: „Ich glaube, Michaels Angst vor dem Verlassenwerden wird schwinden, je länger er mit uns lebt und je öfter er mit uns fliegt. Gutes Essen beruhigt ihn immer. Lass uns Mittagessen, bevor du uns deine Kiva-Stätte zeigst."

Auf dem Rückflug fühlte sich Michael entspannt und ruhig. Er dachte: „Ich weiß nicht, warum wir die Reise nicht mit dem Auto gemacht haben, aber das ist okay. Sarah und Gordon werden mich nicht irgendwohin fliegen und mich dort zurücklassen."

Ein paar Tage später war Michael erleichtert, als er sah, wie Männer in Gordons Haus kamen und alle Möbel heraustrugen. Dasselbe war passiert, als er und Sarah ihr altes Zuhause verließen und in das Haus zogen, in dem sie nun mit Gordon lebten. Er schlussfolgerte, dass Gordon dieses Zuhause für immer verließ, da sein Zuhause jetzt das Grundstück mit viel Land, Bäumen und einem Bach war, in das sie kurz vor dieser langen Reise eingezogen waren.

Michael freute sich, wieder unterwegs zu sein. Die meiste Zeit konnte er seinen Kopf aus dem offenen Fenster strecken und den Wind spüren, der durch seine Zähne pfiff und seine Schnauze vibrieren ließ. Er fühlte so viel Glück, dass sein Körper kaum die Freude fassen konnte.

Am nächsten Tag war Michael überrascht, als sie ein Agility-Training besuchten. Das entsprach nicht der üblichen Routine. Normalerweise nahm er an Agility-Übungen mit Topaz, Kissy und Kawdje und deren Familien teil. Er fragte sich, ob sie irgendwo in der Menge waren. Während er mit Sarah und Gordon über das Veranstaltungsgelände ging, suchte er nach ihnen und entschied schließlich, dass seine Freunde bei diesem Event nicht anwesend waren.

Als Sarah sein Ohr besprühte, verstand Michael, dass er heute selbst auftreten würde. Während sie auf ihren Einsatz warteten, bemerkte er einen braunen, lockigen Hund in seiner Größe. Er schlussfolgerte, dass dies ein Pairs-Relay war, da nur bei solchen Wettbewerben ein anderer Hund mit seinem Besitzer so nah neben Sarah und ihm am Eingangstor stehen würde. Sie kamen ins Gespräch, und Michael erfuhr, dass der Hund Patrick hieß und zur Rasse der Irish Water Spaniels gehörte.

„Mein Dad sagt, ich bin nach einem Heiligen benannt – dem Heiligen Patrick."

Michael erwiderte es in ähnlicher Weise und erzählte Patrick, dass er Michael Archangelo genannt wurde, nach seinem Namensvetter, dem Erzengel Michael. „Patrick, ich schätze, das hier ist ein Pairs Relay und wir sind ein Team. Bist du ein guter Wettkämpfer?"

„Ob ich gut bin? Michael, mein Junge, du bist mit dem Besten der Besten gepaart. Und du? Kannst du mit deinen vier guten Beinen laufen oder stolperst du über deine Pfoten?"

Michael grinste. Er mochte diesen frechen Kerl trotz seiner angeberischen Art. Zumindest hatte Patrick ihn nicht gemustert und gefragt, welcher Rasse er angehörte.

Er antwortete: „Du und ich sind nach einem Heiligen und einem Erzengel benannt. Wir sind Gewinner!"

Patrick sagte: „Ich mag deine Einstellung, Michael, Junge."

Sie betraten den Ring voller Selbstbewusstsein. Michael und Patrick gewannen das Advanced Pairs Relay in ihrer Sprunghöhen-Kategorie bei den Southwestern Regional Championships.

Sarah und Gordon bemerkten, dass Michael sich daran gewöhnt hatte, ohne seine drei Freunde zu performen. Er war nicht so gesellig wie sonst, aber er schien selbstsicher und ruhig.

„Wenn er in jeder seiner Klassen bei diesem Event qualifiziert, wird er ein Advanced Agility Dog," sagte Gordon und fügte hinzu: „Ich werde den Offiziellen der South Central Regional Championship eine E-Mail schicken, um seine Anmeldung auf die Masters-Level-Klassen zu ändern. Lass uns morgen nach seiner letzten Klasse essen gehen und dann wieder aufbrechen."

Am Nachmittag des nächsten Tages, während ihrer Reise zu den South Central Regionals in Texas, gratulierte Gordon Sarah immer wieder zu ihren und Michaels großartigen Leistungen. Trotz der vielen Konkurrenten in jeder Klasse hatte Michael im Snooker gewonnen, den zweiten Platz im Jumpers und Standard Agility, den dritten Platz im Gamblers und das Pairs Relay mit Patrick gewonnen.

„Trotz deiner Schwierigkeiten mit rechts und links warst du bemerkenswert, goldenes Mädchen. Ich habe Kommentare über Michaels orangefarbenes Ohr gehört, und einige Leute haben bemerkt, dass deine linke Hand orange war. Die allgemeine Meinung derer, die es bemerkt und kommentiert haben, war, dass es Michaels Mystik noch verstärkt."

Sarah beugte sich vor und küsste Gordon auf die Wange.

„Es war deine Idee. Wir verdanken unseren Ruhm und Erfolg dir, mein Schatz."

Kapitel Vierundzwanzig

Kissy und Kawdje fuhren in separaten Kindersitzen zu den Agility-Turnieren in Massachusetts. Kawdje schätzte es, bequem zu sitzen und dabei leicht aus dem Fenster schauen zu können, aber die Fenster waren geschlossen, sodass er seinen Kopf nicht herausstrecken und den Wind durch seine Schnauze und Ohren sausen lassen konnte. Es war eines seiner Lieblingsgefühle. Kissy war dankbar, dass alle Fenster oben waren und die Klimaanlage sie kühl hielt. Sie mochte es nicht, wenn ihr Fell zerzaust wurde.

Als Kissy und Kawdje das breite Spektrum an Bellen hörten, wussten sie, dass sie bei einem weiteren Agility-Training angekommen waren. Sie waren angenehm überrascht festzustellen, dass es hier nicht heiß war. Sie hatten keine Ahnung, wo „hier" war, aber beide wussten, dass es weit von zu Hause entfernt war. Sie waren ungeduldig, Michael und Topaz zu finden, und begannen sofort, an ihren Leinen zu ziehen und von einer Seite zur anderen zu springen. Essie und Evan merkten, dass die beiden nach Michael und Topaz suchten.

Während sie am Eingangstor auf ihren Auftritt im Advanced Pairs Relay warteten, verkündete Kawdje, dass er nicht antreten würde. Eine erstaunte Kissy fragte ihn: „Warum nicht?"

„Ich vermisse Michael und Topaz und ihre Eltern. Ich vermisse auch Jenny, obwohl sie dich mehr mag als mich. Das macht ohne sie nur halb so viel Spaß. Ich habe keine Lust zu performen."

Kissy wusste, dass sie ein Pairs Relay nicht ohne einen Partner durchführen konnte, also begann sie, Kawdje in bessere Stimmung zu versetzen. „Ich kann ein Pairs Relay nicht allein laufen. Bitte mach es mir zuliebe."

„Nein!"

„Du wirst Mama und Papa enttäuschen, wenn du dich weigerst aufzutreten."

„Das ist mir egal. Ich werde einfach hier auf meinem Schwanz sitzen bleiben. Ich bin es gewohnt, Michael und Topaz um mich zu haben. Ich mochte es immer, nach der Aufführung ins Zelt zurückzukehren, einen Snack zu nehmen und mit ihnen zu plaudern. Diese Veränderung in der Routine gefällt mir nicht."

Die ehrgeizige Kissy wollte immer antreten und so viele Auszeichnungen wie möglich gewinnen. Sie war frustriert und überlegte, wie sie Kawdje von seiner starrköpfigen Weigerung abbringen könnte. Dann hatte sie eine Idee.

„Kawdje, wenn du nicht mit mir konkurrierst, werde ich Gras fressen und mich heute und morgen auf dich übergeben und jeden Tag, bis du wieder antrittst. Ich werde sogar in deine Box erbrechen."

Kawdje schauderte. Er wusste, dass Kissy die Fähigkeit hatte, sich nach Belieben zu übergeben, wenn sie Gras fraß.

„Okay! Okay! Ich gehe mit dir in den Ring."

„Du solltest schnell genug laufen, um mich zufriedenzustellen, sonst übergebe ich mich trotzdem auf dir, und du weißt, dass ich es kann."

„Okay! Okay!" sagte er schließlich.

Essie freute sich über Kawdjes tolle Leistung. Er rannte, als würde ihn ein Ungeheuer verfolgen. Sie ahnte nicht, dass das auf eine Art und Weise auch stimmte!

Cole, Jeanette, Jenny und Topaz amüsierten sich in einem haustierfreundlichen Bed & Breakfast in Ohio in der Nähe des Hundesport-Turniers. Die Eigentümer, John und Marie Colbert, waren begeistert von Topaz und fragten Cole und Jeanette, ob sie in Zukunft mit Welpen planen würden. Cole antwortete, dass sie sich nicht sicher seien, da Topaz sich bei den Conformation Dog Shows nicht besonders gut präsentiert hatte.

Marie war verwundert, warum Topaz bei diesen Shows schlecht abgeschnitten hatte. „Sie ist so elegant und schön."

Jeanette erklärte, dass Conformation Dog Shows Topaz gelangweilt hatten und ihre Gleichgültigkeit für die Richter offensichtlich gewesen sei. „Deshalb verfolgen wir den Hundesport. Topaz liebt die Aktivität und ist eine großartige Athletin."

„Wir finden sie entzückend," sagte John Colbert. „Denken Sie an uns, wenn Sie jemals Welpen haben. Unsere Kinder sind erwachsen, und unsere Kundschaft kommt in der Regel von April bis Oktober. Wir hätten Zeit, einen Welpen aufzuziehen und die Gesellschaft eines Haustieres zu genießen. Ich wünschte, wir könnten heute die Agility-Show besuchen."

Jenny erzählte die Geschichte, wie Topaz sie vor einem Autodieb gerettet hatte, und John sagte: „Das ist der Beweis! Ich möchte unbedingt einen ihrer Welpen."

Cole erklärte, dass Topaz als Jagdhund wertlos sei. „Sie begrüßt die Rehe praktisch mit einem Kuss. Einmal drehte sie sich um und rannte davon, als eine Hirschkuh, die ihre Zwillingskälber beschützte, sie angriff."

John und Marie lachten herzlich. „Sie hat ihre Prioritäten richtig gesetzt," sagte Marie. „Wenn mich eine Hirschmutter angreifen würde, würde ich auch weglaufen. Ich bin so beeindruckt, dass Topaz ihre Familie beschützen würde. Bitte denken Sie an uns, falls sie jemals Welpen hat."

Topaz hatte am Vortag an den Masters-Wettbewerben in Standard Agility, Gamblers und Pairs Relay teilgenommen und in jeder Klasse eine Qualifikationspunktzahl erreicht. Sie belegte den zweiten Platz in Gamblers und im Relay. Die Konkurrenz war hart, da viele Hunde, die an diesen Klassen teilnahmen, den Masters-Titel schon vor mehreren Jahren erreicht hatten und nun versuchten, den Titel „Agility Dog Champion" und „Tournament Master" zu erlangen sowie Bronze-, Silber-, Gold- und Platin-Auszeichnungen zu erzielen.

Heute, während Jeanette die Begehung der Masters-Snooker-Klasse vor dem Wettkampf durchführte, bemerkte sie, dass die Eröffnungssequenz vier rote Hürden statt drei enthielt. Für diese Klasse war nach dem erfolgreichen Überwinden der zweiten roten Hürde eine Kombination von drei „Farb"-Hindernissen erforderlich, die wie ein einzelnes Hindernis zu absolvieren war. Jedes Hindernis würde einzeln gewertet; jedoch, wenn ein Fehler auftrat, wurden keine Punkte für die gesamte Kombination vergeben, selbst wenn ein Teil korrekt überwunden worden war.

Aufgrund der Richtung, in der die Kombination genommen werden musste, würde Topaz, wenn sie vom A-Rahmen herunterkam, sich in der Nähe des ersten roten Hindernisses befinden, das bereits verwendet worden war. Während Topaz zur dritten roten Hürde geleitet wurde, musste sie rechts abbiegen und an zwei Hindernissen vorbeigehen, die nicht benutzt werden durften. Jeanette wusste, dass sie Topaz voraus sein musste, um den Weg zur dritten roten Hürde klar zu machen und die Richtung anzuzeigen, in die sie genommen werden musste.

Nachdem das dritte rote Hindernis genutzt worden war, würde Topaz eine Kombination aus zwei Hindernissen bewältigen müssen – den Hundelaufsteg und den zusammengeklappten Tunnel – bevor das vierte und letzte rote Hindernis genommen werden konnte; die zweite Kombination war jedoch nicht so knifflig wie die Dreierkombination. Da sich das vierte rote Hindernis in der Nähe der Webstöcke befand, entschied Jeanette, dass Topaz diese benutzen sollte, da sie den höchsten Punktwert hatten. Danach würde die abschließende Snooker-Sequenz beginnen, indem das Hindernis mit dem niedrigsten Punktwert (außer einer Hürde) genutzt und in aufsteigender Reihenfolge weitergearbeitet würde.

Als Jeanette über die SCT nachdachte, erinnerte sie sich daran, dass Topaz, um den Titel Snooker Master zu verdienen, in drei der fünf Master Snooker-Klassen unter die besten 15 % kommen musste. Topaz hatte es mit harten Konkurrenten zu tun, und ein Teil dieser harten Konkurrenz war ein hervorragender Border Collie-Mischlingshund namens Harry Houdini. Er war etwas größer als Topaz. Jeanette wusste, dass Harry Bronze-, Silber- und Gold-Metallauszeichnungen erhalten hatte, da sie sich mit seinem Hundeführer, Mark Lederman, unterhalten hatte. Sie hatte Pins auf Marks Hemd gesehen und nach ihrer Bedeutung gefragt. Mark hatte erklärt, dass er sie gekauft hatte, um bei Turnieren etwas Sichtbares zu tragen, das Harrys Hingabe und Fähigkeiten würdigte, da die USDAA für jede Metallauszeichnung nur ein Papierzertifikat ausstellte.

Jeanette erinnerte sich, dass eine Bronze-Metallauszeichnung fünfzehn qualifizierende Leistungen über das Champion/Tournament Master-Level hinaus bedeutete; die Silberauszeichnung bedeutete, dass fünfundzwanzig erreicht worden waren; für Gold waren fünfunddreißig erforderlich; und die Platin-Auszeichnung bedeutete stolze fünfzig Leistungen über das Champion/Tournament Master-Level hinaus.

Harry Houdini und Mark hatten drei Gold- und zwei Silberauszeichnungen sowie eine ganze Reihe an Bronze-Auszeichnungen erworben. Wow! Ein weiteres Team mit Metallauszeichnungen waren Zelda, eine wunderschöne Weimaraner-Hündin, und ihre Hundeführerin, Jessie Northrup.

Insgesamt sechsundzwanzig Hunde waren in dieser Masters Snooker-Klasse gemeldet. Jeanette rechnete, dass vier Hunde 15 % ausmachen würden. Sie dachte: „Ich wette, dass Harry Houdini und Zelda zwei dieser vier Hunde sein werden, was zwei Plätze für Topaz übrig lässt."

Sie stöhnte innerlich und entschied sich dann, sich keine Sorgen darüber zu machen, unter die besten 15 % in diesem Wettbewerb zu kommen.

Schmetterlinge flatterten wild in Jeanettes Bauch, als sie den Parcours betrat. Sie hoffte, dass Topaz, mit ihrer unheimlichen Fähigkeit, die

Gedanken und Gefühle ihrer Mutter zu spüren, sich nicht einstimmen würde, bis sie sich beruhigt hatte.

„Das soll Spaß machen. Es ist keine Frage von Leben und Tod", dachte sie.

Sie fühlte sich sofort ruhig, als sie den Wettbewerb in die richtige Perspektive rückte.

Topaz ging dicht neben ihrer Mutter in den Ring. Sie war vor ein paar Minuten verwirrt über die Einstellung ihrer Mutter gewesen und hatte sich gefragt, ob ihre Mutter sich krank gefühlt hatte, aber jetzt schien es ihr gut zu gehen. Topaz hörte eine Pfeife und dann zeigte ihre Mutter auf ein Sprung-Hindernis, und sie legten los.

Sie hatten eine schnelle und fehlerfreie Leistung und erzielten eine qualifizierende Punktzahl, aber Jeanette war sich nicht sicher, wie ihre Leistung im Vergleich zu den erfahrenen Bronze-, Silber- und Gold-Gewinnern stand. Jeanettes Mund fühlte sich trocken an, als sie das Punktetablett überprüfte. Erleichterung überkam sie. Topaz' Leistung war nur eine halbe Sekunde langsamer als die von Harry Houdini. Sie belegte den zweiten Platz. Zelda belegte den vierten Platz.

Topaz' Leistung in der Masters Jumper-Klasse an diesem Nachmittag war brillant; doch erneut gewann Harry Houdini, und Topaz belegte den zweiten Platz.

Anschließend traten Jenny und Topaz in der Junior Handler Elementary Class an. Topaz war so entspannt durch das einfache Kurslayout, dass sie fast in eine Trance der Langeweile fiel. Sie hatte eine ganze Minute Zeit, um zehn Hindernisse zu absolvieren, die so angeordnet waren, dass der Parcoursweg offensichtlich war. Sie versuchte, für Jennys Willen interessiert zu bleiben, aber Topaz fühlte sich, als würde sie helfen, einen Welpen zu trainieren. Zum Glück lief es gut, und Jenny erhielt ihr Junior Handler Elementary Agility Zertifikat.

An diesem Abend genossen John und Marie die Gesellschaft von Topaz, während Cole, Jeanette und Jenny in einem nahegelegenen Restaurant speisten. Sie bestellten ein Rippchen-Dinner zum Mitnehmen für Topaz und kauften auf dem Rückweg zum Bed & Breakfast einen Käsekuchen in einer Bäckerei. Alle genossen das Dessert, einschließlich Topaz, die sich zart die Schnauze leckte, nachdem sie ihren Teil verputzt hatte. Marie und John sahen sie sehnsüchtig an, und Marie sagte: „Ich wünschte, sie wäre meine. Bitte denkt daran, John und mich anzurufen, falls sie jemals Welpen erwartet."

Kissy und Kawdje genossen das Reisen. Sie liebten die Aufregung, jede Nacht in einem anderen Motel zu schlafen und für Spaziergänge und Picknicks in Parks anzuhalten. Sie waren auf eine weitere ganztägige Fahrt vorbereitet, doch heute war die Fahrt kurz. Ihre Eltern führten sie zu einem weiteren Agility-Turnier, das im Freien stattfand.

Kissy und Kawdje waren für ihre ersten Masters-Klassen angemeldet, und ihr Tag begann mit den Jumpers. Kissy fühlte sich überschwänglich und konnte es kaum erwarten, anzutreten. Kawdje vermisste Michael und Topaz, aber er liebte das Reisen, und wenn er dafür zwischendurch an Hundesport-Turnieren teilnehmen musste, fand er es einen fairen Tausch.

Ihre Eltern hielten sie fest, während sie alle auf ihren Auftritt warteten. Kissy und Kawdje sahen, dass der Parcours viele Sprünge hatte, da in einer Masters Jumpers-Klasse mehr Sprünge und Hürden verwendet wurden als in den Starter- und Advanced-Klassen. Sie entdeckten auch Spread Hurdles und Extended Spread Hurdles sowie Tunnel. Kawdjes Stimmung hob sich, denn er liebte das Springen. Kissys Laune sank hingegen, da sie Sprünge nicht mochte. Kawdje war überglücklich, dass es keine Slalomstangen gab, was Kissy wiederum enttäuschte.

Kawdje betrat mit sichtlicher Freude zusammen mit Essie den Ring. Der Parcours war nicht einfach; zwei Extended Spread Hurdles mussten hintereinander mit sehr geringem Abstand überwunden werden. Trotz der Schwierigkeiten zeigte Kawdje eine schnelle und fehlerfreie Leistung.

Er fühlte sich gut. „Agility kann Spaß machen," dachte er, „auch wenn Michael und Topaz nicht bei mir sind!"

Kissy beobachtete Kawdjes bewundernswerte Leistung aus den Armen ihres Vaters und spürte, wie ihr Kampfgeist erwachte. Sie nahm sich vor, ebenso gut abzuschneiden, wenn nicht sogar besser. Es war schwer für Kissy, ihre Schnelligkeit auf diesem Parcours auszuspielen, da die vielen Sprünge ihren Rhythmus störten. Sie dachte: „Ich werde so tun, als ob ich fliege, wenn ich über die Extended Spread Hurdle springe. Ich strecke meine Vorderbeine geradeaus und meine Hinterbeine nach hinten. Ich werde keine Energie verschwenden, indem ich nach oben springe – nur nach vorne. Ich werde zwischen den Sprüngen nicht zu schnell laufen, sondern mir die Schritte nehmen, die ich brauche, um mich auf das nächste Hindernis vorzubereiten."

Nach und nach fand sie ihren Rhythmus. Immer wenn sie einen Tunnel erreichte, legte sie einen Sprint ein und freute sich über den Vorteil, den ihr der Tunnel verschaffte. Als sie den letzten Sprung meisterte, war sie zutiefst erleichtert. Sie hatte gelernt, sich auf einem Jumpers-Parcours besser einzuteilen und flüssiger zu arbeiten. „Beim nächsten Mal werde ich noch besser sein!" nahm sie sich vor.

Essie und Evan waren begeistert, denn Kissy und Kawdje hatten sich nicht nur in ihrer ersten Masters-Klasse qualifiziert, sondern Kawdje hatte auch den ersten Platz in den Jumpers gewonnen und damit sogar zwei Tournament Masters besiegt, während Kissy den dritten Platz belegte. Ihre Eltern erkannten Kissys Anstrengung und Entschlossenheit an und bemerkten, dass sie etwa zwei Drittel des Parcours ihren Rhythmus gefunden hatte.

Kawdjes Stimmung blieb während des gesamten Turniers heiter. Er erzielte Qualifikationspunkte in allen seinen Masters-Klassen. Kissy setzte die Strategie, die sie in der gefürchteten Jumpers-Klasse gelernt hatte, in ihren anderen Klassen geschickt ein und belegte den ersten Platz im Snooker, dank Evans kluger Planung bei der Auswahl, sowie den ersten Platz in der Master Standard Agility Klasse. Kissy und Kawdje traten gemeinsam im Master Pairs Relay an und belegten den zweiten Platz gegen erfahrenere Konkurrenz.

Es war ein großartiger Tag für das Double-K-Duo!

Kapitel Fünfundzwanzig

In Fort Worth, Texas, wo die Süd-Zentralen Regionalmeisterschaften stattfanden, war es ungewöhnlich heiß.

Aus einer Laune heraus hatten Sarah und Gordon Michael im Steeplechase und Grand Prix angemeldet.

Aufgrund der Hitze waren Sarah und Gordon froh, dass Michael heute nur zwei Klassen plus Runde 1 des Steeplechase hatte.

Sobald Sarah mit Michael im Ring für die Masters Gamblers-Klasse war, vergaß sie die Hitze, da die Intensität und Aufregung der Aufführung alles andere verdrängte. Das Masters-Level dieser Klasse unterschied sich von den Starters- und Advanced-Levels darin, dass sie während der „Gamble"-Sequenz mindestens fünfzehn Fuß von Michael entfernt bleiben musste, anstatt neun Fuß.

Für diese Klasse gab es fünf Hindernisse, die als Teil des „Gamble" ausgewiesen waren, und eine Zeitvorgabe von zwanzig Sekunden, um sie zu absolvieren. Sarah war zuversichtlich, dass Michael sich die Namen jedes Hindernisses merken würde, während sie sie nannte.

„Er ist schlauer als ich", dachte sie. „Er kennt seinen Rechts von Links." Als der Pfiff des Richters ertönte, der das Ende der Eröffnungsphase und den Beginn des „Gamble" signalisierte, hatte Sarah es gerade geschafft, sich im ausgewiesenen Hundeführerbereich für diesen Teil der Klasse zu positionieren. Michael war gerade aus dem Tunnel gekommen und sah das erste Hindernis, das im „Gamble" genutzt werden sollte.

Wie immer hielt Sarah ihre bemalte linke Hand vor sich, auf Brusthöhe, damit sie sie leicht sehen und sich immer wieder an Michaels linke Seite orientieren konnte. Als sie ihm zurief, nach links zu drehen und den A-Rahmen zu erklimmen, machte sie eine halbe Drehung nach links, damit sie ihre Rechte und Linke mit Michaels Rechte und Linke ausrichten konnte. Diese Strategie machte es so viel einfacher, ihn zu dirigieren.

Sie gaben eine hervorragende Leistung ab.

„Deine Strategie war tadellos", sagte Gordon, als er Sarah an sich zog und ihr einen Kuss auf den Kopf und dann einen auf Michaels Kopf gab.

Sarah und Michael machten eine wohlverdiente Pause. Nachdem sie ihre Snacks gegessen hatten, schlenderten die drei zum Punktesammelblatt.

Sie waren überglücklich zu sehen, dass Michael den zweiten Platz belegt hatte. Es war ein großer Sieg, der viele Punkte wert war.

wegen der großen Größe der Klasse.

Jetson und seine Hundeführerin, Maureen Hanks, hatten gewonnen. Sarah hatte sich kurz mit Maureen unterhalten, während sie darauf warteten, aufzutreten. Maureen erzählte ihr, dass Jetson ein vierjähriger, schwarzer Labrador-Mischling sei, den sie von einem Verwandten bekommen hatte, als er ein Welpe war, und dass er bereits mehrere Gold- und Silber-Metallauszeichnungen erhalten habe.

Sarah erzählte dies Gordon und fügte hinzu: „Michael hätte wahrscheinlich gewonnen, wenn er einen erfahreneren Hundeführer gehabt hätte als mich."

„Gib dir selbst etwas Anerkennung, goldenes Mädchen. Du und Michael seid erst seit ein paar Monaten im Hundesport aktiv, und ihr platziert euch schon fast ganz oben."

Später an diesem Tag, trotz der Hitze und Erschöpfung, die sie nicht in Bestform brachte, belegten Michael und Sarah den vierten Platz in Runde 1 des Steeplechase und qualifizierten sich für die Teilnahme an Runde 2, die am Sonntag stattfinden würde. Ein vierter Platz in einer großen, wettbewerbsstarken Klasse war gar nicht schlecht!

Der Samstag war ein entspannter Tag für Sarah und Michael, da sie nur am Grand Prix-Qualifikationslauf teilnahmen. Sie waren frisch und ausgeruht und belegten den ersten Platz in Michaels Sprunghöhenkategorie. Sarah freute sich über Michaels Sieg über Jetson, vertraute Gordon jedoch an, dass sie sich jetzt unter Druck fühlte, in den Grand Prix-Finals am Sonntag gut abzuschneiden.

Am Sonntag, dem dritten und letzten Tag der South Central Regional Championship, waren das süße Duo, wie Gordon sie inzwischen nannte, in den Finalrunden des Steeplechase und Grand Prix gemeldet. Der Grand Prix war ähnlich wie eine Masters Standard Agility-Klasse und wurde auf die gleiche Weise bewertet; jedoch war die Standard Course Time sogar noch schneller als auf der Masters-Ebene.

Gordon fand einen Platz auf den Tribünen, kurz bevor Sarahs und Michaels Auftritt in Runde 2 des Steeplechase begann. Sie wirkten ruhig und selbstsicher, als sie zügig in den Ring gingen. Während ihrer herausragenden Leistung hörte Gordon positive Kommentare über den coolen Hund mit dem orangefarbenen Ohr und die hübsche Frau mit der passenden orangefarbenen Hand.

Ein Mann sagte: „Er ist ein unscheinbarer Hund, bis er sich bewegt, und dann verwandelt er sich in das schönste Geschöpf, das ich je gesehen habe."

Er hörte, wie ein junges Mädchen fragte: „Was bedeutet dieses lange Wort, meta... metamorph?"

Der Mann antwortete: „Verwandeln. Es bedeutet, sich von einer Sache in eine andere zu verändern."

Gordon konnte nicht widerstehen und rief: „Das sind meine Frau und unser Haustier, Michael Archangelo."

„Welche Rasse ist er?" fragte eine Frau, die neben dem jungen Mädchen saß und wie ihre Mutter aussah.

„Er ist ein Calle-Hund aus San Miguel de Allende in Mexiko," antwortete Gordon.

Die Zuschauer in der Nähe lächelten wissend. Texas grenzt an Mexiko, und die meisten Menschen in der Gegend hatten ein gewisses Wissen über Spanisch.

Ein Mann kommentierte: „Also daher der Name Michael Archangelo!"

Das junge Mädchen benötigte eine Erklärung, weil sie den Zusammenhang zwischen San Miguel und dem Erzengel Michael nicht herstellen konnte.

Eine ältere Frau in der Menge rief: „Mit einem so erhabenen Namen ist er sicher dazu bestimmt, Großes zu erreichen."

„Hört, hört!" sagte Gordon.

Die Zuschauer pfiffen und applaudierten laut nach ihrer Aufführung.

Gordon verließ seinen Platz, um Sarah und Michael zu finden. Michael entdeckte ihn, bevor Sarah es tat, und galoppierte auf ihn zu und zog Sarah mit sich, die entschlossen die Leine mit beiden Händen festhielt.

Gordon zog sie in eine Umarmung und kniete sich dann hin, um Michael zu umarmen. „Das Publikum um mich herum war begeistert von eurer Teamleistung."

Sie überprüften das Punktesheet und sahen, dass Michael bisher die schnellste Zeit gepostet hatte. Sarah und Michael schlenderten zurück zu ihrem Ruhebereich, tranken Wasser und knabberten an Ingwerkeksen, während Gordon Essen bei einem Verkaufsstand holte. Gordon kam mit Burritos zurück und verkündete: „Ich habe das Punktesheet noch einmal überprüft, und Jetson hat mit Michael den ersten Platz erreicht. Wenn kein anderer Hund eine schnellere Zeit schafft, wird es ein Stechen geben. Wartet noch mit dem Essen. Keiner von euch sollte mit vollem Magen antreten. Wir sehen uns das Ergebnis in zehn Minuten noch einmal an."

Zwanzig Minuten später warteten Maureen Hanks und Jetson sowie Sarah und Michael geduldig, während der letzte Teilnehmer den Steeplechase-Ring verließ. Sie blieben gleichauf auf dem ersten Platz. Gordon wartete nicht bei ihnen am Eingangstor, da er das Spektakel von den Tribünen aus beobachten wollte. Michael dachte, er würde an einem Pairs Relay teilnehmen, bis er und Sarah ohne Jetson und seine Hundeführerin in den Ring traten. Er erkannte, dass es sich um denselben Parcours handelte, den er vor nicht allzu langer Zeit gelaufen war, und verstand, dass etwas anderes vor sich ging, da er noch nie denselben Parcours direkt nacheinander durchlaufen hatte. Er wusste, was „schnell" bedeutete, und verstand, dass Sarah wollte, dass er so schnell lief und sprang, wie seine Beine es zuließen.

Etwa drei Viertel des Weges durch den Parcours stieß Michael die obere Stange eines Sprungs an und hörte das Klappern, als sie zu Boden fiel. Sarah trieb ihn zum nächsten Sprung, und er lief den Parcours so schnell wie möglich weiter. Als Gordon sah, wie Michael die Stange berührte, dachte er: „Das war's! Aber na ja, ein zweiter Platz im Steeplechase unter so vielen Konkurrenten ist für Sarah und Michael eine beeindruckende Leistung." Er hörte einige Zuschauer in der Nähe stöhnen, und jemand kommentierte: „Da geht Michaels Archangelos Chance auf den Sieg." Jemand anderes sagte: „Was für ein großartiger Name! Da muss eine interessante Geschichte dahinterstecken!" Ein Mann mit rauer Stimme sagte: „Es ist erst vorbei, wenn es vorbei ist. Der andere Hund ist noch nicht dran."

Als Sarah und Michael den Ring verließen, gab es lautstarken und anhaltenden Applaus. Jetson und Maureen Hanks begannen ihre Vorführung, und Gordon entschied sich, die Glückwünsche und das Trostpflaster für sein süßes Duo zu verschieben, um diese beiden würdigen Konkurrenten zu beobachten. „Ich möchte Maureens Technik sehen," dachte er. „Vielleicht hat sie eine Methode, die ich Sarah empfehlen könnte." Sie liefen den Parcours kontrolliert, ökonomisch und geübt. Er sah, wie Maureen auf ihre Uhr schaute und Jetson dann befahl, schneller zu werden. Plötzlich bereitete sich Jetson darauf vor, einen Täuschungssprung zu nehmen. Maureen signalisierte ihm schnell, die Hürde links zu nehmen. Er wich aus und benutzte den richtigen Sprung, räumte ihn jedoch nicht sauber und verschob die obere Stange.

„Aha!" dachte Gordon. „Wir haben noch eine Chance. Beide haben fünf Fehlerpunkte."

Jetson und Maureen beendeten ihren Lauf unter kräftigem Applaus, woraufhin das Siegerteam sofort bekannt gegeben wurde. Die Menge klatschte, trampelte und pfiff, als der unscheinbare Hund mit dem neon-orangefarbenen Ohr und die kleine, hübsche Frau mit der ebenso auffälligen orangefarbenen Hand in die Mitte des Rings schritten, um ihre Auszeichnung für den ersten Platz und die schnellste Zeit entgegenzunehmen. Gordon hörte die Zuschauer um ihn herum Michaels Namen immer wieder rufen. Michael verstand, dass er den Steeplechase der South Central Regional Championships über einen viel erfahreneren Konkurrenten gewonnen hatte. Er war stolz auf seine Leistung und von Zuversicht erfüllt. Er erinnerte sich an das gleiche Gefühl, das er beim Auftritt mit Patrick gehabt hatte. Er wollte, dass dieses unerschütterliche Vertrauen in sich selbst immer in ihm blieb.

Nach der Preisverleihung versprach Gordon Sarah, ein fantastisches Abendessen zum Mitnehmen zu besorgen.

für die drei von einem sehr teuren Restaurant.

„Wir können es in unserem Motel oder in einem Park essen", sagte er.

„Was, wenn ein Spitzenkoch sich weigert, ein Take-out zu kochen?" fragte Sarah.

„Ich wette, er wird es tun, wenn ich ihm von eurem großen Turniersieg erzähle."

Sarah sagte: „Ich muss mich darauf konzentrieren, das Grand Prix-Finale in etwa einer Stunde durchzustehen. Ich weiß, dass ich mich nicht unter Druck fühlen sollte, nur weil wir das Round I Qualifier gewonnen haben, aber ich tue es doch. Ich fühle mich sogar noch mehr unter Druck, jetzt, wo Michael das Steeplechase gewonnen hat. Das erinnert mich daran, dass wir bald an genug Turnieren teilgenommen haben werden, um die Marke von zehn zu erreichen, und Michael den Titel Tournament Master verdienen wird. Hurra!"

Die Finalrunde des Grand Prix würde eine weitere riesige Klasse in Michaels Sprunghöhenkategorie sein. Gordon und Sarah wussten, dass Michael eine große Anzahl an Punkten angesammelt hatte, da er in so vielen Klassen über andere Konkurrenten gesiegt oder gut platziert hatte.

„Vielleicht wird er es auf die ‚Top Ten'-Liste schaffen, wegen seiner hohen Punktzahl", spekulierte Gordon. „Wenn ihr nächstes Jahr genauso gut seid, könntet ihr einen Platz im Team USA angeboten bekommen und unser Land im Jahr darauf bei der International Federation of Cynological Sports vertreten. Die Punkte, die Michael dieses Jahr sammelt, zählen nicht für die Auswahl, aber alle Punkte, die er nächstes Jahr sammelt, werden zählen. Das ist gut für uns, denn er hat erst dieses Jahr angefangen und hatte noch nicht die Chance, viele Punkte zu sammeln."

Sarah schluckte und sagte: „Vielleicht sollten du und Michael zusammen üben. Ihr beide könntet nächstes Jahr zusammen antreten. Ihr wärt ein fabelhaftes Team."

Gordon lachte: „Du und Michael seid bereits ein fabelhaftes Team. Bist du nervös wegen der Möglichkeit, dass du und Michael unser Land beim Internationalen Hundesportturnier vertreten?"

„Das kannst du wetten", sagte Sarah.

Als sie sich umarmten, trennten sie sich automatisch, um Michael zwischen sich zu lassen, damit auch er seinen Anteil an der Zuwendung bekommen konnte. Sie schlenderten umher und hielten an, um die Hunde der 12-Zoll-Sprunghöhe im Steeplechase zu beobachten. Sie applaudierten begeistert für einen Papillon namens Thumbelina, der eine herausragende Leistung zeigte. Sie schauten zu, bis der letzte Teilnehmer den Ring verließ, und hörten die Ankündigung, dass Thumbelina gewonnen hatte.

Gordon blieb mit Michael in der Nähe von Ring 1, während Sarah zu Ring 2 sprintete und einen Vorab-Durchgang durch den Grand Prix-Kurs machte. Sie bemerkte die irreführende Platzierung von zwei nebeneinanderliegenden Hürden, von denen eine eine Attrappe war. Sie wusste, dass sie sich in der Nähe der Attrappe positionieren musste, um Michael zum richtigen Sprung zu lenken, wenn er aus dem festen Tunnel herauskam. Sie joggte zurück zu Ring 1 und fand die beiden wieder.

Sarah sah zu, wie Gordon sich einen Tribünenplatz bei Ring 2 suchte, und flüsterte Michael kurz vor ihrem Eintritt in den Ring ins Ohr: „Ich liebe dich, egal auf welchem Platz wir landen, aber bitte, performe SCHNELL!"

Michael ahnte, was Sarah gesagt hatte, weil das tiefe und beständige Band der Liebe eine Ebene der Kommunikation öffnete, die Worte übersteigt. Michael verstand nun, was Topaz gemeint hatte, als sie von der Gedanken- und Gefühlstransferenz sprach, die sie und ihre Mutter hatten. Er drückte seinen Kopf an Sarah und schaute ihr direkt in die Augen. Sarah wusste, dass Michael ihr sagte, dass er sie verstanden hatte. Sie dachte: „Wir haben diese gleiche mystische Verbindung, die Jeanette und Topaz haben."

Er betrat den Ring voller Selbstsicherheit, und Sarah sah die Zuversicht, die von ihm ausging.

„Ich glaube, er sagt mir, dass wir gewinnen werden", dachte sie.

Und das taten sie. Sie gewannen den South Central Regional Grand Prix! Gordon rief das hoch empfohlene französische Restaurant „Tuilleries" an und sprach mit dem Chefkoch. Nachdem er Sarahs und Michaels großen Sieg beim Regionalen Meisterschafts-Turnier im Hundesport erklärt hatte, zeigte sich Chefkoch Laurence Lafitte äußerst kooperativ. Er schlug eine Vorspeise von Shrimp New Orleans vor, gefolgt von einem Chateaubriand, groß genug für drei statt für zwei Personen (wie es normalerweise serviert wurde), Rucola- und Spinatsalat mit seinem speziellen Hausdressing Lafitte, Lafitte-Kartoffelpüree, ein Gemüse-Medley aus grünen Bohnen und Zucchini-Julienne, gewürzt mit seinen speziellen Kräutern, und warme französische Brötchen, die vor Ort gebacken wurden.

„Wir haben viele Desserts, Monsieur. Haben Sie etwas Bestimmtes im Sinn?" fragte der Koch mit starkem französischen Akzent.

„Crème Brûlée ist ein Favorit von uns allen."

„Ah! Ein magnificenter Nachtisch, der im Tuilleries immer verfügbar ist. Ich wünsche mir, dass alle drei von Ihnen elegant speisen, daher bin ich bereit, unser Porzellan und Besteck bereitzustellen, wenn Sie diese Artikel vor Ihrer Abreise aus der Stadt zurückgeben würden. Eine Mahlzeit von solcher Qualität sollte nicht auf Plastiktellern mit Einwegbesteck gegessen werden. Ich werde heiße Speisen in einem speziellen Behälter bereitstellen, der sie warm hält, und kalte Speisen in einem anderen Behälter, der sie kühl hält. Wann möchten Sie Ihr Abendessen abholen, Monsieur?"

Gordon dankte Chef Lafitte und sagte, dass er die Mahlzeit gegen 17:30 Uhr abholen würde. Er versprach, die Behälter und das Geschirr einige Stunden später zurückzugeben.

„Monsieur, ich bitte Sie, Ihre Frau und den „magnifique chien" mit dem erhabenen, himmlischen Namen zum Hintereingang meines Restaurants zu bringen, wenn Sie meine Waren zurückgeben. Ich wäre geehrt, zwei große Champions kennenzulernen."

Sie aßen die Weltklasse-Mahlzeit in einem hübschen Park an einem Picknicktisch in der Nähe eines kleinen Sees. Spaziergänger, die einen Abendspaziergang genossen, wurden von ihrem kleinen Festmahl durch die verlockenden Düfte von gutem Essen angezogen, die durch die frühe Abendluft wehten.

Eine ältere Frau fragte Sarah, ob sie die Mahlzeit selbst zubereitet habe. Gordon erklärte die Umstände und die Herkunft ihres Festessens. Die Frau und ihr Ehemann gratulierten Sarah und Michael. Michael gewöhnte sich daran, Aufmerksamkeit zu bekommen, und genoss sie sogar.

Als das Paar wegging, hörten sie, wie die Frau zu ihrem Mann sagte: „Liebling, mach das zu meinem Geburtstag nächsten Monat." Gordon und Sarah beschlossen, früh am nächsten Morgen nach Pennsylvania zurückzufahren. Sie vermissten ihr Zuhause und waren ungeduldig, damit zu beginnen, den Ort zu renovieren, ihn zu ihrem eigenen zu machen und ihr Leben als Trio zu beginnen.

Kapitel Sechsundzwanzig

September war ein geschäftiger Monat. Essie schaffte es, Kawdje bei einigen Hundeausstellungen im Conformation-Format zu zeigen, und war überglücklich, die Zulassung zur Teilnahme an der Westminster Dog Show zu erhalten, die immer im Februar stattfand. Alle vier Hunde und ihre Eltern nahmen an zwei lokal stattfindenden Hundesportveranstaltungen teil.

Die Veranstaltung am 17./18. September fand im Freien statt und die Wetterbedingungen am ersten Wettkampftag waren trostlos. Eine drückende, graue Wolkendecke sah aus, als würde sie jeden Moment herabfallen und alles und jeden umhüllen. Es gab vereinzelte Schauer leichten Regens, und alle rechneten damit, dass bald ein Platzregen einsetzen würde.

Pavillons boten Schutz und hielten die Aufführungsbereiche und die Ausrüstung trocken. Große, rutschfeste Läufer bedeckten das Gras neben jedem Eingangstor zu jedem Ring, um die Feuchtigkeit von Pfoten und Schuhen aufzunehmen. Trotz dieser Vorsichtsmaßnahmen schleppten Menschen und Tiere, die von nassen, ungeschützten Bereichen kamen, Feuchtigkeit hinein. Glücklicherweise waren Kontakt-Hindernisse immer mit einer rutschfesten Oberfläche bedeckt, sodass dies kein Sicherheitsproblem darstellte.

Kissy wurde in der 12-Zoll-Kategorie Masters Relay mit Chrysee zusammengepaart. Ihre Freude an der Gesellschaft des anderen war offensichtlich. Sie belegten den ersten Platz mit dem geringsten Vorsprung. Kawdje wurde mit Marjie, einem Manchester Terrier, der bereits auf dem Weg war, eine Bronze-Metallauszeichnung zu verdienen, zusammengepaart. Sie belegten den zweiten Platz.

Während Kissy und Kawdje im Relay antraten, traten Michael und Topaz in der Masters Standard Agility Klasse an. Michael belegte den ersten Platz. Ein Hund namens Hubert the Best belegte den zweiten Platz. Topaz wurde Dritte.

Während der Mittagspause unter dem Schutz eines der großen Pavillons fragte Jeanette die anderen, ob sie wüssten, welche Rasse Hubert the Best sei. Gordon sagte, dass er in der Nähe der Frau des Hundeführers gestanden habe und sie Informationen über ihre Haustiere ausgetauscht hätten.

„Sie sagte mir, dass Hubert the Best ein Belgischer Malinois sei, und in der jetzigen Gesellschaft werde ich ihn als Hubert den Zweitbesten bezeichnen, weil Michael ihn in jeder Klasse bisher besiegt hat."

Alle lachten, und Cole sagte: „Ich kann es dir nicht verdenken, ein stolzer Papa zu sein. Michael war spektakulär."

Als die Haustiere vor dem Eintritt in die erste der Nachmittagsklassen eine Pinkelpause machten, regnete es stetig. Kissy hasste es, auf nasses Gras gesetzt zu werden. Zu Hause wurden Piddle-Pads auf den Garagenboden gelegt, damit sie sie benutzen konnte, wenn es regnete und während Winterstürmen, wenn der Schnee tief war. Kissy wollte nicht auf nasses Gras hocken und es noch nasser machen, als es schon war. Sie bettelte ihren Vater an, sie aufzuheben. Evan tat dies und ging davon aus, dass Kissy kein Bedürfnis hatte, sich zu erleichtern. Er trug sie in den Schutz des Pavillons, der Ring 1 abdeckte, wo die Masters Gamblers-Klasse gerade für ihre Sprunghöhenkategorie beginnen sollte.

Kissy entschied, dass das Gras im Ring trocken genug war, um sich darauf zu erleichtern, und dachte, dass sie das besser schnell tun sollte, bevor sie den Parcours absolvierte. Eine große, korpulente Frau mit roten Haaren, die in der Nähe des Eingangstors stand, verkündete laut, dass Kissy den Ring verunreinigt hatte. Der Richter sah die Tat, ging zu Evan und informierte ihn leise, dass Kissy disqualifiziert sei. Evan dachte bei sich, als er sie aus dem Ring führte, dass sie zumindest nicht den Richter gebissen hatte, wie sie es vor vielen Monaten während einer Hundeausstellung getan hatte.

Der nächste Teilnehmer war ein Lhasa Apso, der deutlich machte, dass er männlich war, als er sein Bein hob und den Ring genau an der Stelle verunreinigte, die Kissy benutzt hatte. Wieder rief die rothaarige Frau, die einen kleinen Terrier-Mischling hielt, der in den morgendlichen Klassen nicht gut abgeschnitten hatte, dass eine weitere Verunreinigung im Ring begangen worden sei. Der Lhasa und sein Hundeführer verließen den Ring. Ein Assistent wurde gerufen und eine Lösung wurde auf den verunreinigten Bereich gegossen.

Die Frau, die laut die Verstöße von Kissy und dem kleinen männlichen Lhasa verkündet hatte, betrat den Ring und setzte ihren Hund ein paar Meter von der verunreinigten Stelle entfernt auf das Gras. Sobald sie ihren Griff losließ, lief er sofort hinüber, schnüffelte an der Stelle, hob sein Bein und fügte der Mischung etwas hinzu. Diesmal riefen viele Stimmen, dass der Ring erneut verunreinigt worden sei!

Plötzlich donnerte ein markerschütternder Donnerschlag direkt über ihnen, und in Ring 2, wo die Masters Snooker-Klasse für die 22-Zoll-Sprunghöhenkategorie gerade im Gange war, kollabierte ein Bearded Collie während eines Sprunges auf eine Hürde. Sie hatte solche Angst, dass sie den Ring wirklich verunreinigte. Papierhandtücher und eine Schaufel wurden zur Rettung gebracht.

Richter und Offizielle berieten sich, und nach einigen Minuten gab ein Offizieller bekannt, dass der Wettbewerb für den Tag ausgesetzt und morgen bei besseren Wetterbedingungen fortgesetzt werde. Die Entscheidung, die Hunde zu disqualifizieren, die den Ring in der Masters Gamblers 12-Zoll-Sprunghöhenkategorie und in der Masters Snooker 22-Zoll-Sprunghöhenkategorie verunreinigt hatten, wurde zurückgenommen. Der Offizielle sagte, dass diese beiden Klassen morgen fortgesetzt würden und die Teilnehmer, die den Parcours bereits absolviert hatten, die Möglichkeit hätten, erneut unter günstigeren Wetterbedingungen anzutreten oder die heute erzielte Zeit zu akzeptieren.

„Darüber hinaus", sagte der Offizielle, „wird der Wettbewerb morgen, je nach Ankunft der erwarteten besseren Wetterbedingungen, eine Stunde früher beginnen und eine Stunde später enden. Die zusätzliche Zeit ermöglicht es uns, die heute abgesagten Klassen unterzubringen."

Evan atmete erleichtert auf und stapfte durch den Platzregen und das nasse Gras, wobei er Kissy trug, begleitet von einer ebenso erleichterten Essie, die Kawdje trug. Alle waren froh, nach Hause zu fahren.

Am nächsten Tag war es ungewöhnlich kühl mit zeitweisem Sonnenschein, aber niemand beschwerte sich. Kissy gewann Gamblers und Kawdje belegte den dritten Platz, nur eine Fünftelsekunde hinter Marjie, dem Manchester Terrier. Chrysee war knapp Vierte. Die Masters Snooker-Klasse wurde ebenfalls von Kissy gewonnen. Kawdje war eine halbe Sekunde langsamer und belegte den zweiten Platz. Michael dominierte seine Masters-Klassen und gewann jede Klasse mit Ausnahme von Gamblers, das Topaz gewann. Topaz belegte den zweiten Platz in Snooker und Hubert the Best wurde Dritter.

Am folgenden Wochenende strahlte das perfekte frühherbstliche Wetter am Eröffnungstag der Dexterous Dogs Agility Event. Die morgendlichen Klassen begannen mit dem Masters Pairs Relay für die 12-Zoll-Sprunghöhe. Kawdje wurde mit Olé, dem Zwergpinscher, gepaart und Kissy mit Marjie, dem Manchester Terrier. Kissy vertraute Marjie an, dass sie gewinnen wollte und dass sie definitiv über Olé siegen wollte.

Marjie sagte, dass sie schon einmal mit Olé gepaart worden war. „Wir haben den ersten Platz belegt. Olé sagte mir, wie glücklich ich sein sollte, mit ihm gepaart zu sein, und dass wir wegen seiner außergewöhnlichen Leistung gewonnen haben. Es tut mir leid, dass Kawdje mit ihm gepaart ist, denn er wird Kawdje die Schuld geben, wenn sie nicht den ersten Platz erreichen, und das werden sie nicht, weil du und ich gewinnen werden."

Kissy und Marjie marschierten mit Entschlossenheit in den Ring, die durch sie hindurchströmte und ihre Energie auf ein Allzeithoch brachte. Kissy trat als Erste auf. Sie liebte Staffelläufe, weil das Streckendesign einer Standard-Agility-Klasse ähnelte, in der alle möglichen Hindernisse verwendet wurden, mit Ausnahme des Tisches, der zu ihrer Freude niemals in einer Relay-Klasse enthalten war.

Da sie im Freien auftrat und es eine Brise gab, hörte sie das rauschende Geräusch des Windes, als er ihre kleinen Ohren flattern ließ. Sie war schnell und hervorragend und wünschte sich, ihre Vorstellung würde immer weitergehen.

Tim Kreutzberg und Marjie waren ein außergewöhnliches Team. Nachdem sie den Ring verlassen hatten, überprüfte Tim umgehend das Punktetabellenblatt für ihre Platzierung, während Evan in der Nähe des Ausgangstores stand, Kissy in seinen Armen hielt und Kawdje und Olé beobachtete. Er sah Tim auf sich zukommen, der ihm den Daumen nach oben zeigte und damit das Signal für ihre Führung auf dem ersten Platz gab.

Olé lief gut, aber in Evans voreingenommener Meinung nach gab Kawdje eine überlegene Leistung ab. Nachdem die letzten Teilnehmer den Ring verlassen hatten, belegten zu Evans Freude Kissy und Marjie den ersten Platz. Kawdje und Olé kamen auf den zweiten Platz. Chrysee und ein Terrier-Mix namens Bon Jon hielten den dritten Platz.

Kissy und Marjie standen dicht beieinander, während ihre Väter die endgültigen Platzierungen überprüften. Beide verstanden den Satz „Wir haben gewonnen" und waren so glücklich, dass sie fast mit ihren Pfoten abgeklatscht hätten.

Der ganze Tag verlief gut für das fabelhafte Quartett. Michael Archangelo belegte in jeder seiner Klassen den ersten Platz, mit Ausnahme von Jumpers, das Topaz gewann. Topaz belegte in allen anderen Klassen den zweiten Platz. Hubert the Best belegte den dritten Platz in zwei Klassen und rangierte in anderen weit unten auf der Liste.

Am zweiten Tag der Veranstaltung segnete das Wetter alle mit einem klaren blauen Himmel und einer leichten nordwestlichen Brise. Die morgendlichen Klassen verliefen für alle gut.

Während der Mittagspause luden Gordon und Sarah alle zu einer Geburtstagsfeier für Michael am 27. Oktober ein und sagten, dass sie sich aufgrund der zeitlichen Nähe zu Halloween für ein Halloween-Thema entschieden hatten, da die Party nur fünf Tage vor Allerheiligen stattfinden würde.

„Kommt alle in Kostümen", bestimmte Sarah.

Evan sagte: „Das ist dein Geburtstag, Gordon."

„Ich habe vergessen, dass du wissen würdest, dass das mein Geburtstag ist, Evan. Sarah und ich haben es nicht erwähnt, weil ich keine obligatorischen Geschenke möchte."

Jenny fragte: „Woher wusstest du, wann Michaels Geburtstag ist? Du hast ihn gefunden, als er schon ausgewachsen war, Tante Sarah."

„Ich möchte die Geburtstage meiner beiden besonderen Jungs am selben Tag feiern. Beide sind groß, intelligent, sportlich, mögen schnelle Autos und gutes Essen. Sie sind sich so ähnlich, dass ich wette, sie haben das gleiche Geburtsdatum."

Gordon stand auf, machte eine gespielte Verbeugung und sagte: „Wir haben noch etwas gemeinsam, das du nicht erwähnt hast. Wir beide lieben dich."

Jenny war von der Idee einer Kostümparty begeistert und bettelte darum, ein paar ihrer besten Freunde aus der Schule einladen zu dürfen. Ihre Tante begann sie dafür zu schimpfen, dass sie so anmaßend war, aber Gordon unterbrach Jeanette und sagte, dass Kinder und Partys zusammengehören.

„Kommen die Haustiere auch zur Party?" fragte Jenny.

„Aber sicher!" antwortete Sarah. „Haustiere und Partys gehören auch zusammen, und es ist Michaels Geburtstagsparty."

„Tante Essie und Onkel Evan, könnte ich mir Kissy ausleihen? Ich möchte, dass wir als Lilo und Stitch gehen."

Essie lachte und fragte: „Wie wirst du Kissy in Stitch verwandeln, und wie kannst du dich selbst überhaupt wie Lilo aussehen lassen?"

Jenny schaute fragend zu ihrer Tante Jeanette, die sagte: „Wir können in ein paar Kostümgeschäften nach einer schwarzen Perücke für dich suchen. Vielleicht haben einige Tiergeschäfte Hundekostüme. Wenn Tante Essie und Onkel Evan zustimmen, helfe ich dir, ein passendes Kostüm für Kissy zu finden."

Essie und Evan versicherten Jenny, dass Kissy ihr Sidekick für die Party sein könnte.

Während die Partypläne besprochen wurden, verschlangen die Haustiere ihr Mittagessen aus Trockenfutter und Hühnerbrust, die mit gewürztem Reis gefüllt und für ihre Bequemlichkeit gewürfelt waren. Kawdje konnte seine Portion nicht aufessen, weil er so viele Haferkekskrümel gegessen hatte, eine Leckerei, die Essie ihm nach seinem ersten Platz bei Jumpers am Morgen von Hand gefüttert hatte. Topaz und Michael schwebten über ihm und warteten darauf, seine Schüssel für ihn zu leeren.

„Hör auf, auf meinen Kopf zu sabbern, Michael", murrte Kawdje, als er sich von seiner Schüssel zurückzog. „Ich habe nichts dagegen, vom Regen durchnässt zu werden, aber nicht von Sabber."

Michael und Topaz' Schnauzen teilten die Schüssel ordentlich, und in weniger als drei Sekunden war Kawdjes Schüssel blitzsauber.

„Hat jemand spannende Geschichten über unsere morgendlichen Aktivitäten zu erzählen?" fragte Topaz.

Kawdje erzählte von seiner Erfahrung, mit Olé in der gestrigen Masters Relay Klasse gepaart zu sein.

„Ihr wisst alle, dass Kissy und Marjie gewonnen haben. Meine Mutter und ich sind ein gutes Team und wir haben sehr gut abgeschnitten. Trotz unserer guten Leistung, nachdem wir herausgefunden hatten, dass wir nicht den ersten Platz belegt hatten, verzog Olé das Gesicht und sagte, es sei sein Pech, mit einem Verlierer gepaart zu sein. Zuerst wollte ich seine Beleidigung nicht mit einer Antwort würdigen, aber dann sah ich ihm direkt in die Augen und sagte: ‚Gleichfalls,‘ erwiderte ich und ließ ihn stotternd zurück."

Alle lachten und waren sich einig, dass sein prägnanter Kommentar die perfekte Retourkutsche war.

Kissy sagte: „Ich hatte heute Morgen das Pech, mit Olé gepaart zu sein. Wir haben einen bösen Dialog ausgetauscht, bevor die Klasse begann."

Die anderen drei bettelten: „Erzähl es uns."

„Er hatte die Frechheit zu sagen, dass es mein Glückstag sei, weil ich mit ihm zusammen sei. Ich erinnerte ihn daran, dass ich in jeder Klasse, in der wir angetreten sind, vor ihm platziert war. Ich sagte ihm, dass Marjie und ich gestern im Staffelrennen den ersten Platz belegt hatten, dank seiner mittelmäßigen Leistung, die Kawdjes Platzierung zurückgehalten hatte."

„Was hat er darauf gesagt?" fragte Kawdje, der erfreut war, dass Kissy ihn verteidigt hatte.

„Er sagte, dass, wenn meine Ohren genauso viel flattern würden wie mein Mund, ich in einem Maisfeld verwendet werden könnte, um Krähen zu vertreiben."

Die anderen drei unterdrückten ihr Lachen, aber sie zitterten vor Anstrengung.

Sie konnten es kaum erwarten zu hören, was die schlagfertige Kissy erwidert hatte.

„Ich sagte zu Olé, dass ich nicht gewusst hatte, dass er ein kleiner Bauernhofhund sei, dessen einzige Gesellschaft Nutztiere seien, und dass sein Mangel an gesellschaftlicher Erfahrung sein Fehlen von Agility-Etikette erkläre. Dann wurde es wirklich böse. Er sagte, er hoffe, dass ich in die ‚Wishing Well'-Hürde fallen würde."

„Was hast du darauf gesagt?" fragte Topaz.

„Ich sagte, dass so ein Unglück verhindern würde, dass wir gut abschneiden, und wenn er wirklich wollte, dass das passiert, sei er nicht nur langsam, sondern auch dumm. Ich fügte hinzu: ‚außerdem, du „Kleiner Trottel, wenn du nicht schnell genug läufst, wie es mir gefällt, werde ich mich über dich übergeben.' Ich sagte ihm, dass ich mich nach Belieben übergeben könnte, wenn ich ein bisschen Gras fresse, und dass er es nicht wert sei, bejubelt zu werden, aber vielleicht sei er es wert, dass man sich über ihn übergibt.

Er hatte die Dreistigkeit zu prahlen, dass er den Parcours schneller absolvieren würde als ich. Während er im Wettbewerb war, rief ich: „Olé, Olé, verliere nicht den Weg." Fast bereute ich meinen Kommentar, weil ich sah, dass er beinahe stolperte, aber es bewies, dass mein Spott ihn ärgerte. Ich unterließ es, weitere Bemerkungen zu rufen, weil ich beschloss, lieber gut abzuschneiden, als Olé zu behindern und meine Chance auf den Sieg zu verlieren."

Inzwischen hatten die anderen das Lachen aufgegeben und konnten sich nicht mehr beherrschen. Schließlich fragte Topaz: „Wer hat den Masters-Staffellauf in deiner Sprunghöhe gewonnen?"

Kissy antwortete, dass sie und Olé gewonnen hatten.

„Was hat Olé gesagt, nachdem er erfahren hat, dass ihr beide den ersten Platz gemacht habt?" fragte Michael.

„Ich habe ihm gar keine Chance gegeben, mit den Schnurrhaaren zu zucken. Ich sagte: ‚Olé, Olé, ich habe den Tag gerettet. Dank mir, und nicht dir, haben wir die Staffel gewonnen.' Dann drehte ich mich um und ging schnell vor meinem Papa her, um ihn mitzuziehen."

Kissy hätte vor Selbstzufriedenheit geglüht, hätte sie gewusst, wie sehr Olé seinen Namen inzwischen hasste. Vor Frustration kochend, ärgerte er sich darüber, dass sein Name sich mit so vielen Wörtern reimte. Er wünschte sich, einen Namen zu haben, auf den sich nichts anderes reimen ließ.

Kapitel Siebenundzwanzig

Das Wetter war milder als üblich für die Halloween/Geburtstagsparty von Gordon und Michael. Sarah und Gordon stellten die Heizung ab und ließen die Küchentür sowie einige Fenster offen. Der Duft von heißem Apfelwein, der in einem Topf auf dem Herd köchelte, erfüllte das Haus und wehte durch die geöffneten Fenster.

Sarah, Gordon und Michael waren als Daphne, Fred und Scooby Doo verkleidet. Essie und Kawdje stellten Dorothy und Toto dar. Evan war prachtvoll als Glinda, die schöne und freundliche Hexe des Südens aus dem Film *Der Zauberer von Oz* verkleidet.

Er trug eine blonde Perücke, auf der ein Diadem mit jeder Bewegung seines Kopfes glitzerte und funkelte. Er glitt in einem langen, rosa Kleid aus mehreren Schichten aus zartem Netzstoff ins Haus. Er schwang einen funkelnden Zauberstab und sprach in einer Falsettstimme. Lange, rosa Satinhandschuhe bedeckten seine Hände und die meisten seiner Arme. Essie hatte ihm falsche Wimpern aufgeklebt und großzügig Mascara, Lidschatten und Rouge aufgetragen, aber keine Menge Make-up konnte den Bartschatten an seinem Kinn und seinen Wangen verbergen.

Jeanette, Cole, Jenny, Topaz und Kissy folgten ihnen ins Haus. Sie waren zusammen gefahren, weil Jenny bei Essie und Evans Zuhause anhalten musste, um Kissy in ihr Kostüm zu kleiden, das darin bestand, sie mit einem ungiftigen blauen Spray zu besprühen, das leicht aus ihrem Fell gewaschen werden konnte. Kawdje war mit dunkelbrauner Farbe besprüht worden, damit er mehr wie Toto aussah. Essie stellte eine glaubwürdige Version von Dorothy dar, mit einer braunen Perücke, die zu zwei Zöpfen geflochten war. Sie trug ein blau-weiß kariertes Kleid und ein Paar rote glitzernde Schuhe.

Jeanette trug ein Kleid und eine Frisur im Stil der 1940er Jahre. Topaz war in einen kurzen, schwingenden Rock und eine Bluse mit Puffärmeln im selben Stoff wie Jeanettes Kleid gekleidet. Sie stellten die Pointer Sisters dar. Cole, der sich als ihr Manager ausgab, trug einen Freizeitanzug aus den 1970er Jahren.

Kaum hatten sie begonnen, Apfelwein zu trinken, als Jennys Freunde von ihren Eltern zur Party gebracht wurden. Alyssa Benton war als Barbie-Puppe auf Hawaii verkleidet, weil sie ihr Kostüm mit Jenny abstimmen wollte, die Shorts und eine Bluse trug. Mark Wesley war ein Pirat. Er sagte Jenny und Alyssa, dass er einfach nur ein bequemes Kostüm tragen wollte.

„Du willst einfach nur eine Augenklappe tragen", erwiderte Alyssa.

„Das auch!" gab er zu.

Pat und Ed kamen mit Äpfeln für den Apfeltauchen-Wettbewerb. Sie waren als Teilnehmer der Fernsehsendung *Dancing With The Stars* verkleidet. Joy kam als die Braut von Frankenstein und Sam als großer, hochgewachsener Frankenstein.

Joy umarmte ihren Onkel Gordon und wünschte ihm alles Gute zum Geburtstag, dann fragte sie: „Wie alt bist du?"

„Jünger als dein Vater", antwortete Gordon.

Michael stupste heran, um seine Umarmung zu bekommen, und Joy fragte Michael, während sie ihre Arme um seinen Hals legte und ihren Kopf auf ihm ruhte: „Michael, wie alt bist du?"

Sarah lachte und sagte: „Wir feiern seinen zweiten Geburtstag. Ich bin mir nicht sicher, was das Äquivalent in Hundejahren ist."

Kissy kam ins Wohnzimmer und stellte das Fell auf, als sie Sam sah. Sie bellte ihn an. Er nahm seine Frankenstein-Vollkopfmaske ab und verbrachte einige Minuten damit, sie zu locken, bevor sie sich vorsichtig zu ihm heranschlich. Sam nahm sie in seine Arme und sagte Joy, dass er dachte, er würde gerne einen von Kissys Welpen haben, falls und wenn sie jemals einen Wurf hätte.

„Ich dachte, du magst große Hunde", sagte Joy überrascht.

„Das tue ich auch, aber ich mag Kissy. Sie ist mutig! So winzig wie sie ist, war sie bereit, sich mit mir anzulegen, bis sie mich endlich erkannte."

Der Buffet-Tisch war mit einem schwarzen Tuch bedeckt und mit verlockenden Gerichten beladen. Es gab gefüllte Kohlrouladen, schwedische Fleischbällchen, Reis und Burritos, die Sarah dachte, den Geschmack der Kinder treffen würden, ganz zu schweigen von ihrem eigenen und Michaels Geschmack. Sie hatte eine große Schüssel mit Sieben-Schichten-Refried-Bohnen-Dip gemacht und eine große Schüssel Tortilla-Chips daneben gestellt. Es gab Champagner zum Anstoßen und Flaschen mit alkoholfreiem, kohlensäurehaltigem Saft für die Kinder zum Trinken während der Geburtstags-Toasts. Eine riesige Geburtstagstorte, dekoriert wie ein Kürbis mit der Aufschrift „Happy Birthday Gordon and Michael" in schwarzem Zuckerguss und einer gefälschten schwarzen Spinne auf der Spitze, stand im Mittelpunkt des Buffet-Tisches.

Das Haus war mit falschen Spinnweben und Spinnen dekoriert. Mehrere kleine Kürbisse grinsten auf dem Buffet-Tisch, ein großer grimmiger Kürbis stand auf der Küchentheke, und noch mehr Kürbisse beleuchteten schwach den Eingang zur Vorder- und Küchentür. Eine Hexe, die auf ihrem Besen saß, war von der Küchendecke herabgehängt und sah aus, als ob sie in Richtung der Arbeitsplatte fliegen würde.

Als die Festlichkeiten begannen, gewann Mark den Apfeltauchen-Wettbewerb. Sarah überreichte ihm einen Kinogutschein im Wert von 20

Dollar. Mark sagte leise zu Jenny, dass er sie nächsten Samstagabend ins Kino mitnehmen möchte. Jenny lächelte nur geheimnisvoll: (zumindest hoffte sie, dass es ein geheimnisvolles Lächeln war. Sie hatte die ganze Woche vor ihrem Spiegel geübt).

Als nächstes kam ein Talentwettbewerb. Essie tanzte Stepptanz und sang „Somewhere Over the Rainbow", während Kawdje/Toto bellend um sie herumkreiste und Evan seinen Zauberstab schwang und gelegentlich in das Lied einstimmte. Als Essie fertig war, schwenkte Evan seinen Zauberstab und verkündete in seiner besten Falsettstimme: „Ich verwandle euch nun in die wundervollste Version, die ihr jemals sein könntet, und all eure guten Wünsche werden für das nächste Jahr gewährt."

Alle klatschten und jubelten.

Pat und Ed legten eine CD ein und führten einen eleganten Foxtrott zu „Blue Skies" auf. Sie wiegten sich, tauchten und machten schnelle Schritte. Alle waren von ihrem Können sprachlos, und mehrere Sekunden der Stille folgten dem Ende ihrer Darbietung, bevor der begeisterte und dankbare Applaus einsetzte.

Jeanette spielte eine CD mit dem Hit der Pointer Sisters „The Boogie Woogie Bugle Boy of Company B". Sie hatte diesen Song wegen der Verbindung von Topaz als Kurzhaariger Pointer gewählt. Sie und Topaz hatten geübt, dazu zu tanzen. Jeanette bewegte die Lippen synchron, während sie und Topaz in komplizierten Mustern tanzten und Kreise drehten. Gelegentlich schmetterte Topaz eine hohe Note. Kawdje stimmte in diesen Momenten mit ein, als sowie Michael und Kissy, die sich weigerten, aus dem Chor ausgeschlossen zu werden, sodass alle vier Haustiere die Pointer Sisters begleiteten. Jeanette und Topaz verbeugten sich im „Down Dog"-Yoga-Stil am Ende ihrer Darbietung. Alle pfiffen und trampelten, und der Applaus war so donnernd, wie es eine kleine Zuschauergruppe nur machen konnte.

Gordon trat in den Mittelpunkt und fragte, ob es noch weitere Teilnehmer gäbe. Niemand meldete sich, also erklärte Gordon, dass der Gewinner anhand der Lautstärke des Applauses bestimmt würde. Es war ein dreifaches Unentschieden.

Gordon verkündete: „Essie, Evan, Kawdje, Kissy, Jeanette und Topaz planen, in drei Wochen an den World Cynosport Games in Scottsdale, Arizona teilzunehmen, daher wird der Preis eine Fahrt in meinem Hubschrauber sein, dazu ein Gourmet-Mittagessen, das von einem Weltklasse-Koch zubereitet wird, und das Essen findet in der Nähe meines Kiva-Platzes in der Wüste statt."

Alle jubelten.

Er fuhr fort: „Pat und Ed, hier ist eine Geschenkkarte für Ralph's Italian Restaurant in der Innenstadt von South Philly. Ich empfehle die Muscheln in roter Soße."

Mark flüsterte Jenny zu: „Deine Familie und Freunde sind echt cool. Gehst du zu den World Cynosport Games?"

„Ja", antwortete sie. „Ich werde mit Kissy in der Junior Handler Klasse antreten."

Jenny, Mark, Alyssa und die Haustiere gingen nach draußen. Es war dunkel, aber kürzlich war eine Außenbeleuchtung installiert worden und ein kurvenreicher Pfad war bis zum Bach freigemacht worden, der sich hangabwärts vom Haus befand. Sie alle liefen den Pfad hinunter, die Haustiere schritten flink zwischen, um und durch die Beine.

Jenny war überrascht zu sehen, wie angeschwollen und stürmisch der Bach geworden war, seit sie ihn das letzte Mal vor drei Wochen gesehen hatte.

„Es ist erstaunlich, wie der einwöchige Dauerregen, den wir vor einiger Zeit hatten, diesen Bach von einem flachen, plätschernden Bächlein in einen schnell fließenden Strom verwandelt hat", bemerkte sie.

Michael stand nahe am Rand des Ufers und beugte seinen Kopf, um zu trinken. Topaz neigte ihren Kopf nah an Michael und trank auch. Kissy und Kawdje folgten ihrem Beispiel.

Kissy musste sich so weit vorbeugen, um Wasser zu trinken, dass sie versehentlich kopfüber in den Bach stürzte. Das Rauschen und Wirbeln des schnell fließenden kalten Wassers überschlug sie und sie verlor jegliches Gefühl für oben und unten. Sie schluckte sehr kaltes Wasser und fühlte sich, als würde sie ersticken. Ein Gedanke schoss ihr durch den Kopf. „Ich will meine Mama und meinen Papa und Kawdje nicht verlassen, und ich bin noch nicht fertig mit Rennen. Ich habe noch viele Agility-Wettkämpfe zu gewinnen." Plötzlich spürte sie Luft, hustete und kämpfte darum, zu atmen. Sie machte eine gewaltige Anstrengung, zu schwimmen und ihren Kopf über Wasser zu halten.

Niemand hatte gesehen, wie Kissy in den Bach gefallen war, aber jeder sah sie in der Nähe des Ufers planschen, in einem verzweifelten Versuch, aus dem Wasser zu kommen. Jenny kniete sich schnell hin und streckte ihre Hand aus, um sie zu packen, aber das strömende Wasser riss Kissy vom Ufer weg und trug sie flussabwärts.

Jenny wusste, dass Topaz eine starke und selbstbewusste Schwimmerin war und fast jeden Tag in ihrem eigenen Teich schwamm, einfach aus Freude daran. Jenny befahl ihr, „Holt Kissy", aber Topaz war bereits in den Bach gesprungen. Es war zu flach, um zu schwimmen, also halb sprang, halb rannte sie so schnell sie konnte in einer stolpernden, unbeholfenen Art, weil der unebene, felsige Grund und die Strömung sie aus dem Gleichgewicht brachten. Michael sprang auch hinein, und da er stärker war, machte er mehr Fortschritte bei seinem Versuch, Kissy zu erreichen, die kämpfte und offensichtlich in Panik war. Kawdje wusste genau, dass Kissy nicht schwimmen konnte, also sprang er auch hinein und war sofort in einer Tiefe. Er schwamm mit der Strömung und erreichte Kissy als Erster.

Er positionierte sich flussabwärts von ihr. Die Strömung drückte ihren Körper an seine Seite.

versuchte, zum Ufer zu schwimmen, aber die Strömung war stark und beide wurden flussabwärts getrieben. Als Michael sie erreichte, verstand er, was Kawdje zu tun versuchte. Er positionierte sich flussabwärts von Kawdje und drückte sich so an dessen Flanke, dass die Strömung Kawdje gegen ihn und Kissy gegen Kawdje drückte.

Kissy geriet in Panik, als Wasser über ihre Schnauze spritzte. Sie öffnete ihr Maul, um zu bellen, aber Wasser drang herein. Ihre Vorderbeine ruderten verzweifelt, um zu schwimmen.

Kawdje blieb ruhig und versuchte, in Richtung Ufer zu paddeln, doch mit der kämpfenden Kissy gegen ihn gepresst konnte er sich nicht bewegen. Er war zutiefst dankbar, dass Michael ihn und Kissy davon abhielt, weiter flussabwärts gespült zu werden.

Alyssa rannte den Pfad zurück zum Haus hinauf. Ihre Beine fühlten sich schwer an, als würde sie durch zähen Sirup waten. Sie stürzte durch die offene Küchentür ins Haus.

„Kissy ist in den Bach gefallen, und die anderen versuchen, ihr zu helfen", keuchte sie.

Alle rannten nach draußen. Sarah und Gordon schnappten sich ein paar Taschenlampen aus einer Küchenschublade. Sie leuchteten den Pfad entlang, während alle sich eilig in Richtung des Bachs bewegten.

Kapitel Achtundzwanzig

Issy bemerkte, dass Topaz neben ihr war. Sie spürte, wie sich Topaz' Kiefer um ihren Nacken schlossen.

Mit ein paar Schritten erreichte Topaz das Ufer des Bachs und legte eine verängstigte, erschöpfte Kissy auf trockenem Boden ab. Dann sprang Topaz sofort zurück in den Bach, um Michael dabei zu helfen, Kawdje zum Ufer zu manövrieren.

Topaz konnte sich nur vorstellen, wie kalt Kawdje sein musste. Das Wasser reichte gerade bis zu ihrem Bauch und durchdrang sie bis auf die Knochen. Sie wusste, dass auch Michael verzweifelt frieren musste, weil er in einer gehockten Position teilweise unter Wasser stand, um Kawdje daran zu hindern, flussabwärts gespült zu werden. Wenn er aufrecht stand, würde Kawdje zwischen seinen Beinen hindurchgespült werden, und die Strömung würde ihn mitreißen.

Sie versuchte, Kawdjes Hals mit ihren Kiefern zu umschließen, aber sein Hals war dicker als Kissys. Dann versuchte sie, sein Halsband zwischen ihre Zähne zu nehmen, aber es war nicht locker genug, um einen guten Halt zu bekommen. Sie überlegte, sich hinter Kawdje zu positionieren und ihn in Richtung Ufer zu schieben, während Michael neben ihm blieb und verhinderte, dass er flussabwärts gespült wurde.

Mit großer Erleichterung sah sie, dass Jenny und ihr Freund, die am Ufer des Baches entlang stolperten, um zu ihnen aufzuschließen, Kissy erreicht hatten. Topaz wusste, dass Jenny sie, Kawdje und Michael gesehen hatte, weil sie rief.

Jenny nahm Kissy in ihre Arme.

Mark sagte: ‚Jenny, bleib bei Kissy. Ich höre die anderen den Weg entlang rennen.' Ruf ihnen zu, damit sie uns finden können. Ich helfe den anderen drei Haustieren." Er watete ins Wasser und ging in Richtung Topaz.

Mark war froh, dass der Mond genug Licht spendete, um die drei Hunde zu sehen. Topaz wechselte zwischen dem Stehen neben Kawdje und dem Versuch, sein Halsband mit ihren Zähnen zu ergreifen, und dem Stehen hinter ihm, um ihn nach vorne in Richtung Ufer zu schieben. Mark verstand, dass Michael Kawdje daran hinderte, flussabwärts gespült zu werden, indem er fest in der Strömung stand – obwohl "gehockt stehen" genauer wäre. Mark konnte erkennen, dass Kawdje nicht in Panik geraten war und versuchte, quer zur Strömung in Richtung Böschung zu schwimmen, aber kaum Fortschritte machte. "Der kleine Kerl muss eingefroren sein", dachte er. "Meine Füße fühlen sich schon wie Eiswürfel an."

Er hob Kawdje in seine Arme und hielt ihn fest an seine Brust, während er auf Kissy und Jenny zuging.

Kissy hatte sich in Jennys Armen nicht entspannen können, weil sie wusste, dass Kawdje immer noch in diesem schrecklichen und gefährlichen Bach war, in dem sie beinahe ertrunken wäre. Sie fühlte sich zu schwach, um ihm ermutigend zu bellen, und war zu erschöpft, um Topaz für die Rettung zu danken. Sie hatte nicht einmal die Kraft, Jenny zu küssen.

Inzwischen strömten alle Partygäste zu ihnen hinüber, und Mark stolperte, als ihn der Strahl einer Taschenlampe kurzzeitig blendete, beinahe rückwärts. Er spürte, wie Michael sich an sein rechtes Bein drückte, und folgte Topaz, die vor ihm in Richtung Böschung platschte. Arme streckten sich aus, um ihn auf trockenen Boden zu ziehen.

Kissy erlebte einen Energieschub, als sie sah, wie Mark aus dem Bach geholfen wurde, während er Kawdje in seinen Armen hielt.

„Süßer, wunderbarer, treuer Kawdje, der versucht hat, mich zu retten, ohne an seine eigene Sicherheit zu denken", dachte sie. Dann sah sie Topaz und Michael, die beide geholfen hatten, sie zu retten. Sie wusste, dass sie unglaublich gesegnet und glücklich war, solche treuen und fürsorglichen Freunde zu haben.

Sie schaffte es schwach zu jaulen: „Danke." „Ich liebe sie alle!", dachte sie.

Kurz bevor Essie Kawdje aus Marks Armen hob, spürte er die kalte Zunge des kleinen Kerls seine Wange lecken, und Mark wusste, dass er gut und wahrhaftig bedankt worden war. Ein Verlangen überkam ihn, einen treuen, loyalen Freund zu haben, der ihn so akzeptierte, wie er war, und der nicht stritt.

„Ich wette, Jenny wäre treu und loyal, aber sie würde streiten. Ein Haustier würde das nicht tun", dachte er.

Nachdem Mark und die Haustiere abgetrocknet waren, ließen sich alle in Stühlen nieder und machten es sich auf den Sofas bequem, während sie das Buffet genossen. Gordon und Michael bliesen ihre Geburtstagskerzen aus, während alle „Happy Birthday" für sie sangen. Jenny und ihre Freunde zogen sich ins Wohnzimmer zurück und lagen ausgestreckt auf dem orientalischen Teppich, die Haustiere zwischen und um sie herum gekuschelt. Jenny dankte Alyssa und Mark für ihre Hilfe bei der Rettung und schaltete dann ein Fernsehprogramm ein, das sie sich ansehen wollten.

Marks Eltern kamen, um ihn nach Hause zu bringen, und Sarah und Gordon bestanden darauf, dass sie sich hinsetzten und Kuchen und Kaffee genossen, während sie sich die Geschichte über ihren wunderbaren Sohn anhörten, der eines der Haustiere gerettet hatte, das in den Bach auf ihrem Grundstück gefallen war.

Kaum hatten sie es sich bequem gemacht, um die Details der Geschichte zu hören, als auch Alyssas Eltern an der Tür zu hören waren und um Erlaubnis baten, einzutreten. Als auch sie saßen, Kaffee tranken und

Kuchen knabberten, entfaltete sich die Rettungsgeschichte, wobei jeder Details und Eindrücke beisteuerte.

Jenny, Mark und Alyssa waren noch immer mit den Haustieren im Wohnzimmer eingeschlossen. Während einer Pause im Partygespräch hörten die Erwachsenen Marks Stimme sagen: „Wenn jeder versuchen würde, anderen zu helfen, wie diese Hunde einander geholfen haben, wäre die Welt ein friedlicher und glücklicher Ort."

„Amen", sagte Pat leise.

Jeanette lächelte beide Elternpaare an und sagte: „Ihre Kinder sind wunderbar. Mein Mann und ich sind sehr glücklich, dass unsere Nichte so gute Freunde hat."

Marks Eltern sagten: „Wir müssen diese altruistischen, wendigen Wundehunde sehen, die so loyale Freunde füreinander sind."

Sie und Alyssas Eltern gingen ins Wohnzimmer, und ihre Herzen füllten sich vor Zärtlichkeit, als sie die Gruppe von Kindern und Haustieren sahen, die sich zwanglos und gemütlich ineinander verschlungen hatten, während sie fern sahen.

Als sie gingen, umarmte Alyssa Jenny und sagte, es sei die beste Party gewesen, auf der sie je gewesen sei, und fügte hinzu: „Ich habe noch nie ‚Happy Birthday' für einen Hund gesungen. Das war so cool."

Mark stimmte dem zu und schloss die Umarmung mit ein.

Essie, Evan, Jeanette und Cole blieben nach der Party, um zu besprechen, wie sie die vier Haustiere aufteilen sollten.

in ein Drei-Hunde-Team für die kommenden World Cynosport Games.

Gordon sagte: "Bevor ihr die World Cynosport Games besprecht, möchte ich euch mitteilen, dass Sarah und ich unser Hochzeitsvideo erhalten haben und der junge Mann, der es gefilmt hat, um Erlaubnis gebeten hat, es als YouTube-Video ins Internet zu stellen. Wir möchten, dass ihr es euch alle anseht, da ihr darin vorkommt und für jeden, der das Video sieht, erkennbar seid. Deshalb solltet ihr die Möglichkeit haben zu entscheiden, ob es veröffentlicht werden soll oder nicht. Ihr könnt es euch ausleihen und in Ruhe anschauen."

Sarah sagte: "Jetzt, da wir das Video-Thema geklärt haben, lasst uns über die World Cynosport Games sprechen. Wir haben die Möglichkeit, drei unserer Haustiere ein Team bilden zu lassen, und das verbleibende Haustier mit zwei anderen Hunden zu kombinieren, die wir auf dem Agility-Kurs kennengelernt haben, oder die Cynosport-Verantwortlichen vervollständigen das Team. Eine weitere Möglichkeit besteht darin, zwei unserer Haustiere in ein Team und zwei in ein weiteres zu stecken, die Cynosport-Verantwortlichen den dritten Teammitglied bereitstellen zu lassen, oder einige der Leute anzurufen, mit denen wir Kontaktinformationen ausgetauscht haben, um den dritten Teilnehmer für jedes der beiden Teams zu finden. Wie möchtet ihr das angehen?"

Jeanette sagte: "Ich stimme dafür, dass drei unserer Haustiere ein Team bilden. Topaz und ich sollten ausgeschlossen werden, da sie bald in ihre fruchtbare Phase kommen wird und nicht antreten darf, es sei denn, ihr Zyklus ist vor den Cynosport Games vorbei."

Essie sagte: "Ich ziehe es vor, dass drei der Haustiere ein Team bilden, und die einzige faire Möglichkeit besteht darin, das Los entscheiden zu lassen. Lassen wir das Schicksal entscheiden. Wenn Topaz zu spät in die Saison kommt, um bei den Spielen anzutreten, werden wir mit dieser Situation umgehen, wenn sie eintritt."

Evan und Sarah stimmten zu. Gordon sagte, er würde drei Zettel mit einem "X" und den vierten mit einem "O" vorbereiten. Während Gordon im Wohnzimmer war, wurde entschieden, dass Evan als Erster wählen würde, da er der einzige männliche Handler war.

Cole saß neben Jeanette mit seinem Arm um ihre Schultern. "Ich kann meine Praxis nicht länger als ein paar Tage verlassen, und Jenny sollte so wenig Schule wie möglich verpassen, also werden wir am Tag vor Beginn der Spiele ankommen und direkt nach dem Ende wieder nach Hause fliegen. Es beruhigt mich, dass ihr zusammen quer durchs Land reist, in denselben Motels übernachtet und gemeinsam esst. Es ist beruhigend zu wissen, dass Jeanette und Topaz ständig in der Gesellschaft von Freunden sind." "Mach dir keine Sorgen, Cole, wir kümmern uns gut um deine Damen", sagte Evan. Sarah sagte: "Du und Topaz könnt in unserem SUV zu den Spielen reisen." "Keine gute Idee, Sarah. Topaz könnte während der Fahrt quer durchs Land noch fruchtbar sein und muss von Michael und Kawdje getrennt bleiben." "Michael wird todunglücklich sein, Topaz ein paar Wochen lang nicht zu sehen."

Gordon kam mit vier gefalteten Papierstücken ins Wohnzimmer zurück.

"Wer wählt zuerst?"

Evan hob einen Finger.

"Okay, Bruder, wähle!"

Evan traf seine Wahl und entfaltete das Papier. Er lächelte, blieb jedoch still.

"Ich wähle als Nächste, da ich dir am nächsten bin", sagte Essie. Ihr Gesicht blieb ausdruckslos, als sie das Zeichen auf ihrem Papier ansah.

"Wer ist als nächstes dran?" fragte sie und sah zu Sarah und Jeanette.

"Lasst uns die Augen schließen und das Stück nehmen, das wir zuerst berühren", schlug Jeanette Sarah vor, während sie auf Gordons ausgestreckte Hand zugingen.

"Okay", stimmte Sarah zu.

Sie öffneten ihre gefalteten Papiere gleichzeitig.

Cole fragte: "Welches von euch vier fabelhaften Dog Agility Teams wurde ausgeschlossen?"

Kapitel Neunundzwanzig

Zu aller großen Erleichterung kam Topaz zwei Tage nach der Halloween-/Geburtstagsparty in ihre fruchtbare Phase. Sie beendete ihren Zyklus kurz vor der Abreise zum Cross-Country-Trip nach Arizona. Um sicherzustellen, dass keine Missgeschicke passierten, hielt Jeanette sie während der fünftägigen Fahrt nach Arizona von Michael und Kawdje getrennt. Die Gruppe erreichte Scottsdale, Arizona, am Nachmittag des Tages vor der Eröffnung der World Cynosport Games, und alle checkten in ihre Zimmer ein. Da er sich in der Gegend auskannte, fuhr Gordon Jeanette und Topaz zum Flughafen, um Cole und Jenny abzuholen.

Es gab überall Umarmungen, als Cole und Jenny die Gruppe begrüßten. Jenny musste jeden der Haustiere küssen. An diesem Abend schlenderte die Gruppe durch die wunderschön angelegten Gärten rund um das Resort, die Haustiere an der Leine. Zum ersten Mal seit drei Wochen mischte sich Topaz wieder mit Michael, Kissy und Kawdje. Die Schwänze wedelten begeistert, und sie sprangen vor Aufregung herum, wieder zusammen zu sein.

Cole bemerkte: "Michael und Kawdje machen keine Annäherungsversuche an Topaz, also ist sie definitiv aus ihrer fruchtbaren Phase heraus."

Alle zogen sich früh zurück. Jeanette legte sich aufs Bett, um sich auszuruhen, bevor sie duschte, und schlief sofort ein, während Cole fern sah. Jenny und Topaz waren in einem angrenzenden Zimmer. Cole hörte Jenny an die Tür klopfen, die ihre Zimmer trennte, und rief sie herein.

"Topaz will raus, Onkel Cole. Darf ich sie spazieren führen?" – "Es ist schon dunkel. Ich weiß, dass das Gelände gut beleuchtet ist, aber ich möchte nicht, dass du alleine draußen herumläufst. Ich gehe mit dir. Ich könnte etwas Bewegung gebrauchen." Sie trafen Gordon, Sarah und Michael, die einen abendlichen Spaziergang genossen, und hielten an, um über die Aktivitäten von morgen zu plaudern.

"Gordon, morgen früh treffen wir uns zum Frühstück gegen 6:45. Nachdem wir gegessen haben, folgen wir dir zu den Cynosport Games, da du der Einzige von uns bist, der sich in der Gegend auskennt. Haben wir dann genug Zeit, um rechtzeitig zur Eröffnung dort zu sein?"

"Klar, Cole. Es ist weniger als eine 15-minütige Fahrt von hier." Cole fragte: "Wie heiß wird es morgen sein?"

"Das Tageshoch wird in den oberen Zwanzigern sein, normalerweise von 15 bis 17 Uhr. Selbst bei dieser Temperatur ist die Sonne stark, daher sollte jeder Sonnencreme tragen, plus einen Visor oder Hut."

Jenny zeigte auf Büschel hoher, blauer Blumen, die von einem hohen Straßenlicht beleuchtet wurden.

"Was sind das für hübsche Blumen? Ich habe sie noch nie zuvor gesehen." Die anderen blickten in die Richtung, in die Jenny zeigte. Sarah sagte: "Sie heißen Agapanthus. Sind sie nicht wunderschön?" Jenny zog ihren Onkel Cole näher zu den Blumen, um sie besser zu betrachten, und als er ihr folgte, hielt er abrupt an, als sich Topaz' Leine auf die volle Länge ausspielte und sich straff spannte.

Auch Sarah und Gordon gingen auf die Agapanthus-Blumen zu, und Gordon blieb plötzlich stehen, als Michaels Leine sich straff spannte. Während sie die Blumen bewunderten, lernten Topaz und Michael etwas über die Bienen und die Blumen.

Jenny war verlegen, Gordon amüsiert, Sarah sprachlos, Cole bestürzt und Michael und Topaz waren delirierend glücklich.

Gordon sagte hoffnungsvoll: "Vielleicht ist es zu spät in Topaz' Zyklus, damit sie trächtig wird."

Cole schlug die Handfläche gegen seine Stirn und zog sie über seinen Kopf und den Nacken hinunter, den er zu massieren begann. Sofort hatte er Kopfschmerzen. "Ja, sicher, und Bären fliegen," murmelte er.

Jenny sagte: "Es wird Spaß machen, Welpen im Haus zu haben. Ich werde helfen, mich um sie zu kümmern. Sie werden ganz besondere Welpen sein, weil Topaz und Michael die besten Hunde sind, die es gibt."

"Das ist die richtige Einstellung, Jenny," sagte Sarah. "Gordon und ich wollen einen der Welpen. Schließlich wird es genauso ein Welpe von Michael sein wie von Topaz."

Gordon sagte: "Ich wette, Pat und Ed werden auch einen wollen. Cole, wir werden helfen, die Kosten für die Welpenaufzucht zu tragen. Sie sind auch unsere."

"Die Kosten sind nicht das, worüber ich mir Sorgen mache. Ich muss Jeanette die Nachricht über die Paarung überbringen und irgendwann großartige Zuhause für die Welpen finden."

"Topaz und Michael lieben sich, Onkel Cole. Ich bin froh, dass sie Welpen bekommen werden. Mein Freund Mark sagt immer, dass die Welt ein besserer Ort wäre, wenn die Menschen so nett wären wie Hunde."

"Das kannst du deiner Tante Jeanette sagen, wenn du ihr die Neuigkeit überbringst." Sarah unterdrückte ein Lächeln und sagte: "Wir sollten es ihr alle zusammen sagen. So wird ihr Zorn auf uns alle verteilt, und nicht eine Person wird von dem Sturm überflutet."

"Gute Idee," sagte Cole, fühlte sich zutiefst erleichtert.

"Hast du Angst vor Tante Jeanette?" fragte Jenny und sah besorgt und überrascht zu ihrem Onkel Cole auf.

"Natürlich nicht! Warum solltest du das denken?" - "Nur so ein Gedanke!"

Eine zitternde Topaz drückte ihre nasse Nase an die Wange ihrer Mama, um sie zu wecken. Sie wusste, dass ihre Mama sie in den letzten Wochen von Michael ferngehalten hatte, weil sie nicht wollte, dass sie sich mit ihm paarte.

Jeanette wunderte sich, warum Topaz zitterte, und als der Schlaf wich, wurde ihr bewusst, dass Cole, Jenny, Sarah, Gordon und Michael nahe am Bett standen. Sie schoss in eine sitzende Position und plötzlich wusste sie es. Topaz schnäuzelte sie weiterhin in einer flehenden Weise an. Aufgrund ihrer mystischen Verbindung verstand Jeanette, dass Topaz sie anflehte, ihre Paarung mit Michael zu verzeihen und mögliche Welpen willkommen zu heißen.

Sie glitt vom Bett, kniete sich neben Topaz und schlang ihre Arme um ihren Hals, flüsterte ihr ins lange, seidige Ohr: "Ich liebe dich, egal was passiert."

Topaz fühlte sich schwindelig vor Erleichterung über die Akzeptanz ihrer Mama. Sie wedelte so heftig mit ihrem Stummel von einem Schwanz, dass der Rest ihres Körpers der schnellen Hin-und-her-Bewegung folgte. Sie leckte das Gesicht ihrer Mama und gab sanfte bellende Geräusche von sich.

Alle Anwesenden verstanden den wortlosen Austausch, der stattgefunden hatte. Cole spürte, dass sein Kopfschmerz verblasste. Jenny lächelte und spürte ein seltsames Gefühl in ihrer Brust und entschied, dass auch ihr Herz lächelte. Sarah war begeistert von der Aussicht, einen, vielleicht sogar zwei von Michaels Welpen zu haben. Gordon empfand tiefes Glück, dass diese beiden außergewöhnlichen Wesen ein Geschenk von sich selbst an ihre Familien machten. Michael verstand völlig, wie Topaz sich fühlte, und wusste auch, dass ihre Mama ihre Welpen akzeptiert hatte. Er spürte eine leichte, fröhliche Energie, die sich durch den Raum ausbreitete und sie alle miteinander verband. Er wusste, dass es Liebe war.

Jeanette sprach schließlich: "Wir werden Großeltern, und du wirst eine Tante sein, Jenny."

Alle lachten.

"Lass uns Evan und Essie die guten Neuigkeiten erzählen," sagte Gordon, "und dann ab ins Bett. Die Wettbewerbe morgen werden herausfordernd sein!"

Kapitel Dreißig

Die World Cynosport Games waren riesig. Reihen von Tribünen umgaben jeden Wettbewerbsring. Viele Wohnmobile waren geparkt und sahen aus wie Häuser auf Rädern – genau das waren sie auch. Evan, Gordon und Cole stellten ihr Zelt auf dem weitläufigen Gelände auf, weit entfernt von den Wettbewerbsbereichen, und rollten die Seiten hoch, sodass es nur Schatten bot. Sarah, Jeanette und Essie richteten die Pak 'n Fold-Kennels für die Haustiere ein, damit sie zwischen den Klassen ein Nickerchen machen konnten, wenn sie wollten. Jenny stellte tragbare Stühle auf und platzierte sie unter dem Schatten des Zeltdachs.

Sarah fragte Jeanette: „Wie heißt euer Team? Du hast versprochen, uns zu sagen, mit wem du und Topaz im Team seid, wenn wir bei den Cynosport Games ankommen. Wir haben dir erzählt, dass die USDAA unser Team The Quakers genannt hat, weil wir aus Pennsylvania kommen."

Jeanette antwortete: „Ich habe Mark Lederman angerufen. Er führt Harry Houdini, einen großen Border Collie-Mix. Harry hat Gold-, Silber- und Bronze-Metallauszeichnungen erhalten. Obwohl ich ihn so kurzfristig kontaktiert habe, hatte auch er sich noch nicht angemeldet, da er erwartet hatte, außer Landes zu sein und nicht teilnehmen zu können; jedoch sind seine Pläne im letzten Moment gescheitert. Mark dachte, Topaz sei eine großartige Konkurrentin, als er sie im vergangenen Sommer auftreten sah, und äußerte Interesse an zukünftigen Welpen, die sie haben könnte. Wir haben unsere Anmeldeformulare per E-Mail eingereicht und darum gebeten, gemeinsam im Team zu sein und einen dritten Teamkollegen zu erhalten. Ich erhielt die Bestätigung und Benachrichtigung, dass Topaz' Teammitglieder Harry Houdini und Patrick, ein Irish Water Spaniel, sind. Unser Team heißt Magic Gems."

Sarah rief aus: „Patrick ist ein großartiger Konkurrent. Er war mit Michael in einem Pairs Relay-Team und sie haben über eine große Anzahl von Konkurrenten gewonnen. Wirst du dich mit Mark und Patricks Trainer treffen, um Methoden für die Stabübergabe für die Staffelklasse zu besprechen?"

„Ja. Ich bin sicher, dass ich Mark irgendwann heute treffe. Er sagte mir, dass Ryan Donohue Patrick führt und dass er Ryan und seine Frau bei mehreren Dog Agility Shows kennengelernt hat."

„Was steht als Erstes an?" fragte Jenny.

Jeanette sagte, dass Topaz um 13:00 Uhr in der zweiten Welle von Dock Dogs eingetragen sei.

„Was ist eine Welle, Tante Jeanette?"

„Das ist ein Begriff, der benutzt wird, um eine Gruppe zu bezeichnen. Es gibt so viele Teilnehmer, dass sie in verschiedene Gruppen eingeteilt werden."

gruppen. Da Wasser involviert ist, werden die Gruppen als Wellen bezeichnet."

Essie sagte: "Jenny, ich habe Kawdje angemeldet. Da es im Dock-Dogs-Wettbewerb keine Größenklassen gibt, treten kleine Hunde unfair gegen große Hunde an. Kawdje liebt das Wasser so sehr, dass ich ihn zu seinem eigenen Vergnügen und seiner Zufriedenheit angemeldet habe, und auch, um darauf aufmerksam zu machen, dass es Größenklassen geben sollte. Er wird nicht gewinnen, aber das spielt keine Rolle. Er wird Spaß haben."

Evan fügte hinzu: "Dock Dogs ist kein offizieller USDAA-Sport, daher zählen Platzierungen, die irgendwo bei einem Wettbewerb erzielt werden, nicht zur Titulierung."

"Ich finde, es sollte eine olympische Sportart für Hunde sein. Sind Hundesport-Meisterschaften eine olympische Sportart?" fragte Jenny Evan.

"Nein."

"Das sollten sie aber sein", erklärte Jenny nachdrücklich. Dann fragte sie, wann Michael und Kawdje auftreten würden, weil sie sie auch sehen wollte.

"Sie sind Teil der zweiten Welle, also treten sie auf, wenn auch Topaz dran ist", sagte Sarah.

Gordon studierte Sarahs Zeitplan. "Michael und Topaz treten um 11 Uhr im Team-Snooker an. Sie sollten rechtzeitig fertig sein, um sich für den Dock-Dogs-Wettbewerb um 13 Uhr zu erholen, und werden von diesem Event ausgeruht sein, wenn sie in Ring 5 im Team Gamblers für ihre Größenkategorie antreten."

Essie sagte: "Kissy und Kawdje treten um 11 Uhr im Team Gamblers in Ring 5 und um 15 Uhr im Team Snooker in Ring 2 an. Wir wechseln die Ringe. Das macht Sinn, da die Aufbauten für Gamblers und Snooker gleich bleiben, außer dass die Sprunghöhen geändert werden."

Sarah beendete das Sprühen von Michaels Ohr und ihrer Hand. "Jetzt sind Michael und ich bereit, aufzutreten."

Jeanette schlug Cole vor: "Lass uns, Jenny und Topaz die Anlage erkunden. Vielleicht finde ich Mark Lederman. Er könnte wissen, ob Ryan Donohue schon angekommen ist. Vielleicht könnte er uns vorstellen oder zumindest beschreiben, wie er aussieht. Ich weiß, dass die Drei-Hunde-Staffel erst am Sonntag stattfindet, aber ich wäre entspannter, wenn ich Ryan und Patrick schon vorher kennenlernen könnte."

Das Quartett schlenderte in Richtung Ring 3, wo der Zeit-Gamble-Wettbewerb stattfand. Nachdem sie einige Minuten zugesehen hatten, fragte Cole Jeanette, ob sie wisse, was die Teilnehmer taten.

"Im Grunde ja. Jeder Teilnehmer soll die Klasse ausführen und genau in der geschätzten Zeit beenden."

Sie sprang zusammen, als eine männliche Stimme mit irischem Akzent sie fragte: "Wären Sie Jeanette Bancroft?"

Sie drehte sich um und sah ein Paar mit einem schokoladenbraunen, lockigen Irish Water Spaniel, der zwischen ihnen stand. Der Mann war etwas unter sechs Fuß groß, hatte sehr blaue Augen und schwarzes, welliges Haar. Sie hätte erraten, dass er Ire war, selbst bevor sie ihn sprechen hörte. Die Frau war eine blauäugige Blondine mit vielen Sommersprossen.

"Das bin ich. Sind Sie Ryan Donohue?"

"Das bin ich, und das ist meine Frau Clodagh und unser Haustier Patrick." Jeanette stellte Cole, Jenny und Topaz vor.

Patrick berührte Topaz' Nase und wedelte begeistert mit dem Schwanz. Er dachte, er habe noch nie eine so schöne Dame gesehen. Alles an ihr war perfekt, von der Form ihrer funkelnden braunen Augen und langen, seidigen Ohren bis hin zu ihrem glänzenden, kurzen Fell. Er bewegte sich näher, und Topaz wich sofort zurück.

"Mein Junge ist vernarrt in Ihren wunderschönen Edelstein", sagte Ryan. "Ich nehme an, wir wurden wegen Harry Houdinis und Topaz' Namen die Magischen Edelsteine genannt."

Jeanette lächelte und sagte: "Patrick ist offensichtlich ein irischer Name, und die Iren sind, wie Sie wissen, mit Feen und Kobolden und ihrem Glauben an magische Wesen und Zaubersprüche verbunden. Ich denke also, dass der magische Teil unseres Teams ebenso sehr Patrick zu verdanken ist."

„Ah, du bist wahrhaftig eine Diplomatentochter", sagte Clodagh. „Mark Lederman hat dich als eine schöne, recht große, eurasische Frau mit einem ebenso wunderschönen weiblichen Deutsch Kurzhaar beschrieben. Er war nicht großzügig genug in seiner Beschreibung. Ihr seid beide 'umwerfend', um Yankee-Slang zu verwenden."

Jeanette fühlte sich verlegen, schaffte es aber, Clodagh für das Kompliment zu danken und sagte mit Aufrichtigkeit: „Ihr seid ein fabelhaft aussehendes Paar. Entschuldigung, ich sollte Dreiergruppe sagen und Patrick einschließen."

Cole fragte, wie lange sie schon in Amerika seien und ob dies jetzt ihr Heimatland sei.

Ryan erklärte, dass er und Clodagh im Import-/Exportgeschäft tätig seien. „Wir haben ein Zuhause in den USA und eines in Irland. Unser Firmensitz hier befindet sich in der Nähe von New York City, und da wir beide aus Dublin stammen, ist dort unser Geschäft in Irland angesiedelt."

„Wie oft müsst ihr reisen?" fragte Cole.

„Öfter als uns lieb ist", antwortete Ryan. „Wegen Patrick reisen wir selten zusammen. Einer von uns bleibt immer bei ihm. Der Gedanke, unseren Jungen im Frachtraum mit dem Gepäck zu verstauen, gefällt uns nicht. Oh, wir wissen genau, dass er getrennt von den Koffern untergebracht würde, aber wenn die Unterkünfte nicht gut genug für Clodagh und mich sind, dann sind sie aus unserer Sicht auch nicht gut genug für Patrick."

„Cole und ich und einige unserer Freunde haben darüber nachgedacht, eine Fluggesellschaft zu gründen, die speziell für Menschen gedacht ist, die mit Haustieren reisen. Wir wollen einen Teil der Passagierkabine für die Unterbringung von Haustieren reservieren. Wir haben die Idee recherchiert und beschlossen, dass es zu teuer wäre, das Projekt selbst zu finanzieren. Wir hoffen immer noch auf einen Unterstützer mit tiefen Taschen."

„Was für eine großartige Idee!" rief Clodagh aus.

Ryan sagte nachdenklich: „Was wir finanziell beitragen könnten, würde nicht viel helfen, aber ich werde die Idee im Hinterkopf behalten. Behalte eine positive Einstellung zu dem Vorhaben. Man weiß nie, was daraus werden könnte. Wunder geschehen."

Das Gespräch drehte sich dann um die technischen Details des Staffelstab-Übergangs während der Staffel.

Jenny fragte: „Habt ihr Patrick für Dock Dogs angemeldet?"

Clodagh sagte: „Natürlich haben wir das. Wasser ist schließlich sein Element! Er ist ein Irish Water Spaniel."

Beim Klang seines Namens wandte Patrick seine Aufmerksamkeit von Topaz seiner Mama zu.

Topaz war erleichtert, dass jemand anderes das Interesse von Patrick auf sich zog. Sie hatte ihm mitgeteilt, dass sie Mutter werden würde und dass der Vater ihrer Welpen Michael Archangelo sei. Patrick hatte sich dadurch jedoch nicht abschrecken lassen. Er schlug lediglich vor, dass er vielleicht dabei helfen könnte, noch ein paar mehr Welpen zu bekommen.

„In welcher Welle ist er?" fragte Jenny.

Ryan sagte: „Er ist für 13:00 Uhr in Welle 2 eingeplant."

„Das ist genau, wenn Topaz, Michael und Kawdje auftreten", sagte Jenny. „Und wer könnten Michael und Kawdje sein?" fragte Clodagh.

Jeanette sagte: „Sie sind gute Freunde von Topaz und wir sind enge Freunde ihrer Familien. Wir haben alle zusammen mit dem Dog Agility Training begonnen, und es war wegen der Haustiere und unserem Wunsch, dass sie Agility Dogs werden, dass unsere Freundschaft begann. Ryan, ich glaube, du kennst Sarah Kilmer und Michael. Sie hat mir erzählt, dass Patrick und Michael bei den South Central Regional Championships eine Pairs Relay gelaufen sind und die Klasse gewonnen haben. Cole und ich würden dich gerne Sarahs Mann Gordon vorstellen und seinem Bruder Evan und seiner Schwägerin Essie. Sarah hat Gordon durch ihre Freundschaft mit Essie und Evan kennengelernt, die Kawdje und Kissy, zwei Tibet-Spaniels, führen. Habt ihr Zeit, zu unserem Zelt zu kommen, um euch vorzustellen?"

„Das würden wir sehr gerne", antwortete Clodagh.

Michael saß mit seinem Kopf auf Gordons Schoß; sein Geist war ruhig, während er die rhythmischen Streicheleinheiten der Hand seines Vaters auf seinem Kopf genoss. Er war zufrieden, für immer in diesem Moment zu bleiben. Er wurde plötzlich aus seiner Ruhe durch ein bekanntes Bellen gerissen. Es war Patrick! Michael stand auf und wedelte freudig mit dem Schwanz. Doch das Wedeln stoppte, als plötzlich Eifersucht durch ihn strömte. Patrick stand dicht neben Topaz! Topaz spürte sofort Michaels Stimmungswechsel. Sie genoss seine Bewunderung, selbst wenn sie manchmal von Eifersucht begleitet war. Sie ging auf ihn zu und berührte mit ihrer Nase seine.

Kissy ruhte auf Evans Schoß, und als Kawdje, der auf dem Gras gesessen hatte, die Spannung zwischen Michael und Patrick bemerkte, sprang er sofort auf Essies Schoß.

„Also, Michael, mein Junge, gehören diese Kleinen zu dir?" fragte Patrick.

„Topaz, Kissy und Kawdje sind meine Teamkollegen. Wir haben zusammen trainiert und unsere Eltern sind gute Freunde voneinander."

Patrick verspürte ein Gefühl, das ihm fremd war. Er konnte ihm keinen Namen geben, da das Wort „Neid" nicht Teil seines Wortschatzes war. Er fühlte sich unbehaglich und ausgeschlossen. Er hatte nie das Gefühl gehabt, dass ihm etwas in seinem Leben fehlte, doch als er die vier Freunde betrachtete, wünschte er sich plötzlich die Gesellschaft eines weiteren Hundes in seinem Leben. Er hatte eine enge Bindung zu seinen Eltern, aber jetzt wollte er einen weiteren Vierbeiner, mit dem er im Garten herumtollen und einen Knochen teilen konnte.

Er sagte: „Du hast großes Glück, solche wunderbaren Freunde zu haben, Michael."

Etwas in seiner Stimme und seinem Verhalten übermittelte den vier Freunden seine versteckten Gefühle. Kissy und Kawdje sprangen von den sicheren Plätzen auf den Schößen ihrer Eltern herunter, und als ob es einstudiert gewesen wäre, gingen alle vier auf Patrick zu und wedelten mit den Schwänzen. Kissy bellte ein freundliches Hallo, Kawdje machte die Yoga-Position des „herabschauenden Hundes" und wedelte dabei mit dem Schwanz, bevor er den Kopf so hoch wie möglich hob. Patrick senkte den Kopf und berührte mit seiner Nase zuerst Kawdjes und dann Kissys. Michael legte seine Schnauze neben Patricks und beide gaben ein leises „Wuff" von sich. Topaz berührte kurz Patricks Nase und zog sich dann sofort leicht zurück, um hinter Michael zu stehen.

Patrick wusste, dass er angenommen worden war. Er fühlte sich großartig!

Kapitel Einunddreißig

Evan und Kissy, Essie und Kawdje schlenderten zu Ring 5 für Team Gamblers. Kawdje war so entspannt, dass er sich schläfrig fühlte.

Kissy stupste ihn an und befahl ihm, aufzuwachen. "Bleib wachsam! Wir müssen vielleicht bald antreten."

"Wird es eine Pairs-Staffel sein?" murmelte er und ließ die Augen geschlossen.

"Nein. Ich sehe einen Hund, ungefähr so groß wie wir, mit den größten Ohren, die ich je gesehen habe im Vergleich zum Rest ihres Körpers. Ihre Ohren stehen aufrecht und höher als ihr Kopf. Ihre Mama führt sie alleine in den Ring."

Kawdje stand auf seinen Hinterbeinen aufrecht, stellte seine Vorderpfoten auf die Knie seiner Mama und signalisierte ihr, dass sie ihn aufheben sollte. Auch Kissy hatte ihrem Papa signalisiert, sie aufzuheben. Beide reckten ihre Hälse, um den großohrigen Hund zu sehen.

Essie und Evan beobachteten die Papillon-Hündin bei ihrem Auftritt.

"Sie ist eine fantastische Agility-Hündin", sagte Evan. "Wenn sie genauso gute Teamkollegen hat, haben wir ernsthafte Konkurrenz."

Kissy und Kawdje nahmen die Bewunderung und Besorgnis in der Stimme ihres Papas wahr. Sie wussten, aus der Haltung ihrer Eltern spürend, dass der Hund mit den großen Ohren eine erstklassige Leistung erbrachte. Das war der Anstoß, den Kawdje brauchte, um bei ihm die Wettkampfgeister zu wecken. Kissy war immer wettkampforientiert und brauchte keinen Anreiz, um ihr Bestes zu geben.

Kawdje und Essie waren unmittelbar vor Kissy und Evan für den Auftritt im Gamblers-Kurs angesetzt. Kawdje fühlte sich lebendig und voller Energie, als er beschwingt in den Ring marschierte. Als er die "Gamble Sequence"-Aufstellung erreichte, blieb seine Mama auf einer Stelle stehen, während sie Kommandos rief und mit Armen und Händen anzeigte, welche Richtung er nehmen und welches Hindernis er verwenden sollte. Er dachte, dass er schneller als je zuvor lief. Er beendete den Kurs deutlich vor der Standardzeit. Seine Mama trug ihn durch das Ausgangstor und drehte sich dann immer wieder im Kreis in einer Siegesgeste, bis ihm schwindelig wurde.

Essie positionierte sich so, dass sie und Kawdje zusehen konnten, wie Kissy und Evan den Gamblers-Kurs absolvierten.

Sie hörte jemanden Kissy als Wirbelwind bezeichnen. Sie drehte sich halb um und sah eine andere Hundeführerin

der einen Welsh Corgi hielt. Sie lächelte und stellte sich und Kawdje vor.

„Das ist mein Mann und unsere weibliche Tibet-Spaniel-Hündin. Wir nennen sie 'Kissy der Komet'."

Der junge Mann lachte und sagte, das sei der perfekte Spitzname für sie. Owen Gylliam stellte sich und seinen Hund Merlin vor und sagte, dass er aus Großbritannien komme. Nachdem sie ihren Auftritt beendet hatten, kamen Evan und Kissy zu ihnen. Essie stellte Owen Evan vor.

„Merlin ist zu Hause ein Agility-Champion. Ich hatte keine Ahnung, dass die Konkurrenz hier so hart sein würde. Eure Haustiere sind unglaubliche Performer."

„Danke, Owen. Es tut mir leid, dass Evan und ich deinen Auftritt mit Merlin verpasst haben, aber ich gehe davon aus, dass wir euch irgendwann während dieser Weltspiele zusammen im Ring sehen werden."

Als Nachgedanke fügte sie hinzu: „Bist du alleine hier?"

„Nicht ganz. Einer meiner Teamkollegen ist ein Mann aus Japan, den ich bei den International Cynological Games Anfang dieses Jahres getroffen habe. Es gibt hier auch andere Briten. Eigentlich bin ich Waliser, aber ich lebe in England. Außerdem gibt es hier spanische, deutsche und ukrainische Teilnehmer."

Owen erklärte, dass er und andere internationale Teilnehmer, obwohl keine Wettbewerbspunkte erzielt würden, an den World Cynosport Games teilnahmen, weil sie das Novemberwetter in Arizona und die Wüstentopographie genossen. Die Spiele boten ihnen die Gelegenheit, die Konkurrenz zu begutachten, der sie beim nächsten International Dog Agility Event, das von der IFCS gesponsert wurde, begegnen könnten.

„Aha! Du bist hier, um die amerikanischen und kanadischen Teams auszuspionieren," sagte Essie spielerisch. „Ich werde sicherstellen, dass ich dir und deinen Freunden zuschaue, damit ich die Konkurrenz aus Übersee einschätzen kann."

Evan sagte: „Ich habe gelesen, dass der Hundesport Agility seinen Ursprung in Großbritannien hat."

„Das stimmt", antwortete Owen. „Aber Amerika und andere Länder haben ihn mit einer Leidenschaft übernommen."

„Lass uns das Punktesheet überprüfen", schlug Essie vor.

Thumbelina, die Papillon-Hündin, die Teil des Teams The Storybook Tailers war – so genannt, weil die anderen beiden Hunde Chrysee und Hansel hießen – hatte die schnellste Zeit gepostet. Kawdje lag auf dem zweiten Platz, während Kissy den dritten Platz belegte. Die

Gamblers-Klasse war jedoch noch offen und andere Teilnehmer könnten diese Platzierungen verändern.

Owen lächelte gequält und streichelte Merlin. „Wir müssen uns mehr anstrengen, Kumpel. Wir sind nicht einmal unter den besten sechs Teams."

Essie sagte: „Das ist erst der erste Tag, und bis die Spiele zu Ende sind, kann noch viel passieren."

In Ring 2 passierte eine Menge. Sarah sah den großartigen Jetson, gegen den sie und Michael schon einmal angetreten waren, und wusste, dass er mit Zelda, dem Weimaraner, und Hubert the Best im Team war.

Sarah dachte: „Ich wette, dass Hubert der Zweitbeste" – so nannte sie ihn insgeheim – „wahrscheinlich das schwache Glied in diesem Team ist."

Sie sprach leise zu Michael: „Lass uns unser Bestes versuchen. Gewinnen, verlieren oder unentschieden – ich liebe dich, mein besonderes Geschenk des Universums."

Michael verstand nicht alle Worte, aber sein Herz, das mit Sarahs verbunden war, übersetzte die allgemeine Bedeutung.

Snooker war eine Klasse, die strategisches Denken seitens des Handlers erforderte. Sarah fühlte sich glücklich, dass Michael keine Schwächen hatte und er sich in den letzten Monaten enorm in Stärke und Agilität verbessert hatte. Sie dachte stolz: „Er zieht Aufmerksamkeit mit seiner Haltung von Entschlossenheit, Konzentration und Freude auf sich."

Michael marschierte selbstbewusst mit Sarah in den Ring. Der zottelige Hund mit dem orangefarbenen Ohr und die kleine, hübsche Frau mit der leuchtend orangefarbenen Hand führten die Übung fehlerfrei aus. Es war ein Ruck zurück zur Realität für beide, als sie den lauten Applaus hörten.

Gordon begrüßte sie, als sie den Ring verließen: „Gut gemacht, mein liebes Duo. Das Publikum hat euch geliebt."

Sie beobachteten, wie Harry Houdini und Mark Lederman professionell auftraten und ein wunderbares Verhältnis zueinander zeigten. Jetson und Maureen Hanks waren als Nächste dran. Sarah staunte, dass sie und Michael erst vor zwei Monaten gegen sie angetreten waren. Es schien so lange her zu sein. Sie schaute auf Michael hinunter, der zwischen Gordon und ihr saß, und dachte: „Michael, du bist mein Glücksbringer. Mein Leben ist eine Schatztruhe voller Reichtümer, seit ich dich getroffen habe."

Michael stupste sie am Oberschenkel an, und Sarah dachte voller Verwunderung: „Er weiß, dass ich an ihn denke."

Jetson und Maureen hatten eine fehlerfreie Darbietung, aber zu Sarahs Überraschung beendeten sie den Kurs nur knapp innerhalb der Standardzeit.

„Er ist heute nicht ganz im Takt", dachte sie.

Sarah beobachtete, wie Topaz selbstbewusst in den Ring schritt. Topaz war glücklich, weil sie sicher war, dass sie Welpen haben würde. Ihre Mama würde sich um sie und die Welpen kümmern und wunderbare Zuhause für sie finden. Sie hoffte, dass sie einen von ihnen behalten könnte, aber der Gedanke, ihre Mama mit einem ihrer Welpen zu teilen, beunruhigte sie. „Ich werde nicht darüber nachdenken. Vielleicht passiert es nie. Ich werde jetzt mit meiner Mama auftreten. Wir sind nur zu zweit im Ring, und ich liebe es."

Jeanette war begeistert, dass sie mehrere Sekunden vor der Standardzeit ohne Fehler beendeten.

Oshi Yakamuri beobachtete mit Bewunderung, wie die schöne und elegante Eurasierin und ihr ebenso schöner und eleganter Deutsch Kurzhaar die Snooker-Klasse meisterten. Es war offensichtlich, dass die beiden eine Verbindung hatten, die über das Gewöhnliche hinausging.

„Sie sieht aus, als hätte sie japanische Wurzeln", dachte er. „Ich werde in der Nähe des Ausgangstors warten und mich nach ihrem Auftritt vorstellen."

Jeanette und Topaz verließen den Ring unter begeistertem Applaus und wurden von Cole und Jenny umarmt und geküsst. Ein mittelalter, orientalischer Herr näherte sich ihnen. Ein Hund der Rasse Akita ging neben ihm. Der Mann lächelte, verneigte sich leicht und stellte sich und sein Haustier vor. Jeanette stellte dann Cole, Topaz und sich selbst vor.

Oshi Yakamuri lobte Jeanette für ihre hervorragende Darbietung. „Topaz ist eine hervorragende Athletin. Gibt es die Möglichkeit von Welpen in ihrer Zukunft? Falls ja, wäre es mir eine Ehre, wenn Sie mir die Pflege eines ihrer Nachkommen anvertrauen würden. Meine schöne Aiya ist jetzt fünf Jahre alt. Sie wird vielleicht noch ein oder zwei Jahre auf Meisterschaftsniveau haben, bevor ich sie in den Ruhestand schicke."

Cole räusperte sich, um zu sprechen, aber Jeanette, die befürchtete, dass ihr Mann die Paarung zwischen Topaz und Michael negativ darstellen könnte, sagte schnell: „Herr Yakamuri, Topaz hatte gestern eine ungeplante Paarung mit einem Hund, der hier auch antritt. Sein Name ist Michael Archangelo, und er ist ebenso ein hervorragender Athlet, intelligent, liebevoll, loyal und intuitiv, aber er hat eine Mischlingsherkunft."

„Vielleicht habe ich ihn gesehen, Frau Bancroft. Würden Sie ihn mir beschreiben?"

Jenny mischte sich ins Gespräch ein. „Er ist ein großer, grauer, zotteliger Hund mit einem leuchtend orangefarbenen Ohr."

Oshi Yakamuri lächelte. „Eine sehr prägnante Beschreibung. Ich erinnere mich tatsächlich an ihn. Man könnte eine so eindrucksvolle Präsenz und außergewöhnliche Leistung nicht vergessen. Das orangefarbene Ohr verleiht ihm ein gewisses ‚Je ne sais quoi'."

„Was bedeutet das?" fragte Jenny.

„Es bedeutet wörtlich: Ich weiß nicht was!" „Im übertragenen Sinne bedeutet es etwas Einzigartiges oder eine unerklärliche Qualität", antwortete Jeanette.

„Wie schreibt man dieses ‚je ne irgendwas'? Ich möchte diesen Ausdruck in ein Gespräch mit meinen Freunden einfließen lassen, so ganz lässig, um sie zu beeindrucken."

Jeanette legte einen Arm um die Schultern ihrer Nichte und zog sie nah an sich heran. „Ich schreibe es dir später auf."

Sie fuhr fort: „Wir dachten, dass Topaz längst über ihren fruchtbaren Zyklus hinweg war, als die ungeplante Paarung stattfand, daher könnte es sein, dass nichts daraus wird. Aber wenn sie tatsächlich Welpen bekommt, sind Sie vielleicht nicht daran interessiert, einen zu erwerben, dessen Rassehintergrund gemischt ist."

„Frau Bancroft, ich meine es nicht beleidigend, wenn ich sage, dass Sie gemischter Herkunft sind, und ich sehe nichts als eine Mischung der besten Eigenschaften Ihrer kaukasischen und asiatischen Wurzeln. Das Gleiche gilt für Michael Archangelo und wird auch für die Welpen von Topaz zutreffen. Es wäre mir eine Ehre, wenn Sie mich als geeigneten und potenziellen Kandidaten für einen der Welpen in Betracht ziehen würden. Ich bin bereit, zu zahlen, was auch immer Sie dafür verlangen."

Cole fragte: „Wie würden Sie einen Welpen nach Japan transportieren, oder leben Sie hier in diesem Land? Der Grund meiner Frage ist, dass meine Frau und ich und einige unserer engen Freunde und Familienmitglieder uns sehr um die Bedingungen des Luftverkehrs für Haustiere sorgen. Sie werden im Frachtraum untergebracht. Wir wollen eine Fluggesellschaft gründen, die komfortables Fliegen für Haustiere ermöglicht, aber unsere Pläne liegen auf Eis, weil wir nicht über die finanziellen Mittel verfügen."

„Ich teile Ihre Sorge und Abneigung gegen die Bedingungen, denen Haustiere beim Fliegen ausgesetzt sind. Ich glaube, dass Aiyas Leistung durch den langen Flug, den sie ertragen musste, um an diesen Cynosport

Games teilzunehmen, negativ beeinflusst wurde. Ich bin sehr an Ihrer Idee interessiert, eine Fluggesellschaft zu gründen, die die Art von Unterkünften für Haustiere bietet, die uns zufriedenstellen würden. Ich bin kein armer Mann, aber ich habe auch kein unbegrenztes Vermögen. Ich wünschte, ich könnte Ihnen helfen, Ihr Ziel zu erreichen."

Jeanette sagte: „Herr Yakamuri, geben Sie mir bitte alle Informationen, die ich benötige, um Sie zu kontaktieren, falls Topaz Welpen bekommt."

Er schrieb seine Kontaktdaten zu Hause auf eine Visitenkarte und reichte sie Cole, der ihm im Gegenzug eine seiner Visitenkarten gab.

Jeanette sagte: „Ich habe vergessen, die Ergebnisse meines Teams zu überprüfen."

Alle gingen zum Punktesheet. Bisher lagen die Magic Gems auf dem ersten Platz im Team Snooker.

„Mit welchem Team ist Aiya?" fragte Jeanette Oshi.

„Wir heißen The Internationals, weil meine Teamkollegen aus Großbritannien und Deutschland stammen und ich aus Japan. Wir haben noch keine Ergebnisse, weil ein Teammitglied ein Welsh Corgi ist, der in der 12-Zoll-Sprunghöhenkategorie antritt. Seine Klasse ist erst heute Nachmittag im Snooker dran; allerdings hat Ihr Team wahrscheinlich Team Snooker gewonnen."

„Vielleicht nicht. Zwei von Michael Archangelos Teamkollegen sind auch in der 12-Zoll-Kategorie und werden antreten, wenn Merlin es tut."

Oshi Yakamuri zog fragend die Augenbrauen hoch. „Ich hatte angenommen, dass Michael Archangelo, der zukünftige Vater von Topaz' Welpen, mit seiner vierbeinigen Herzensdame im Team sein würde."

Jeanette, Cole und Jenny erklärten abwechselnd die Situation. Oshi verbeugte sich und sagte: „Eine sehr demokratische Auswahlmethode."

Michael, Topaz und Kawdje standen in der Schlange für die zweite Welle des Dock-Dogs-Wettbewerbs. Kawdje schaute unsicher aus der Sicherheit der Arme seiner Mama umher. Er war definitiv der einzige kleine Hund in der Aufstellung.

„In was bin ich hier hineingeraten?" dachte er.

Kawdje beobachtete, wie der Hund an der Spitze der Schlange die Treppe hinaufstieg. Er hörte ein Platschen, gefolgt von Applaus, nach dem der große, schwarze Labrador die Treppe wieder hinunterstieg. Dasselbe geschah mit jedem Hund vor ihm. Er sah einen sehr nassen Michael die Treppe hinuntersteigen und bemerkte, dass sein Ohr das vor jeder Übung in einer anderen Farbe als der Rest von ihm besprüht wurde, tropfte farbige Tropfen Wasser.

Michael sagte, als er vorbeiging: „Da ist ein Dock, das lang genug ist, um Anlauf zu nehmen, bevor du deinen Sprung machst. Niemand sonst wird da sein, außer dir, deiner Mama und dem Richter."

Kawdje entspannte sich, als er wusste, dass er das Becken nicht mit großen, vierbeinigen Fremden teilen musste. Seine Mama trug ihn die Treppe hinauf, und er war dankbar für den Lift, weil er seine Beine nicht müde machen wollte, bevor er überhaupt antrat.

Er rannte so schnell er konnte den langen Steg entlang zum Becken. Er bremste nicht einmal, als er sich dem Becken näherte. Er sprang nach oben und außen mit der größten Anstrengung, die er je gemacht hatte. Er hörte Applaus und schaute auf, um Menschen zu sehen, die auf Tribünen über den Wänden saßen, die das große Wasserbecken umgaben.

Ein elektronisches Gerät maß jeden Sprung von der Kante des Beckens bis zur Basis des Schwanzes jedes Hundes, wo dieser auf die Wirbelsäule trifft, wenn er ins Wasser eintaucht. Kawdje sprang erstaunliche 11 Fuß und 11 Zoll – ein monumentaler Sprung für einen kleinen Hund.

Der Richter gratulierte Kawdje und Essie. „Leider haben wir keine Größenkategorien bei den Dock Dogs. Wenn Kawdje gegen Hunde seiner eigenen Größe antreten würde, hätte sein Sprung vielleicht gewonnen."

„Ich mache das nur zu Kawdjes Vergnügen und nicht für die Platzierung. Wenn es Ihnen nichts ausmacht, was ist die Länge des Weltrekordsprungs?"

Der Richter antwortete, dass es etwa 29 Fuß seien. Essie war verblüfft. Sie ging direkt zu ihrem Zelt, um Kawdje abzutrocknen. Sie fand Sarah vor, die Michaels linkes Ohr neu besprühte, aber sein Fell war zu feucht, als dass die ungiftige, wasserbasierte Farbe haften würde. Jeanette, Cole, Jenny und eine sehr nasse Topaz kamen dazu. Alle drei machten sich daran, sie abzutrocknen.

„Ich muss in fünfzehn Minuten zu Ring 5", fauchte Sarah. „Ich glaube nicht, dass ich im Ring ohne Michaels orangefarbenes Ohr als Referenz für seine linke Seite funktionieren kann. Was soll ich tun?"

Jenny riss die leuchtend rote Schleife aus ihrem Haar. „Tante Sarah, benutze das hier an seinem linken Ohr anstelle der Farbe."

„Was für eine großartige Idee, Jenny! Du hast einen schnellen, kreativen, problemlösenden Verstand. Hilf mir, sie an seinem Ohr zu befestigen."

Michaels Ohr fühlte sich für ihn seltsam an. Die Farbe bemerkte er nie, aber die Enden des Bandes flatterten und nervten ihn. Da kam Gordon mit Limonade und Tortillachips. „Ihr könnt alle etwas Flüssigkeit und einen salzigen Snack gebrauchen," verkündete er. Er schaute zweimal hin, als er Michael sah. „Was habt ihr mit Michael gemacht?" fragte er Sarah.

„Seine Ohrfarbe ist beim Dock-Dogs-Sprung abgegangen, und sein Fell ist nicht trocken genug, um die orange Farbe anzunehmen, bevor wir im Team Gamblers antreten müssen. Ich finde, er sieht süß aus."

„Er sieht wie ein Dummkopf aus, und ich wette, er denkt das auch," entgegnete Gordon.

„Ich brauche einen Orientierungspunkt für seine linke Seite, wenn wir antreten," klagte Sarah beinahe.

„Schon gut, schon gut, Schatz. Ich bin sicher, Michael kann das für eine Klasse aushalten. Ich wette, die Zuschauer werden Spaß daran haben, einen offensichtlich männlichen Hund mit einer großen, roten Schleife an einem Ohr zu sehen."

Während Michael am Eingangstor auf seinen Auftritt wartete, sagte Jetson mit einem Lispeln: „Du siehst tho thüß aus." Patrick stand nah genug, um die Bemerkung zu hören, und fügte hinzu: „Ist er nicht ein lieber Junge?" Michael hob eine Seite seiner Schnauze, zeigte einen großen, weißen Reißzahn und sagte zu Jetson: „Meine Ohrschleife passt zu deinem Halsband."

Jetson sagte: „Viele von uns tragen Halsbandanas. Das ist ein Trend."

Michael antwortete kurz: „Das ist der neueste Trend, und ich starte ihn." Jetson überlegte, wie er seiner Mama klarmachen könnte, dass er auch eine Ohrschleife haben wollte.

Während Gordon, Cole und Jenny zusammen auf einer Tribüne saßen und Michaels Auftritt beobachteten, hörten sie Kommentare von den Leuten um sie herum, die sich über Michaels Schleife unterhielten.

„Hey, das ist ein intakter Rüde mit einer Schleife am Ohr. Was denkt sich sein Hundeführer dabei?"

Jenny erklärte Sarahs Rechts-/Links-Schwierigkeit und dass sie normalerweise Michaels Ohr besprühte, aber dass die Farbe während des Dock-Dogs-Wettbewerbs abgewaschen worden war. Andere Zuschauer, die nahe genug saßen, um sie zu hören, sagten, dass sie sich daran erinnerten, den Hund mit dem orangefarbenen Ohr an diesem Morgen im Wettbewerb gesehen zu haben.

Sarah und Michael gaben eine herausragende Leistung ab. Jenny verstand, dass sie ein großartiges Team waren und eine besondere Verbindung hatten, so wie ihre Tante Jeanette und Topaz.

Topaz und ihre Tante Jeanette waren ebenfalls beeindruckend anzusehen.

„Ich weiß nicht, wen ich gewinnen sehen möchte", dachte Jenny. „Schade, dass Topaz nicht im selben Team ist wie Michael, Kissy und Kawdje."

An diesem Abend diskutierten die Freunde im nahegelegenen Park die Aktivitäten des Tages, während sie an einem Picknicktisch saßen und Essen verspeisten, das sie in einem italienischen Restaurant gekauft hatten.

„Macht Platz, Jetson und Harry Houdini", sagte Gordon mit offensichtlichem Stolz. „Michael Archangelo ist da. Er und Sarah haben Snooker in seiner Größenkategorie gewonnen und den zweiten Platz in Gamblers belegt."

Cole erwiderte sofort: „Topaz und Jeanette haben Gamblers gewonnen und sind Zweite in Snooker geworden." Essie sagte: „Kawdje und ich sind Zweite in Snooker und Gamblers geworden. Wir sind ein beständiges Team."

Evan hob Kissy hoch und schmuselte sie. „Habt ihr alle bemerkt, wie stolz und glücklich Kissy war, als sie die Siegerurkunde und das Band für den ersten Platz in Snooker in ihrer Größenklasse überreicht bekam?"

Jenny, die das Ego der Erwachsenen amüsiert beobachtete, sagte: „Das habe ich auf jeden Fall, Onkel Evan. Ich habe auch bemerkt, dass sie nicht glücklich darüber war, im Gamblers den dritten Platz zu belegen. Ich bin sicher, sie hat verstanden, dass Thumbelina, der Papillon, gewonnen hat und Kawdje Zweiter wurde."

Gordon sagte: „Teamweise haben die Quakers Snooker gewonnen, die Hoosiers wurden Zweite und die Magic Gems belegten den dritten Platz."

Cole antwortete: „Und teamweise haben die Magic Gems Gamblers gewonnen, die Hoosiers wurden Zweite und die Quakers belegten den dritten Platz."

Sarah sagte: „Wir haben ernsthafte Konkurrenz von den Hoosiers. Diese drei flinken Border Collies in der 22-Zoll-Kategorie sitzen uns im Nacken."

Kapitel Zweiunddreißig

Am nächsten Morgen standen alle im Morgengrauen auf, eilten durch das Frühstück und stellten ihr Zelt bis 8:15 Uhr auf.

Die ersten Veranstaltungen im Zeitplan waren Team Jumpers, die Grand Prix Viertelfinals und die Steeplechase Halbfinals. Alle Haustiere hatten ein Freilos für die Grand Prix Viertelfinals erhalten, da sie in den Regionalen Grand Prix Turnieren so gut abgeschnitten hatten, dass sie erst morgen in den Halbfinals antreten mussten, um sich für das Finale zu qualifizieren. Nur Michael, der den South Central Regional Grand Prix und den Steeplechase gewonnen hatte, hatte das Recht erworben, beide Halbfinals zu überspringen.

Die Team Jumpers begannen mit der Sprunghöhenkategorie von 26 Zoll, und während Topaz, Michael und Patrick auf ihren Auftritt warteten, fragte Topaz Patrick, welche Dog-Agility-Klasse er am liebsten mochte. Michael schwebte in der Nähe von Topaz mit einer besitzergreifenden Haltung, während Patrick antwortete, dass er den Pairs-Staffellauf am liebsten mag.

„Das gibt mir die Gelegenheit, andere kennenzulernen. Ich wünschte, ich hätte die Kameradschaft, die ihr zwei miteinander habt und die zwei kleinen Hunde auch."

Patrick beobachtete Zelda bei ihrem Auftritt. Er fand, sie sei fast so attraktiv wie Topaz – fast, aber nicht ganz.

Währenddessen traten Kissy und Kawdje in der 12-Zoll-Kategorie der Steeplechase-Halbfinals an. Sie wurden hoch in den Armen ihrer Eltern gehalten, während sie den kleinen Hund mit den übergroßen Ohren beobachteten. Sie lief zielsicher von einem Hindernis zum anderen in perfektem Rhythmus mit ihrer Mama. Sie wussten jetzt, dass ihr Name Thumbelina war. Kissys Entschlossenheit, schneller als Thumbelina zu laufen, wuchs in ihr und sie spürte, wie der obere Teil ihres Kopfes warm wurde.

Evan wusste, dass Kissy aufgeregt war, als sie den Ring betraten. Sie gab ein paar kurze, scharfe Bellen von sich.

„Beruhige dich", warnte Evan sie.

Kissy fühlte sich voller Energie und unbesiegbar und ging den Kurs an, als wäre es ein Berg, den es zu erklimmen galt. Sie eroberte ihn! Sie hörte lauten Applaus, als sie mit ihrem Papa den Ring verließ.

Beim Mittagessen, im Schatten ihres Zeltes, während die Hunde schliefen, diskutierte die Gruppe die Ereignisse des Morgens. Kissy und Kawdje hatten es in die besten 15% ihrer Sprunghöhenkategorie im Steeplechase geschafft.

Die Halbfinals wurden abgeschlossen, und sie qualifizierten sich damit für die morgigen Finals. Topaz gewann knapp die Jumpers-Kategorie in der 26-Zoll-Sprunghöhe vor Michael, der den zweiten Platz belegte. Patrick erreichte den dritten Platz. Jetson wurde Vierter und Harry Houdini belegte den fünften Platz.

Gordon sagte: „Es sieht so aus, als ob die Magic Gems die Quakers überholen werden, es sei denn, Kissy und Kawdje schneiden bei den Jumpers gut ab. Übrigens, ich habe die Dock-Dogs-Liste überprüft, und bisher liegen Topaz und Michael nahe an der Spitze. Sie könnten am Ende zwei der zwölf Hunde sein, die morgen Nachmittag im ‚Jump Off' antreten."

„Nun, dann lasst uns unsere Lenden gürten für den Nachmittagswettbewerb", sagte Evan.

„Es ist zu warm für Korsetts", sagte Essie.

„Jenny fragte: ‚Was bedeutet ‚sich gürten', Onkel Evan?'"

„Es bedeutet, sich vorzubereiten oder sich für eine Handlung zu kleiden. Man gürtet sich für den Kampf", antwortete er.

„Onkel Evan, es heißt World Cynosport Games, nicht World Cynosport Battle."

„Für Kissy ist es ein Kampf. Sie will erobern", antwortete er.

Jenny sagte: „Ich hoffe, sie hat diese Einstellung, wenn wir in der Junior Handler Class antreten. Sie kann uns zum Sieg tragen."

Alle versammelten sich unter ihrem Zelt, nachdem Kissy und Kawdje bei den Team Jumpers angetreten waren und Topaz die Steeplechase-Halbfinals absolviert hatte. Kissy und Kawdje schlummerten in ihren Kenneln. Michael und Topaz lagen schläfrig Seite an Seite im Gras zwischen Gordon und Cole.

Jeanette sagte: „Topaz hat sich für die Steeplechase-Finals morgen qualifiziert, ebenso wie Patrick und Harry Houdini. Auch Jetson, Zelda und Hubert the Best haben sich qualifiziert."

Cole sagte: „Soweit ich verstehe, zählen Steeplechase und Grand Prix nicht zu den Teamleistungen."

„Korrekt", sagte Jeanette. „Das sind separate Veranstaltungen."

Evan kehrte zum Zelt zurück, nachdem er die endgültigen Platzierungen der 12-Zoll-Kategorie bei den Jumpers überprüft hatte. „Kawdje hat knapp vor Thumbelina gewonnen, und Kissy belegte den dritten Platz, sodass die Quakers und die Magic Gems immer noch darum kämpfen, das beste Team insgesamt zu sein."

„Was ist mit den Hoosiers?" fragte Jenny.

„Sie räumen in der 22-Zoll-Sprunghöhenkategorie ab, aber ihre Zeiten, angepasst an die Unterschiede in der Sprunghöhe, sind möglicherweise nicht schneller oder sogar genauso schnell wie die unserer Teams. Das müssen die Offiziellen entscheiden", antwortete Gordon.

Jeanette schlug vor: „Lasst uns die Dock-Dogs-Liste überprüfen. Bis jetzt haben die Offiziellen die zwölf besten Hunde, die morgen im ‚Jump Off' antreten dürfen, veröffentlicht."

Sie schlenderten zur Schwimmbad-Aufstellung hinüber. Gordon überflog die Liste und sah, dass Michael und Topaz unter den besten zwölf waren, ebenso wie Patrick, Harry Houdini, Jetson und Zelda. Kawdjes Name stand nicht auf der Liste, aber sie wussten, dass er für so einen kleinen Kerl einen heldenhaften Sprung gemacht hatte.

Jenny wünschte sich still, dass Topaz gewinnen würde.

„Ich liebe Michael Archangelo wirklich, aber Topaz ist ein Mädchen wie ich, und sie hat mein Leben gerettet. Ich möchte, dass ein Mädchen gewinnt", dachte sie.

Am Samstag, zur Erleichterung aller, war es kühler. Das trockene Klima ließ alle durstig werden. Gordon stellte sicher, dass immer Wasserflaschen und Gatorade verfügbar waren. Den Haustieren wurde stündlich Wasser angeboten.

Die Team Standard Agility Class für die 12- und 16-Zoll-Sprunghöhen sollte am Morgen stattfinden, und die 22- und 26-Zoll-Kategorien am Nachmittag. Die Grand Prix-Halbfinals für die 22- und 26-Zoll-Höhe waren für den Morgen geplant und am Nachmittag für die 12- und 16-Zoll-Kategorien. Die Steeplechase-Finals für alle Sprunghöhenkategorien waren für den späten Nachmittag angesetzt.

Die Gruppe überprüfte die Startlisten, um die ungefähren Zeiten einzuschätzen, zu denen jeder antreten würde. Topaz und Jeanette würden früh in der 26-Zoll-Kategorie der Grand Prix-Halbfinals antreten. Kissy und Kawdje würden fast zuletzt in ihrer Sprunghöhenkategorie der Team Standard Agility Class antreten. Am Nachmittag würden Topaz und Michael als zweit- und drittletzte in der 26-Zoll-Kategorie der Standard Agility Class antreten. Kissy und Kawdje waren früh in ihrer Sprunghöhenkategorie der Grand Prix-Halbfinals angesetzt, sodass die Freunde sich gegenseitig wieder beim Auftritt zusehen konnten.

Als Topaz den Ring betrat, um in den Grand Prix-Halbfinals anzutreten, dachte sie an Welpen und fühlte sich so glücklich bei der Aussicht auf Mutterschaft, dass sie sich fragte, ob sie noch mehr von diesem freudigen, leichten Gefühl halten konnte, ohne wie ein Ballon zu schweben. Sie hörte ihre Mama sagen: „Topaz, renn schnell", und plötzlich war sie im gegenwärtigen Moment und völlig auf ihre Mama konzentriert.

Jenny, Cole, Gordon, Sarah, Michael, Evan und Essie, mit Kissy und Kawdje auf dem Arm, applaudierten lautstark bei der makellosen und eleganten Darbietung. Die Haustiere schlugen nicht mit ihren Pfoten zusammen, aber sie bellten. Gordon schätzte, dass Topaz' Darbietung schneller war als die ihrer Teamkollegen, obwohl Harry Houdini und Patrick ebenfalls großartige Auftritte hatten.

Es gab genug Zeit, um einige andere Teilnehmer in der 26-Zoll-Kategorie zu beobachten, sodass sie zufällig sahen, wie Hubert the Best 10 Fehler sammelte und Jetson Zeit verlor und Fehler machte, weil er das falsche Hindernis übersprang.

Die Freunde gingen zum Ring, wo der Standard Agility Kurs aufgebaut war, und setzten sich auf die Tribünenplätze, um Kissy und Kawdje zuzusehen. Kissy folgte Evans Anweisungen, aber es war unklar, wer von beiden den anderen anspornte. Bei Kawdje hingegen war deutlich zu erkennen, dass er auf Essies Anweisungen wartete.

Sie sahen sich Merlins Auftritt an und fanden, dass er nicht so schnell war wie Kissy und Kawdje.

Die Gruppe versammelte sich in ihrem Zelt und genoss eine gemütliche Snack- und Getränkepause. Alle waren begeistert, dass Topaz sich für die Grand Prix-Finals qualifiziert hatte. Leider hatten sich Hubert the Best und Jetson nicht qualifiziert.

Evan ging zum Punktesheet und überprüfte die endgültigen Platzierungen der 12-Zoll-Kategorie in der Team Standard Agility Class. Er pfiff, als er zum Zelt zurückkam, um die gute Nachricht zu verkünden, dass Kissy gewonnen hatte, Kawdje den zweiten Platz belegte und Thumbelina Dritte geworden war. Die anderen gratulierten Evan und Essie. Evan brach einen Ingwerkeks in mundgerechte Stücke und fütterte sie Kissy von Hand, während Essie Stücke ihrer selbstgemachten Haferkekse Kawdje von Hand fütterte. Topaz und Michael verschlangen die Ingwerkekse, ohne sich die Mühe zu machen, sie zu kauen, bevor sie sie hinunterschluckten. Die Gruppe eilte zum Ring, wo die Grand Prix-Halbfinals der 12-Zoll-Kategorie gleich beginnen sollten.

Kissy fühlte sich großartig, als sie in den Grand Prix-Halbfinals auftrat. Sie liebte einen Kurs mit einer Vielzahl von Hindernissen. „Ich bin die Beste! Ich bin die Schnellste", wiederholte sie immer wieder in ihrem Kopf. „Ich bin schneller als dieser kleine Hund mit den großen Ohren! Das weiß ich!"

Sie war sich nichts anderem bewusst als ihrem Papa und dem nächsten Hindernis. Nachdem sie durch das Ausgangstor getrabt war, nahm ihr Papa sie in seine Arme, und sie wurde von lautem Applaus in die Realität zurückgeholt.

„Du bist mein wunderbares Kissy der Komet", flüsterte Evan ihr ins Ohr. Kawdje hatte einen schnellen, fehlerfreien Lauf, aber die Gruppe dachte, dass Kissys Lauf schneller gewesen war. Die Gruppe blieb so lange, wie sie konnte, um zu sehen, ob ein anderer Teilnehmer Kissys Leistung übertraf. Ein kleiner Rat Terrier hatte einen großartigen Lauf, ebenso wie Thumbelina. Es würde knapp werden. Sie hielten alle an ihrem Zelt an, um Flaschenwasser zu holen und Kissy und Kawdje etwas zu trinken zu geben, und gingen dann zum Ring, wo die Team Standard Agility Class für die 26-Zoll-Sprunghöhenkategorie von Michael und Topaz stattfand. Sie fanden eine Tribüne, die leer genug war, um alle unterzubringen, und hielten Plätze für Jeanette, Topaz, Sarah und Michael frei, die sich auf den Weg zum Eingangstor des Rings machten. Jenny kreuzte ihre Finger und wünschte sich leise dass Topaz gewinnen würde.

Topaz und Jeanette hatten eine schnelle Zeit und eine fehlerfreie Darbietung.

Michael und Sarah betraten den Ring, als Topaz und Jeanette ihn verließen, sodass Jenny und Cole sitzen blieben, um ihre Darbietung zu sehen.

Michael war außergewöhnlich. Er ließ alles so mühelos aussehen, dass seine Darbietung nicht so schnell wirkte, wie sie tatsächlich war. Da er an diesem Morgen nicht in den Grand Prix-Halbfinals antreten musste, hatte er den Vorteil, frisch zu sein.

Als sie die Ergebnisse der Grand Prix-Halbfinals in der 12-Zoll-Kategorie überprüften, stellten sie fest, dass Kissy und Kawdje berechtigt waren, in den Finals anzutreten. In der 26-Zoll-Kategorie der Team Standard Agility Class gewann Michael. Harry Houdini wurde Zweiter, Topaz wurde Dritte, Patrick belegte den vierten Platz und Zelda wurde Fünfte.

„Die Magic Gems und die Quakers kämpfen immer noch um den ersten Platz", kommentierte Gordon.

Essie sagte: „Vergesst nicht, dass es auch großartige Teams in den 16- und 22-Zoll-Kategorien gibt."

Sie hatten Zeit zum Ausruhen und Plaudern vor den Steeplechase-Finals. Gordon sagte: „Denkt daran, dass ihr beim Steeplechase um Geld kämpft. Das gesagt, bleibt ruhig und seid nicht nervös."

Sarah sagte privat zu Gordon: „Ich fühle mich nervös und unter Druck, weil Michael den South Central Regional Steeplechase und den Grand

Prix bei diesem Turnier gewonnen hat. Hast du einen Rat, wie man ruhig bleibt?"

Gordon fragte: „Wirst du enttäuscht von Michael sein oder ihn weniger lieben, wenn er nicht gewinnt?"

„Natürlich nicht."

„Ich empfinde genauso für dich und Michael. Ob Sieg, Niederlage oder Unentschieden, wir lieben uns alle. Das ist der wichtigste Teil unseres Lebens. Ein Steeplechase-Sieg ist nur eines von den schönen Desserts des Lebens", sagte er und umarmte sie. Wie immer mussten sie sich trennen, um Michael an seine Portion Liebe heranzulassen.

In den Steeplechase-Finals war die 12-Zoll-Sprunghöhenklasse zuerst an der Reihe, gefolgt von den anderen Kategorien in aufsteigender Sprunghöhe. Kissy und Kawdje zeigten großartige Leistungen, ebenso wie Thumbelina. Der letzte Teilnehmer in der Klasse war ein Rat Terrier, der fabelhaft war. Niemand erinnerte sich, ihn in den Teamklassen gesehen zu haben. Zu ihrem kollektiven Erstaunen gewann der Rat Terrier, dessen Name Dustin war, den Steeplechase. Kawdje wurde Zweiter. Kissy belegte den dritten Platz. Wer war dieser Neue?

Die 22-Zoll-Klasse bestand hauptsächlich aus Border Collies. Zwei vom Team Hoosiers belegten den ersten und zweiten Platz. Ein wunderschöner Samojede wurde Dritter.

Michael, Harry Houdini, Patrick, Topaz, Zelda, Jetson und Hubert the Best waren unter den Teilnehmern der 26-Zoll-Kategorie der Steeplechase-Finals. Trotz seiner schlechten Leistung in den Grand Prix-Halbfinals zeigte Jetson eine großartige Darbietung. Hubert the Best sammelte Fehler, weil er eine obere Stange während eines Sprungs herunterwarf. Er würde definitiv nicht gewinnen! Patrick hatte eine schnelle und fehlerfreie Darbietung. Zelda, die Weimaraner-Hündin, hatte einen tollen Lauf, bis sie die obere Stange des vorletzten Sprungs verschob. Harry Houdini zeigte Sicherheit, Kompetenz und Stil bei seiner Darbietung. Er hatte eine fehlerfreie Darbietung, und Gordon meinte, es sei ein Kopf-an-Kopf-Rennen zwischen Harry und Patrick für die bisher schnellste Zeit. Topaz hatte einen fehlerfreien Lauf, und ihre Zeit schien so schnell zu sein wie die von Patrick und Harry Houdini.

Als Michael mit seinem leuchtend orangefarbenen Ohr und Sarah mit ihrer ebenso leuchtend orangefarbenen Hand den Ring betraten, wurde es still. Bisher hatten die meisten Leute vermutet, dass es ein Dreier-Unentschieden gab. Michael war hervorragend. Er trat mit der gleichen Leichtigkeit und Mühelosigkeit auf, die er in der Team Standard Agility Class gezeigt hatte, die er gewonnen hatte.

„Er hat gewonnen", erklärte Gordon.

Die anderen äußerten die gleiche Meinung.

In der Tat gewann Michael mit einem Vorsprung von zwei Sekunden. Topaz belegte den zweiten Platz mit einem extrem knappen Vorsprung vor Harry Houdini, der Patrick um eine Viertelsekunde geschlagen hatte.

Gordon schlug vor, einen Teil ihrer Gewinne zu nutzen, um sich selbst und den Haustieren eine Mahlzeit zu gönnen, die sie im gleichen Park einnehmen würden, in dem sie am Vorabend gegessen hatten. Die anderen stimmten zu, dass dies eine großartige Idee sei.

„Ich kenne ein gutes Restaurant", sagte Gordon. „Ich werde anrufen und ein fabelhaftes Essen zum Mitnehmen bestellen. Bis wir die Preisverleihung fotografiert und gefilmt, unsere Ausrüstung eingepackt und zum Restaurant gefahren sind, sollte es fertig zur Abholung sein."

Kissy war offensichtlich begeistert, im Mittelpunkt zu stehen, als sie und Evan ein riesiges blaues Band und eine Urkunde für den ersten Platz für ihre individuelle Leistung in der Team Standard Agility Class überreicht bekamen. Kawdje schien immer unerschütterlich zu sein, ob er nun gewann oder nicht. Er spielte nicht für das Publikum und schien kein Feedback zu seiner Leistung zu benötigen: Er nahm seinen zweiten Platz ohne irgendwelche Gefühlsausdrücke entgegen, abgesehen davon, dass er mit dem Schwanz wedelte. Thumbelina schien genauso glücklich über ihren dritten Platz zu sein wie Kissy über ihren ersten.

Michael sah so königlich aus, wie ein zotteliger Hund nur aussehen konnte, als er zwischen Topaz und Harry Houdini saß und sein blaues Band sowie die Urkunde für den ersten Platz in der Team Standard Agility Class für die 26-Zoll-Sprunghöhenkategorie erhielt. Michael war froh, dass seine mittlere Position Topaz, die den zweiten Platz gewann, von Harry Houdini, der den dritten Platz belegte, trennte.

Mobiltelefone und Videogeräte liefen während der Präsentation der Steeplechase-Preise in jeder Sprunghöhenkategorie. Michael, Topaz und Harry Houdini blieben dort, wo sie waren, da die Auszeichnungen für die 26-Zoll-Kategorie zuerst verliehen wurden. Sarah, Jeanette und Mark Lederman nahmen die Schecks für Michaels ersten Platz, Topaz' zweiten Platz und Harrys dritten Platz entgegen.

Gordon und Cole filmten alle Steeplechase-Preisverleihungen. Sie wussten, dass das Hoosiers-Team aus den drei Border Collies namens John, Jake und Jordan bestand, waren sich jedoch nicht sicher, welche der beiden auf dem Podium für den ersten und zweiten Platz standen. Der hübsche weiße Samojede, der den dritten Platz belegte, hieß Rush.

Bogey, ein Shetland Sheepdog, oder Sheltie, wie die Rasse genannt wird, belegte den ersten Platz in der 16-Zoll-Kategorie. Er schien sich überhaupt nicht darum zu kümmern, ein blaues Band und eine goldfarbene Trophäe zu erhalten, aber sein Hundeführer war begeistert, einen üppigen Scheck zu bekommen. Gracie, eine „All American", die wie eine Beagle-Mischung aussah und Gordon, Cole und Jenny von der Einstellung her an Kissy erinnerte, aber nicht im Aussehen, war offensichtlich glücklich, auf dem Podium für ihren zweiten Platz zu stehen. Julie, ein schwarzer Cocker Spaniel-Mix, belegte den dritten Platz.

Gordon und Cole grinsten, während sie die 12-Zoll-Kategorie filmten, und Jenny kicherte. Es war offensichtlich, dass Kissy wusste, dass sie den Steeplechase nicht gewonnen hatte, und sie war nicht glücklich darüber, den dritten Platz zu belegen. Sie bellte Dustin an, der zwischen ihr und

Kawdje saß. Dustins Hundeführer schnappte sich den riesigen Scheck, den er erhielt, und grinste breit.

Später am Abend teilten die Freunde ein üppiges Meeresfrüchte-Menü sowie ein Hähnchengericht für die Haustiere, falls sie keinen Fisch, keine Garnelen oder Jakobsmuscheln wollten. Der pingelige Kawdje aß Hähnchen und etwas Reis. Die anderen drei Haustiere aßen alles, was ihnen angeboten wurde, außer Kissy, die keinen Brokkoli mochte, während Kawdje ihn liebte. Alle genossen zum Dessert einen Käsekuchen. Es war der perfekte Abschluss eines weiteren perfekten Tages. Alle freuten sich auf die morgigen Finals.

Kapitel Dreiunddreißig

Am Sonntagmorgen, während die Freunde das vom Resort im Speisesaalbereich bereitgestellte Frühstücksbuffet aßen, besprachen sie die Tagesordnung für den letzten Tag. Der Drei-Hunde-Staffellauf sollte am Morgen stattfinden, ebenso die Junior Handler Vorklasse. Die Grand Prix Finals, Dock Dogs Finals und die Junior Handlers Finals waren für den Nachmittag angesetzt. Jeanette, Essie und Evan hatten am ersten Tag der World Cynosport Games bei den Veranstaltungsbeamten nachgefragt, um sicherzustellen, dass es keine Terminüberschneidungen geben würde.

Jenny und Kissy traten in der Zwischenklasse an und hatten eine hervorragende, fehlerfreie Leistung, die ihre Teilnahme am Finale am Nachmittag garantierte. Nach Jenny und Kissys Auftritt joggte die Gruppe zum Drei-Hunde-Staffelring und fand Tribünenplätze, um die Darbietungen anzusehen. Die Haustiere hatten bisher nicht realisiert, dass sie nicht alle im selben Team waren, weil jeder einzeln angetreten war, bis jetzt. Als sie zusahen, sahen sie, dass immer drei Hunde und drei Hundeführer im Ring waren und ein Hund und ein Hundeführer auftraten, während die anderen beiden Teams auf ihren Einsatz warteten.

Sie waren noch nie Teil eines Drei-Hunde-Staffellaufs gewesen. Sie hatten nur an Paar-Staffelklassen teilgenommen; sie konnten jedoch erkennen, dass dies eine Staffelklasse war, obwohl es drei Teams gab. Jeanette und Topaz verließen die anderen und machten sich auf den Weg zum Eingangstor, um sich auf ihren bevorstehenden Auftritt vorzubereiten. Michael war schockiert und bestürzt, als Topaz und ihre Mutter zusammen mit Patrick und Harry Houdini und ihren Vätern den Ring betraten. Er konnte nicht verstehen, warum er nicht mit seiner Angebeteten im Ring war. Er bellte zu ihr und sah, wie Topaz nach ihm suchte.

Sarah bot an, mit Michael spazieren zu gehen, damit er die Darbietung von Topaz nicht störte oder andere Zuschauer verärgerte, aber Gordon bestand darauf, dass Sarah den Auftritt der Magic Gems verfolgte. Er reichte ihr die Digitalkamera, weil Cole die Darbietung auf Video aufnahm. Michael ging widerwillig mit Gordon. Er schleifte seine Pfoten. Zu wissen, dass Topaz in einer Staffel mit Patrick und Harry Houdini war, verwirrte ihn, und er fühlte sich niedergeschlagen. Einige Minuten später begrüßten er und Gordon Topaz und Jeanette am Ausgangstor.

„Wie ist es gelaufen, Jeanette? Ich bin mit Michael spazieren gegangen, weil er zu bellen anfing, als er Topaz sah „im Ring war, und Sarah und ich konnten sehen, dass es sie ablenkte." „Topaz hatte eine fehlerfreie Runde. Harry hatte einen hervorragenden Lauf, aber Patrick rutschte aus und wäre beinahe gestürzt. Er verlor etwas Zeit. Trotz Patricks Stolperer denke ich, dass wir gut abgeschnitten haben."

Sie schlossen sich ihrer Gruppe wieder an und sahen anderen Teams in der 26-Zoll-Kategorie zu. Cole schätzte, dass bisher keines so schnell wie die Magic Gems gewesen war. Sie sahen die Darbietungen in der 22-Zoll-Kategorie, und die Hoosiers schienen die Führenden in dieser Sprunghöhenklasse zu sein; jedoch hatte einer der Border Collies ein Weitsprung-Hindernis nicht vollständig überwunden. Gordon stoppte die Leistungen mit seiner Stoppuhr und, obwohl diese nicht so genau war wie der elektronische Timer, den die Veranstaltungsbeamten verwendeten, dachte er, dass ein anderes Team in dieser Höhenklasse mit einer etwas langsameren Leistung gewinnen könnte, weil sie keine Fehlerpunkte hatten.

Die 16-Zoll-Sprunghöhenkategorie erwies sich als Überraschung für die Freunde. Es gab mehrere sehr starke Teams. Die Filmstars bestanden aus einem schwarzen Cocker-Spaniel-Mix namens Julie und zwei Shetland Sheepdogs namens Bogey und Pitt. Sie hatten einen großartigen Staffellauf. Ein weiteres Team, bestehend aus Gracie, einem Mischling, der als „All American" bezeichnet wurde, sowie Robin, einem englischen Cocker Spaniel, und Chris, einem schwarzen Pudel, nannte sich The Comedians. Sie schienen eine wirklich gute Leistung zu erbringen, aber die Gruppe konnte nicht alles sehen, da sie zum Ring 1 eilen mussten, wo der 12-Zoll-Staffellauf im Gange war.

Kissy und Kawdje waren das erste Team in der 12-Zoll-Sprunghöhenklasse, und da Michael mit ihnen auftreten würde, wurde ein Teil des Kurses für Michaels Sprunghöhenkategorie aufgebaut, während der andere Teil des Kurses für die 12-Zoll-Kategorie eingerichtet wurde. Die Internationals würden ihnen auf dem gleichen Aufbau folgen, da Merlin in der 12-Zoll-Kategorie und seine beiden Teamkollegen in der 26-Zoll-Kategorie waren.

Kissy, Kawdje und Michael waren überrascht, als sie feststellten, dass sie zusammen in den Ring gingen. Sie erkannten, nachdem sie zuvor Topaz, Patrick und Harry Houdini zusammen auftreten gesehen hatten, dass dies ein Staffellauf war und sie ein Team waren. Kissy erklärte: „Ich will gewinnen." „Ich auch", sagte Michael. Sie sahen Kawdje an, der sagte: „Natürlich will ich gewinnen." Dann fragte er Kissy: „Wirst du Gras fressen und auf mich erbrechen, wenn ich nicht schnell genug laufe, um dich zufriedenzustellen?" Michael sah verwirrt aus und fragte: „Was?" Kawdje erklärte, dass er nicht in einer Paar-Staffel mit Kissy antreten wollte, als sie bei einem Agility-Training allein waren, weil er ihn und Topaz vermisste. „Kissy kann auf Kommando erbrechen, wenn sie Gras frisst. Sie drohte, sich über mich zu erbrechen, wenn ich nicht mit ihr antreten oder nicht schnell genug auftreten würde, um sie zufriedenzustellen. Ich glaube, ich habe eine meiner besten Leistungen in dieser Staffel gezeigt."

Michael fragte: „Würdest du noch schneller laufen, wenn ich dir drohte, mich auf dich zu erbrechen? Wahrscheinlich würde ich dich ertränken, wenn ich es täte." Kawdje fragte alarmiert: „Du machst doch nur Spaß, oder?" Michael sagte neckisch: „Vielleicht."

Gordon, Jeanette, Cole und Jenny hörten Komplimente um sich herum, als sie die fantastische Leistung des Teams beobachteten. Mehrere Zuschauer kommentierten Michaels leuchtend orangefarbenes Ohr, und andere sagten, sie hätten den Hund mit dem orangefarbenen Ohr schon früher auftreten sehen und dass er immer schnell und fantastisch sei.

Als Kissy auftrat, hörten sie jemanden in einer Tribüne hinter und über ihnen sagen: „Ich hätte nicht gedacht, dass es möglich ist, dass so ein kleiner Hund so schnell sein kann."

Jenny drehte sich um und verkündete stolz, dass sie am Nachmittag im Junior Handler Finale mit Kissy auftreten würde und dass der Spitzname des Hundes „Kissy der Komet" sei.

„Das ist ein passender Spitzname für sie", antwortete die Frau.

Kawdje überraschte alle mit seiner aggressiven Leistung. Die Zuschauer applaudierten begeistert, als die Quakers den Ring verließen.

Einige Minuten später schlossen sich Essie und Evan, Kissy und Kawdje, Sarah und Michael der Gruppe auf den Tribünenplätzen an. Während sie sich setzten, verpassten sie Oshi und Aiyas Auftritt. Er übergab den Staffelstab an Hans Leibkin, der einen schnellen und reibungslosen Start mit Rudolph, dem Riesenschnauzer, hatte. Rudolph war ein hübscher und beeindruckender Hund, der eine starke Leistung zeigte. Owen Gylliam und Merlin liefen denselben Teil des Kurses wie Kissy und Kawdje, da er für die 12-Zoll-Sprunghöhenklasse eingerichtet war. Obwohl die Internationals eine wirklich gute Leistung erbrachten, sagte Gordon, dass er nicht glaubte, dass sie annähernd so schnell waren wie die Quakers. Cole und Jeanette stimmten zu.

„Die Quakers", sagte Jenny, als ob sie eine Frage stellte, „Oh ja, ich hatte es fast vergessen. Das ist Kissys Team."

Essie dachte sofort: „Nein, das ist Kawdjes Team."

Sarah und Gordon dachten: „Du meinst Michaels Team."

Nach Snacks und Getränken sowie einer Toilettenpause für die Haustiere schlenderte die Gruppe zum Junior Finals-Bereich.

Jeanette und Cole umarmten ihre Nichte und sagten ihr, dass sie an diesem Morgen eine so hervorragende und selbstbewusste Leistung gezeigt habe, dass sie jetzt überhaupt nicht nervös sein müsse.

Jenny umarmte sie zurück und erklärte: „Ich bin überhaupt nicht nervös. Kissy ist die Beste, und wir arbeiten gut zusammen."

Und tatsächlich arbeiteten sie gut zusammen. Jenny hatte so viele der Feinheiten des Handlings von ihrer Tante Jeanette und ihren ehrenamtlichen Tanten und Onkeln aufgenommen, dass dies ihre begrenzte Erfahrung ausglich, und sie wurde durch Kissys unerschütterliche Begeisterung unterstützt. Sie hatten die schnellste Zeit in der 12-Zoll-Sprunghöhenklasse, ohne dass ein anderer Teilnehmer auch nur annähernd herankam.

Evan sagte: „Ich hoffe, Jenny wird mit dem Dog Agility Handling weitermachen. Sie ist ein Naturtalent."

Essie bemerkte: „Ich frage mich, ob sie im Conformation Dog Show Handling gecoacht werden sollte. Ich wette, sie könnte bis zu ihren Zwanzigern eine berühmte Hundeführerin sein."

Sie sahen sich die gesamten Junior Handlers Spotlight Finals an und applaudierten während der Preisverleihung, bis ihnen die Hände wehtaten. Jenny war die jüngste Hundeführerin auf dem Podium. Sie erhielt eine Plakette und ein T-Shirt mit der Aufschrift „World Cynosport Games Junior Handler", dazu ein Band, das sie an Kissys Halsband befestigte. Jenny strahlte, als ihr Bild aufgenommen wurde, während sie Kissy hielt. Kissy sah genauso stolz auf ihre Leistung aus.

Alle in ihrer Gruppe zeichneten das Ereignis mit ihren Handys auf. Als Jenny und Kissy zu den Erwachsenen zurückkehrten und die Glückwünsche und Küsse vorüber waren, ging die ganze Gruppe zügig zum Punkteblatt, um die Ergebnisse des Drei-Hunde-Staffellaufs zu überprüfen.

Sarah sagte: „Ich kann nicht hinschauen. Jemand anderes soll die Ergebnisse überprüfen." Jeanette, Essie und Evan gingen mutig zum Punkteblatt, während Sarah, Gordon, Cole und Jenny die Haustiere hielten. Sarah wusste, dass die Quakers gut abgeschnitten haben mussten, weil Essie und Evan wie zwei Kinder auf- und absprangen und sich gegenseitig umarmten. Evan drehte sich zu Sarah um und gab ihr ein „Daumen hoch"-Zeichen. Dann drehten er und Essie sich zu Jeanette um und umarmten sie. Cole dachte, dass die Magic Gems gut abgeschnitten haben mussten, weil seine Frau lächelte.

Jenny rief ungeduldig: „Kommt schon, sagt uns, wer gewonnen hat. Ich halte die Spannung nicht länger aus!"

Evan rief: „Die Quakers haben gewonnen!" Essie fügte hinzu: „Erinnert ihr euch an das süße Team namens The Film Stars in der 16-Zoll-Kategorie? Nun, sie haben den zweiten Platz belegt." Jeanette sagte: „Die Magic Gems wurden Dritter. Die Comedians belegten den vierten Platz." „Wie haben die Hoosiers abgeschnitten?", fragte Cole. „Sie wurden Sechste und lagen hinter den Storybook Tailers, die den fünften Platz belegten. Das ist das Team, in dem Thumbelina ist", antwortete Jeanette.

„Dreimal Hoch auf unsere Teams", sagte Jenny. „Können wir alle einen Snack haben, bevor die Grand Prix Finals beginnen? Ich habe Hunger." Essie sagte: „Ich bin ganz dafür, eine Pause in unserem Zelt zu machen und etwas Wasser oder Gatorade zu trinken."

Während sie sich entspannten und Flüssigkeiten tranken, schlug Jeanette plötzlich mit der Hand auf ihre Stirn. „Sarah, wir haben gerade die Dock Dogs Finals", rief sie. Sarahs Mund stand offen, und sie sah auf ihre Uhr. „Wir haben genug Zeit, um es zu schaffen, wenn wir sofort losgehen."

Evan sagte: „Essie und ich können euch nicht zuschauen, weil wir in zehn Minuten im Grand Prix Finale antreten müssen. Die 26-Zoll-Kategorie tritt im Grand Prix als Letzte an, sodass ihr genug Zeit habt, um an beiden Wettbewerben teilzunehmen."

Die Gruppe teilte sich, als Sarah, Gordon, Michael, Jeanette, Cole, Jenny und Topaz zügig zum Dock Dogs Setup gingen. „Tante Sarah, ich trage immer noch mein Glücksband in Rot. Ich werde es Michael für die Grand Prix Finals leihen." Sarah stöhnte: „Ich hatte vergessen, dass seine Ohrfarbe abgewaschen wird. Gott sei Dank bist du hier, Jenny. Was würden wir nur ohne dich tun?"

Es gab zwölf Teilnehmer für den finalen Sprung, und die Preisverleihung sollte direkt im Anschluss stattfinden. Michael trat vor Topaz an und als er und Sarah die Treppe hinabstiegen, sagte Sarah, sie wisse, dass Michael nicht gewinnen würde, aber das spiele keine Rolle, weil er den Sport genieße. „Michael sprang 24 Fuß und 10 Zoll, was für ihn fantastisch war. Viel Glück für dich und Topaz."

Es gab nur noch einen Teilnehmer, der nach Topaz antreten musste. Jeanette suchte nach Sarah, Cole und Michael in der Gruppe von Hundeführern, die mit ihren nassen Hunden auf die Bekanntgabe der Ergebnisse warteten. Als der letzte Teilnehmer die wartende Gruppe erreichte, verkündete der Richter, dass Topaz mit einem Sprung von 27 Fuß und 9 Zoll den ersten Platz belegte. Sarah gab Jeanette eine schnelle Umarmung, kurz bevor sie und Topaz die Siegerplattform betraten. Eine Medaille wurde um Topaz' Hals gehängt. Alle pfiffen, jubelten und applaudierten laut. Topaz wusste, dass sie gewonnen hatte und war froh, weil sie wusste, dass ihre Mutter glücklich war.

Der Richter verkündete dann, dass Patrick mit einem Sprung von 26 Fuß und 6 Zoll den zweiten Platz belegte. Als Patrick und Ryan Donohue sich neben Jeanette und Topaz stellten, berührten die beiden Haustiere ihre Nasen. Michael beobachtete das mit eifersüchtigen Augen. Harry Houdini belegte mit einem Sprung von 25 Fuß und 8 Zoll den dritten Platz. Jeanette hatte gerade Ryan die Hand geschüttelt, als Mark und

Harry sich auf ihre andere Seite stellten, und sie schüttelte Marks Hand. Harry Houdini beugte sich zu Topaz, und als sie ihre Nasen berührten, stürzte Michael nach vorne. Er wollte verzweifelt an Topaz' Seite sein. Sarah hielt ihn fest. Sie verstand, dass Michael nicht wollte, dass Topaz in der Nähe von Patrick und Harry war.

Der Richter verkündete, dass sie eine besondere Erwähnung eines Border Collies namens Brew machen wollte, der einen erstaunlichen Sprung von 22 Fuß gemacht hatte, was bemerkenswert war, da er nur 19 Zoll maß.

an den Schultern maß. Sie fuhr fort zu sagen, dass sie während dieses Wettbewerbs den kleinsten Teilnehmer hatten, der jemals teilgenommen hatte, und dass er nur 10 Zoll an den Schultern maß.

„In Anbetracht seiner Größe machte ein Tibet-Spaniel namens Kawdje einen ebenso beeindruckenden Sprung von 11 Fuß und 11 Zoll. Da es bei Dock Dogs keine Größenklassen gibt, sind kleinere Hunde in diesem Sport im Nachteil. Vielleicht wird in der Zukunft, wenn dieser Sport an Popularität gewinnt, diese Ungleichheit angegangen und Größenklassen werden eingeführt. Vielen Dank an alle für Ihre Teilnahme und Kooperation. Ich hoffe, Sie nächstes Jahr hier wiederzusehen."

Jenny rief: „Dreimal Hoch auf die Gewinner und Kawdje und Brew!"

Kapitel Vierunddreißig

Jeanette, Cole, Jenny, Topaz, Sarah und Michael joggten zum Ring 1, um die Grand Prix Finals anzusehen. Kawdje und Essie verließen gerade den Ring, als sie ankamen. Der Applaus war laut, sodass die Neuankömmlinge davon ausgingen, dass Kawdjes Leistung die Bewunderung der Zuschauer verdient hatte. Gordon stand auf und winkte ihnen zu, damit sie zu seiner Tribüne kamen, wo er ihnen Plätze am Gang reserviert hatte, damit sie mit den Haustieren unauffällig gehen konnten, wenn ihre Auftritte an der Reihe waren. Michael und Topaz waren klatschnass, aber Sarah und Jeanette dachten, dass sie sich bei dem milden Wetter wahrscheinlich wohl fühlten und beschlossen, sich Kissys Auftritt anzusehen und die Haustiere später abzutrocknen. Jenny nahm wortlos ihr rotes Band aus ihrer Hüfttasche und reichte es an Sarah weiter, die ihr lächelnd dankte.

Kissy wusste, dass sie nicht die Beste im Steeplechase gewesen war. Dieser kleine Hund, den sie noch nie zuvor getroffen hatte, hatte gewonnen, und Kawdje hatte auch vor ihr platziert.

„Diese Klasse gehört mir!" schwor sie sich.

Nachdem sie die ersten Hindernisse benutzt hatte, erkannte Kissy, dass es sich um eine Parcours-Aufstellung handelte, die nicht viele Sprünge beinhaltete. Ihre Stimmung hob sich von grimmiger Entschlossenheit zu Vergnügen. Sie sprang mühelos durch den Parcours und sah ihren Papa auf den Tisch zeigen. Sie zitterte in der Ruheposition und beobachtete die Hand ihres Vaters in der Halteposition. Als er „runter" sagte, explodierte sie vom Tisch. Sie sprang durch den Reifen, und das Ausgangstor lag vor ihr.

Cole sagte: „Sogar ich kann sehen, dass Kissy gewinnen will und bei ihrem Auftritt alles gibt, was sie hat."

Alle, außer Gordon, der weiter filmte und die Plätze freihielt, verließen den Platz und gingen zum Ausgangstorbereich, um Essie, Evan, Kissy und Kawdje zu gratulieren.

Sarah sagte: „Tut mir leid, dass wir Kawdjes Auftritt verpasst haben. Wir müssen uns Gordons Video davon ansehen, wenn wir nach Hause kommen. Wir haben Kissy gesehen, und sie war großartig."

Evan sagte: „Es gibt nur noch zwei weitere Teilnehmer, also werden Essie und ich hier bleiben, bis alle Ergebnisse ausgewertet sind. Wir sehen uns in zehn Minuten bei unserem Zelt."

Nachdem Sarah und Jeanette Michael und Topaz abgetrocknet hatten, band Sarah Jennys rotes Band an Michaels linkes Ohr. Alle mussten sich das Grinsen verkneifen. Michael war so offensichtlich männlich, dass die rote Schleife an ihm lächerlich aussah.

Evan und Essie betraten das Zelt mit breiten Grinsen auf ihren Gesichtern. Sogar Kissy und Kawdje schienen zu grinsen.

Essie verkündete: „Kissy hat gewonnen und Kawdje hat den zweiten Platz belegt. Thumbelina kam auf den dritten Platz und Owen Gylliam ist sehr stolz darauf, dass Merlin, sein Welsh Corgi, den vierten Platz belegt hat."

Jenny schnappte sich Kissy und tanzte mit ihr herum. Alle anderen streichelten Kawdje.

Evan sagte: „Schade, dass der Grand Prix kein Preisgeld vergibt. Wir hätten ordentlich abgesahnt."

Zwei Stunden später versammelten sie sich zur Preisverleihung des Three-Dog Relay. Michael, Kissy und Kawdje wurden auf der Siegerplattform fotografiert, während Sarah, Evan und Essie direkt hinter ihnen standen. Kissy wusste, dass sie die Besten waren, weil sie in der Mitte und höher als die Teams auf beiden Seiten von ihr standen. Sie erkannte die Comedians nicht, die beim Three-Dog Relay den zweiten Platz belegten, aber sie kannte Topaz und Patrick und erinnerte sich daran, den großen Hund namens Harry Houdini gesehen zu haben, als er mit Topaz und Patrick im Ring auftrat. Die Magic Gems belegten den dritten Platz.

Ein Offizieller der Veranstaltung kündigte an, dass als Nächstes die Grand Prix Preisverleihung stattfinden würde. Kaum hatten sie die Plattform verlassen, als Kissys Vater sie wieder zum selben Platz trug. Diesmal war sie allein auf der hohen, mittleren Plattform, außer ihrem Papa, der hinter ihr stand. Ihr Papa bekam einen goldenen Pokal und eine große blaue Schleife, die er am Halsband befestigte, das sie immer zwischen den Auftritten trug. Die Schleife war fast so groß wie sie selbst. Ihr Papa stellte den Pokal neben sie und er war fast so groß wie sie. Sie drehte sich zu Kawdje, der jetzt auf einer Seite von ihr saß. Er hatte einen silbernen Pokal und eine große rote Schleife. Thumbelina stand auf der anderen Seite von ihr und hatte eine gelbe Schleife und einen braunen Pokal.

Kissy wusste, dass sie die Beste war! Sie konnte sich nicht daran erinnern, jemals so glücklich gewesen zu sein, außer an dem Tag vor langer Zeit, als sie ihre Mama und ihren Papa zum ersten Mal getroffen hatte und rund um den riesigen Baum gerannt war.

„Sie haben mich ausgewählt, weil ich schnell laufen kann, und jetzt weiß jeder, dass ich die Beste und die Schnellste bin. Hurra für mich!" dachte sie.

Sie war enttäuscht, als sie die Plattform wieder verlassen mussten, aber so viele Leute sprachen ihren Namen und berührten ihre Pfoten und streichelten ihren Kopf, dass sie versöhnt war. Sie schaute zu Kawdje hinüber, der in den Armen ihrer Mama gehalten wurde und sah, dass auch er viel Aufmerksamkeit bekam, und gönnte es ihm.

Sie sah andere Hunde, die sie nicht erkannte, auf die Plattform gehen und Pokale und Schleifen bekommen. Ihr Papa klatschte für diese Hunde und sie wackelte und schaukelte in seinen Armen, als er das tat. Dann sah sie, wie Michael und seine Mama zur mittleren Plattform gingen. Sarah hatte die Schleife von seinem Ohr abgenommen. Kissy wünschte, ihr Papa hätte ihr eine Schleife an eines ihrer Ohren gebunden. Sie wusste, dass Michael genauso wie sie der Beste gewesen war, weil er in der Mitte stand und seine Mama einen goldenen Pokal und eine blaue Schleife bekam. Harry Houdini ging auf die Plattform und stand auf einer Seite von Michael. Nachdem sein Papa eine rote Schleife und einen silbernen Pokal bekommen hatte, gingen Topaz und ihre Mama auf die Plattform und stellten sich auf die andere Seite von Michael. Topaz hatte denselben braunen Pokal, den auch Thumbelina bekommen hatte.

Kissy ruhte schläfrig auf der Schulter ihres Papas. Sie fühlte sich zu müde, um sich für etwas zu interessieren, das sie nicht direkt betraf. Plötzlich ertönte ein Jubel um sie herum und sie erwachte blitzschnell und war voll aufmerksam. Ihr Papa trug sie zurück zur Plattform. Ihre Mama und Kawdje und Michael und seine Mama standen neben ihnen.

„Juchhu! Ich habe noch etwas gewonnen", dachte sie.

Gordon war sehr stolz auf Sarah und Michael und klatschte, bis seine Hände schmerzten.

Kommentare über das Team "The Quakers", das den ersten Platz gewonnen hatte, weil es insgesamt die meisten Punkte gesammelt hatte.

„Schau dir diese zwei niedlichen kleinen Hunde an, die mit dem großen, zotteligen Hund, der den Grand Prix und die Steeplechase gewonnen hat, im Team sind", sagte eine Frau.

Jemand anderes sagte: „Dieser kleine blonde Hund hat den Grand Prix in der kleinsten Sprunghöhenkategorie gewonnen, und der kleine bernsteinfarbene Hund hat den zweiten Platz im Grand Prix und in der Steeplechase belegt."

Eine Frau fragte: „Weiß jemand, wie dieser große, zottelige Hund mit dem orangenen Ohr heißt?"

Mehrere Stimmen sagten: „Michael Archangelo."

Die gleiche Frau sagte: „Mit einem Namen wie diesem muss er besondere Segnungen von oben haben. Kein Wunder, dass er diese Spiele dominiert hat. Ich frage mich, wie er zu einem so fantastischen Namen gekommen ist."

Gordon machte Fotos und sprach in Richtung der Stimme der Frau: „Meine Frau hat ihn von den Straßen von San Miguel de Allende in Mexiko gerettet und ihn mit nach Pennsylvania genommen. Sie hat ihn Michael genannt, weil er aus San Miguel stammt, und 'Archangel' hinzugefügt, weil sie dachte, er sei ein Engel im Verborgenen. Sie hat ihm einen illustren Namen gegeben, um sein Fehlen eines Stammbaums auszugleichen."

Die Menge um Gordon lachte anerkennend. Die Frau, die nach Michaels Namen gefragt hatte, sagte: „Wie wunderbar, dass ein unerwünschter, ausgesetzter Straßenhund nun Mitglied des besten Teams bei diesen World Cynosport Games ist! Es ist eine 'Vom Tellerwäscher zum Millionär'-Geschichte. Gibt es auch eine interessante Hintergrundgeschichte über die beiden kleinen Hunde, die ebenfalls Teil des Siegerteams sind?"

Gordon antwortete: „Sie sind Teil der Familie meines Bruders und meiner Schwägerin und sind tibetische Spaniels mit illustren Stammbäumen. Sie führen ein idyllisches Leben und wurden immer verwöhnt."

Ein Mann, der in der Nähe stand, sagte: „Ein Mischlingshund aus bescheidenen Anfängen zusammen mit reinrassigen Hunden, die nie Hunger gekannt haben – nur in Amerika."

Die drei Border Collies namens John, Jake und Jordan vom Team "The Hoosiers", das insgesamt den zweiten Platz belegte, traten mit ihren Führern auf die Plattform. Jemand in der Menge kommentierte, dass sie wie Drillinge aussahen. Jemand anderes sagte, vielleicht wären sie es auch.

"The Magic Gems" belegten den dritten Platz insgesamt. Topaz, Harry Houdini und Patrick traten auf die Plattform und erhielten den Applaus der bewundernden Menge. Cole war erfreut, Komplimente über Topaz zu hören.

„Sie ist so elegant und schön."

„Sie ist atemberaubend."

Er fragte sich plötzlich, ob sie Topaz oder Jeanette meinten. Am nächsten Morgen fuhren sie alle zum Flughafen. Nach einer schnellen Runde Abschiedsumarmungen und -küsse gingen Cole und Jenny in das Flughafenterminal, und die Autos fuhren im Konvoi zu Arno's Belle Époque Restaurant.

Gordon hatte am Vorabend mit dem Koch gesprochen und ihm erklärt, dass seine Freunde, Familienmitglieder und Haustiere Preise bei einem Halloween-Party-Talentwettbewerb gewonnen hatten, den er und seine Frau veranstaltet hatten. Der Preis war ein Hubschrauberrundflug in die Wüste und ein fantastisches Gourmet-Mittagessen, das an ihrem gewählten Landeplatz gegessen und genossen werden sollte. Der Koch war sehr kooperativ gewesen und hatte verschiedene Speisen vorgeschlagen, die gut transportiert werden konnten und nicht an Geschmack und Frische verloren.

Nachdem sie im Bell Jet Ranger 427 von Gordon Platz genommen hatten und die Rotoren begannen sich zu drehen, erklärte Michael seinen drei Freunden, dass Fliegen lauter sei als Autofahren und dass sie ihre Köpfe nicht aus dem Fenster hängen dürften, aber dass alles in Ordnung sein würde. Er war stolz darauf, der erfahrene Passagier zu sein. Die Haustiere waren sicher in ihren individuellen Sitzen angeschnallt, sodass Herumlaufen keine Option war. Kissy und Kawdje langweilten sich, da sie nicht groß genug waren, um hinauszuschauen.

die Fenster.

Topaz war schockiert, so hoch über dem Boden zu sein, und vermied es, aus dem Fenster zu schauen, neben dem sie saß. Die Haustiere waren froh, als die Fahrt vorbei war und sie wieder auf festem Boden liefen.

Gordon zeigte den anderen stolz seine Entdeckung. Alle schätzten den mühsamen Aufwand der alten Stämme, die Steine zuschnitten und so präzise zusammenfügten, dass ihre Arbeit viele Jahrhunderte später als Denkmal ihrer Handwerkskunst und ihres Einfallsreichtums stehen blieb.

Topaz wurde von einem Bereich angezogen, der nach Knochen roch. Der Geruch war überhaupt nicht wie der von Knochen, auf denen sie manchmal von ihrer Mutter kauen durfte. Plötzlich war sie Nase an Nase mit Kawdje. Auch er hatte den seltsamen, aber irgendwie vertrauten Geruch wahrgenommen. Sie fragte ihn nach seiner Meinung zu diesem eigenartigen Geruch. Er meinte, es seien Knochen, auch wenn sie nicht wie die rochen, die er jemals gekannt hatte. Beide gruben ein wenig in der Erde, doch der Boden war so trocken und hart, dass sie es aufgaben.

Michael und Kissy folgten Topaz und Kawdje, die langsam gingen und den Bereich wie Detektive untersuchten, die einen Tatort genau unter die Lupe nehmen.

Gordon und die anderen hörten auf, durch die Ruinen zu gehen, und beobachteten die Haustiere mit Interesse.

Gordon sagte: „Ich glaube, die Haustiere sind archäologische Spürnasen. Ich werde den gesamten Bereich markieren, den die Haustiere so gründlich erschnüffeln. Ich habe Pfähle, Seil und Sprühfarbe im Hubschrauber. Hat jemand Lust auf ein wenig vor-dem-Mittagessen-Bewegung?"

Während sie den Bereich, an dem die Haustiere interessiert waren, absperrten, überkam sie alle sofort ein Gänsehautgefühl, als Topaz zu einem langen, klagenden Heulen ansetzte. Kawdje stimmte sofort ein. Michael und Kissy fügten ihre Stimmen dem Trauergesang hinzu.

Topaz, deren außergewöhnliche Wahrnehmung die Gedanken und Gefühle ihrer Mutter und die der Tiere und Vögel, die auf ihrem Grundstück lebten, erfasste, spürte, dass Menschen und Tiere hier gelebt und gestorben waren. Sie sang nicht für den Verlust ihres Lebens; sie erkannte vielmehr deren uralte Existenz an.

Gordon, Sarah, Essie, Evan und Jeanette standen wie erstarrt. Schließlich sagte Gordon: „Dies war eine antike Gemeinschaft, und ich glaube, dass die Knochen dieser Wesen direkt unter unseren Haustieren im Boden liegen. Wenn einer von euch jemals Lust hat, mir bei der Ausgrabung dieser Stätte zu helfen, würde ich mich über die Hilfe freuen, und das schließt die Haustiere auf jeden Fall mit ein. Sie haben besondere Fähigkeiten zum Finden alter Knochen, besonders Topaz und Kawdje. Wer weiß, was hier auf uns wartet?"

Kapitel Fünfunddreißig

Einige Tage nach ihrer Heimkehr wusste Jeanette sicher, dass Topaz "in anderen Umständen" war, weil sie anderthalb Tage lang nichts außer trockenen Crackern essen wollte. Danach kehrte ihr Appetit mit großem Eifer zurück, und sie zeigte keine Anzeichen bevorstehender Mutterschaft, außer einer wachsenden Taille.

Pat bestätigte die Schwangerschaft und schätzte, dass die Welpen irgendwann in der zweiten oder dritten Januarwoche ankommen würden. Pat sagte auch, dass sie und Ed einen der Welpen haben wollten. Sie versprach, während der gesamten Trächtigkeit ausgezeichnet für Topaz zu sorgen und bei der Geburt dabei zu sein.

Eine Woche nach ihrer Rückkehr nach Hause passten Sarah und Gordon auf Kissy auf, während Essie, Evan und Kawdje die Philadelphia Dog Show besuchten. Kawdje gewann "Best of Breed" und die Gruppe der Nicht-Sportlichen, verlor jedoch "Best in Show" gegen einen stattlichen Gordon Setter.

Als sich der November dem Ende zuneigte, veranstalteten Jeanette und Cole das Thanksgiving-Abendessen für alle. Sie schauten sich die Aufnahmen der World Cynosport Games an, die von Gordon und Cole gemacht worden waren, und waren erleichtert, dass die Hundesport-Saison für den Winter beendet war.

Sarah und Gordon wollten die Verbesserungen zeigen, die sie seit der Halloween-Party an ihrem Haus vorgenommen hatten, und fragten, ob es für alle in Ordnung sei, sich an Weihnachten bei ihnen zu versammeln. Essie und Evan sagten, das sei in Ordnung, da sie eine Weihnachtsfeier am Heiligabend planten und die Gruppe dazu einluden. Joy, Sam und Ed arbeiteten Vollzeit, und Pat war damit beschäftigt, zu studieren, Kurse zu besuchen und in einer Klinik zu arbeiten: Ihre Generation war froh, nicht die Last eines Weihnachtszusammenseins tragen zu müssen. Jeanette war erleichtert, nicht das Weihnachtsessen kochen zu müssen, da sie und Jenny planten, nach Chicago zu fliegen und dort eine frühe Weihnachtsfeier mit Jennys Eltern zu verbringen. Sie würden erst zwei Tage vor Weihnachten wieder in Pennsylvania ankommen. Sarah und Gordon boten an, auf Topaz aufzupassen, während Cole tagsüber unterwegs oder im Bereitschaftsdienst war.

Der Heiligabend war klar und kalt. Eine leichte Schneeschicht bedeckte die Rasenflächen, doch die Straßen waren frei. Essies Buffet war mit verlockenden Speisen gedeckt.

Essie hatte Zweige von den Kiefern-, Fichten-, Tannen- und Stechpalmenbäumen, die auf dem Grundstück wuchsen, mit großen roten Samtschleifen gebunden. Sie hingen am Briefkasten, an den Außentüren und den Türen im Haus. Das gesamte Haus duftete nach frischem Grün.

Alle kamen beladen mit Geschenken an, die sie unter den Baum legten.

Als Essie und Evan sich niederknieten, um die Geschenke zu sortieren, bemerkte Evan, dass er dachte, Kissy und Kawdje würden mehr Geschenke bekommen als sie.

Er hob mehrere bunt verpackte Pakete hoch. „Hier sind Geschenke von Jenny für Kissy und Kawdje und noch mehr für sie von Jeanette und Cole." Er reichte Essie eine Schachtel und sagte, dass sie von Michael für Kawdje sei.

Essie lachte. „Evan, ich habe Geschenke für Michael und Topaz von uns gekauft und noch mehr Geschenke für sie von Kissy und Kawdje. Außerdem habe ich ein Geschenk für Jenny von uns gekauft, dazu eines von Kissy und eines von Kawdje. Ich erwarte, dass Jenny und die Haustiere mindestens eine Stunde lang mit dem Auspacken ihrer Geschenke beschäftigt sein werden."

Evan seufzte sehnsüchtig: „Ich wünschte, ich wäre wieder ein Kind." Essie küsste ihn auf die Stirn. „Das bist du immer noch."

Die Haustiere schlenderten von Raum zu Raum zwischen den Besuchern umher und suchten nach mit Essen beladenen Tellern, die in Reichweite ihrer Zungen waren. Jenny schlich ihnen Weihnachtsplätzchen zu, die Kawdje der Wählerische ablehnte, und etwas Schinken, den sie alle verschlangen.

Kissy erzählte Topaz und Michael, dass sie und Kawdje Welpen bekommen würden.

Michael sagte zu Kawdje, dass er Glück habe, im selben Haus wie Kissy zu leben. „Du wirst jeden Tag bei deinen Welpen sein. Ich bin mir nicht sicher, wie oft ich Topaz und unsere Welpen sehen werde."

Nachdem der letzte ihrer Nachbarsfreunde das Open House verlassen hatte, sagte Essie: „Ich habe eine Ankündigung zu machen."

Sie sah so ernst aus, dass die Gruppe unbewusst den Atem anhielt, in Erwartung, dass der Himmel einstürzen würde. „Kissy erwartet Welpen irgendwann in der zweiten oder dritten Februarwoche. Evan und ich denken, dass Kissy und Kawdje zu jung sind, um Eltern zu sein, aber sie haben uns nicht konsultiert."

Alle ließen kollektiv den Atem aus einem Zischen heraus. Sie begannen alle gleichzeitig zu lachen und zu reden.

Sam rief laut über den Tumult: „Ich will einen ihrer Rüden." Jenny sprang von ihrem Stuhl auf: „Ich will eine Hündin."

Nachdem sich das Gespräch beruhigt hatte, sagte Essie: „Tibet Spaniels haben normalerweise zwei oder drei Welpen pro Wurf. Wenn Kissy zwei hat, geht einer zu Sam, falls es ein Rüde ist, und einer zu Jenny, falls es eine Hündin ist."

Sarah fragte Jeanette, ob sie Abnehmer für die Welpen von Topaz und Michael habe. „Gordon und ich wollen einen Welpen. Ihr und Cole wollt einen behalten. Habt ihr noch jemanden auf eurer Liste?"

„Das irische Paar, Ryan und Clodagh Donohue, wollen eine Hündin und Oshi Yakamuri, der japanische Herr, nimmt egal welches Geschlecht. Mark Lederman möchte einen Welpen, weil Harry Houdini gerade die Leistungsgrenze erreicht. Ich habe John und Marie Colbert, die Besitzer des B&B, wo wir übernachtet haben, als Topaz an einem Agility-Wettbewerb in Ohio teilgenommen hat, angerufen und ihnen von ihrer Paarung mit Michael erzählt. Sie sagten, sie vertrauen Topaz' Auswahl eines Papas für ihre Welpen und versicherten mir, dass sie definitiv einen Welpen wollen. Und dann ist da noch eure Tochter, Pat, die einen will."

Sarah zählte an ihren Fingern ab und sagte: „Das macht insgesamt sieben Welpen, die Topaz gebären muss."

Jeanette fügte hinzu: „Ich habe Namen von Leuten, die sie bei Dog-Agility-Veranstaltungen gesehen haben und nach zukünftigen Welpen gefragt haben. Ich bin sicher, dass sie dachten, sie würde reinrassige Deutsch-Kurzhaar-Welpen bekommen, aber ich werde sie anrufen, falls sie ein Dutzend hat."

Als der Abend sich dem Ende zuneigte, verteilten Essie und Evan Weihnachtsgeschenke an ihre Freunde.

„Ihr könnt sie jetzt öffnen oder sie mit nach Hause nehmen, um sie am Weihnachtsmorgen zu öffnen", kündigte Essie an.

Alle entschieden sich dafür, ihre Geschenke am Morgen zu öffnen, mit Ausnahme von Jenny, die sofort begann, das Geschenkpapier von ihren Geschenken zu reißen. Kawdje schenkte ihr ein Nagellack-Set. Kissys Geschenk war ein rosa

Gürtel, der mit Strasssteinen glitzerte. Michael schenkte ihr ein T-Shirt mit einem roten Herz aus Pailletten, das auf der Vorderseite aufgenäht war. Sarah und Gordons Geschenk war eine Jeans mit einem passenden roten Paillettenherz auf einer Gesäßtasche. Es gab eine Smartwatch von Joy und Sam sowie Kinokarten und mehrere Bücher von Pat und Ed. Sie erhielt eine Geschenkkarte, um in ihrem Lieblingskaufhaus einzukaufen, von Essie und Evan. Jenny war begeistert und lief herum, um jedem mit Küssen und Umarmungen zu danken!

Jeanette sagte, dass Topaz' Geschenk für Jenny zu Hause unter ihrem Baum lag, ebenso wie die Geschenke von ihr selbst und Onkel Cole. Jenny bat darum, dass Kissy, Kawdje und Michael ihre Geschenke von ihr öffnen dürften. Kawdje liebte sein kleines, weiches, ausgestopftes Wolfsspielzeug, das heulte, wann immer er fest hineinbiss. Kissy war sich nicht sicher, ob sie das kleine glitzernde Ding namens Tiara mochte, das Jenny auf ihren Kopf setzte und mit Bändern unter ihrem Kinn befestigte. Kissy liebte jedoch die Aufmerksamkeit, die sie erhielt, als sie es trug. Michael riss sein Geschenk auf und war fast eingeschüchtert von einem riesigen Kauknochen aus Rinderhaut, entschied sich aber nach ein paar Sekunden der Überlegung, dass er groß und stark genug war, ihn zu erobern.

Jenny brachte Topaz' Geschenk mit, weil sie nicht wollte, dass sie sich ausgeschlossen fühlte, wenn die anderen Haustiere ihre Geschenke bei Tante Essie und Onkel Evan öffneten. Topaz war glücklich, die weichste Decke zu spüren, die sie jemals mit ihrer Schnauze berührt hatte. „Es ist für dein Hundebett, Topaz", sagte Jenny ihr. „Lass uns nach Hause gehen und es ausprobieren."

Der Weihnachtstag war bedeckt. Ein scharfer Wind verstreute gelegentlich Flocken über die Straßen und auf die Rasenflächen. Das trübe Wetter konnte die Freude in den Herzen aller nicht trüben. Nachdem alle ihre Geschenke geöffnet hatten, saßen sie am Esstisch von Sarah und Gordon, plauderten, lachten und stießen auf die Leistungen der Haustiere, ihre Freundschaft, das vergangene Jahr, das bald kommende neue Jahr, die bald geborenen Welpen und alles andere an, wofür sie dankbar sein konnten.

Sarahs und Gordons Weihnachtsbaum war ein Anblick, der sich sehen lassen konnte. Er war mit goldenen Lichtern und Engel-Ornamenten geschmückt. Es gab nicht nur Engel-Ornamente der traditionellen Art, sondern auch Hund- und Katzenengel, Streifenhörnchen- und Eichhörnchenengel, Fuchsengel, Schweineengel, Pferde- und Kuhengel und viele andere Tierengel. Der Bereich unter dem Baum war hoch mit Geschenken gestapelt, die bereits geöffnet waren, sowie Geschenkpapier, das noch nicht eingesammelt und entsorgt worden war.

Kawdje begann ein Spiel, indem er ein zusammengeknülltes Stück Weihnachtsgeschenkpapier mit den Zähnen ergriff und durch das Haus rannte, wobei er die anderen herausforderte, es ihm abzunehmen. Topaz fühlte sich nicht wendig genug, um die Herausforderung anzunehmen und sich an der Jagd zu beteiligen. Kawdje entkam Michael leicht, indem er unter Kevins Bett hindurchlief, aber Kissy rannte in heißer Verfolgung ebenfalls unter das Bett, und alle hörten ihren Schein-Kampf. Nach etwa einer Minute schoss Kissy mit dem Geschenkpapier im Maul unter dem Bett hervor, verfolgt von Kawdje. Sie rannte hinter den Weihnachtsbaum. Als die Ornamente und Lichter zitterten, stand Essie vom Tisch auf und befahl den beiden, hinter dem Baum hervorzukommen. Als sie sich wieder an den Tisch setzte, sagte Essie: „Sie sind zu jung, um Eltern zu sein. Sie sind noch nicht wirklich erwachsen."

Gordon hob sein Weinglas für einen weiteren Toast: „Viele von uns sind es nicht. Auf ewig jung im Herzen!" Jenny sagte: „Auf jeden Fall—und Welpen sind sogar noch besser als das Tablet und das Handy, das mir meine Eltern geschenkt haben. Lasst uns alle noch einmal auf die zukünftigen Welpen anstoßen." Sie alle hoben ihre Weingläser, außer Jenny, die ihr Glas mit sprudelndem Fruchtsaft hob, und alle sagten einstimmig: „Auf die Welpen."

Kapitel Sechsunddreißig

In der frühen Morgendämmerung des 10. Januar weckte ein seltsamer quetschender Schmerz im Unterbauch Topaz. Gerade als sie bellen wollte, um ihrer Mama zu sagen, dass sie sie brauchte, wachte Jeanette mit der absoluten Gewissheit auf, dass Topaz in den Wehen lag. Sie stand aus dem Bett auf und ging zu Topaz, die ruhig auf ihrem Hundebett lag. Jeanette legte ihre Hand mehrere Minuten lang auf Topaz' Bauch und spürte, wie er sich während einer Wehe verhärtete und dann wieder weicher wurde. Sie beschloss, Jenny nichts zu sagen, die zu Hause bleiben wollte, um das Ereignis mitzuerleben.

Cole wachte auf, und Jeanette sagte, dass Topaz in den frühen Wehen sei. „Du und Topaz habt eine mystische Verbindung zueinander. Wenn du sagst, dass sie in den Wehen liegt, glaube ich dir." „Ich werde in einer halben Stunde Pat anrufen. Es gibt noch keinen Grund, sie jetzt zu wecken", sagte Jeanette. „Ich werde auch Sarah und Gordon anrufen, dann Essie und Evan. Sie werden es wissen wollen."

Während sie den Geräuschen lauschte, die ihr Papa und Jenny beim Anziehen, Frühstücken und Verlassen des Hauses machten, lag Topaz ruhig auf ihrem Hundebett und ertrug die intermittierenden Schmerzen, die mit jeder Wiederkehr an Intensität zunahmen. Ihre Mama bot ihr Frühstück an, aber der Schmerz kam zurück, und sie musste ihre ganze Aufmerksamkeit darauf richten. Seltsamerweise interessierte sie das Futter im Moment nicht. „Das bestätigt es", dachte Jeanette. „Topaz lehnt niemals Futter ab, also ist sie definitiv in den Wehen."

Pat kam gegen 9:00 Uhr an. Sie untersuchte Topaz und schätzte, dass es noch ein bis zwei Stunden dauern würde, bis der erste Welpe kommt. Topaz verstand, dass Pat da war, um ihr zu helfen. Sarah, Gordon und Michael kamen eine Stunde später an. Jeanette servierte Kaffee, Tee und süße Frühstücksbrötchen. Essie und Evan hatten weise gesagt, dass sie besser zu Hause bleiben und aus dem Weg gehen sollten. Sie baten um Fortschrittsberichte und versprachen, Joy und Sam zu benachrichtigen.

Michael stupste Topaz an, die hechelnd auf ihrem Bett lag. Er wollte wissen, was er für sie tun könne. Sie bat ihn, in ihrer Nähe zu bleiben und ihr Gesellschaft zu leisten. Tatsächlich hatte Topaz viel Gesellschaft. Jeanette, Pat, Sarah, Gordon und Michael waren alle anwesend, um ihr moralische Unterstützung zu geben.

Bald wurde ein Welpe geboren. Pat verkündete: „Es ist ein Männchen." Sie reichte den Welpen an Jeanette weiter, die ihn mit einem Handtuch abwischte und dann dicht zu Topaz hielt, die beschnupperte ihn und leckte ihn gründlich ab. In den nächsten Stunden brachte Topaz sieben weitere Welpen zur Welt. Jeanette sagte: „Wir haben Glück, dass sie vier Männchen und vier Weibchen bekommen hat. Wir haben für sieben von ihnen bereits ein Zuhause und ich glaube, dass auch der achte Welpe eine wunderbare Familie erwartet." Nachdem frische Polsterungen auf Topaz' Bett gelegt worden waren, säugten die Welpen alle kräftig.

Michael, der still in der Nähe der Schlafzimmertür gesessen hatte, stand auf, ging zu Topaz und beugte dann seinen Kopf, um an seinen Welpen zu schnuppern. Er fühlte sich so glücklich und stolz, ein Papa zu sein! Topaz knurrte: „Geh weg, Michael. Ich will nicht, dass du in der Nähe unserer Welpen bist, bis sie laufen können." Michael wich hastig zurück. Er fühlte sich schockiert und verletzt. Topaz hatte ihn noch nie, nie zuvor angeknurrt. Er fragte sie, während er langsam zur Schlafzimmertür ging: „Warum lässt du mich nicht in deiner Nähe und bei unseren Welpen bleiben?"

„Weil sie gerade nur mich brauchen. Je weniger Menschen um sie herum sind, desto geringer ist die Gefahr, dass ihnen etwas passiert." Topaz verstand plötzlich mit absoluter Klarheit, warum die Mutterhirschkuh sie angegriffen hatte, als sie sich ihren Kälbern näherte.

Pat erklärte den verwirrten Zuschauern, dass dies normales Verhalten sei und dass sie überrascht sei, dass Topaz Michael während des Geburtsprozesses bei ihr gelassen habe. Sarah und Gordon fragten, ob Topaz ihnen erlauben würde, sie und die Welpen zu besuchen. Pat gab zu, dass sie es nicht wusste, und schlug vor, dass, wenn Topaz Einwände dagegen hätte, dass jemand ihren Welpen zu nahe kam, dieser Einwand respektiert werden müsste. Jeanette streichelte Topaz' Kopf und als sie einen Welpen hochhob, protestierte Topaz nicht. Pat sagte zu Jeanette: „Sie vertraut dir völlig und hat nichts dagegen, wenn du ihre Welpen in die Hand nimmst."

Sarah, Gordon und Michael saßen in Jeanettes Küche. Sarah rief Essie und Evan an, um zu berichten, dass acht Welpen geboren worden waren und dass die Geschlechter gleichmäßig verteilt waren. Sie beschrieb auch das Verhalten von Topaz gegenüber Michael nach der Geburt. Essie fragte, ob sie und Evan am nächsten Tag zu Besuch kommen könnten, um die Welpen zu sehen. Sarah antwortete, dass sie gerne versuchen könnten, aber wenn Topaz Einwände gegen jemanden habe, der ihren Welpen zu nahe komme, müsse laut Pat ihr Einwand respektiert werden.

Sarah, Gordon und Michael gingen, weil klar war, dass Topaz Michael nicht in der Nähe haben wollte. Pat blieb noch eine Stunde und sagte vor ihrer Abreise: „Wenn du irgendwelche Bedenken wegen Topaz oder einem der Welpen hast, ruf mich sofort an."

Jenny kam vor Cole nach Hause. Sie war begeistert, dass Topaz acht Welpen zur Welt gebracht hatte, und wollte sie sofort sehen. Jeanette sprach über das Verhalten von Topaz gegenüber Michael und warnte Jenny, nicht zu den Welpen zu gehen, es sei denn, sie sei bei ihr. Topaz zeigte stolz ihre Welpen, schien aber ängstlich, wenn Jenny einen von ihnen in die Hand nahm.

Jetzt, da die Welpen trocken waren, bemerkte Jeanette, dass das Fell über ihren Schultern länger war als anderswo am Körper. Sie schienen eher

Topaz' Färbung als Michaels zu haben, aber ihre Ohren waren nicht so lang wie ihre. Am nächsten Tag benachrichtigte Jeanette alle auf der Warteliste stehenden Interessenten über die Geburt und dass sie nicht wollte, dass die Welpen Topaz verließen, bis sie drei Monate alt waren, weil sie glaubte, dass acht Wochen zu jung seien, um von der Mutter getrennt zu werden.

Oshi Yakamuri sagte, dass er irgendwie arrangieren würde, dass sein Welpe in der Kabine eines Flugzeugs nach Japan geflogen wird und nicht im Frachtraum. Pat begann kurz nach der Geburt der Welpen damit, Topaz täglich Kalziumpräparate zu verabreichen. Sie beschrieb die Symptome, die Topaz zeigen würde, wenn ihr Blutkalziumspiegel unter den Normalwert fallen würde. „Wenn ihr Kopf oder irgendein Teil von ihr zu wackeln oder zu zittern scheint, oder wenn du Zittern in ihren Muskeln spürst, oder ihre Herzfrequenz sich erhöht, ruf mich sofort an, und ich werde ihr Kalzium intravenös verabreichen. Topaz ist ein großes, gesundes Mädchen, aber ihr Körper versorgt acht schnell wachsende Welpen mit Nahrung."

Zehn Tage später hatten die Welpen ihre Augen geöffnet und wanden sich auf ihren Bäuchen für kurze Strecken vorwärts. Ihre Beine waren noch nicht stark genug, um sie aufrecht zu tragen, aber Jeanette wusste, dass sie in einer weiteren Woche in der Lage sein würden, herumzuwackeln. Sie hatte sich darauf vorbereitet, indem sie einen Linoleumbodenbelag gekauft und ihn über den Ziegelboden des Gewächshauses gelegt hatte und einen tragbaren, faltbaren Zaun um den Umfang des Linoleums aufstellte. Dadurch verwandelte sich der Bereich in einen sehr großen Laufstall.

Topaz' Pak 'n Fold-Kennel war im Laufstallbereich aufgebaut und mit vielen Handtüchern gepolstert. In einer Ecke des Laufstalls befanden sich Pipi-Pads, um frühzeitig mit der Toilettentraining zu beginnen. Sie wollte, dass Topaz' Welpen stubenrein sind, bevor sie in ihre neuen Häuser kommen, um einen wunderbaren ersten Eindruck zu hinterlassen. „Erste Eindrücke sind bleibend", dachte sie. Sie betrachtete das Arrangement und war mit dem Aufbau zufrieden.

Sie eilte in die Küche, um das Trifle-Dessert zuzubereiten, das sie an diesem Abend servieren wollte, wenn Pat und Ed, Sarah und Gordon, Essie und Evan zu Besuch kamen, um die Welpen zu sehen. Es wäre das erste Mal, dass Sarah und Gordon die Welpen seit ihrer Geburt sehen würden. Essie, Evan und Ed würden sie zum ersten Mal sehen.

Als die Gruppe an diesem Abend ankam, nahm Topaz ihren Duft wahr, sobald sie das Haus betraten. Sie wusste, dass Michael, Kissy und Kawdje nicht bei ihnen waren, also entspannte sie sich. Sarah, Gordon, Ed, Essie und Evan gingen langsam in den Raum. Topaz wedelte mit ihrem Stummelschwanz. Jeder konnte erkennen, dass sie sehr stolz auf ihre Welpen war.

Pat nahm das kleine Weibchen hoch, das sie ausgesucht hatte. „Diese hier ist unsere", sagte sie und zeigte den Welpen Ed. „Wie kannst du den Unterschied zwischen ihr und den anderen erkennen?", fragte Ed. „Ihr Schwanz ist ganz weiß." Sarah sagte: „Sie haben alle längeres Fell auf dem oberen Rücken." Jenny sagte: „Ich wette, es wird wie Engelsflügel wachsen." Gordon bemerkte, dass alle Welpen eher Fell wie Topaz als wie Michael hatten. „Es ist länger als das sehr kurze, eng anliegende Fell von Topaz, aber die Textur ist nicht so drahtig wie bei Michael. Vielleicht liegt das daran, dass sie noch weiches Welpenfell haben."

Jeanette sagte: „Wenn sie ein Wachstumsmuster von längerem Fell haben, das auf den oberen Rückenbereich beschränkt ist, könnte es so aussehen, als hätten sie Engelsflügel, wie Jenny vorgeschlagen hat. Sie könnten Engelspointer genannt werden." Evan sagte: „Pointer sind eine Jagdrasse, obwohl Topaz die Ausnahme ist. Engelspointer impliziert, dass alles, worauf einer dieser Hunde zeigt, ein Engel wäre. Kein Jäger könnte auf einen Engel schießen. Natürlich, wenn diese Welpen nach Topaz kommen, wird keiner von ihnen überhaupt jagen wollen. Warum nennen wir sie nicht einfach Engelshunde?" Die anderen fanden das eine großartige Idee, und Jenny sagte: „Alle Hunde sind Engel. Es ist nur so, dass die meisten Menschen das nicht wissen."

In der folgenden Woche überführten Jeanette und Pat die Welpen in den großen Laufstall, der im Gewächshausraum aufgebaut worden war. Topaz war mit der neuen Anordnung einverstanden, weil sie ihre Welpen einschränkte und sie aus Gefahr hielt, jetzt, da sie das Stadium erreicht hatten, in dem sie erkunden wollten. Topaz konnte leicht über den tragbaren Zaun springen und Zugang zu ihren Welpen erhalten, wann immer sie wollte. Sie fühlte sich gut und stark, trotz der Pflege von acht großen, gesunden und schnell wachsenden Welpen, aber sie war erleichtert, als ihre Mama begann, ihnen täglich ein Ergänzungsmittel aus gekochtem Reiscerealien zu geben. Sie probierte es, bevor sie es ihren Welpen erlaubte, es zu schlecken. Jeanette, Cole, Pat und Jenny lachten schallend über den Versuch der Welpen, das Müsli zu schlecken. Sie tauchten ihre Nasen hinein und schnauften, niesten und schüttelten dann ihre Köpfe. Einige von ihnen traten hinein und aßen es versehentlich, während sie ihre Pfoten sauber leckten. Das gab Jeanette und Pat die Idee, ihre Finger in das Müsli zu tauchen und den Welpen zum Lecken anzubieten. Sie fütterten sie weiter auf diese Weise und senkten ihre Finger langsam in Richtung der Schüssel, bis die Welpen es direkt aus der Schüssel leckten.

Pat sagte: „Nächste Woche werden wir Trockenfutter für Welpen im Mixer pulverisieren und es mit Milch und weißem Sirup mischen und etwas von dieser Mischung, die ich 'Welpenbrei' nenne, zu dem Reismüsli hinzufügen. Wir werden das Müsli reduzieren, bis sie nur noch den 'Welpenbrei' essen." Mit dreieinhalb Wochen krabbelten die Welpen überall in ihrem großen Laufstall herum. Wunderlicherweise begriffen sie das Konzept der Pipi-Pads. Jeanette überschüttete jedes Mal Lob und Zuneigung auf den Welpen, den sie dabei erwischte, das Pipi-Pad zu benutzen. Dies ermutigte die anderen, sich für ihre Portion Liebe zu ihr zu drängen, und nach ein paar Episoden hockten sich einige Welpen sofort auf das Pad und benutzten es, wenn sie sie sahen.

Schließlich erklärte Pat, dass sie dachte, es sei an der Zeit, Michael seinen Nachkommen vorzustellen. Sarah und Michael kamen innerhalb einer Stunde an. Sarah eilte durch die Tür und entschuldigte sich dafür, nicht bis zum Abend gewartet zu haben, bis Gordon sie begleiten konnte. „Er hat ein Vorstellungsgespräch mit dem Department of Anthropology der University of Delaware. Er wurde bereits vom Archäologie- und Anthropologiemuseum der University of Pennsylvania und den Abteilungen für Archäologie und Anthropologie der Kutztown University interviewt. Er verhandelt einen Vertrag, um als Gastdozent an ihren Fakultäten tätig zu sein und mit dem U of P Museum verbunden zu sein. Bisher gibt es großes Interesse daran, dass er Feldarbeit für ihre Studenten an seinen Standorten in Arizona bereitstellt. Gordon ist begeistert von der Möglichkeit, seine Arbeit zu erweitern und an Universitäten in Arizona und Pennsylvania tätig zu sein. Er wird euch heute Abend mehr darüber erzählen, wenn er vorbeikommt, um die Welpen zu sehen. Ich hoffe, es macht dir nichts aus, mich zweimal am selben Tag zu sehen. Ich weiß, wie beschäftigt du bist. Auch, wenn Topaz akzeptiert, dass Michael heute Morgen in der Nähe ihrer Welpen ist, möchte ich, dass er Gordon und mich heute Abend begleitet."

Jeanette umarmte sie und sagte, wie glücklich sie für Gordon sei und dass sie sie in den letzten Wochen schrecklich vermisst habe. Dann vertraute sie ihr an: „Ich glaube, Topaz fängt an, sich eingeengt zu fühlen, und ich auch. Ich wette, sie wird sich sehr freuen, Michael zu sehen."

Kapitel Siebenunddreißig

Michael ging vorsichtig in das Gewächshaus, das in ein Welpenspielzimmer verwandelt worden war. Jeanette klappte einen Teil des tragbaren Laufstalls zurück. Die Welpen stürmten auf die Öffnung zu und versuchten alle gleichzeitig hindurchzukommen. Sie stießen und krochen übereinander, purzelten und richteten sich dann wieder auf. Einige blieben plötzlich stehen und schnupperten in die Luft, woraufhin die hinter ihnen auf die Vorderlinie der Welpen fielen. Die Welpen watschelten auf Michael zu und beschnupperten ihn neugierig.

Er senkte vorsichtig seinen Kopf und schnupperte auch an ihnen.

Topaz ging auf Michael zu, bis sie etwa drei Fuß von ihm entfernt stand. Sie war sehr glücklich, ihn wiederzusehen. Michael hatte Angst, seine Pfoten zu bewegen, weil Welpen um seine Beine herum in ungeordnetem Übermut herumliefen. Sie waren von Michaels unbekanntem Duft fasziniert. Er leckte ihre Gesichter. Topaz war es gewohnt, vorsichtig zwischen den Welpen hindurchzugehen, also bewegte sie sich auf Michael zu. Sie berührten sich mit den Nasen und rieben ihre Schnauzen aneinander. Michael fand, dass Topaz noch schöner war, als er sie in Erinnerung hatte.

Sarah fragte Jeanette, ob sie schon einen Welpen für sich und Cole ausgesucht habe.

Jeanette sagte, sie liebe sie alle und könne keinen über den anderen auswählen. „Ich beobachte, ob Topaz einen Favoriten hat, aber bisher habe ich keine Präferenz erkennen können."

Sarah fragte: „Ist es in Ordnung, wenn ich eine Auswahl für Gordon, Michael und mich treffe?"

„Natürlich, Sarah, obwohl sie alle so bezaubernd sind, dass ich nicht weiß, wie du einen auswählen kannst."

„Das kleine Weibchen, das zwischen Michaels Beinen sitzt und seine Schnauze leckt, hat ihn für sich ausgewählt."

Pat sagte: „Mama, du solltest ihr besser ein Halsband anlegen, damit du sie ab jetzt erkennen kannst."

„Ich werde sie erkennen", antwortete Sarah. „Sie hat einen leberfarbenen Fleck über den Schultern, also wird sie dunkelbraune Flügel haben, und ihre Beine sind einheitlich leberfarben."

Topaz spürte, dass Michael und Sarah das kleine Weibchen, das ihrem Papa die Schnauze leckte, haben würden und dass Michael von ihr ganz vernarrt war. Sie war zufrieden damit, dass zwei ihrer Welpen sie schließlich verlassen würden – einer, um bei Pat und Ed zu leben, und der andere, um mit ihrem Papa, Sarah und Gordon. Sie fühlte sich ein wenig traurig, aber gleichzeitig war sie getröstet, weil sie wusste, dass sie sie oft sehen würde, nachdem sie in ihre neuen Häuser gezogen waren.

Topaz hatte ihre eigene Mutter nie wieder gesehen, nachdem sie hierhergekommen war, aber sie hatte ihre Mama nie vermisst oder an sie gedacht, bis zu diesem Moment. Sie sandte einen innigen Wunsch zum Mond, zu dem sie so oft gesungen hatte, dass jedes ihrer Welpen in einem glücklichen Zuhause mit einer so wunderbaren Mama und einem so wunderbaren Papa leben würde wie ihrem eigenen.

An diesem Abend kehrten Sarah und Michael mit Gordon zurück. Pat brachte Ed mit, um ihren ausgewählten Welpen zu besuchen und sich mit ihm zu verbinden. Essie, Evan, Kissy, Kawdje, Joy und Sam kamen alle zu Besuch, um die acht Engelwelpen zu bewundern. Der kleine Welpe, der Michael bereits an diesem Tag für sich ausgewählt hatte, beanspruchte ihn erneut, indem er sich zwischen seinen Pfoten einkuschelte und sie leckte.

Die Welpen jagten Kawdje und Kissy, die sie leicht austricksten und es schafften, außer Reichweite zu bleiben. Kissy wurde schnell müde und wurde mürrisch, also rettete Essie den Hund, indem sie ihn auf ihren Schoß hob. Kissy war zu rund geworden, um selbst den Sprung zu schaffen. Die Gruppe begann, Wetten über die Anzahl der Welpen abzugeben, die Kissy bekommen würde und wann.

Essie wandte sich an Evan: „Ich muss Kawdje auf der Westminster Dog Show zeigen, die um den Valentinstag herum stattfindet. Kissy wird ihre Welpen wahrscheinlich vorher zur Welt gebracht haben. Kannst du dich um Kissy und die neugeborenen Welpen kümmern, wenn ich nicht da bin?"

„Pat und Joy haben versprochen zu helfen. Wir werden es ohne dich schaffen, wenn wir müssen."

Topaz ging zu Kissy, die immer noch auf Essies Schoß saß, und fragte, wie sie sich fühle.

Kissy jammerte: „Ich kann kaum watscheln, geschweige denn rennen. Ich bin so riesig und ungeschickt, dass ich nicht auf die Couch springen kann. Meine Mama musste mich auf ihren Schoß heben. Deine Welpen sind süß, Topaz, aber ehrlich gesagt, hoffe ich, dass ich keine acht zur Welt bringe. Einer wäre genug für mich, zwei wären reichlich, und drei wären eine Menge."

Topaz sagte beruhigend: „Du wirst dich besser fühlen, nachdem deine Welpen geboren sind. Du wirst nicht glauben, wie sehr du sie lieben wirst. Sie werden dir so viel bedeuten, dass du bereit wärst, für sie zu sterben."

Kissy sah alarmiert aus und sagte: „Was für ein schrecklicher Gedanke! Ich möchte aus keinem anderen Grund sterben als aus Altersschwäche."

„Ich meine, dass du sie so viel mehr lieben wirst, als du jemals dachtest, jemanden oder etwas lieben zu können. Keine Sorge. Deine Mama und dein Papa werden auf dich und die Welpen aufpassen und dich sicher und bequem halten. Vielleicht wird Pat auch auf dich aufpassen."

„Ich frage mich, ob ich sie genauso lieben werde, wie ich meine Mama und meinen Papa und Kawdje liebe, oder genauso wie ich das Gewinnen bei den Agility-Übungen liebe. Liebst du deine Welpen so sehr, wie du deine Mama liebst? Du hast immer gesagt, dass du und deine Mama eine besondere Verbindung haben."

„Ich liebe meine Welpen auf eine andere Weise. Ich möchte sie pflegen und beschützen. Sie werden mich verlassen, nachdem sie ein bisschen größer und stärker geworden sind. Ich bin glücklich, dass einer meiner Welpen bei Pat leben wird und ein anderer bei Michael. Ich werde sie oft sehen können. Ich werde sie immer lieben, aber nachdem sie mich verlassen haben, glaube ich nicht, dass ich mich ihnen so nah fühlen werde wie meiner Mama. Wenn wir einen meiner Welpen behalten, hoffe ich, dass meine Mama keine besondere Verbindung zu jemand anderem haben wird, außer zu mir."

Topaz wechselte ihre Aufmerksamkeit immer wieder zwischen ihren Welpen und Kissy. Zwei Welpen zogen und öffneten Sams Schnürsenkel. Während Michael den Welpen schützte, der zwischen seinen Pfoten schlief, versuchte ein anderer, auf seinen Rücken zu klettern. Kawdje ruhte in der Nähe von Michael und schaffte es, seinen Schwanz immer wieder außer Reichweite des Welpen zu bewegen, der ihn angriff. Pat hielt ihren ausgewählten Welpen auf ihrem Schoß. Joy hatte einen weiteren auf ihrem Schoß. Gordon saß auf dem Boden, die Beine ausgestreckt und den Rücken an die Couch gelehnt.

Zwei Welpen versuchten immer wieder, erfolglos, über seine Beine zu springen.

Er sagte: „Hier sind zwei zukünftige Dog Agility Steeplechase-Champions. Sie werden Michael in ein paar Jahren ernsthafte Konkurrenz machen." Kawdje fragte Michael, ob er es mochte, Vater zu sein.

„Das ist das erste Mal, dass ich meine Welpen sehen darf, seit sie geboren wurden. Direkt nach ihrer Geburt hat Topaz mir befohlen, wegzubleiben, bis sie gut genug laufen konnten, um aus meinem Weg zu gehen. Ich war sehr verletzt, dass sie mir nicht zutraute, sanft und vorsichtig mit ihnen umzugehen."

Kawdje war überrascht und fragte Michael, ob er dachte, dass Kissy ihn nach der Geburt von ihren Welpen fernhalten würde.

„Ich weiß es nicht, Kawdje. Du solltest sie fragen. Ich verstehe Topaz' Verhalten nicht."

Während der Heimfahrt fragte Kawdje Kissy, ob sie ihn in den ersten Wochen nach der Geburt ihrer Welpen fernhalten würde, so wie Topaz Michael ferngehalten hatte. Kissy war erstaunt über die Frage.

„Warum sollte ich das jemals tun? Ich erwarte, dass du mir hilfst, sie sauber und warm zu halten. Es ist schade, dass du sie nicht stillen kannst, aber ich schätze, das werde ich selbst tun müssen."

Kawdje erzählte Kissy, dass Michael verletzt gewesen sei, weil Topaz ihn bis zum heutigen Abend nicht in die Nähe der Welpen gelassen hatte. Kissy vertraute ihm an, dass sie dachte, es liege daran, dass Michael nicht das gleiche Zuhause und nicht dieselben Eltern wie Topaz teilte.

Kawdje entspannte sich. Er wusste, dass Kissy manchmal schwierig sein konnte, und er wollte nicht über eine Situation mit ihren Welpen nachdenken, die ihn von ihnen fernhalten könnte.

Kapitel Achtunddreißig

Kissy begann am frühen Morgen des 8. Februar mit den Wehen und weckte Essie und Evan mit ihrem Bellen. Essie rief sofort Pat an, die um 5:00 Uhr morgens ankam. Evan gab Pat eine heiße, frisch zubereitete Tasse Kaffee. Pat fragte, ob sie bereits Joy kontaktiert hätten. Evan sagte, dass sie es noch nicht getan hätten und darauf warteten, sicher zu sein, dass Kissy wirklich in den Wehen lag.

Sie gingen ins Schlafzimmer, wo Essie neben Kissys Wurfbox saß. Jedes Mal, wenn Essie versuchte, das Schlafzimmer zu verlassen, versuchte Kissy, ihr zu folgen. Obwohl Evan Kissys Partner bei Dog Agility-Wettbewerben war, wollte sie für dieses Ereignis ihre Mama bei sich haben. Pat untersuchte Kissy. „Sie ist in den starken Wehen, aber es wird noch eine Weile dauern, bis sie Welpen zur Welt bringt, da dies ihre erste Schwangerschaft ist."

Joy kam um 6:30 Uhr an. Essie bat Evan und Joy, für alle das Frühstück zuzubereiten, während sie und Pat bei Kissy blieben. Da bis 7 Uhr noch keine Welpen geboren worden waren, besprach Pat die Möglichkeit, dass Kissy einen Kaiserschnitt benötigen könnte oder zumindest einen Ultraschall, um sicherzustellen, dass es kein Problem gab.

Kawdje rannte ständig hin und her zwischen dem Schlafzimmer, um nach Kissy zu sehen, und der Küche, um Speck und Stücke von Spiegelei zu bekommen. Kissy lehnte alle Nahrungsangebote ab, trank aber etwas Milch. Kissy hatte einen sehr gesunden Appetit, und ihre

Nahrungsverweigerung erschreckte Essie, die selbst vor lauter Angst nichts frühstücken konnte. Pat beruhigte Essie und sagte, dass Kissy sich ganz auf die Geburt ihrer Welpen konzentriere und danach herzhaft essen würde.

Um 7:30 Uhr nahm Kissy eine kauernde Position ein, gab einen mächtigen Stoß von sich, jaulte und ein großer männlicher Welpe mit hellem Fell und dunklen Pfoten wurde geboren. „Wow!", rief Pat aus. „Kein Wunder, dass sie so lange gebraucht hat, um den ersten Welpen zu gebären. Er ist riesig für eine kleine Dame wie Kissy." Kissy leckte ihren Welpen, und Essie half, ihn abzutrocknen.

Zehn Minuten später wurde ein großes Weibchen mit weißem Fell geboren. Um 8:00 Uhr kam ein weiteres weibliches Welpen mit dunklem Fell und hellen Pfoten zur Welt. Bei der Geburt jedes Welpen überprüfte Kawdje ihn und berührte dann Kissys Nase. Besorgt fragte er: „Wie geht es dir, Kissy?" Sie sah ihn erschöpft an und schnappte: „Kannst du das nicht erkennen? Ich leide!"

„Was kann ich tun, um dir zu helfen?", fragte er.

„Geh einfach raus hier. Ich kann das Rührei in deinem Atem riechen und wünschte, ich könnte etwas davon haben, aber ich glaube nicht, dass ich es bei mir behalten könnte. Ich wünschte, du könntest einige unserer Welpen zur Welt bringen, damit wir die Arbeit aufteilen könnten."

„Guter Gott! Was für ein Gedanke!", sagte Kawdje zu sich selbst, während er schnell in die Küche zurückkehrte und sich wieder bequem auf dem Schoß seines Papas niederließ, während Joy ihm Speck fütterte.

Um 9:00 Uhr, gerade als Pat begann, sich Sorgen zu machen, dass Kissy auf ein Problem gestoßen sein könnte, weil sie ihren Bauch abgetastet und noch einen Welpen gespürt hatte, brachte Kissy einen weiteren männlichen Welpen zur Welt, der dunkles Fell und vier weiße Pfoten hatte. „Das ist der letzte Welpe", sagte Pat, „und er ist der größte. Was für eine Zeit hatte es Kissy! Sie hat vier sehr große Welpen zur Welt gebracht, und sie wiegt normalerweise vierzehn Pfund."

Essie säuberte und trocknete den letzten Welpen, während Pat ihre Aufmerksamkeit auf Kissy richtete. Nachdem die Welpen sauber, warm und trocken waren, leckte Kissy eine Schale Milch leer. Pat ging in die Küche und sah, dass Sam angekommen war und Kaffee trank. „Du bist gerade rechtzeitig zur ersten Besichtigung der Welpen gekommen", sagte sie zu ihm, während sie Leberwurst aus dem Kühlschrank nahm und in mundgerechte Stücke schnitt.

Alle folgten Pat ins Schlafzimmer. Sie versammelten sich um Kissy, lobten sie und bewunderten ihre Welpen. Kissy strahlte vor Freude über die Aufmerksamkeit, die ihr und ihren Welpen geschenkt wurde. Dankbar verschlang sie die Leberwurst, die Pat ihr fütterte. Als Sam den größten Welpen mit dunklem Fell und vier weißen Pfoten sah, beanspruchte er ihn für sich. „Dieser große Junge gehört mir. Ich nenne ihn Sneakers, weil diese vier weißen Pfoten ihn so aussehen lassen, als hätte er Turnschuhe an."

Essie sagte: „Dieser Welpe wird dein Geburtstagsgeschenk von Evan und mir sein. Bis Sneakers alt genug ist, um hier in drei Monaten wegzugehen, wird es dein Geburtstag sein."

„Sneakers wird das beste Geburtstagsgeschenk, das ich je bekommen habe."

Kawdje steckte seinen Kopf in die Wurfbox, um nach seinen Welpen zu sehen. Kissy vertraute jedem, der auf zwei Beinen ging, weil sie von ihrer Mama und ihrem Papa darauf konditioniert worden war, zu erwarten, dass alle Menschen freundlich und vertrauenswürdig waren, aber sie fühlte nicht das Gleiche für ihre eigene Art. Sie vertraute Kawdje, aber sie erinnerte sich daran, dass Topaz Michael während der Zeit weggejagt hatte, als ihre Welpen hilflos waren und nur sie brauchten. Sie wusste, dass Topaz Michael erst dann in ihrer Nähe haben wollte, wenn die Welpen gut genug laufen konnten, um aus der Gefahrenzone zu kommen, oder zumindest laut genug bellen konnten, um gehört zu werden, wenn sie in Schwierigkeiten waren. Kissy verstand nun Topaz' Besorgnis, weil sie dasselbe für ihre eigenen Welpen empfand. Sie knurrte Kawdje an, forderte ihn auf, das Zimmer zu verlassen und von den Welpen fernzubleiben, bis sie es ihm anders sagte.

Einmal mehr eilte Kawdje in die Küche. Essie saß an der Küchentheke, trank Kaffee und telefonierte. Sie hatte gerade aufgelegt, nachdem sie Sarah von den Welpen erzählt hatte, und lud nun Jeanette, Cole und Jenny ein, jederzeit vorbeizukommen, aber Topaz für die nächsten Wochen zu Hause zu lassen. Sie hatte auch Sarah gebeten, Michael für eine Weile fernzuhalten. „Jeanette, Kissy hat zwei weibliche Welpen und einer davon gehört Jenny."

Nachdem Essie und Pat sich beim Frühstück gestärkt hatten, zeigte Essie allen, was sie bei der Westminster Dog Show tragen wollte. Es war ein blaues Zweiteiler-Outfit mit weiten Palazzo-Hosen und einer dreiknöpfigen Jacke, verziert mit einem dezenten Paillettenmuster. Sie erklärte, dass die weiten Palazzo-Hosen die Bewegung ihrer Beine verbergen und während des Laufens mit Kawdje einen soliden blauen Hintergrund bieten würden, damit der Richter seine Bewegung und Oberlinie besser sehen könne. Alle bewunderten ihr Outfit und stimmten zu, dass ihre Überlegung sinnvoll war.

„Kawdje und ich müssen in drei Tagen abreisen. Ich hasse es, Kissy und die Welpen zurückzulassen, aber Kawdje sollte „seine Chance in Westminster bekommen." „Keine Sorge, Essie, ich werde jeden Tag vorbeikommen, um nach Kissy und den Welpen zu sehen", versicherte Pat ihr. „Mama, Sam und ich werden auch hier sein. Ich werde für Papa das Abendessen kochen."

Essie überreichte Pat einen Umschlag. „Das ist ein Geschenk dafür, dass du während der gesamten Geburt bei Kissy warst und für alle Nachuntersuchungen, Welpenspritzen und Tierarztpflege, die du bereitstellen wirst."

„Essie, du weißt, dass ich kein Geld von dir und Evan annehmen werde. Ihr seid wie Familie. Ich freue mich, euch zu helfen."

„Es ist kein Geld. Öffne den Umschlag."

Pat tat, wie ihr geheißen wurde, und ein Lächeln erhellte ihr Gesicht. „Tickets für zwei zu den beiden größten Broadway-Hits, die im März und April nach Philadelphia kommen", rief sie aus. „Wenn ich mir die Platznummern ansehe, würde ich sagen, dass dies wohl die besten Plätze im Theater sind. Was für ein großartiges Geschenk! Ihr habt mich überbezahlt für meine Dienste", sagte sie und umarmte sie.

Kawdje fühlte sich alleine in der Küche einsam, also ging er zum Schlafzimmer und stand an der Tür, um hineinzuschauen. Kissy erblickte ihn und knurrte warnend. Alle lachten, als Kawdje zurück in die Küche rannte.

„Ich nehme an, er wird froh sein, ein paar Tage von zu Hause weg zu sein", sagte Evan.

Kapitel Neununddreißig

Kawdjes Stimmung hob sich, als er zusah, wie seine Mama und sein Papa Koffer, seinen Pak 'n Fold Zwinger und seine Wasserschüssel in den Van packten. Das bedeutete, dass er reisen und irgendwo übernachten würde, und er freute sich sehr darauf, Kissy zu Hause zu lassen. Er war es leid, am Schlafzimmer, in dem Kissy und die Welpen blieben, vorbeizuhuschen, um das andere Schlafzimmer zu erreichen, in dem er jetzt schlief. Immer wenn Kissy die Welpen verließ, um nach draußen zu gehen, um sich zu erleichtern oder hastig eine Mahlzeit in der Küche zu sich zu nehmen, ignorierte sie ihn fast völlig. Er konnte sich nicht vorstellen, was er getan hatte, um eine solche Behandlung zu verdienen. Schließlich waren es auch seine Welpen!

Nach einer Fahrt von mehreren Stunden parkte seine Mama, hob ihn aus dem Fahrzeug und in seinen Zwinger. Sie rollte ihn in die Hotellobby, und er sah andere Hunde, die ebenfalls in Zwingern eingesperrt waren. Er verbrachte einen entspannten Abend in einem Hotelzimmer mit seiner Mama. Sie teilte ihr Hühnchengericht mit ihm. Sie streichelte seinen Rücken und rieb ihm die Ohren, während er neben ihr auf dem Bett lag und sie fern sah. Es war eine Erleichterung, von Kissy weg zu sein.

Am nächsten Morgen betraten er und seine Mama ein riesiges Gebäude, und Kawdje wusste, dass dies eine weitere Ausstellung für Conformation Dogs war, weil er keine Agility-Hindernisse irgendwo aufgebaut sah. Er dachte: „Das wird nicht so aufregend sein wie eine Agility-Übung, aber es ist bei weitem besser, als zu Hause bei dieser Tyrannin Kissy zu sein."

Sobald Essie damit begann, Kawdje vorzuführen, wusste sie, dass er „on" war. Für jeden, der ihn sah, schien er konzentriert und genoss es, und tatsächlich tat er das auch. Die Erleichterung, nicht versuchen zu müssen, unsichtbar zu sein, um nicht Kissys Zorn zu erregen, war befreiend. Er gewann Best of Breed gegen fünfunddreißig andere Konkurrenten.

Essie öffnete ihr Handy und rief Evan an, um die guten Neuigkeiten zu verkünden. Evan gratulierte ihr und sagte, dass er ihre Freunde benachrichtigen würde, damit sie die Show sehen könnten und dass Joy und Sam bei ihm sein würden, um sie zu schauen. „Wie geht es Kissy und den Welpen?"

„Kissy vermisst dich, aber ihr und den Welpen geht es gut. Pat gibt ihr jetzt ein Kalziumpräparat und plant, die Welpen auf gekochtem Reiscerealien zu setzen, wenn sie zwei Wochen alt sind, genau wie sie es bei Topaz' Welpen getan hat. Ich frage mich, ob Kissy dich und Kawdje im Fernsehen erkennen wird."

„Lass mich wissen, wie sie reagiert. Ich werde heute Abend und morgen wieder mit dir sprechen. Ich werde mein Handy an Kawdjes Ohr halten. Sag ihm etwas."

Am nächsten Tag war das Wetter kalt, aber nicht so kalt, dass Essie nicht einen langen Spaziergang mit Kawdje machen konnte. Kawdje genoss die ungeteilte Aufmerksamkeit seiner Mama. Seit der Geburt der Welpen hatte sie ihn fast ignoriert. Er war so glücklich gewesen, Welpen zu haben, und hatte erwartet, dass es Spaß und Spiele sein würden, aber bisher war es eine traurige Erfahrung gewesen. Er hoffte, dass er und seine Mama noch einen Tag von zu Hause wegbleiben würden. Er würde sich besser fühlen, wenn er von Kissy, der Tyrannin, weg wäre. Er wusste aus früherer Erfahrung, dass Gewinnen bedeutete, länger auf einer Hundeshow zu bleiben. „Ich werde mein Bestes tun, um zu gewinnen", versprach er sich selbst.

Sie kehrten ins Hotelzimmer zurück und Essie bestellte Zimmerservice, wobei sie Speisen auswählte, die sie mit Kawdje teilen konnte. Nach dem Mittagessen machten sie beide ein Nickerchen. Am Nachmittag zog sich Essie an, bürstete ihr Haar, dann Kawdjes Fell, packte sein Pflegezubehör, ihr Make-up-Set, seinen Pak 'n Fold Zwinger, ihren tragbaren Klappstuhl ein und rief einen Hotelportier, um ihr zu helfen, die Ausrüstung zur Lobby zu transportieren und in ein Taxi zu laden.

Der Taxifahrer wusste, dass die Westminster Dog Show im Madison Square Garden stattfand, und Kawdje war nicht sein erster Passagier auf vier Pfoten. Der Fahrer wünschte ihnen herzlich Glück, als sie aus dem Taxi stieg. Es war nicht so überfüllt wie am Vortag. Essie bemerkte, dass Kawdje immer noch begeistert war und vermutete, dass er immer noch glücklich war, von Kissy weg zu sein.

Essie rief Evan an und er nahm beim ersten Klingeln ab. Sie berichtete, dass sie und Kawdje bereit waren, aufzutreten. „Joy und Sam kommen in einer Stunde und bringen das Abendessen mit. Pat und Ed werden auch zum Abendessen dazukommen. Wir werden euch alle in unserem Schlafzimmer neben Kissy und den Welpen zusehen."

Kawdje wollte gewinnen, nicht nur, um noch einen Tag von zu Hause fern zu bleiben, um Kissy zu meiden, sondern auch, um seine Mama noch ein wenig länger für sich alleine zu haben. Als er an der Reihe war, im Ring zu laufen und vom Richter begutachtet zu werden, strahlte er wie ein tausend-Watt-Strahler. Er schaute den Richter mit einem so bezaubernden und liebenswerten Ausdruck an, wie er es nur konnte. Er wedelte mit dem Schwanz, während er durch den Ring ging. Der Applaus des Publikums inspirierte ihn, noch schneller mit dem Schwanz zu wedeln.

Sein Auftritt war viel zu schnell vorbei, und dann warteten er und seine Mama in der Aufstellung, während der Richter die anderen Hunde beurteilte. In der Zwischenzeit sahen Evan, Joy, Sam, Pat, Ed und Kissy zu, wie Kawdje wie ein talentierter und erfahrener Schauspieler auftrat. Sie hörten dem Ansager zu, der über die Rasse des Tibet Spaniels sprach und Kawdjes Geschichte erzählte.

„Kawdje ist ein Master Agility Hund. Er nahm an den jährlich in Arizona stattfindenden World Cynosport Games teil und war Mitglied des Teams, das dort den ersten Platz insgesamt belegte. Er wurde zum ersten Mal Vater von vier Welpen, die am 8. Februar geboren wurden, und die Mutter dieser Welpen ist eine Tibet Spaniel namens Kissy, die im selben Haushalt wie Kawdje lebt. Kissy ist ebenfalls ein Master Agility Hund und war Mitglied des Siegerteams bei den World Cynosport Games. Kawdje wird von der Besitzerin und Handlerin Essie Kilmer gezeigt. Ihr Ehemann führt Kissy bei Dog Agility-Veranstaltungen. Eine weitere interessante Tatsache ist, dass der dritte Hund des Siegerteams bei den World Cynosport Games, Michael Archangelo, ein großer Hund ist, der von den Straßen Mexikos gerettet und von der Mutter von Kissys Tierärztin in dieses Land gebracht wurde. Offensichtlich ist es erlaubt, Hunde aus zwei verschiedenen Sprunghöhen-Kategorien im selben Team zu haben. Michael wurde letzten Monat zum ersten Mal Vater von acht Welpen. Er hat sich mit einem Deutschen Kurzhaar namens Topaz gepaart, der ebenfalls ein Master Agility Hund ist und im Besitz einer weiteren engen Freundin ist. Was für eine herzerwärmende Geschichte!"

Essie Kilmer sagt, dass ihr Mann Evan, ihre Tochter Joy und ihr Schwiegersohn Sam Albright sowie Kissys Tierärztin Pat Palliser und ihr Mann Ed alle von ihrem Zuhause aus zuschauen."

Der zweite Ansager fragte, ob der Schwiegersohn Sam Albright der berühmte Basketballspieler dieses Namens sei. Der erste Ansager antwortete, dass er es tatsächlich sei.

Joy, Sam, Ed und Pat gaben sich nach der Erwähnung ihrer Namen gegenseitig High-Fives.

Evan fragte: „Kissy, hast du den Mann im Fernsehen von dir sprechen hören?"

Kissy schaute nach ihren Welpen, und da alle schliefen, stieg sie vorsichtig aus der Box und sprang auf den Schoß ihres Papas. „Hey, Mädchen! Das ist das erste Mal, dass du deine Welpen verlässt, seit du sie geboren hast, außer um zu essen oder aufs Töpfchen zu gehen."

Während einer Werbepause stürmten Ed und Sam in die Küche, um mehr Snacks zu holen, die sie ins Schlafzimmer brachten. Evan nahm Kissy mit nach draußen für eine Toilettenpause, während Joy etwas von dem übrig gebliebenen Braten, den sie zum Abendessen gegessen hatten, in mundgerechte Stücke für sie schnitt. Als alle schnell ins Schlafzimmer zurückkehrten, um weiter die Hundeshow zu schauen, begann der Richter gerade, ihre Auswahl aus der Nicht-Sport-Gruppe zu treffen.

Sie zeigte auf einen entzückenden Französischen Bulldogge, einen silberfarbenen Standard-French Pudel, einen Tibet Terrier, einen Bichon Frisé, einen Shiba Inu und Kawdje. Pat, Ed, Sam und Joy sprangen auf ihren Stühlen auf und ab und klatschten und jubelten. Evan ließ den Kopf nach vorne fallen, sein Herz pochte. Sein Junge hatte es in die erste Auswahl geschafft! Wow!

Sie schauten zu, still und konzentriert, während jeder Teilnehmer den Anweisungen der Richterin folgte. Das Publikum applaudierte begeistert, als die Richterin den Standard Pudel herauszog, dann den Tibet Terrier, den Bichon Frisé, den Shiba Inu, Kawdje und zuletzt den Französischen Bulldogge. Sie wies die Hundeführer an, sie alle gleichzeitig um den Ring zu führen.

Der erste Ansager sagte: „Die Richterin hat sie nach Größe und der Geschwindigkeit, mit der jeder Hund im Ring gehen kann, platziert, wobei der schnellste Hund vorne ist und der langsamste das Ende bildet. Diese Platzierung muss jedoch nicht ihre endgültige Wahl sein."

Evan war so angespannt, dass er nicht hinschauen wollte, aber er konnte nicht wegsehen. Die Richterin zeigte auf den Französischen Bulldogge und Kawdje. Wer hatte gewonnen? Es war Essie, die freudig zum ersten Platz rannte. Kawdje gewann die Nicht-Sport-Gruppe! Das Publikum applaudierte begeistert.

Der Ansager kommentierte, dass gerade Geschichte geschrieben worden sei, da dies das erste Mal war, dass ein Tibet Spaniel die Nicht-Sport-Gruppe gewonnen habe und dass der American Kennel Club die Rasse erst seit 1986 anerkannt habe.

Evan saß sprachlos da, als Kawdje beschwingt an die Spitze der Reihe ging, der Französische Bulldogge hinter ihm stand, der dritte Platz an den Tibet Terrier ging und der vierte an den Standard Pudel.

Pat, Ed, Sam und Joy lachten, applaudierten und umarmten sich gegenseitig.

Der Tumult weckte Kissy. Sie fühlte sich verwirrt, weil sie tiefer geschlafen und sich mehr entspannt hatte als seit der Geburt ihrer Welpen. Sie war körperlich erschöpft, weil sie allein die vier großen Welpen ernährte.

Ihr Papa flüsterte ihr leise zu, während er ihre Ohren streichelte und das Fell auf ihrem Rücken glatt strich: „Du bist auch eine Gewinnerin, mein Mädchen. Du bist eine so hingebungsvolle und gewissenhafte Mama. Ich bin genauso stolz auf dich wie auf Kawdje. Wir haben Glück, dass ihr beide Teil unserer Familie seid."

Kissy leckte die Hand ihres Papas. Sie fühlte so viel Liebe für ihn. Sie liebte ihn genauso sehr, wie sie ihre Welpen liebte, aber sie sprang von seinem Schoß und kehrte zu ihrer Box zurück, weil ihre Welpen sie mehr brauchten als ihr Papa.

Das Telefon klingelte. Evan nahm den Anruf in der Küche entgegen, weil die anderen noch immer laut und aufgeregt wegen Kawdjes großem Sieg waren.

Es waren Sarah und Gordon. Sie gratulierten ihm und sagten, dass sie es schätzten, dass Essie Michael und den Sport des Dog Agility in dem Bericht erwähnt hatte, den sie den Organisatoren der Westminster Dog Show gegeben hatte. Evan hörte das Klicken, das ein eingehendes Gespräch signalisierte, und sagte, dass er dachte, Jeanette und Cole würden wahrscheinlich versuchen, ihn anzurufen. Sie beendeten das Gespräch und Evan drückte den Knopf, um den nächsten Anruf anzunehmen. Tatsächlich waren es Jeanette und Cole, die sehr glücklich und begeistert über Kawdjes Sieg und die Erwähnung von Topaz waren. Jeanette gab das Telefon an Jenny weiter, und auch sie sprach ihre Glückwünsche aus.

Fünfzehn Minuten später rief Essie an und unterhielt sich abwechselnd mit allen. Sie sagte, sie sei von all den Glückwünschen und guten Wünschen, die ihr und Kawdje zuteilwurden, ganz überwältigt und dass sie Visitenkarten von Züchtern erhalten habe, die Kawdjes Dienste als Deckrüden in Anspruch nehmen wollten, sowie viele Anfragen nach Welpen. Sie sagte, sie sei zu erschöpft, um den Rest der Show anzusehen, und hoffte, dass Evan sie aufnehme, weil sie und Kawdje in ihr Hotelzimmer zurückgehen würden, um eine gute Nachtruhe zu bekommen. Sie sagte, dass sie ein weiteres Outfit hätte kaufen sollen. Joy schlug vor, dass sie sich ein Tuch kaufen solle, das sie zu der Jacke tragen könne, damit ihr Outfit anders aussehe.

Das Heimteam verabschiedete sich von Essie und sah die Hütehunde im Fernsehen. Der Sieg ging an den Old English Sheepdog. Es war spät, als Joy und Sam, Pat und Ed aufbrachen und versprachen, sich morgen Abend bei Evans Haus zu versammeln, um die zweite Hälfte der Show zu sehen.

Kapitel Vierzig

Bevor sie den Zimmerservice für sich und Kawdje bestellte, rief Essie Evan an.

Später an diesem Tag, als Essie und Kawdje wieder im Madison Square Garden waren, war sie überrascht, Ryan und Clodagh Donohue zu sehen, und eilte hinüber, um mit ihnen zu sprechen.

„Ich wusste nicht, dass Patrick ein Conformation-Show-Hund ist."

„Essie, wir wussten nicht, dass dein Kawdje Champion Starlite Kawdje of Darling Acres ist, bis gestern Abend. Wir saßen während der Show und hatten keine Gelegenheit, mit dir zu sprechen. Glückwunsch zu deinem beeindruckenden Gruppensieg!" antwortete Clodagh.

Ryan stellte sie Patricks Hundeführer vor, und beide gratulierten ihr. Dann sagte Ryan: „Ich werde eine Änderung der Informationen beantragen, die wir für die Ansager geschrieben haben. Ich möchte, dass sie über unsere Dog-Agility-Verbindung zu Topaz, Michael, Kawdje und Kissy und ihren Familien Bescheid wissen."

Er sagte über die Schulter, während er sich zum Gehen umdrehte: „Übrigens, Essie, mein Glückwunsch zur Großmutter von vier Welpen."

„Ich wette, du hast jetzt Bieter für sie, wo Kawdje berühmt ist", sagte Clodagh.

„Das Angebot kann die Nachfrage nicht decken. Mein Schwiegersohn hat einen als sein bevorstehendes Geburtstagsgeschenk ausgewählt. Jeanette und Cole Bancrofts Nichte, Jenny, die du bei den World Cynosport Games getroffen hast, möchte eine Hündin. Einer von Sams Teamkollegen möchte einen Rüden. Evan und ich überlegen, ob wir einen behalten sollten oder nicht. Ich habe eine Liste von Leuten, die einen Welpen wollen, und eine weitere Liste von denen, die einen Deckdienst von Kawdje möchten."

In der Zwischenzeit führten Patrick und Kawdje ihr eigenes Gespräch. Patrick fragte, wo Topaz, Michael und Kissy seien. Kawdje erklärte, dass Topaz und Michael Welpen hatten und dass er und Kissy gerade Welpen bekommen hatten. Er erzählte, dass Kissy sehr unfreundlich sei und ihn nicht in die Nähe seiner eigenen Welpen ließe.

„Michael hat mich gewarnt, dass das passieren würde, weil Topaz sich ihm gegenüber genauso verhalten hat. Er sagte mir, dass er bei der Geburt seiner Welpen dabei war, und als die Geburt vorbei war, hat sie ihn angeknurrt und ihm mehr oder weniger gesagt, er solle verschwinden. Er durfte seine Welpen erst vor etwa einer Woche sehen. Er war wunderbar mit ihnen – so sanft. Ich weiß nicht, warum Topaz Michael ferngehalten hat, und ich kann mir nicht erklären, warum Kissy mich von meinen Welpen fernhält. Ehrlich gesagt, Patrick, ich bin froh, weg zu sein von ihr weg zu sein. Sie lässt mich mich unwohl und unwillkommen in meinem eigenen Zuhause fühlen."

„Nun, Junge, klingt, als hättest du eine schwere Zeit gehabt", sagte Patrick mitfühlend.

Ryan schloss sich der Gruppe wieder an, gerade als Essie fragte, ob Patrick Best of Breed gewonnen habe. Ryan lachte: „Heilige Dreifaltigkeit! Clodagh und ich haben vergessen, dass du gerade erst angekommen bist und nicht wusstest, dass er Best of Breed gewonnen hat. Ist das nicht wunderbar?" Essie gratulierte ihnen und sagte dann: „Jeanette hat mir erzählt, dass ihr eine der weiblichen Welpen von Topaz und

Michael haben möchtet. Wird das irgendwann ein Problem wegen der Möglichkeit, dass Patrick und die kleine Dame sich paaren?"

„Ryan und ich sind begeistert von der Möglichkeit, uns daran zu beteiligen, Angel Dogs zu einer eigenen Rasse zu machen. Jeanette und Sarah werden einige unverwandte Hunde einbringen müssen, und wir hoffen, dass Patrick in das Zuchtprogramm aufgenommen wird."

An diesem Abend, als Evan, Joy, Sam, Pat und Ed sich in der Nähe von Kissy im Schlafzimmer versammelten, um die zweite Hälfte der Westminster Dog Show zu sehen, sagte der Ansager, dass heute Abend die Working-, Sporting- und Terrier-Gruppen gezeigt würden, gefolgt von Best in Show. Als sie die Working-Gruppe sahen, rief Evan aus: „Ich habe diesen Hund bei einer Dog-Agility-Veranstaltung gesehen."

Der Ansager sagte: „Das ist Komondor Nummer 13. Er ist Champion Swish 'n Mop of Keystone Corners und wird Mop genannt. Er ist auch ein Agility-Hund." Mop schaffte es in die Auswahl zusammen mit einem Great Pyrenees, einem Mastiff, einem Standard Schnauzer, einer Deutschen Dogge und einem Neufundländer.

Sie sahen zu, wie jeder Hund im Ring lief und dann stillstand, während der Richter langsam an jedem vorbeiging und den Kopf und die Gesichtsausdrücke betrachtete. Schließlich deutete der Richter auf den Great Pyrenees für den ersten Platz, dann auf den Neufundländer, gefolgt von der Deutschen Dogge und dann Mop.

Als nächstes war die Terrier-Gruppe an der Reihe, die immer viele Teilnehmer hatte. Sie wurde auf einen hübschen Airedale, einen fröhlichen Sealyham, einen glatthaarigen Fox Terrier, einen Border Terrier und einen Irish Terrier reduziert. Als die Hunde in „gestapelter" Pose standen, während der Richter seinen letzten Blick warf, zeigte er auf den Irish Terrier, dessen rotes Fell ihn offensichtlich machte.

Während einer Werbepause brachte Evan Kissy nach draußen für ihre Pause, während die anderen die Snackschalen auffüllten und die Getränke erneuerten.

Die letzte Gruppe vor Best in Show war die Sporting-Gruppe. Evan sagte den anderen, sie sollten nach Patrick Ausschau halten, einem Irish Water Spaniel, der einer von Topaz' Teamkollegen bei den World Cynosport Games war. Sie sahen einen fantastischen Hund nach dem anderen, der sich dem Richter und der Menge präsentierte. Endlich war Patrick an der Reihe. Der Ansager sagte: „Irish Water Spaniel Nummer 9 ist Champion Boru's Patrick of Kildare's Keep. Patrick ist ein Master Agility Hund und war in der Mannschaft, die bei den World Cynosport Games im vergangenen November den dritten Platz insgesamt belegte."

Der Ansager erzählte dann Patricks Verbindung zu Kawdje, Kissy und Michael. Der zweite Ansager sagte: „Es ist wunderbar, dass Menschen und Haustiere in der Hundewelt miteinander befreundet sind und ihre Freundschaftskreise sich erweitern und neue Situationen und mehr Freunde umfassen."

Als Sam zusah, wie der Richter Patrick und sechs weitere Hunde auswählte, kommentierte er: „Das ist eine große finale Auswahl."

„Ich drücke Patrick die Daumen", sagte Evan. „Wäre es nicht großartig, wenn er und Kawdje Konkurrenten um Best in Show wären?"

Sie sahen gespannt zu, wie der Richter einen letzten Blick auf jeden Hund warf und dann die Hundeführer anwies, zusammen einmal um den Ring zu gehen. Als sie zu ihrem Ausgangspunkt zurückkehrten, zeigte der Richter auf Patrick.

Der Ansager sagte: „Einmal mehr wird Geschichte bei dieser Westminster Dog Show geschrieben, als der Gruppensieg in der Sporting Group durch einen Irish Water Spaniel. Champion Boru's Patrick of Kildare's Keep wurde in Irland geboren und gezüchtet."

Der andere Ansager fügte hinzu: „Irland ist bei dieser Westminster Dog Show gut vertreten. Der Irish Terrier, Champion Erin's Heart of Kilkenny, bekannt als Kenny, gewann die Terrier-Gruppe. Er wurde zwar nicht in Irland geboren, aber sein Vater und seine Mutter stammen von dort."

Während der Werbepause gab Evan Kissy ihren Abendsnack. Als sich alle für Best in Show wieder setzten, sah Kissy, dass all ihre Welpen schliefen, und beschloss, auf dem Schoß ihres Papas zu sitzen. Sie tapste zu Evan und setzte sich hin, schaute zu ihm hoch und wollte, dass er sie aufnahm. Automatisch griff er nach unten, und ohne den Blick vom Bildschirm zu nehmen, hob er sie auf und platzierte sie bequem auf seinem Schoß.

Einer der Ansager stellte die Finalisten vor: „Wir haben den Old English Sheepdog namens Busy Betty aus der Hütehundgruppe; den Pyrenäenberghund namens Awesome aus der Arbeitsgruppe; Lacey, die Saluki aus der Laufhundgruppe; Kawdje, den Tibet Spaniel aus der Nicht-Sport-Gruppe; Kenny, den Irish Terrier aus der Terriergruppe; Patrick, den Irish Water Spaniel aus der Sporting Group, und Peewee, den Chihuahua aus der Spielzeuggruppe."

Während die Hunde und ihre Hundeführer in den Ring eintraten, fühlte sich Kawdje großartig. Der strahlende Scheinwerfer, der ihn und seine Mama umhüllte, schüchterte ihn kein bisschen ein. Er war so hell, dass er die Zuschauer nicht sehen konnte, aber er hörte den tosenden Applaus und war erfreut, dass viele Menschen ihn schätzten, auch wenn Kissy es nicht tat.

Joy sagte: „Mama hat wirklich einen Schal gekauft, damit ihr Outfit anders aussieht. Ich finde, es sieht schick aus."

Pat stimmte zu und fügte hinzu: „Kawdje sieht glücklich und interessiert aus. Er ist immer noch ‚auf Draht'."

Sie sahen größtenteils schweigend zu, wie jeder der sieben Gruppensieger den Ring entlangging und dann für den Richter „gestackt" stand. Die Zuschauer applaudierten lautstark jedem Teilnehmer. Sie sahen zu, wie der Richter zu einem Tisch ging, das riesige Siegerschleifenband aufhob und auf Lacey, die Saluki, zeigte. Das Publikum tobte.

Evan atmete tief aus, was er unbewusst angehalten hatte. „Lacey ist eine gute Wahl. Sie ist elegant und schön."

Pat sagte: „Jeder von ihnen wäre eine gute Wahl gewesen."

Joy sagte: „Ich hatte Angst, dass Mama in Ohnmacht fallen würde, wenn Kawdje gewonnen hätte. Ich bin stolz auf sie beide. Sie waren großartig."

Sam behauptete entschlossen, dass er dachte, Kawdje hätte gewinnen sollen, und Ed stimmte zu.

Patrick gab gegenüber Kawdje zu, dass er enttäuscht war, dass er gegen Lacey verloren hatte, und fragte Kawdje, ob es ihm etwas ausmache, nicht gewonnen zu haben.

Kawdje antwortete: „Nicht wirklich. Das Gewinnen hätte mich nicht länger von zu Hause ferngehalten. Ich werde morgen trotzdem Kissy der Tyrannin gegenüberstehen müssen."

Kapitel Einundvierzig

Einige Tage nach der Westminster Dog Show erhielten Essie und Evan einen Anruf von einem Mann, der sich als Aaron Breslin von ABCD Realty vorstellte. Er informierte sie, dass er und sein Partner, Cecil Diamond, Teilhaber von Sam Albrights Basketballteam seien und dass er und seine Frau, Mimi, die Westminster Dog Show gesehen hätten und von Kawdje verzaubert gewesen seien. Das Paar liebte die menschliche Geschichte darüber, wie Kawdje und Kissy mit einem großen mexikanischen Straßenhund zusammengeführt wurden und die drei Hunde das Nummer-eins-Team bei den World Cynosport Games wurden. Er fragte, ob er und seine Frau die Welpen sehen könnten, weil sie unbedingt einen haben wollten.

Evan antwortete, dass er und Essie sich freuen würden, wenn sie sie besuchen würden, fügte jedoch hinzu: „Kissy ist immer noch sehr beschützend gegenüber ihren Kleinen und lässt nicht einmal Kawdje in ihre Nähe; die Welpen haben jedoch ihre Augen geöffnet und beginnen, herumzukriechen, sodass ich denke, dass sie bereit sein wird, sie in etwa einer Woche der Welt vorzustellen."

Aaron schlug den 25. Februar gegen 14 Uhr vor, je nach Wetterlage. Evan stimmte zu, dass das in Ordnung sei.

Essie und Evan riefen sofort Jeanette an, um ihr die gute Nachricht mitzuteilen. Jeanette sagte, dass sie zehn Minuten zuvor einen Anruf von Cecil Diamond von ABCD Realty erhalten hatte und gerade dabei war, sie anzurufen. Auch Cecil und seine Frau hatten die Westminster Dog Show gesehen und waren daran interessiert, einen der Welpen von Topaz zu haben.

„Cecils geliebter Irish Wolfhound ist vor sechs Monaten im hohen Alter gestorben. Er und seine Frau entschieden sich, keinen weiteren Irish Wolfhound zu nehmen, wegen der eher kurzen Lebenserwartung dieser Rasse. Er sagte, seine Frau Arielle sei fasziniert von Michael Archangelos Namen und dachte, er müsse göttlichen Schutz haben. Das, kombiniert mit der Tatsache, dass Cecil und seine Familie einen Deutsch-Kurzhaar-Pointer hatten, als er aufwuchs, überzeugte sie, dass sie einen der Welpen von Topaz und Michael haben sollten.

Er und Arielle bevorzugen eine Hündin, sind aber auch bereit, einen Rüden zu nehmen, falls keine Hündin verfügbar ist. Ich hatte immer das starke Gefühl, dass der achte Welpe, der noch keine Familie hatte, die ihn mit offenen Armen erwartete, ebenfalls ein wunderbares Zuhause bekommen würde."

Essie, die im Schlafzimmer über das schnurlose Telefon mithörte, während sie Kissy streichelte und die Welpen überprüfte, sagte: „Aaron Breslin und Cecil Diamond müssen tief in die Tasche greifen können, wenn sie Teilhaber von Sams Basketballteam sind. Ich frage mich, ob es eine Chance gibt, sie dazu zu bringen, unsere People Pet Airline zu unterstützen."

Evan sprach aus der Küche, während Kawdje auf seinem Schoß ruhte. „Warten wir ab, bis wir sicher wissen, dass sie unsere Welpen wollen, bevor wir das Thema ansprechen. Ich werde Sarah warnen, Ed zu sagen, dass er die Dokumente für die geplante PPAL Company entstauben soll. Gordon hat einen Satz Baupläne von Kevins Entwurf, der die Modifikation einer Flugzeugkabine zur Aufnahme eines speziell für Haustiere vorgesehenen Bereichs zeigt. Es schadet nicht, die Informationen bereitzuhalten, falls sie interessiert sind."

Jeanette stimmte zu und sagte: „Cecil und Arielle kommen am Sonntag vorbei, um Topaz und die Welpen zu sehen. Ich habe Cecil versprochen, dass Michael Archangelo hier sein wird, zusammen mit Sarah und Gordon. Ich habe Michael so beschrieben, als ob er irgendwo in seinem Stammbaum einen Irish Wolfhound hätte und etwa so groß wäre wie ein Deutsch-Kurzhaar-Pointer."

Als sie sich verabschiedeten, hatte jeder von ihnen die Hoffnung im Herzen, dass vielleicht ihr Ziel, sicheren und komfortablen Flugverkehr für Haustiere zu bieten, Realität werden würde.

Während der Fahrt zu Jeanette und Coles Haus am Sonntagnachmittag sagte Sarah: „Ich hoffe, sie sind es wert, einen der Welpen von Michael und Topaz zu bekommen. Sie mögen steinreich sein, aber das garantiert nicht, dass sie ein liebevolles Zuhause bieten werden."

Gordon antwortete: „Lass uns beobachten, wie Michael und Topaz auf sie reagieren. Das ist der entscheidende Test."

Sie sahen einen Lexus-SUV in der Auffahrt parken.

„Ich denke, sie sind schon da", bemerkte Gordon.

Jenny war von Welpen umgeben und bereit, nach draußen zu stürmen, als sie die Tür öffnete. Gordon und Sarah schoben Michael ins Haus, bevor sie schnell in die Mitte der Welpen traten und die Tür schlossen. Die Welpen zogen an dem Handtuch, mit dem Sarah Michaels Pfoten abwischte. Während Sarah und Gordon langsam und vorsichtig ihre Schuhe auf der Fußmatte im hinteren Flur abwischten, attackierten die Welpen ihre Schnürsenkel. Das Paar hängte ihre Jacken außerhalb der Reichweite der verspielten Welpen auf. Sie gingen ins Wohnzimmer, wobei sie sorgfältig ihren Weg durch die Welle der Welpen suchten, die herumsprangen, rutschten und um sie herum, vor ihnen, hinter ihnen und zwischen ihnen herumtollten. Gordon nahm ihren Welpen hoch und sagte zu Sarah, dass er vorhabe, sie während des gesamten Besuchs in seinen Armen zu halten, damit die Diamonds nicht versuchen würden, sie für sich auszuwählen.

Michael und Topaz begrüßten sich liebevoll und ließen sich nebeneinander in einer Ruheposition nieder, während ihre Welpen um sie herumkrabbelten und auf sie sprangen. Topaz vertraute Michael an, dass sie seine täglichen Besuche willkommen hieß und von den Welpen, die jetzt so überschwänglich und lebhaft waren, dass sie lästig wurden, eine Überdosis bekam.

„Bis zur letzten Woche hätte ich nie gedacht, dass ich sie jemals in andere Häuser abgeben könnte."

Arielle zeigte auf Topaz und Michael. „Sie sind wie ein glückliches Ehepaar, das sich liebevoll aneinander kuschelt."

Sie ging zu ihnen hinüber und kniete sich hin. Sie streichelte ihre Köpfe und sagte: „Michael, du bist wie eine kleinere, zotteligere Version meines geliebten Muldoon, der vor etwa sechs Monaten gestorben ist."

Cecil gesellte sich zu seiner Frau und streichelte die langen, seidigen Ohren von Topaz und sagte ihr, dass sie ihn an Max erinnerte, den wunderbaren Deutsch-Kurzhaar-Pointer, mit dem er aufgewachsen war.

Arielle sagte: „Schatz, wir müssen unbedingt einen dieser Welpen haben!" Michael und Topaz spürten, dass dieser Mann und diese Frau Mama und Papa eines ihrer Welpen werden würden, und sie waren einverstanden. Topaz leckte die Hand des Mannes und „wuffte" tief in ihrer Kehle, als er seinen Kopf auf ihren legte. Jeanette sah, dass Arielle und Cecil Michaels und Topaz' Zustimmung gefunden hatten. Sie fragte, ob sie Sie wählte einen Welpen aus und sagte, sie würde ihm ein Halsband anlegen, um ihn zu identifizieren. Sie hob Pats Welpen auf und sagte, dass ihr Name Pearl Angel Mary of Heaven Sent sei und sie zu Sarahs Tochter Pat gehöre, die die Tierärztin der Welpen und von Topaz war.

Arielle rief aus: „Was für ein bezaubernder Name!"

Jeanette beschloss, dass dies eine gute Gelegenheit war, Arielle und Cecil von ihrem Vorhaben zu erzählen, eine neue Hunderasse namens Angel Dogs einzuführen, und ihnen die offiziellen Namensanforderungen und Verpflichtungen zu erklären, an die sich jede Familie rechtlich halten muss.

Jeanette schlug vor, sich hinzusetzen, während sie und Sarah die Vereinbarung erklärten, die jede Person unterzeichnen muss, die einen Welpen in ihre Familie aufnehmen möchte. Sie erzählte, dass sie und Sarah planten, eine neue Rasse namens Angel Dogs zu gründen und dass ein strenges Zuchtprogramm eingehalten werden müsse, das von ihr selbst, Sarah und Pat genehmigt und geleitet würde. Präzise Aufzeichnungen über Paarungen und Nachkommen müssten geführt werden. Der offizielle Name jedes Welpen müsse mit dem Namen eines Edelsteins beginnen, gefolgt von dem Wort Angel oder Archangel oder einer Gottheit, dann dem Namen, der den Engel/Erzengel/die Gottheit identifiziert, und dem Suffix „Heaven Sent".

„Möchtet ihr trotz dieser Anforderungen und Einschränkungen noch einen Welpen?"

Arielle sagte: „Ich bin sogar noch begeisterter, einen dieser kostbaren Welpen zu haben."

Sie wandte sich an ihren Mann und fragte: „Und du?"

Cecil sagte: „Ich habe mich in Topaz und Michael verliebt, als ich sie zum ersten Mal gesehen habe. Ich wäre stolz darauf, an der Etablierung dieser neuen Angel Dog-Rasse teilzunehmen. Wann können wir unseren Welpen mit nach Hause nehmen?"

Jeanette antwortete, dass die Welpen drei Monate alt sein müssten, bevor sie in ihre neuen Familien gehen könnten.

Sarah sagte: „Wann immer ihr euch für einen Namen entscheidet, lasst es Jeanette wissen, und wir werden beginnen, diesen Namen für euren Welpen zu verwenden."

Arielle sagte, dass sie den kleinen Welpen liebte, der gerade die Schnürsenkel ihrer Turnschuhe kaute. Cecil bückte sich, hob den Welpen hoch, der ihn ansah und fröhlich bellte.

Er sagte zu seiner Frau: „Sie ist ein Mädchen."

„Das ist perfekt. Wir können uns in Zukunft auf Welpen freuen." Arielle fügte hinzu: „Nennen wir sie Diamond Archangel Gabrielle of Heaven Sent. Offensichtlich ist Diamant mein Lieblingsedelstein, und Gabrielle passt, weil sie so gesprächig ist. Außerdem klingt Gabrielle gut zu Arielle. Wir können sie Gabby nennen."

„Ich mag es, Liebling." Cecil küsste den Welpen, der das erwiderte, indem er ihm das ganze Gesicht ableckte.

Jeanette entschuldigte sich, um einige Erfrischungen vorzubereiten. Während sie in der Küche war, sagte Jenny, dass sie den neuen Namen des Welpen für einen der schönsten hielt, den sie je gehört hatte. Arielle fragte Jenny, ob sie auch einen der Welpen nehmen würde, und Jenny erzählte ihr von den Welpen von Kissy und Kawdje und dass sie sich einen dieser Welpen für sich ausgesucht hatte. Sie erwähnte, dass sie auf ihre Junior Handler's Senior Agility Certificate hinarbeite.

Gerade als sie das sagte, brachte Jeanette ein Tablett mit heißen Getränken und Keksen ins Wohnzimmer und sagte stolz, dass ihre Nichte beim World Cynosport Games den ersten Platz in der Junior Handler's Intermediate Level gewonnen hatte und dass Jenny die jüngste Teilnehmerin auf ihrer Ebene war.

Arielle und Cecil waren beeindruckt und sagten es auch. Jenny strahlte vor Freude und erzählte von ihrem Flugzeugflug mit Onkel Cole, weil ihre Tante Jeanette und Topaz mit dem Auto nach Arizona zu den Spielen fahren mussten.

„Warum seid ihr nicht alle zusammen geflogen?", fragte Arielle.

„Weil Topaz im Frachtraum mit dem Gepäck hätte reisen müssen", antwortete Jenny.

Sarah meldete sich zu Wort. „Die Bedingungen für Haustiere bei Flugreisen sind miserabel. Mein Mann Michael und ich sind auch nach Arizona gefahren, ebenso wie die Kilmers, die mit ihren Haustieren Kissy und Kawdje die lange Reise auf sich nahmen."

Sarah beschrieb die Erfahrung, Michael von San Miguel de Allende nach Pennsylvania per Flugreise zu bringen. Cecil stellte Fragen zu den Bedingungen für Haustiere beim Fliegen, und Gordon informierte ihn über alles, was er wusste, und erwähnte, dass er, Cole, Evan, ihre Frauen und Kinder versucht hatten, eine haustierfreundliche Fluggesellschaft zu gründen.

„Wir haben eine Genehmigung für unsere neue Fluggesellschaft und Pläne für Modifikationen, die an Flugzeugen vorgenommen werden könnten, um Haustiere in der Hauptpassagierkabine unterzubringen, und dann könnten die eingesperrten Haustiere über einen Aufzug an Bord gebracht werden. Wir konnten es finanziell nicht schaffen und haben keine Geldgeber mit tiefen Taschen gefunden."

„Interessant", sagte Cecil. „Ich möchte die Bedingungen für Haustiere beim Fliegen mit meinem Partner besprechen. Ich habe einige Ideen, die ich Aaron vorschlagen werde, bevor ich mich wieder zu eurer haustierfreundlichen Fluggesellschaft melde."

Als die Diamonds gingen, fragten sie, wie oft sie Gabrielle besuchen dürften. Jeanette schlug vor, dass sie vorher anrufen sollten, wann immer sie vorbeikommen wollten, und sie würde versuchen, es einzurichten.

Bevor Cecils und Arielles Auto das Ende ihrer Auffahrt erreicht hatte, war Jeanette bereits am Telefon und erzählte Essie und Evan alles über ihren Besuch.

„Stellt sicher, dass ihr das Thema unserer haustierfreundlichen Fluggesellschaft beiläufig zur Sprache bringt, wenn ihr Aaron Breslin und seine Frau trefft. Jenny hatte das Thema angesprochen, als sie Arielle und Cecil von ihrem Flug nach Arizona mit ihrem Onkel Cole erzählte, während ich mit Topaz fahren musste, um zu vermeiden, dass sie im Frachtraum mit dem Gepäck untergebracht wird. Ich konnte sehen, wie die beiden ihren kleinen Welpen ansahen und sich vorstellten, dass er allein im Frachtraum eingeschlossen und verängstigt wäre. Sie schauderten praktisch!"

Bevor Sarah, Gordon und Michael aufbrachen, verkündete Sarah, dass sie den offiziellen Namen für ihren Mädchenwelpen gewählt hatte. „Es ist Joaquinite Archangel Michelle of Heaven Sent. Sie hat Flecken aus braunem, leberfarbenem Fell, und Joaquinite ist ein Mineral, das in Farben von Honiggelb bis Braun reicht. Es ist als ‚Sweetheart Stone' bekannt, weil es die Liebe in Beziehungen fördert. Wir werden sie Michelle nennen, da dies die weibliche Form von Michael ist."

Jeanette rief aus: „Was für ein wunderbarer Name! Ich wünschte, ich könnte mich auf einen Namen festlegen, aber da Cole und ich noch nicht wissen, welchen Welpen wir behalten werden, kann ich es nicht."

Kapitel Zweiundvierzig

Am nächsten Nachmittag streichelten Aaron und Mimi Breslin Kissy und schwärmten von den Welpen.

Kawdje schlich draußen vor der Schlafzimmertür herum, unsicher über seine Begrüßung.

Kissy schien in letzter Zeit weniger feindselig ihm gegenüber zu sein, und sie hatte mehr Zeit

von den Welpen entfernt verbracht. Er schlich in das Zimmer und sah sehnsüchtig auf seine Welpen, die außerhalb ihrer Box herumkrochen. Er fragte sich, warum Kissy diesen Fremden erlaubte, mit ihnen zu spielen, ihn aber nicht in ihre Nähe ließ.

Er beschloss, dass er genug von ihrer gemeinen Behandlung hatte.

Evan sah Kawdje, wie er sich in den Raum schlich. Er ging auf ihn zu, hob ihn hoch, trug ihn zur Welpenbox und setzte ihn auf den Teppich neben zwei der Kleinen. Kawdje sah ängstlich zu Kissy hinüber, die die Aufmerksamkeit, die sie von der fremden Dame bekam, sichtlich genoss. Kawdje schnupperte an den beiden Welpen in seiner Nähe. Sie krochen um ihn herum, leckten an seiner Schnauze und schauten in sein Maul. Kawdje war verzaubert von ihnen. Er fühlte so viel Liebe in sich aufsteigen, dass sie nach außen floss und alle im Raum einschloss. Ein weiterer Welpe watschelte auf ihn zu, dann noch einer, sodass alle vier seiner Welpen um ihn herum waren.

Essie sagte: „Das ist das erste Mal seit ihrer Geburt, dass die Welpen auf ihren Papa treffen."

Bei Aarons und Mimis fragenden Blicken beschrieb sie Kissys Verhalten gegenüber Kawdje direkt nach der Geburt der Welpen.

Aaron streichelte Kawdje. „Du bist ein hübscher Kerl. Meine Frau und ich haben es genossen, dich im Fernsehen zu sehen."

Er sagte zu Mimi: „Ich mag den Welpen, der wie Kawdje aussieht," während er ihn aufhob und verkündete: „Sie ist ein Mädchen."

Sein Herz schmolz, als der kleine Welpe begann, seine Finger zu lecken und daran zu saugen.

„Sie ist die Richtige für uns. Wie sollen wir sie nennen?"

Mimi dachte ein paar Augenblicke nach, bevor sie sagte: „Darling Acres Kissy's Caressa, und wir werden sie einfach Caressa nennen."

„Das gefällt mir," sagte Aaron, während er Caressa an seine Wange drückte.

„Aaron, ich möchte Caressa mitnehmen, wenn wir nach Belize reisen. Ich möchte nicht von ihr getrennt sein Ich kann es kaum ertragen, mich heute von ihr zu trennen, selbst wenn ich weiß, dass sie zu jung ist, um von Kissy und Kawdje wegzugehen."

Evan sagte schnell: „Wann immer ihr nach Belize fliegt, wird Caressa im Frachtraum mit dem Gepäck untergebracht. Sie wird zu groß werden, um bequem in eine Transportbox zu passen, die unter einen Sitz in der Kabine geschoben werden kann. Jedes Haustier, das nicht in eine Transportbox passt, die unter einen Sitz passt, muss im Frachtraum reisen."

Aaron sagte: „Mein Partner und ich sind dabei, ein Resort in Belize zu eröffnen. Wir stellen es uns als ein Familienresort vor, und Familie schließt

Haustiere ein. Ich werde mit ihm darüber sprechen, Einrichtungen für Haustiere zu integrieren."

Evan sagte: „Die meisten Leute, die ich kenne, fahren zu Urlaubszielen, weil sie ihre Haustiere nicht den aktuellen Bedingungen des Flugverkehrs aussetzen wollen. Gibt es eine Chance, dass du und dein Partner in Erwägung zieht, eine haustierfreundliche Fluggesellschaft zu gründen? Mein Schwiegersohn, Sam Albright, den du kennst, ist bereit, etwas Geld in das Unternehmen zu investieren, ebenso wie ich und einige meiner Freunde. Wir haben einen Anwalt in der Familie, der eine Charta für PPAL, was für People Pet Air Lines steht, erstellt hat. Seine Frau ist Pat Palliser und sie ist unsere Tierärztin und die Tochter der Frau meines Bruders. Pat hat ein Dokument ausgearbeitet, das die Regeln und Vorschriften der Luftverkehrsbedingungen für Haustiere bei PPAL beschreibt. Mein Neffe Kevin wird bald sein Studium der Luft- und Raumfahrttechnik an der Purdue University abschließen und hat eine Flugzeugpassagierkabine entworfen, die Platz für Haustiere bietet."

Aaron sagte: „Klingt, als wäre die ganze Familie bei PPAL involviert. Mein erster Gedanke ist, dass wir Flugstrecken zwischen einigen nordöstlichen Städten und unserem Familienresort in Belize einrichten könnten. Wenn es erfolgreich ist – kein Wortspiel beabsichtigt – könnten wir mehr Routen eröffnen. Ich treffe mich heute Abend mit Cecil. Ich bin auf jeden Fall interessiert und verspreche, mich bei dir zu melden."

Kissy beobachtete Mimis Interaktion mit ihrem Welpen und wusste, dass sie bald wiederkommen würde, um ihn mitzunehmen. Sie fühlte sich gleichzeitig traurig und froh. Sie erinnerte sich daran, wie sehr sie damals gewollt hatte, das Zuhause zu verlassen, in dem sie geboren worden war, um ihre eigenen Menschen zu haben und die Königin ihres eigenen Zuhauses zu sein. Sie hatte ihre Mutter an jenem Tag vor langer Zeit verlassen und sich nicht einmal verabschiedet. Sie war immer glücklich gewesen, hier mit ihrer Mama und Papa und Kawdje zu leben. Sie hatte von dem Moment an, als ihre Welpen geboren wurden, gewusst, dass auch sie eines Tages zu anderen Familien gehen würden, um Liebe und Freude in ihre neuen Häuser zu bringen. Sie hoffte, dass sie gelegentlich alle ihre Welpen sehen könnte, nur um sicherzugehen, dass sie glücklich waren und von ihren Abenteuern zu hören.

Nachdem Aaron und Mimi Breslin gegangen waren, blieb Kawdje im Schlafzimmer bei seinen Welpen. Er war überglücklich, weil Kissy wieder, nun ja, Kissy war. Sie ging auf ihn zu, trat vorsichtig zwischen die Welpen und kuschelte sich an ihn. Sein Herz war erfüllt von Liebe und Zufriedenheit. Was könnte er sich mehr wünschen? Seine Welt war perfekt!

Einige Tage später rief Aaron Evan an, um ein Treffen in seinem und Cecils Büro in der Innenstadt zu vereinbaren, um über PPAL zu sprechen. Sie wollten, dass jeder, der in irgendeiner Weise zur Idee beigetragen hatte, anwesend war. Evan erklärte, dass sein Neffe Kevin an der Universität sei und wahrscheinlich nicht an der Besprechung teilnehmen könne, aber eine Videokonferenz arrangiert werden könnte oder er zu einem späteren Zeitpunkt mit ihnen zusammenkommen könnte. Aaron sagte, das wäre in Ordnung. Er sagte, dass Cecil Cole und Jeanette über das Treffen informieren würde, weil er das Paar getroffen hatte, als er einen ihrer Welpen aussuchte. Evan versprach, sich nach Rücksprache mit allen Beteiligten mit mehreren möglichen Terminen bei Aaron zu melden.

Evan legte auf und rannte aufgeregt durchs Haus, um Essie zu rufen. Er fand sie in der Waschküche, wo sie frisch gewaschene und getrocknete Welpenhandtücher zusammenfaltete, eine Aufgabe, die sie jeden Tag erledigte. Er erzählte ihr von seinem Gespräch mit Aaron.

Essie sagte: „Ich habe das Gefühl, dass unsere haustierfreundliche Fluggesellschaft sofort ein Erfolg wird, und ich denke, dass es ein Anreiz sein wird, die Kunden zu ermutigen, ihre Haustiere mit in den Urlaub ins Resort nach Belize zu nehmen

wird das Geschäft tausendfach steigern. Das Beste daran ist, dass du und ich ihr Geschäft zum Blühen bringen, indem wir einen entspannten Urlaub in ihrem Resort in Belize mit Kissy und Kawdje machen."

Evan schlang seine Arme um die immer noch schlanke Taille seiner Frau, zog sie nah zu sich und sagte: „Das werden wir auf jeden Fall."

Es war ein kalter Tag im Februar, als sich alle in einem schicken Besprechungsraum im Zentrum von Philly trafen, um über PPAL zu sprechen. Ed verteilte an alle Kopien der Charta, die er im Vorjahr erstellt hatte. Pat hatte Kopien ihrer vorgeschlagenen Regeln und Vorschriften für die Luftreise mit Haustieren dabei, die sie ebenfalls verteilte. Gordon brachte Kopien der Baupläne von Kevins Design für eine Flugzeugkabine mit, die Haustiere und Menschen unterbringen sollte, sowie die Änderungen, die an bestehenden Flugzeugen vorgenommen werden könnten, um einen hydraulischen Lift zu installieren, mit dem Haustiere in Käfigen direkt vom Boden in den Kabinenbereich transportiert werden könnten.

Aaron und Cecil durchblätterten die Dokumente.

Schließlich sagte Cecil: „Ich bin beeindruckt. Wir lassen unsere Anwälte diese Charta prüfen. Wir arbeiten wegen der Hotels und Resorts, die wir kaufen und renovieren oder von Grund auf neu bauen, mit einer großen Ingenieurfirma zusammen, daher lassen wir Ingenieure Kevins Baupläne untersuchen. Wir haben keine Tierärzte zur Verfügung, aber wir möchten, dass unsere rechtlichen Berater die Regeln und Vorschriften für Haustiere überprüfen. Wir haben großes Vertrauen in die Arbeit, die ihr alle geleistet habt; jedoch glauben wir fest an Zweitmeinungen."

Aaron fügte hinzu: „Ich denke, PPAL ist eine großartige Idee und wenn Cecil und ich uns dafür entscheiden, möchten wir, dass es erfolgreich wird. Wir wissen, dass ihr bereit seid, eine finanzielle Verpflichtung einzugehen, und obwohl euer Eigentumsanteil klein wäre, möchten wir, dass ihr eine aktive Rolle bei der Verwaltung und/oder Förderung der Fluggesellschaft übernehmt, weil wir glauben, dass euer Engagement für ihren Erfolg entscheidend sein wird."

Das Treffen dauerte mehrere Stunden. Aaron und Cecil waren beeindruckt von Eds Wissen über die internationalen Rechtsvorschriften für Haustiertransporte und Pats Verständnis dafür, wie Haustiere während der Reise und nach Erreichen des Ziels sicher gehalten werden können, sowie von ihrem Wissen über Impfanforderungen für Haustiere, die in andere Länder einreisen. Sie hörten Sarah, Gordon und Pat zu, wie sie über die Logistik sprachen, ein Haustier in einen Flughafen zu bringen, es in einen PPAL-Kennel zu setzen und den Weg vom Check-in-Punkt bis zur Kabine zu beschreiben.

Pat erklärte: „Das Ziel ist es, dass Haustiere sich in Bezug auf die Temperatur genauso wohl fühlen wie Menschen, unabhängig von den äußeren Wetterbedingungen. Wir möchten, dass sie sicher im Flughafenterminal untergebracht sind, bis sie in die Flugzeugkabine gebracht werden. Die Flugbegleiter wären nicht dafür verantwortlich, sich um Haustiere zu kümmern, aber sie wären verpflichtet, einem Familienmitglied zu helfen, das bei der Pflege seines Haustiers Hilfe benötigt. Zum Beispiel, wenn ein Haustier luftkrank wird, wäre ein Flugbegleiter verpflichtet, Reinigungstücher bereitzustellen, damit das Familienmitglied die Transportbox reinigen kann. Wir wollen nicht, dass sie unter Bedingungen reisen, bei denen die Gefahr besteht, dass sie verloren gehen, wie es bei unserem Gepäck manchmal der Fall ist."

Pat holte tief Luft und fuhr fort: „Ich denke, PPAL sollte eine Abteilung für tierärztliche Beratung haben, die ich leiten möchte."

Aaron grinste. „Ich stimme zu. Es sollte eine Abteilung für tierärztliche Beratung geben, und du bekommst meine Stimme, um diese Abteilung zu leiten."

Cecil sagte: „Du hast auch meine Stimme. Da ABCD Realty keine tierärztliche Beratungsfirma hat, schlage ich vor, dass du die Regeln und Vorschriften für Haustiere nimmst und sie von anderen Tierärzten prüfen lässt, zum Beispiel von einigen deiner Professoren an der Veterinärmedizinischen Fakultät, an der du studiert hast. Zweitmeinungen sind hilfreich, auch wenn es nur darum geht, deine eigene Meinung zu bestätigen."

Nach weiteren Diskussionen sagte Jeanette: „Es ist meiner Nichte Jenny zu verdanken, dass wir den eingängigen Namen PPAL für die

Fluggesellschaft haben. Könnte sie in irgendeiner Weise anerkannt oder belohnt werden?"

Sarah schlug vor: „Lasst sie in einem Werbespot mit einigen unserer Haustiere auftreten."

Alle waren begeistert von der Idee und stellten sich vor, wie ihr Haustier in einem PPAL-Werbespot auftreten könnte.

Als das Treffen zu Ende ging, versprachen Aaron und Cecil, alle über den Fortschritt auf dem Laufenden zu halten und bald ein Treffen von Ed und Pat mit der Rechtsabteilung von ABCD Realty zu arrangieren.

Kapitel Dreiundvierzig

Einige Tage nach dem Treffen mit Aaron und Cecil loggte sich Gordon auf der USDAA-Website ein und überprüfte die Agility Top Ten-Listen. Die höchstplatzierten Teilnehmer auf dem Masters-Level, in jeder Sprunghöhenklasse jeder Kategorie, wurden für das Vorjahr aufgeführt.

Michael belegte den fünften Platz in den Tournament Top Ten, weil er die Grand Prix und Steeplechase der South Central Regional Championship gewonnen hatte. Er erreichte den siebten Platz auf der Top Ten-Liste für den Masters Relay, den zehnten Platz auf den Masters Jumpers- und Masters Standard Agility Top Ten-Listen und hielt den neunten Platz auf der Masters Snooker-Liste. Es war eine bemerkenswerte Leistung, wenn man die kurze Zeit berücksichtigt, die er auf dem Dog Agility Circuit war.

Während Michael auf dem Masters-Level bei den Southwestern und South Central Regional Championships angetreten war, hatte Topaz dies in Ohio und Kissy und Kawdje in Massachusetts getan, wo ihre ausgezeichneten Platzierungen nicht annähernd gegen so viele andere Konkurrenten wie bei Michael erfolgt waren, sodass sie nicht so viele Punkte gesammelt hatten.

Gordon rief nach Sarah, damit sie kommen und sehen konnte, wie berühmt sie und Michael waren. Sarahs Name war neben Michaels aufgeführt, weil der Hundeführer genauso wichtig, wenn nicht sogar wichtiger als der Hund ist.

Das Telefon klingelte, und es war Evan, der anrief, um Sarah zu gratulieren. Während sie sprachen, erwähnte Evan, dass er bezweifelte, dass sich Kissy rechtzeitig von den körperlichen Anforderungen der Geburt und der Pflege von vier großen Welpen erholen könne, um zu Beginn der Dog Agility-Saison zu konkurrieren, und fragte sich laut, ob Topaz bereit sein würde, wenn die Saison begann.

„Die Dog Agility-Saison beginnt im April", sagte Evan. „Ich denke, ich werde Jeanette anrufen."

Nachdem Evan sich von Jeanette verabschiedet hatte, die sicher war, dass Topaz Ende April oder Anfang Mai bereit sein würde, bemerkte er, dass Kissy zu seinen Füßen saß. Ihr Kopf wackelte. Er rief nach Essie, die angerannt kam, weil sie den Alarm in seiner Stimme hörte.

„Kissys Kopf wackelt. Ich habe ihren Hals berührt, und ich kann Zittern unter meinen Fingern spüren. Ich denke, sie hat einen schweren Kalziummangel."

Essie rannte aus dem Zimmer, fand das Kalziumpräparat und gab Kissy schnell etwas davon.

„Ich habe ihr das jeden Tag gegeben und die Dosis nach Pats Anweisungen erhöht. Ich bin werde Pat sofort anrufen." Sie wählte Pats Nummer mit zitternden Fingern. Nach fünf Klingeln schaltete sich der Anrufbeantworter ein, und sie beschrieb Kissys Symptome und fügte hinzu, dass sie, falls sie nicht innerhalb von fünfzehn Minuten von ihr hören würde und sich Kissys Zustand bis dahin nicht gebessert hätte, sie ins nächstgelegene Tiernotfallkrankenhaus bringen würde.

Fünfzehn Minuten später gab Essie Kissy eine weitere Dosis Kalziumpräparat und wickelte sie in eine warme Decke, während Evan in seine Winterjacke schlüpfte. Er bestand darauf, dass Essie zu Hause bei den Welpen und Kawdje blieb, während er Kissy ins Krankenhaus brachte.

Eine Stunde später rief Ed an und sagte, dass er gerade nach Hause gekommen sei und ihre Nachricht abgehört habe.

„Ich kann Pat auch nicht erreichen. Sie nimmt an einem Seminar teil und muss ihr Handy ausgeschaltet haben. Ich werde sie so schnell wie möglich kontaktieren, damit sie sich bei euch meldet."

„Keine Sorge, Ed. Kissy wird in der Tiernotfallklinik versorgt. Ich erwarte jeden Moment eine Nachricht von Evan. Ich halte dich über die Situation auf dem Laufenden."

Essie hatte gerade aufgelegt, als das Telefon erneut klingelte. Sie griff nach dem Hörer und war erleichtert, Evans Stimme zu hören. Er erzählte ihr, dass der Tierarzt eine Blutprobe genommen und Kissy dann Kalzium intravenös in einer Infusion verabreicht hatte.

„Kissys Blutprobe zeigte, dass ihr Kalziumspiegel nur leicht unter dem Normalwert lag. Der Tierarzt meinte, dass die Kalziumdosen, die du ihr gegeben hast, bevor ich sie brachte, bereits in ihrem System aufgenommen wurden, weshalb ihr Serumkalzium nicht als gefährlich niedrig registriert wurde. Er sagte, die Welpen müssten innerhalb der nächsten Tage vollständig entwöhnt werden. Bis dahin sind sie fast sechs Wochen alt. Während der Entwöhnungsphase sollen wir Kissy dreimal täglich ihr Kalziumpräparat geben, und wenn sie Anzeichen eines Mangels zeigt, darf sie die Welpen nie wieder säugen."

Kissy fühlte sich am nächsten Morgen viel besser. Ihr Herz schlug wieder normal und ihre Muskeln fühlten sich nicht mehr schmerzhaft verspannt und steif an. Sie tappte die Treppe hinauf und folgte Kawdje ins Schlafzimmer, wo ihre Welpen waren. Sie liefen zu Kawdje und krochen über ihn, als er sich hinlegte. Sie schnüffelten an seinen Ohren, leckten seine Schnauze und schauten ihm in den Hals, als er in einem großen Gähnen sein Maul öffnete. Er sprach mit ihnen und sie machten fröhliche Geräusche, die ihm in Welpengebrabbel sagten, dass sie ihn liebten.

Kissy biss die Zähne zusammen. Es war so unfair, dass die Welpen so ein Aufheben um ihren Vater machten. Sie fühlte sich, als wolle sie ihre

Pfoten auf seinen Kopf schlagen. Sie war es, die sie säugte. Sie war es, die sie sauber leckte und über sie wachte, um sicherzustellen, dass sie nichts taten, was ihnen schaden könnte. Sie brachte ihnen fleißig bei, die Piddle-Pads zu benutzen, die ihre Mama zwischen ihrer Schlafbox und dem Spielbereich auslegte. Sie lehrte sie, die dicke Formel und das Müsli zu schlecken, das ihre Mama bereitstellte, und sie leckte ihre Schnauzen danach sauber. Sie stand immer Wache über ihnen, während Kawdje kam und ging, wie es ihm gefiel.

„Ich wette, sie lieben ihn mehr als mich", dachte sie. „Ich mache die ganze Arbeit und er bekommt die ganze Belohnung." Sie stürmte über den Schlafzimmerteppich und knurrte Kawdje frustriert an. Sie beschuldigte ihn, niemals dabei zu helfen, die Welpen sauber zu machen, sie zu beschützen oder ihnen die guten Gewohnheiten und Manieren beizubringen, die sie brauchen würden, um ein geliebtes und respektiertes Familienmitglied eines Haushalts zu werden.

Die Welpen hoben ihre unschuldigen Augen und starrten ihre Mutter verblüfft an.

Essie hatte gerade frisch gewaschene Kleidung in den Schrank im Schlafzimmer gehängt und hielt inne, um diese Auseinandersetzung zu beobachten. Kawdje stand hastig auf und floh in den Flur. Essie wusste, dass die Welpen von der wütenden Reaktion ihrer Mutter schockiert waren. All ihre spielerische Aktivität war abrupt gestoppt. Essie beobachtete weiter, wie Kissy ihre Schnauzen leckte und versuchte, sie dazu zu bringen, ihre spielerischen Aktivitäten mit ihr wieder aufzunehmen, aber sie rührten sich nicht. Essie ging zu den Welpen und setzte sich zu ihnen. Sie scharten sich in den Schutz ihres Schoßes

Essie fühlte mit Kissy mit. Sie erinnerte sich an die Zeiten, in denen Joy eine engere Bindung zu ihrem Vater zu haben schien als zu ihr. Essie erinnerte sich daran, wie Joy nach ihrem ersten Tag in der Schule in die Arme ihres Vaters rannte, nachdem sie mit dem Schulbus nach Hause gebracht worden war, und wie unbeachtet, eifersüchtig und ausgeschlossen sie sich gefühlt hatte. Als Essie die Welpen in den Laufstall setzte, den sie und Evan vor ein paar Wochen aus dem Dachboden geholt hatten, erinnerte sie sich liebevoll daran, wie sie Joy vor so vielen Jahren in diesen Laufstall gesetzt hatte. Sie ging die Treppe hinunter auf der Suche nach Kissy.

Sie fand sie schmollend unter dem Esstisch. Essie lockte sie heraus, hob sie in ihre Arme und verbrachte die nächsten fünfzehn Minuten damit, Kissy zu kuscheln, ihr zu sagen, wie sehr sie sie liebte und dass sie die beste Mama sei, die sich Welpen jemals wünschen könnten. Kissy beruhigte sich und hörte schläfrig den Liebkosungen zu, die ihre Mama ihr ins Ohr flüsterte. Sie fühlte sich ein wenig wertgeschätzt und war besänftigt. Sie beschloss, sich morgen mit Kawdje zu versöhnen.

„Lass ihn den Rest des Tages schwitzen", dachte sie.

Kapitel Vierundvierzig

An einem schönen und ungewöhnlich warmen Frühlingstag waren Topaz, Michael und ihre Welpen draußen. Der tragbare Zaun aus dem Gewächshaus war nach draußen transportiert und so aufgestellt worden, dass die Welpen innerhalb seiner Grenzen gehalten wurden. Topaz und Michael gingen etwa dreißig Meter entfernt umher, und als Topaz meinte, sie seien außer Hörweite, sagte sie: „Ich bin mir sicher, dass unsere Welpen bald von hier weggehen, um in ihre neuen Zuhause zu ziehen. Wir müssen ihnen sagen, wie sie sich verhalten sollen, damit ihre Familien zufrieden mit ihnen sind." „Warum? Mir hat auch niemand gesagt, wie ich mich in einem neuen Zuhause verhalten soll, und ich habe nichts getan, was Sarah missfallen hätte, nachdem sie mich gerettet hat." „Michael, du warst älter und weiser als unsere Welpen, als Sarah dich bei sich aufnahm. Außerdem, erinnere dich daran, dass es dir in deinem ersten Zuhause nicht gut ergangen ist. Ich möchte, dass unsere Kleinen einen großartigen ersten Eindruck machen. Meine Mutter und ich haben ihnen beigebracht, Piddle Pads zu benutzen, wenn sie nicht nach draußen können. Aber es gibt noch andere Regeln, die sie kennen müssen, damit sie ihre neuen Familien beeindrucken können." „Ähm, okay, aber du gehst zuerst, Topaz."

Topaz ging zum tragbaren Zaun und sprang innerhalb der Grenzen hinein. Sie forderte die Welpen auf, gut zuzuhören, weil sie ihnen etwas Wichtiges zu sagen hatte. Sie erklärte, dass bald jeder von ihnen in ein neues Zuhause gehen würde. „So ist das Leben. Ich habe meine eigene Mutter verlassen, als ich jünger war als ihr, also erinnere ich mich nicht an sie. Ich war hier immer glücklich und habe eine besondere Verbindung zu meiner Mutter." Sie hatte die volle Aufmerksamkeit ihrer Welpen, die sie mit ernsthaften und vertrauensvollen Blicken ansahen.

- „Hier sind meine Lebensregeln:
- Begrüße deine Familienmitglieder immer freudig, wenn sie nach Hause kommen.
- Benutze eine Piddle Pad oder Zeitung, wenn du es nicht bis nach draußen schaffst, um dich zu erleichtern.
- Bellen an einer Tür, um jemanden wissen zu lassen, wann immer du nach draußen oder wieder herein möchtest.
- Bellen, um deine Familie zu warnen, wenn ein Fremder zur Tür kommt oder versucht, ins Haus zu gelangen.
- Beschütze immer deine Familie und dein Zuhause.
- Höre auf deinen Namen und komme, wenn du gerufen wirst.
- Ziehe nicht an der Leine, wenn du ausgeführt wirst.
- Grabe Löcher in dem Teil des Rasens, der am weitesten von deinem Zuhause entfernt ist, vorzugsweise hinter einem Busch, der das Loch verdeckt.
- Beiß niemals jemanden, es sei denn, es ist absolut notwendig, um deine Familie zu schützen.
- Liebe immer deine Familie, egal was passiert.

Das ist unsere Aufgabe — Menschen zu lieben. Sie brauchen es. Wenn du im Gegenzug geliebt wirst — das ist wie Crème Brûlée." Mary fragte: „Mama, was ist Crème Brûlée?" „Das ist das köstlichste Dessert, das man je essen kann!" Topaz sah, dass ihre Welpen verwirrt aussahen, also erklärte sie weiter: „Wenn deine Familie dich im Gegenzug liebt, dann gibt dir das Leben etwas ganz Besonderes, das so süß und erfreulich ist wie ein Dessert wie Crème Brûlée." Sie sprang über den tragbaren Zaun und ging auf Michael zu. Er wusste, dass er nun an der Reihe war, seinen Welpen zu sagen, was sie wissen mussten, um gut zu leben und das Leben zu genießen. Er war sich nicht sicher, was er sagen sollte, aber als er zu den Welpen ging und über den tragbaren Zaun sprang, kamen ihm Gedanken in den Sinn, die er mit ihnen teilte.

- „Stecke deinen Kopf bei jeder Gelegenheit aus dem Autofenster und lass den Wind durch deine Zähne pfeifen, deine Ohren flattern und deine Schnauze und Barthaare vibrieren.
- Erbrich dich nicht im Haus oder im Auto. Versuche, nach draußen zu gelangen, bevor du es tust.
- Wenn dein Magen verstimmt ist, friss Gras. Das hilft dabei, die Dinge an einem Ende oder dem anderen zu klären.
- Heule nicht, wenn du jemals in einem Flugzeug bist.
- Bitte immer darum, bei jeder Autofahrt dabei zu sein. Genieße die Fahrt.
- Lerne zu schwimmen, wenn du die Gelegenheit hast.
- Schütze dein Zuhause und Grundstück vor Schädlingen und laufe niemals vor Rehen davon.
- Iss immer Dessert.

Merke dir das—du kannst immer zu Papa nach Hause kommen, wenn du von deiner Familie nicht geliebt und gut behandelt wirst." Die Welpen sahen besorgt wegen der letzten Bemerkung ihres Vaters aus. Topaz sprang zurück in den Kreis und sagte: „Ich bin sicher, dass eure neuen Familien euch lieben werden." Einer der männlichen Welpen fragte: „Wie kann ich zu Papa zurückkommen, wenn meine Familie mich nicht liebt?" „Sende einfach Gedanken zu mir, dass du nach Hause kommen möchtest, und dann werde ich diese Gedanken in den Kopf meiner Mama schicken. Keine Sorge! Dein Papa und ich werden deine Nachricht bekommen."

An einem Samstagnachmittag, etwa eine Woche später, kamen alle Familien der Welpen von Topaz und Michael zu Jeanette und Coles Haus, um jedes neue Familienmitglied abzuholen. Sarah, Gordon und Michael kamen vor den anderen an. Sarah half dabei, das Zuchtprogrammabkommen und das Informationsblatt über die Fütterung, Ausbildung, tierärztliche Versorgung und rechtzeitige Ratschläge zur Aufzucht eines gesunden Welpen, das Pat und Jeanette erstellt hatten, zusammenzuheften. Jede Familie musste die Papiere unterschreiben. Als John und Marie Colbert ankamen, freuten sie sich so sehr, Topaz zu sehen, dass sie sie küssten und umarmten, bevor sie

Jeanette begrüßten. Jeanette stellte sie Sarah, Gordon und Michael vor. Michael mochte sie und zeigte es sofort mit Schwanzwedeln und freundlichen Leckereien. Das erleichterte Jeanette und Sarah sehr, die das Gefühl hatten, dass seine Zustimmung viel bedeutete. Jeanette hatte John und Marie in der vergangenen Woche gesagt, dass alle weiblichen Welpen bereits Abnehmer gefunden hatten. Das Paar ließ sich zwischen den männlichen Welpen nieder, die sich auf sie stürzten. Ein dunkler gefärbter Rüde, der etwas größer als die anderen drei war, stand auf Johns Schoß und leckte ihn auf die Lippen. John hielt den Welpen an seine Brust. „Ich wurde gewählt. Das ist unser Junge.

Marie sagte: „Wir haben seit deinem Anruf, in dem du uns das Protokoll erklärt hast, wie jeder Angel Dog benannt werden soll, über einen Namen nachgedacht. Wir haben uns entschieden, unseren Jungen Malachite Archangel Raphael of Heaven Sent zu nennen. Der Urgroßvater von John hieß Raphael. Johns erstes Geschenk an mich waren ein Paar grüne Malachit-Ohrringe. Eine Freundin von mir, die sich mit New Age-Lehren beschäftigt, hat mir erzählt, dass Raphael mit der Farbe Grün assoziiert wird und Malachit dabei hilft, alle Chakren zu klären und zu aktivieren und ein Stein der Transformation ist. Ich bin mir nicht sicher, ob ich genau verstehe, was das bedeutet, aber es klingt gut."

John zog ein Halsband aus seiner Jackentasche. „Wir haben ein grünes Halsband mitgebracht, auf dem Raphaels Name und unsere Telefonnummer aufgestickt sind."

Jeanette und Sarah waren begeistert von dem Namen und auch davon, dass John und Marie ein Halsband mitgebracht hatten. Während Sarah und Pat John und Marie die Vereinbarung erklärten, ging Jeanette zur Tür, um Mark Lederman zu begrüßen.

Nach den Vorstellungen setzte sich auch Mark zu den männlichen Welpen. Michael und Topaz erinnerten sich an ihn. Sie nahmen den Geruch von Harry Houdini an ihm wahr und entspannten sich. Sie waren sich sicher, dass Harry ein guter Mentor und Freund für einen ihrer Welpen sein würde.

Mark streichelte beide. „Keine Sorge. Ich werde einem eurer Welpen ein gutes Zuhause bieten. Er wird gut versorgt und sehr geliebt werden."

Er sagte zu Jeanette: „Ich erwarte keine Rivalität zwischen dem Welpen und Harry. Harry wurde im Alter von acht Monaten kastriert. Es wird zwei bis drei Jahre dauern, bis mein Welpe bereit ist, der Alpha-Hund zu sein, und bis dahin wird Harry acht bis neun Jahre alt sein und bereit sein, das Alpha-Mantel weiterzugeben."

Jeanette fragte, ob er schon einen Namen gewählt habe, und Mark antwortete: „Meine Frau hat Mineralien, Kristalle und Steine recherchiert und ist auf Kyanit gestoßen. Das Mineral ist blau und muss niemals gereinigt oder geklärt werden, da es keine negativen Energien oder Schwingungen ansammelt oder behält. Sie hat Erzengel Jeremiel gewählt, weil ihr Vater Jeremy heißt. Also lautet der Name unseres Welpen Kyanite Archangel Jeremiel of Heaven Sent. Im Alltag nennen wir ihn Jerry. Das passt gut zu Harry."

Alle liebten den Namen und sagten das auch. Marie erzählte Mark den Namen ihres Welpen, während er die verbleibenden männlichen Welpen begutachtete, um seinen auszuwählen. Einer von ihnen hatte leberfarbene Ohren und einen leberfarbenen Fleck auf der Hinterhand und einen weiteren auf der Brust. Der Rest seines Fells war eine Mischung aus Grau und Weiß. Er erinnerte Mark an Harry Houdini. Mark hob den Welpen auf und kuschelte ihn, der direkt in seine Augen blickte.

„Hallo, Erzengel Jeremiel, du, Harry und ich werden viele glückliche Stunden damit verbringen, Dog Agility zu üben. Mit deinen Flügeln erwarte ich, dass du über die Hürden fliegst."

Es klingelte an der Tür, und Jeanette, Cole und Jenny verließen die Gruppe, um zu öffnen.

Oshi Yakamuri sagte, während Cole seinen Mantel abnahm und aufhängte: „Ich fühle mich geehrt, Ihr Gast zu sein, Dr. und Mrs. Bancroft. Sie haben ein wunderschönes Zuhause."

„Nennen Sie mich bitte Cole, Herr Yakamuri." „Und mich bitte Jeanette."

„Danke, Cole und Jeanette, und Sie müssen mich bitte Oshi nennen." „Sie haben unsere Nichte Jenny bei den World Cynosport Games kennengelernt", sagte Jeanette.

„Ich erinnere mich gut an sie. Es ist schön, dich wiederzusehen, Jenny."

Cole sagte: „Oshi, komm ins Gewächshaus, wo sich alle versammeln, und ich stelle dich den Leuten und Welpen vor." Sarah und Gordon schüttelten Oshi die Hand und stellten ihn Pat und Ed, John und Marie vor. Als er Mark vorgestellt wurde, sagten beide Männer, dass sie sich daran erinnerten, sich bei den World Cynosport Games gesehen zu haben. Oshi begrüßte dann Michael und Topaz. John, Marie und Mark zeigten ihm stolz ihre Welpen und erklärten die Namen, die sie jeweils gewählt hatten.

Oshi setzte sich auf den Boden und verschränkte seine Beine unter sich. „Bitte zeigen Sie mir, welche Welpen für meine Auswahl verfügbar sind", sagte er.

Gordon hob die beiden verbleibenden Welpen hoch und platzierte sie vor Oshi.

Jeanette sagte: „Bitte denken Sie nicht, dass Sie die Reste bekommen. Alle Welpen sind wunderbar, und Topaz, Cole und ich werden den Welpen, den Sie nicht auswählen, behalten und lieben."

Oshi sagte: „Es sind alles hervorragende Welpen. Ich kann die Ähnlichkeit mit Flügeln sehen, die das Wachstumsmuster ihres Fells ihnen verleiht. Es ist sehr ungewöhnlich und sehr auffällig."

Der Welpe neben seinem linken Knie kroch auf seinen Schoß und ließ sich auf den Rücken fallen, um seinen Bauch für eine Streicheleinheit freizugeben. Der Welpe hatte überall graue, leberfarbene und weiße Sprenkel.

Während Oshi den Bauch des Welpen streichelte, sagte er: „Ich wurde von Jade Angel God Ida-Ten of Heaven Sent ausgewählt."

Jeanette rief: „Ich erinnere mich daran, dass meine Großmutter diesen japanischen Gott anrief, wann immer sie Erfolg oder Sieg bei einem Vorhaben oder einer Angelegenheit wollte."

„Ah," sagte Oshi. „Sie erinnern sich also an etwas von Ihrem orientalischen Erbe. Meine Frau und ich haben diesen Namen gewählt, nicht nur wegen seiner Bedeutung, sondern auch, weil ‚Das ist eine Zehn' das ultimative Kompliment oder die beste Bewertung in dieser westlichen Kultur ist. Wir werden den Namen dieses kleinen Welpen für den täglichen Gebrauch auf ‚Ten' verkürzen."

Alle brachen in spontanen Applaus aus. Dieses Geräusch erschreckte die Welpen, und einer von ihnen lief zu den Piddle-Pads auf dem Boden in der Nähe der Tür zum Gewächshaus und hockte sich hin. Zwei weitere liefen zu dem Pad und taten es ihm gleich.

Marie rief: „Wie wunderbar, dass sie stubenrein sind!" Jeanette sagte: „Sie sind noch zu jung, um die ganze Nacht durchzuschlafen und trocken zu bleiben. Ich schlage vor, eine Stunde vor dem Schlafengehen keine Flüssigkeit mehr zu geben und sie, wenn das Wetter es zulässt, für einen letzten Spaziergang nach draußen zu bringen und dann sehr früh am Morgen für eine Outdoor-Pause aufzustehen. Legen Sie Piddle-Pads vor die Tür, die Sie am häufigsten verwenden, um sie rein- und rauszulassen. Sie werden sie benutzen, wenn niemand verfügbar ist, um sie nach draußen zu lassen. In ein paar Monaten wird es nicht mehr notwendig sein, dieses Ritual durchzuführen, weil sie dann physisch so weit gereift sind, dass sie die ganze Nacht durchschlafen können, ohne eine Pinkelpause zu brauchen. Sie werden auch gelernt haben zu bellen, um Ihnen mitzuteilen, wann sie raus- und wieder reingelassen werden möchten."

Es klingelte an der Tür. Jeanette und Cole entschuldigten sich und gingen, um die Donohues zu begrüßen. Sie hatten Patrick mitgebracht, ihn aber im Fahrzeug gelassen und die Fenster geöffnet, damit er sich wohlfühlen konnte.

Nachdem sie den anderen Familien vorgestellt worden waren, brachte Jeanette die weiblichen Welpen ins Gewächshaus. Sie waren im Arbeitszimmer untergebracht worden, um den Auswahlprozess der männlichen Welpen nicht zu verwirren.

„Das ist eure kleine Dame", sagte Jeanette.

„O-o-oh, sie ist wunderschön. Sie hat wirklich Flügel", rief Clodagh aus, als sie auf den oberen Rückenbereich des Welpen zeigte.

Ihr Welpe bellte und wedelte mit dem Schwanz.

„Sie will mit uns spielen", sagte Ryan. „Sie hat Temperament. Sie passt zu dem Namen, den wir für sie gewählt haben."

Clodagh verkündete: „Sie ist Emerald Goddess Brigit of Heaven Sent. Emerald ist natürlich, weil wir von der Smaragdinsel kommen. Brigit ist eine irische und walisische Kriegsgöttin, die die perfekte Balance zwischen Weiblichkeit und Macht verkörpert. Der Name bedeutet leuchtende und/oder mächtige. Brigit ist das weibliche Äquivalent von Erzengel Michael, und es gibt ein Heiligtum zu ihren Ehren in der Stadt Kildare. Patricks offizieller Name ist Boru's Patrick of Kildare's Keep. Uns gefiel die Verbindung. Wir werden sie Brigit nennen."

Die Gruppe applaudierte und begann dann sofort, sich miteinander zu unterhalten und die besonderen Bedeutungen der Namen zu teilen

Die Namen ihrer Welpen wurden von allen geteilt, und Jeanette schlich sich unbemerkt davon, um die Tür zu öffnen, schlug jedoch Sarah vorher vor, alle auf die Erklärung der Regeln ihres Zuchtprogramms vorzubereiten und die Vereinbarungen zu verteilen, die alle unterschreiben mussten.

Cecil und Arielle begrüßten ihren Welpen beim Namen, als sie das Gewächshaus betraten, und Gabrielle lief auf sie zu.

Arielle hob Gabrielle auf und hielt sie fest an sich. Sie wandte sich an Jeanette und fragte: „Welchen Namen habt ihr und Cole für euren Welpen gewählt?"

„Wir haben den Namen Sunstone sun god Hugh of Heaven Sent gewählt. Die Farbpalette des Sonnensteins umfasst Grau, Grün, Gelb, Braun, Orange, Pfirsich, Rosa und Rot. Da die Färbung der Welpen Grautöne und Brauntöne enthält, dachten wir, es wäre eine passende Wahl. Wir haben den Namen Sonnengott Hugh gewählt, der keltisch ist, weil sowohl Cole als auch ich keltisches Erbe haben. Hugh ist ein jugendlicher Sonnengott, der angeblich vielseitig talentiert und ein Alleskönner ist. Wir dachten, Sonnenstein und ein keltischer Sonnengott passen gut zusammen. Cole sagte, dass der Welpe, der bei uns bleibt, Sonny genannt wird. Und da er Topaz' Sohn ist, wird dieser Spitzname sehr treffend sein."

Jeanette schloss mit der Frage, ob alle ein Halsband und eine Leine für ihren Welpen mitgebracht hätten. Alle hatten.

„Lasst uns die Halsbänder anlegen und sie ausführen, bevor wir Mittagessen. Denkt daran, sie sind noch sehr jung und brauchen häufige Spaziergänge für ihre Töpfchenpausen."

Clodagh und Ryan trennten Brigit von den restlichen Welpen und gingen zu ihrem Auto. Sie ließen Patrick an der Leine heraus und stellten ihn Brigit vor. Er schnüffelte an ihr und erkannte, dass sie Topaz' und Michaels Welpe war. Er liebte sie sofort.

Beim Mittagessen beantworteten Jeanette und Sarah Fragen und klärten Punkte zum Zuchtprogramm und erklärten die Verpflichtungen der Teilnehmer, genaue Aufzeichnungen über alle Paarungen zu führen, die zuerst von Sarah und Jeanette genehmigt werden mussten, sowie über alle Paarungen der Nachkommen der gegenwärtigen Welpen, die ebenfalls von Sarah und Jeanette genehmigt werden mussten. Sie fügten die Bestimmung hinzu, dass zukünftige Familien der Nachkommen die Zuchtvereinbarung ebenfalls unterzeichnen müssten.

Topaz, Michael und die Welpen aßen im Gewächshaus. Linoleum bedeckte immer noch den Ziegelboden, was von Vorteil war, da die Welpen beim Essen immer Essen fallen ließen.

Michael sagte leise zu Topaz: „Ich hoffe, dass die Welpen in ihren neuen Häusern genauso gut gefüttert werden wie hier."

Topaz konnte nicht essen. Sie hatte einen Kloß im Hals und keinen Appetit. Michael verstand, dass er zwar einen seiner Welpen in Vollzeit behalten würde, Topaz jedoch alle bis auf einen verlieren würde.

„Sei nicht traurig. Du wirst Michelle fast jeden Tag sehen. Mir gefiel jede Person, die ich heute getroffen habe. Ich konnte sehen, dass jeder von ihnen den Welpen liebte, den sie ausgewählt hatten. Du wirst sie wiedersehen, und das werden Michelle und ich auch."

Topaz starrte nur auf ihr Futter.

Michael versuchte weiter, Topaz aufzumuntern. „Stell dir vor, wie laut, unordentlich und hektisch es in sechs Monaten hier wäre, wenn du sie alle noch bei dir hättest. Du würdest nie schlafen können."

Topaz schaute immer noch auf ihren Napf.

„Lass unsere Welpen nicht sehen, dass du traurig bist. Wir wollen, dass sie denken, dass das Verlassen dieses Ortes eine positive Erfahrung für sie ist."

Topaz blieb stumm, und Michael fragte: „Wenn du dein Crème Brûlée nicht essen willst, darf ich es haben?"

Topaz hob den Kopf und sah Michael an. „Ich bin traurig, aber so traurig nun auch wieder nicht!" Und sie beugte ihren Kopf und aß ihr Dessert in zwei großen Schlecken. Sie fragte sich dann kurz, wie Kissy reagieren würde, wenn ihre Welpen in andere Häuser zögen.

Kapitel Fünfundvierzig

An einem sonnigen Tag, Anfang Mai, kamen Joy und Sam zu Essie und Evans Haus.

Sie waren zum Abendessen eingeladen worden, um Sams Geburtstag zu feiern und um seinen Geburtstagswelpen mit nach Hause zu nehmen. Evan öffnete die Tür und umarmte seine Tochter, als Sneakers hinauslief und sich so groß wie möglich auf die Hinterbeine stellte, während er sich mit den Vorderpfoten an Sams Schienbeinen abstützte. Sam hob ihn in seine Arme.

Sneakers liebte es, so hoch oben zu sein. Er schaute sich um und es schien, als könne er die ganze Welt sehen. Er hatte die Liebe zu Höhen und das Verlangen, größer zu sein, von seinem Vater geerbt. Sam folgte Joy und Evan ins Haus, während er Sneakers an seine Wange geschmiegt hielt.

Blitzlichter blitzten auf und Stimmen riefen: „Alles Gute zum Geburtstag!" Jenny stand neben Jeanette und Cole und hielt ihren weißen Welpen, den sie Candy genannt hatte. Sams Teamkollege Beau Benadar und Beaus Frau Selma waren ebenfalls da. Selma kuschelte ihren männlichen Welpen. Sam sah Aaron und Mimi Breslin.

Mimi sagte, während sie Caressa kuschelte: „Mein Geburtstag ist Ende dieses Monats und Caressa ist Aarons Geburtstagsgeschenk für mich. Das ist das beste Geburtstagsgeschenk, das er mir je gemacht hat!"

Kissy und Kawdje fühlten sich wohl damit, dass Joy und Sam Sneakers mitnahmen, um mit ihnen zu leben, und dass Jenny Candy mitnahm, um mit ihr zu leben. Sie liebten sie und wussten, dass sie die Welpen oft sehen würden. Sie kannten Aaron und Mimi gut genug, um ihnen zu vertrauen, dass sie Caressa ein glückliches Zuhause bieten würden.

Sie richteten ihre Aufmerksamkeit auf Beau und Selma Benadar, die ihren großen männlichen Welpen mit dem hellen Fell und den dunklen Pfoten hielten. Sie wiederholten immer wieder den Namen Hershey. Beau war ein wirklich großer Mann, fast so groß wie Sam. Kissy und Kawdje spürten beide, dass er ein Freund von Sam war.

„Jeder Freund von Sam muss in Ordnung sein", verkündete Kawdje.

Kissy war nicht so leicht zu überzeugen. Sie ging entschlossen auf Beau und Selma zu. Sie stellte sich auf ihre Hinterbeine und stützte sich zur Unterstützung mit ihren Vorderpfoten auf Selmas Beine. Sie schaute fragend zu ihr hoch. Sie wollte sich mit der Person vertraut machen, die die Mutter ihres Welpen werden sollte.

Selma gab Hershey in Beaus Arme, dann beugte sie sich hinunter und hob Kissy in ihre Arme. Sie spürte, was Kissy dachte. Sie legte ihre Wange an Kissys Schnauze und flüsterte: „Keine"

mach dir keine Sorgen, Kissy. Mein Mann und ich werden sehr gut auf deinen Jungen aufpassen. Ich hoffe, dass Hershey ein großartiger Agility-Wettbewerber wie du und Kawdje wird, denn er und ich werden ein Agility-Team." Kissy zeigte ihre Zustimmung, indem sie Selma küsste.

Es war ein abend voller Spaß. Kissy und Evan, Essie und Kawdje gaben eine Agility-Demonstration mit den Hindernissen, die sie auf ihrem Rasen hatten. Die Welpen watschelten über das Hürdenband und unter den Sprüngen hindurch. Essie und Evan gaben Tipps zum Training der Welpen in Agility und auch zur Stubenreinheit. Jenny demonstrierte ihr Können als Agility-Hundeführerin, indem sie mit Kissy den kleinen Parcours durchlief.

Als die Dämmerung einsetzte, ging die Gruppe ins Haus und bediente sich an einem reichhaltigen Buffet. Essie hatte auch Speisen einbezogen, die Kissy und Kawdje mochten und einige, die den Welpen schmeckten. Essie servierte Crème Brûlée als Dessert sowie Milchreis, da sie fand, dass Crème Brûlée zu reichhaltig für die Welpen war. Sie hatte eine Schale mit Haferkekskrümeln für Kawdje, die Evan ihm einzeln reichte. Sam schnappte sich einige und bot einen Sneakers an, der diesen bereitwillig aß und noch einen und noch einen, bis Sams Hand leer war. Jenny bot einen Candy an, der ihn ablehnte. Mimi gab Caressa ein Stück Haferkeks, das sie verschlang. Essie riet Mimi, diese als Belohnungen zu verwenden, wenn sie Caressa für Hundeausstellungen im Conformation-Stil trainierte, falls Caressa, wie Kawdje, getrocknete Leckerlis nicht mochte. Selma Benadar versuchte, Hershey mit einem Stück Haferkeks zu verführen, aber er zeigte kein Interesse. Essie versprach Mimi, ihr das Rezept für Haferkekse zu geben.

Während Desserts und Getränke serviert wurden, erzählte Aaron allen, dass er und Cecil planten, ihr Resort in Belize innerhalb der nächsten sechs Monate zu eröffnen und dass PPAL seinen Jungfernflug nach Belize rechtzeitig zu Weihnachten machen würde. „Ich hoffe, ihr seid alle offen für die Idee, Weihnachten in Belize mit euren Haustieren zu verbringen. Es wird ein Testlauf für die Fluggesellschaft und das Resort sein. Wir möchten eventuelle Probleme in unserem Service beheben, die auftreten. Niemand wird für die Unterkunft berechnet, aber Trinkgelder werden von den Mitarbeitern des Resorts erwartet."

Was für ein tolles Weihnachtsgeschenk! Die Gruppe klatschte und jubelte. Die Welpen äußerten ihre Zustimmung durch Bellen.

Kapitel Sechsundvierzig

Als die Dog-Agility-Saison wieder begann, bemerkten Jeanette und Sarah einen Anstieg kleinerer Hunde, die in der 26-Zoll-Sprunghöhenkategorie antraten, und fragten sich, warum sie nicht in der 22-Zoll-Division waren. Sie überprüften die 22-Zoll-Kategorie und stellten fest, dass es dort Teilnehmer gab, die sie in der 16-Zoll-Kategorie erwartet hätten. Essie sah Haustiere in der 16-Zoll-Sprunghöhenkategorie, die von der Größe her in die 12-Zoll-Division passen würden. Die Freundinnen überprüften die USDAA-Website und erfuhren, dass die Internationale Föderation für Kynologische Sportarten (IFCS) Größenabteilungen hatte, die sich von der USDAA unterschieden und dass Punkte, die in einer Sprunghöhenklasse erzielt wurden, nicht in eine andere Sprunghöhenklasse umverteilt werden konnten. Die Größeneinteilungen wurden in Zentimetern und dem entsprechenden Zollwert angegeben. Sie studierten diese und waren erleichtert, dass sich für sie nichts änderte. Kissy und Kawdje lagen gut innerhalb der IFCS-Größeneinteilung für die Toy-Division, ebenso wie Topaz und Michael für die Maxi-Division. Die größte Abweichung gab es in der IFCS Maxi-Division, die dem USDAA-22-Zoll-Sprunghöhenbereich entsprach. Die Maxi-Division umfasste alle Hunde, die am Widerrist 50 cm oder mehr maßen (19,69 Zoll) – ein Unterschied von fast zweieinhalb Zoll!

Obwohl die Mutterschaft den Wiedereinstieg von Topaz und Kissy in den Agility-Zirkel verzögerte, erreichten sie und Michael und Kawdje den Agility-Champion-Titel und den Status eines Tournament Masters und arbeiteten daran, die Bronze-Metallic-Auszeichnungen zu erhalten.

Essie meldete Kawdje zu einigen Conformation-Dog-Shows an, damit er mit dieser Routine vertraut und sich wohl fühlte, falls sie sich entschied, ihn im folgenden Jahr zur Westminster Dog Show anzumelden.

Jennys Eltern wurden rechtzeitig aus der Langzeitpflegeeinrichtung entlassen, um an Jennys Schulabschlussfeier teilzunehmen und ihren zwölften Geburtstag zu feiern. Vor ihrer Entlassung sprachen Jeanette und Cole mit Aaron und Cecil über die Möglichkeit einer Stelle für Don in der Versicherungsabteilung ihrer jungen Fluggesellschaft. Nach Überprüfung von Dons Hintergrund und Erfahrung boten Aaron und Cecil ihm eine Stelle als „zweiter Befehlshaber" in der Versicherungsabteilung von PPAL an, mit der Möglichkeit, schließlich Abteilungsleiter zu werden. Don und Iris verkauften ihr Haus in Chicago und kauften eines in der Nähe von Jeanette und Cole.

PPAL-Werbespots wurden erstellt und für die Veröffentlichung im Sommer und Herbst geplant. Einer zeigte Cecil, Arielle und Gabby sowie Aaron, Mimi und Caressa. Ein weiterer zeigte Sam mit Sneakers und Beau mit Hershey mit der Bildunterschrift: „Große Jungs und ihre kleinen Haustiere – Alle Größen können bequem reisen, indem sie mit PPAL fliegen". Jenny und Candy waren in einem Werbespot zu sehen, der kurz vor Weihnachten ausgestrahlt werden sollte.

Um so viele Punkte wie möglich zu sammeln und Titel zu erringen, fuhren die Freunde das ganze Land ab, um an Regionalmeisterschaften und vielen lokalen Dog-Agility-Veranstaltungen teilzunehmen. Im Oktober meldete Jeanette Topaz zum Singing Dog Contest in New York City an. Sie führten ihre Version von „The Boogie Woogie Bugle Boy of Company B" auf und machten ihre Tanzroutine während des Singens. Topaz hielt einen Ton so lange, dass sie alle beeindruckte, einschließlich sich selbst. Sie gewann!

Alle Familien der Topaz-Welpen riefen an, um Jeanette zu gratulieren, darunter auch Oshi Yakamuri, der zufällig zur Zeit des Wettbewerbs in New York City war und es in den Nachrichten sah. Er erzählte Jeanette, dass Ten Topaz' starke und melodische Stimme geerbt habe und dass sie für den Flug nach Hause nach Japan in der Passagierkabine des Firmenjets geflogen seien. Die anderen Passagiere mussten über den Vorfall geschwiegen haben oder hatten angenommen, dass Oshi die Erlaubnis erhalten hatte.

Aufgrund des hektischen Dog-Agility-Zeitplans, an den sie sich seit der Frühlingssaison gehalten hatten, beschlossen Essie und Evan, Jeanette und Sarah, auf die Teilnahme an den World Cynosport Games im November zu verzichten. Jegliche Auszeichnungen, die bei den World Cynosport Games erreicht würden, würden keine Punkte zu ihrer Gesamtpunktzahl hinzufügen, und die Teilnahme an den World Cynosport Games hätte fast zwei Wochen Fahrt nach und von Arizona erfordert, da es noch keine haustierfreundliche Fluggesellschaft gab, die die Reisezeit verkürzt hätte.

Ed trat im Juni von seiner Anwaltskanzlei zurück, um Leiter der Rechtsabteilung von PPAL zu werden. Unmittelbar nach ihrem Abschluss an der School of Veterinary Medicine der University of Pennsylvania im Mai wurde Pat als Leiterin der Veterinärabteilung von PPAL und als Vollzeit-Tierärztin der Fluggesellschaft eingestellt. Da Pat und Ed den ganzen Tag von zu Hause weg waren, um die Aufgaben ihrer aufregenden und anspruchsvollen Jobs zu erfüllen, baten sie um Erlaubnis, Mary mit zur Arbeit zu nehmen. Die Erlaubnis wurde bereitwillig erteilt.

Aaron und Cecil beschlossen, dass ABCD Realty ein Vorreiterunternehmen sein würde, das es den Mitarbeitern erlaubt, ihre Haustiere mit zur Arbeit zu bringen. Diese Entscheidung war nicht zuletzt darauf zurückzuführen, dass jeder dachte, seine Frau würde die Zeit und Aufmerksamkeit ihres Haustiers während der Arbeit in Anspruch nehmen. Jeder handelte mit seiner Frau aus, dass ihr Haustier ihn mindestens zweimal pro Woche zur Arbeit begleiten sollte, um ein Beispiel für die Mitarbeiter zu setzen. Die Moral war bei ABCD Realty schon immer gut, aber sie stieg auf ein beispielloses Hoch, nachdem Haustiere am Arbeitsplatz erschienen waren. Pat stellte Regeln und Vorschriften für Haustiere am Arbeitsplatz auf.

Bis Thanksgiving wurden PPAL-Werbespots, die haustierfreundliches Reisen zum haustierfreundlichen Resort von ABCD Realty in Belize bewarben, im Fernsehen ausgestrahlt. Der Slogan lautete: „Begrüßen Sie das neue Jahr mit allen Familienmitgliedern." Einige Werbespots beinhalteten Kissy und Kawdje, ihre Welpen und Familien. Andere zeigten Michael und Topaz, ihre Welpen und Familien. Ein Werbespot zeigte nur Jenny und Candy. PPAL begann, Flüge nach Belize zu buchen, und ABCD Realtys haustierfreundliches Familias-Resort in Belize war schnell für das Neujahr ausgebucht. Kurz darauf waren auch die Monate Januar, Februar und März komplett ausgebucht.

Kapitel Siebenundvierzig

Der Jungfernflug von PPAL war geplant von Philadelphia nach Belize City. Die Familien der Welpen, die von außerhalb kamen, trafen einen Tag früher ein und übernachteten in haustierfreundlichen Motels. Das haustierfreundliche Hotel von ABCD Realty im Zentrum von Philadelphia war noch im Bau und nicht bereit für Gäste. Am 22. Dezember, dem Abflugtag, dämmerte der Morgen hell und eisig kalt. Alle waren dankbar, dass der Schneesturm der letzten Woche nur noch in vereinzelten Flecken auf den Rasen zu sehen war und die Straßen frei und trocken waren.

Pat traf früh am Flughafenterminal ein, um zu beaufsichtigen und sicherzustellen, dass der Weg der Haustiere reibungslos verlief: von der Unterbringung der Haustiere vor der Ankunft am Ticketschalter, dem Wiegen des eingesperrten Haustieres im Ticketschalterbereich und der anschließenden Lieferung zum hydraulischen Lift, gefolgt von der Positionierung und Sicherung jedes Kennels an seinem Bestimmungsort im zugewiesenen Kabinenbereich. Ed und Mary begleiteten sie, ebenso wie Kevin, der dabei sein wollte, um etwaige technische Probleme zu beheben.

Pats erstes Problem trat auf, als Mary anfing zu bellen und sich weigerte, ihre laute Ablehnung, eingesperrt zu werden, zu beruhigen. Pat entdeckte schnell den Grund für Marys Aufruhr. Aufgrund der Abweichung von ihrer täglichen Routine war ihr Magen-Darm-System gestört, und sie verschmutzte ihren Kennel. Es gab keine Piddle Pads oder feuchte

Einmalhandtücher zur Hand, also besorgte Ed einen Transportwagen, lud ihn mit Kartons der Pads und Handtücher und rollte ihn zum Check-in-Bereich des Ticketschalters. Diese Entscheidung erwies sich als weise, da sowohl Jerry als auch Hershey ihren Kennel verschmutzten. Jerry war aufgebracht und verängstigt, weil er getrennt von Harry Houdini eingesperrt war. Hershey hatte Speck, Ei und Grütze zum Frühstück gegessen, plus Trockenfutter. Er erbrach sich, während sein Kennel vom Ticketschalterbereich zum hydraulischen Lift gerollt wurde. Pat begleitete den Begleiter, der ihn transportierte, und Pat reinigte ihn und seinen Kennel schnell, nachdem er positioniert und gesichert worden war.

„Unsere Flugbegleiter müssen darin geschult werden, ein Haustier, das eine Reinigung benötigt, zu versorgen oder die Familienangehörigen des Haustieres darauf aufmerksam zu machen, dass dies vor dem Abflug erledigt werden sollte", dachte sie. „Ich muss auch zu den PPAL-Regeln und -Vorschriften für den Haustiertransport die Empfehlung hinzufügen, dass Haustieren eine leichte, milde Mahlzeit, vorzugsweise einige Stunden vor der Check-in-Zeit, und eine Gassi-Pause kurz vor der Abreise zum Flughafen gegeben wird. Es wird keine Regel sein, nur eine Empfehlung."

In der Nähe von Jeanette und Cole.

PPAL-Werbespots wurden gedreht und für den Sommer und Herbst zur Ausstrahlung geplant. Einer zeigte Cecil, Arielle und Gabby sowie Aaron, Mimi und Caressa. Ein anderer zeigte Sam mit Sneakers und Beau mit Hershey mit der Überschrift: „Große Kerle und ihre kleinen Haustiere – Alle Größen können komfortabel reisen, indem sie mit PPAL fliegen." Jenny und Candy wurden in einem Werbespot gezeigt, der kurz vor Weihnachten veröffentlicht werden sollte.

Um so viele Punkte wie möglich zu sammeln und Titel zu erreichen, fuhren die Freunde durch das ganze Land und nahmen an Regionalmeisterschaften sowie an vielen lokalen Dog-Agility-Veranstaltungen teil.

Im Oktober meldete Jeanette Topaz beim Singing Dog Contest in New York City an. Sie führten ihre Version von „The Boogie Woogie Bugle Boy of Company B" auf und machten während des Singens ihre

Tanzroutine. Topaz hielt einen Ton so lange, dass sie alle erstaunte, einschließlich sich selbst. Sie gewann!

Alle Familien von Topaz' Welpen riefen an, um Jeanette zu gratulieren, einschließlich Oshi Yakamuri, der zufällig zum Zeitpunkt des Wettbewerbs in New York City war und es in den Nachrichten sah. Er erzählte Jeanette, dass Ten Topaz' starke und melodische Stimme geerbt hatte und dass sie für den Flug nach Hause nach Japan in der Passagierkabine des Firmenjets der Gesellschaft geflogen waren. Die anderen Passagiere hatten entweder nichts über den Vorfall gesagt oder angenommen, dass Oshi die Erlaubnis erteilt worden war.

Aufgrund des hektischen Dog-Agility-Zeitplans, dem sie seit der Frühlingssaison gefolgt waren, beschlossen Essie und Evan, Jeanette und Sarah, nicht an den World Cynosport Games im November teilzunehmen. Jede Ehre, die bei den World Cynosport Games erreicht wurde, würde keine Punkte zu ihrem Gesamtergebnis hinzufügen, und die Teilnahme an den World Cynosport Games hätte fast zwei Wochen erfordert, um nach Arizona hin und zurück zu fahren, da es noch keine haustierfreundliche Fluggesellschaft gab, die die Reisezeit verkürzen konnte.

Ed kündigte im Juni bei seiner Anwaltskanzlei, um Leiter der Rechtsabteilung von PPAL zu werden. Direkt nach ihrem Abschluss an der School of Veterinary Medicine der University of Pennsylvania im Mai wurde Pat sowohl als Leiterin der Tierärztlichen Abteilung von PPAL als auch als Vollzeit-Tierärztin der Fluggesellschaft eingestellt. Da Pat und Ed den ganzen Tag außer Haus waren, um die Aufgaben ihrer aufregenden und anspruchsvollen Jobs zu erfüllen, baten sie um Erlaubnis, Mary mit zur Arbeit zu bringen. Die Erlaubnis wurde ihnen bereitwillig erteilt.

Aaron und Cecil beschlossen, dass ABCD Realty ein Vorreiterunternehmen sein würde, das Mitarbeitern erlaubt, ihre Haustiere mit an den Arbeitsplatz zu bringen. Diese Entscheidung war nicht zuletzt darauf zurückzuführen, dass beide dachten, ihre Frau nehme sich zu viel Zeit und Aufmerksamkeit für ihr Haustier, während sie bei der Arbeit waren. Jeder verhandelte mit seiner Frau, dass ihr Haustier ihn mindestens zweimal pro Woche zur Arbeit begleiten sollte, um ein Beispiel für die Mitarbeiter zu setzen. Die Moral war bei ABCD Realty immer gut, aber sie erreichte ein beispielloses Hoch, nachdem Haustiere am Arbeitsplatz auftauchten. Pat stellte Regeln und Vorschriften für Haustiere am Arbeitsplatz auf.

Bis Thanksgiving liefen PPAL-Werbespots, die haustierfreundliches Reisen zum haustierfreundlichen Resort von ABCD Realty in Belize bewarben, im Fernsehen. Der Slogan lautete: „Begrüßen Sie das neue Jahr mit allen Ihren Familienmitgliedern." Einige Anzeigen zeigten Kissy und Kawdje, ihre Welpen und Familien. Andere zeigten Michael und Topaz, ihre Welpen und Familien. Ein Werbespot zeigte nur Jenny und Candy.

PPAL begann mit der Buchung von Flügen nach Belize, und das haustierfreundliche Familias-Resort von ABCD Realty in Belize war schnell für Neujahr ausgebucht. Kurz darauf waren auch die Monate Januar, Februar und März vollständig ausgebucht.

Kapitel Siebenundvierzig

Der Jungfernflug von PPAL sollte von Philadelphia nach Belize City stattfinden. Die Familien der Welpen, die von außerhalb kamen, trafen einen Tag früher ein und übernachteten in haustierfreundlichen Motels. Das haustierfreundliche Hotel von ABCD Realty im Zentrum von Philly war noch im Bau und nicht bezugsfertig. Am 22. Dezember, dem Morgen des Abflugs, dämmerte es hell und knackig kalt. Alle waren dankbar, dass der Schneesturm der letzten Woche nun auf eine fleckige Decke auf den Rasen reduziert war und die Straßen frei und trocken waren.

Pat traf früh am Flughafen-Terminal ein, um zu beaufsichtigen und sicherzustellen, dass der Haustierpfad vom Kenneln der Haustiere vor der Ankunft am Ticketschalter, dem Wiegen des gekennelten Haustieres im Bereich des Ticketschalters und der anschließenden Lieferung zum hydraulischen Lift sowie der Positionierung und Sicherung jedes Kennels am vorgesehenen Platz in der Kabine reibungslos verlief. Ed und Mary begleiteten sie, ebenso wie Kevin, der dabei sein wollte, um eventuelle technische Probleme zu beheben.

Pats erstes Problem trat auf, als Mary zu bellen begann und sich weigerte, ihre laute Ablehnung des Kennels zu unterlassen. Pat entdeckte schnell den Grund für Marys Aufregung. Aufgrund der Abweichung von ihrer täglichen Routine war ihr Verdauungssystem gestört, und sie verschmutzte ihren Kennel. Es waren keine Piddle-Pads oder feuchte Einmaltücher zur Hand, also fand Ed einen Transportwagen, belud ihn mit Kartons voller Pads und Tücher und rollte ihn zum Check-in-Bereich des Ticketschalters.

Diese Entscheidung erwies sich als klug, denn sowohl Jerry als auch Hershey verschmutzten ihren Kennel. Jerry war aufgeregt und verängstigt, weil er von Harry Houdini getrennt eingekennelt war. Hershey hatte Speck, Ei und Grütze zum Frühstück gegessen, dazu Trockenfutter. Er erbrach sich, während sein Kennel vom Bereich des Ticketschalters zum hydraulischen Lift gerollt wurde. Pat begleitete den Begleiter, der ihn transportierte, und Pat säuberte schnell ihn und seinen Kennel, nachdem er positioniert und gesichert worden war.

„Unsere Flugbegleiter müssen darin geschult werden, ein Haustier zu versorgen, das eine Reinigung benötigt, oder die Familie des Haustieres vor dem Abflug darauf hinzuweisen, dies zu tun", dachte sie. „Ich muss außerdem zu den Regeln und Vorschriften für Haustierreisen von PPAL hinzufügen, dass empfohlen wird, Haustieren eine leichte, milde Mahlzeit, vorzugsweise einige Stunden vor der Check-in-Zeit, zu geben und ihnen eine Töpfchenpause unmittelbar vor der Abreise zum Flughafen zu ermöglichen. Es wird keine Regel sein, nur eine Empfehlung."

Nachdem alle Kennels im Haustierkabinenbereich gesichert waren, sah Michael, dass Michelle direkt gegenüber von ihm untergebracht war, und er war froh, dass sie die Sicherheit hatte zu wissen, dass ihr Papa die Reise mit ihr machte. Sonny und Brigit flankierten sie auf beiden Seiten. Er wusste, dass Patrick auf einer Seite von ihm und Topaz auf der anderen Seite eingekennelt war.

Er hörte Harry Houdinis Stimme, der Jerry beruhigte, der gefragt hatte, was passierte. Er nahm einen vertrauten, aber schwer fassbaren Duft wahr und erinnerte sich plötzlich, dass er Aiya gehörte. Er fragte, wie es ihr gefiel, ihr Zuhause mit Ten zu teilen und ob sie jemals so gereist sei.

Aiya antwortete, dass sie so gereist sei, wie es Vögel tun, aber in einem viel kleineren fliegenden Haus als diesem, und sie sei in einem Kennel untergebracht gewesen, der dem, in dem sie jetzt war, sehr ähnlich sei.

Sie erzählte auch, dass sie auf mehreren Reisen für eine sehr lange Zeit allein in einem dunklen Raum gehalten worden war. Sie sagte Michael, dass sie während ihrer ersten Reise sehr verängstigt gewesen sei, aber bei der nächsten Reise gewusst habe, dass ihr Vater sie wieder abholen würde, nachdem sie aus dem Haus, das wie ein Vogel fliegt, gebracht worden sei.

Michael erzählte Aiya von seiner ersten erschreckenden Erfahrung, als er von Mexiko zu seinem neuen Zuhause geflogen wurde. Aiya fragte, ob er in Mexiko gewesen sei, um an Dog Agility-Spielen teilzunehmen, und Michael erklärte, dass er dort geboren worden sei. Sie wollte mehr wissen, also erzählte er die Geschichte seines Lebens in Mexiko. Seine Welpen hörten gespannt zu, ebenso wie Patrick, Harry Houdini und die Welpen von Kissy und Kawdje. Während seine Geschichte sich entfaltete, waren sie fasziniert und bemerkten kaum, wie das Flugzeug abhob.

Mary sagte: „Deshalb hast du uns gesagt, dass wir immer zu dir nach Hause kommen könnten, wenn unsere Familien uns nicht lieben und gut behandeln."

Alle erkannten den Schmerz in Michaels Stimme, als er einfach nur sagte: „Ja."

Harry Houdini sprach als Nächster und sagte, dass auch er manchmal in dem Gebäude gereist sei, das wie ein Vogel fliegt, und dass es immer eine unangenehme Erfahrung gewesen sei, bis jetzt, weil er draußen bei kaltem Wetter mit vielen Koffern um sich herum zurückgelassen worden war, bevor er in einen kleinen dunklen Raum gebracht und allein gelassen wurde. „Das ist das erste Mal, dass ich an einem hellen Ort mit anderen als Gesellschaft reise."

Jerry fragte mit offensichtlicher Nervosität, ob er jemals in einen dunklen, einsamen Raum in einem Haus gesteckt werden würde, das wie ein Vogel fliegt.

Harry antwortete, dass er es nicht wisse, aber wenn Jerry jemals in solch einen Raum käme, solle er keine Angst haben, denn ihr Papa würde ihn am Ende der Reise immer abholen.

Kawdje war nervös und entschied, nichts zu sagen, was seine Welpen verärgern oder beunruhigen könnte. Er hielt seine Gedanken bei ihnen, um nicht darüber nachzudenken, wie dieses fliegende Gebäude irgendwo auf festem Boden landen würde.

Die Welpen waren von Michaels Erzählungen über seine Kindheit und von der allgemeinen Unterhaltung mehr als zur Hälfte des Fluges gefesselt, als Pat und Arielle in den Haustierbereich kamen und ihre Konzentration störten. Pat dachte, sie sollte die anderen Passagiere während ihres ersten Erlebnisses einer Töpfchenpause und Kuschelzeit für ihre Haustiere begleiten. Gabby war glücklich, ihre Mama zu sehen, wünschte sich aber insgeheim, dass sie ein wenig später gekommen wäre, weil Kissy gerade ihre Geschichte über Olé erzählte.

Ihre Familien besuchten sie alle der Reihe nach. Harry Houdini war der Letzte, und sobald er sicher wieder in seinem Kennel war, setzte Kissy ihre Erzählung über ihre Auseinandersetzungen mit Olé fort und wie sie ihn bei jeder Gelegenheit übertroffen und ausgetrickst hatte. Die Welpen genossen ihre Geschichte des Sieges, ebenso wie ihre Eltern.

Die anderen waren gebannt, als Michael von seinem großen Sieg über Jetson bei einer riesigen Dog Agility-Übung berichtete. Topaz, Michael, Kissy, Kawdje, Patrick, Harry und Aiya erzählten den Welpen von ihren Abenteuern bei den World Cynosport Games im letzten Jahr. Die Welpen waren fasziniert, als sie erfuhren, dass ihre Eltern zu den besten Teams gehörten. Michael beschrieb den Dock Dogs-Wettbewerb und sagte stolz, dass Topaz gewonnen hatte.

Topaz erzählte ihnen von Kawdjes großartiger Dock-Dogs-Performance. Topaz beschrieb ihre Erfahrung, als sie mit ihrer Mutter einen Hundegesangswettbewerb gewann. Auf Drängen aller demonstrierte sie ihren besten langen und lauten Ton. Kawdje stimmte ein, und die anderen folgten ebenfalls.

Während die Haustiere dieses Gespräch führten, bedankte sich Aaron Breslin bei allen für ihre Kooperation und Begeisterung, die dazu beigetragen hatten, den ersten Flug von PPAL zu einem erhebenden Erlebnis zu machen. Alle lächelten über sein Wortspiel. Sie applaudierten, als er sich setzte. Zu ihrer allgemeinen Überraschung und Belustigung hörten sie, wie Topaz einen hohen Ton anstimmte, und vermuteten, dass ihr Applaus sie dazu inspiriert hatte, zu singen. Sie hörten, wie Kawdje seine Stimmbänder zur Begleitung einsetzte. Dann fügten alle Hunde dem Hundechor ihre Stimmen hinzu, aber keiner konnte einen Ton so lange und stark halten wie Topaz.

Während alle lachten, notierte Pat sich, Kevin zu sagen, dass die Haustierkabine isoliert werden müsse, um Geräusche aus diesem Bereich zu dämpfen.

Nachdem Aaron sich gesetzt hatte, sprach Cecil Diamond über die Haustierregeln im Belize-Resort namens Familias.

Er erklärte: „Haustiere sind in den Innenbereichen der Restaurants nicht erlaubt, dürfen sich jedoch bei den Außenbereichen mit ihren Familien aufhalten. Haustiere müssen jederzeit an der Leine geführt werden, außer im Bereich des Haustierpools und des Übungsbereichs oder in ihrem Hotelzimmer. Haustierpool- und Übungsbereiche sind je nach Haustiergröße zu den angegebenen Zeiten verfügbar. Zeitfenster stehen zur Verfügung, damit Haustiere unterschiedlicher Größe, die zur gleichen Familie gehören, zusammen spielen und trainieren können. Dies muss im Voraus mit der Verwaltung vereinbart werden. Es sind mindestens zwei Poolwächter für Haustiere von 6 Uhr bis 22 Uhr im Haustierpool- und Übungsbereich im Dienst.

Biologisch abbaubare Haustier-Reinigungstüten und Abfallbehälter stehen im gesamten Resort zur Verfügung.

Haustierannehmlichkeiten umfassen Folgendes:

- Ein haustierfreundlicher Shuttle zum und vom Flughafen und dem Resort wird von Familias bereitgestellt.

- Ein Haustierpflege-Salon befindet sich auf dem Gelände. Diese Einrichtung ist nicht in der Resortgebühr enthalten.
- Hundeausführer sind gegen eine angemessene Gebühr verfügbar.
- Kennel- und Haustiersitting-Dienste sind gegen eine angemessene Gebühr verfügbar.

Ihr seid unsere ersten Kunden und euer Feedback wird von unschätzbarem Wert sein. Wir möchten alle Probleme beheben, auf die ihr stoßt. Familias ist bestrebt, den Menschen und Haustieren ein fabelhaftes und unvergessliches Urlaubserlebnis zu bieten."

Nach einer sanften Landung stiegen alle in das sonnige, warme Belize aus dem Flugzeug. Keines der Haustiere war luftkrank geworden, und die Pausen während des Fluges verliefen ereignislos. Shuttles brachten alle zu Familias und ihrem Weihnachtsurlaub.

Kapitel Achtundvierzig

Familias war ein bezaubernder Ort. Die Neuankömmlinge dachten sofort an den Garten Eden. Eine Fülle von Bäumen und Sträuchern blühte in lebhaften Farben. Niedrig wachsende Sträucher säumten die Gehwege und verbargen solarbetriebene Lichter. Jasmin und Plumeria parfümierten die Luft süßlich. Ein spektakulärer Süßwasserpool bestand aus drei Becken, die durch zwei Höhlen verbunden waren, deren Eingänge von Wasserfällen verdeckt wurden. Ein Salzwasserpool hatte eine teilweise untergetauchte Bar, an der die Gäste auf einem Barhocker sitzen und trinken konnten, sowie eine weitere Bar neben dem Pool. Es gab drei separate eingezäunte Pool- und Übungsbereiche speziell für Hunde. Ein Bereich hatte einen tiefen Pool, der für große Hunde geeignet war. Ein anderer hatte ein Planschbecken, das auf kleine Hunde ausgerichtet war. Der dritte Übungsbereich hatte einen Pool mit einem tiefen Tauchende und einem flachen Ende mit einem sanften Abstieg, um alle Hunderassen zu beherbergen. Alle waren mit Büschen und Bäumen landschaftlich gestaltet, die hoch genug waren, um Schatten zu spenden, und jeder hatte einen Teil, der für eine Agility-Anlage mit einem Dutzend Hindernissen reserviert war. Trinkwasserspender waren in jedem der Übungs-/Spielbereiche aufgestellt, damit die Haustiere ihren Durst stillen konnten. Hundekotbeutel waren in jedem Gehege erhältlich.

Das Vogelvolieren-Übungsgebiet war mit einem feinen Netz überdacht, um eine Flucht zu verhindern. Mehrere Brunnen sprudelten und tropften Wasser im Gehege. Bäume spendeten Schatten in einigen Bereichen, während andere Teile offen und sonnig waren. Das Katzengehege war ebenso malerisch. Es gab Bäume zum Klettern und Baumstümpfe in verschiedenen Höhen zum Hinaufspringen, sowie kleine Plattformen, die an einigen Baumzweigen befestigt waren, damit eine Katze schlafen oder das Reich von einem hohen Aussichtspunkt aus überblicken konnte. Eine Wendeltreppe wurde für Katzen bereitgestellt, die nicht die Energie aufbringen wollten, sich einen Baumstamm hinaufzukrallen. Sie konnten die Treppe hinaufgehen und auf einen der vielen großen Baumzweige treten. Wie in den Hundegehegen wurden Trinkwasserspender in jeder Ecke aufgestellt. Katzenklos waren dezent platziert.

Familias lag an einem Grundstück direkt am Meer und besaß einen spektakulären privaten Sandstrand. Angeleinte Haustiere, begleitet von ihrer Familie, durften an den Strand. Weiße Lichter funkelten um die Stämme von Palmen und schmückten die Äste anderer Baumarten. Innenstehende Topfbäume waren mit Weihnachtsschmuck dekoriert, und Lichter waren kunstvoll durch ihre Äste gewebt. Das Dekor war eine subtile Mischung aus südpazifischer Lässigkeit und Vintage europäisch. Ein großer Versammlungsraum jenseits des Check-in-Bereichs in der Lobby hatte hohe Decken, große Fenster und Schiebetüren, die den Raum in Sonnenlicht tauchten. Vögel zwitscherten und flogen zwischen den Bäumen im Raum hin und her. Sie hatten sich offensichtlich aus eigenem Antrieb dort niedergelassen, da keiner von ihnen an Stangen angebunden oder in Käfigen gehalten wurde.

Cole und Jeanette, Sonny und Topaz gingen einen langen Flur entlang, der auf beiden Seiten zu den üppigen Gärten offen war, die Familias umgaben. Der Dachüberhang war ausreichend, um zu verhindern, dass Regen den Flur während eines Sturms durchnässte. Jeanette und Cole keuchten vor Staunen über die Schönheit ihres Zimmers. Es war fast hexagonal geformt. Die großen Flügelfenster hatten Innengitter, die je nach Wunsch entfernt oder ausgetauscht werden konnten, und innere Fensterläden, die zur Privatsphäre darüber geschlossen werden konnten.

Alle hatten Hundebetten von Familias gemietet, anstatt ihre eigenen Haustierbetten mitzubringen. Jeanette hatte ein großes Bettlaken eingepackt, das sie jetzt über die Tagesdecke des Hotels legte, um diese zu schützen, da Topaz und Sonny es gewohnt waren, zu Hause auf dem Bett ihrer Eltern zu liegen. Cole öffnete den großen Kleiderschrank und seufzte erleichtert beim Anblick eines Fernsehers. Urlaube, um von allem wegzukommen, waren ja gut und schön, solange er mit den weltweiten Geschehnissen, vor denen er eigentlich geflohen war, auf dem Laufenden bleiben konnte.

Topaz plumpste auf eines der Hundebetten. Sie fühlte, dass ihr Status als Mutter ihr das unbestreitbare Recht gab, zu entscheiden, welches der beiden Betten ihr gehören würde. Sonny kam nicht einmal in den Sinn, darüber zu streiten.

Am späten Nachmittag versammelten sich alle draußen in der Nähe der Haustiergehege. Sie teilten die Haustiere in drei Gruppen auf. Kissy, Kawdje und ihre Welpen gingen in das Gehege für kleine Hunderassen. Michael, Topaz, Michelle, Sonny, Mary, Gabby und Raphael gingen in ein weiteres Übungsgehege. Harry, Jerry, Aiya, Ten, Patrick und Brigit nahmen das verbleibende.

Kissy betrat das Gehege und begann sofort, die Agility-Anlage zu nutzen. Sie fühlte sich in ihrem Element, ihre Agility-Fähigkeiten den Welpen vorzuführen, die so groß oder größer als sie waren. Kawdje sah zu, wie sie sich vor ihren Welpen zur Schau stellte, und fühlte sich inspiriert, seine eigenen Agility-Künste zu zeigen. Candy war genauso wettbewerbsorientiert wie ihre Mutter. Sie schlängelte sich zwischen den Slalomstangen hindurch. Sie war nicht so schnell wie ihre Mutter – zumindest noch nicht.

Sneakers folgte der Routine seines Vaters. Er war ein guter Springer und überquerte mühelos die Sprunghürde. Er war nicht ganz so schnell wie Candy, weil seine Beine nicht so lang waren, aber genau deshalb hatte er das Potenzial, ein Gewinner bei Conformation-Hundeshows zu sein, genau wie sein Vater Kawdje. Hershey war gut proportioniert, aber für die tibetische Spanielrasse zu groß, was ihn von Conformation-Shows ausschloss. Er war stark und ein guter Springer, und er und Selma hatten in den letzten Monaten in einem örtlichen Dog-Agility-Club trainiert.

Er stolperte unbeholfen durch die Slalomstangen, meisterte jedoch Sprünge und Hürden leicht und kletterte mühelos die A-Wand hinauf.

Caressa war die Kleinste und sehr schön. Sie wurde in Conformation-Hundeshows gezeigt und hatte bereits eine Sammlung von blauen Bändern. Mimi hatte sie nicht in Dog Agility eingeführt, sodass Caressa den anderen zusah. Einer der Haustierwächter ermutigte sie, einen Sprung zu versuchen. Caressa schaffte es, den Sprung zu überwinden, und war begeistert, als alle ihr Können applaudierten. „Wow! Ich bin großartig!", dachte sie. Sie hatte Kissys Liebe zur Aufmerksamkeit geerbt, was ihr half, sich gut in Conformation-Hundeshows zu zeigen.

Alle Welpen von Topaz und Michael waren mit Dog Agility vertraut. Sie wechselten zwischen der Demonstration ihrer Fähigkeiten und dem Beobachten ihrer Eltern, wie sie auftraten. Jeder hatte einen Weihnachtsstrumpf für sein Haustier mitgebracht. Nach einigem Überlegen entschied die Gruppe dass die Haustiere ihre Weihnachtsstrümpfe im Privaten ihrer jeweiligen Zimmer öffnen sollten, um jede Möglichkeit von Rangeleien zu vermeiden. Niemand war sich sicher, wie besitzergreifend die Haustiere bezüglich des Inhalts ihrer Strümpfe sein könnten.

Alle hatten für ihren eigenen Flug bezahlt, und Ehemänner und Ehefrauen hatten vereinbart, dass dies ein ausreichendes Weihnachtsgeschenk füreinander wäre. Sarah und Gordon schenkten Kevin sein Flugticket, ebenso wie Iris und Don Prescott für Jenny, aber sie brachten auch einen Weihnachtsstrumpf mit, gefüllt mit Geschenken, die ein zwölfjähriges Kind schätzen würde. Jeanette und Cole schenkten Jenny einen Pullover, den sie gesehen hatte und als „cool" bezeichnet hatte, als sie und ihre Tante Anfang Dezember einkaufen waren.

Als der Weihnachtsmorgen kam, entdeckte jeder zu seiner Freude und Überraschung, dass ein Weihnachtsstrumpf, der darauf wartete, geöffnet zu werden, auf sie wartete.

Es war ein fröhlicher Weihnachtstag. Alle entschieden sich dafür, das Weihnachtsessen im Freien zu genießen, damit die Haustiere bei ihnen bleiben konnten. Es war ein großartiges Buffet, und obwohl es nicht das traditionelle Truthahnessen mit Preiselbeersauce war, das sie gewohnt waren, war es dennoch eine sehr besondere Mahlzeit, die noch besonderer wurde, weil sie das Privileg hatten, sie mit Freunden und Familienmitgliedern in einem solch besonderen Paradies zu teilen.

Kapitel Neunundvierzig

Anfang Februar durchstöberte Gordon die USDAA-Website und sah, dass die Tournament Top Ten-Rankings für jede Höhenkategorie veröffentlicht worden waren. Er überflog die 26-Zoll-Sprunghöhenkategorie und als er sah, dass Michael Archangelo den ersten Platz belegte, fühlte er sich fast so stolz wie an dem Tag, an dem er Kevin zum ersten Mal in den Armen hielt. Er rannte, um Sarah in der Küche zu holen, wo sie gerade das Abendessen zubereitete. „Michael ist die Nummer eins in seiner Höhenkategorie in den Tournament Top Ten. Halleluja!" Sie umarmten sich und spürten sofort zwei Haustiere, die sich anschmiegten, um in die Liebkosungen einbezogen zu werden. Gemeinsam gingen sie ins Wohnzimmer, und er und Sarah überprüften die restlichen Ergebnisse. John, ein Border Collie, belegte den zweiten Platz. Sie atmeten erleichtert auf, als sie sahen, dass Topaz den dritten Platz belegt hatte. Sie sahen den Namen Jake auf dem siebten Platz und Jordan auf dem achten. Beide wurden als Border Collies aufgeführt.

Sarah sagte: „John, Jake und Jordan sind die Hoosiers, die in der 22-Zoll-Kategorie bei den World Cynosport Games angetreten sind. Sie waren am Widerrist zu groß, um sich für die Midi Division bei den World Dog Agility Championships zu qualifizieren, also traten sie das ganze letzte Jahr in der 26-Zoll-Kategorie an, um sich für die Maxi Division zu qualifizieren. Ich erinnere mich, dass John in den Turnieren gut abgeschnitten hat, aber ich hätte nicht gedacht, dass er besser war als Topaz. Ich bin überrascht, dass er sie auf den zweiten Platz verdrängt hat."

Gordon überlegte einen Moment, bevor er antwortete: „Wegen der Mutterschaft hat Topaz wahrscheinlich später als John in die Saison gestartet. Sie hat erst Ende Mai mit Dog Agility begonnen."

Sarah überflog die Liste und sagte: „Hubert the Best wurde wieder von mindestens zehn Hunden übertroffen. Ich kann seinen Namen nicht finden." Gordon sagte: „Jetson kam auf den vierten Platz, Harry Houdini belegte den fünften und Patrick kam auf den sechsten. Ryan und Clodagh haben ihn nicht bei so vielen Dog-Agility-Events angemeldet, wie wir teilgenommen haben."

Gordon scrollte zur 16-Zoll-Division. Er und Sarah erkannten einige der Namen wieder, weil sie an den World Cynosport Games teilgenommen hatten. Bogey, der im Team The Film Stars bei diesen Spielen gewesen war, führte die Liste an. Gracie, vom Team The Comedians, belegte den dritten Platz.

„Komm zur 12-Zoll-Division", befahl Sarah. „Die Spannung bringt mich um." Dustin, der Rat Terrier, der die Steeplechase bei den World Cynosport Games, an denen sie teilgenommen hatten, gewonnen hatte, führte die Liste an. Kawdje belegte den zweiten Platz.

„Oh nein!" jammerte Sarah. „Thumbelina, der Papillon, der bei den World Cynosport Games Teil von The Storybook Tailers war, die wir besucht haben, ist Dritte. Kissy ist Vierte geworden, was sie von der Teilnahme im Team USA bei den International Dog Agility Games ausschließt. Evan und Essie müssen sich ziemlich bedrückt fühlen, besonders Evan. Kissy hat erst Ende Juni an einem Dog Agility Event teilgenommen. Die anderen hatten bis dahin wahrscheinlich schon hundert Punkte gesammelt."

„Ich wette, du hast recht", sagte Gordon. „Trotz ihres späten Starts trennen sie und Dustin nur siebzehn Punkte."

Beide schwiegen, und dann sagte Gordon: „Ich muss Evan anrufen. Vielleicht hat er die Ergebnisse schon gesehen."

Evan legte auf, nachdem er mit Gordon gesprochen hatte. Er hatte weder die Kraft noch die Energie, sich auf der USDAA-Website einzuloggen und die Ergebnisse selbst zu sehen. Er schleppte sich die Treppe hinauf und ließ sich aufs Bett fallen.

„Ich muss mich für Essie zusammenreißen", dachte er. „Ich weiß nicht, ob ich sie und Kawdje zu den World Games begleiten oder zu Hause bei Kissy bleiben soll. Ich war so sicher, dass Kissy die verlorene Zeit wieder aufholen könnte. Sie hat sogar noch besser performt, nachdem sie Mutter geworden war."

Trübe Gedanken kreisten in seinem Kopf, bis er einschlief. Er wachte zu den Geräuschen auf, wie Essie Taschen mit Lebensmitteln hereintrug. Er fühlte zwei warme Körper, die sich gegen ihn drückten, einer auf jeder Seite, und schaute nach unten, um zu sehen, wie Kissy und Kawdje ihn mit besorgten Gesichtern ansahen.

„Sie sind Hellseher", dachte er. „Ich kann meine Gefühle vor ihnen nicht verbergen. Sie wissen, dass ich aufgebracht und deprimiert bin." Er setzte sich auf und streichelte sie. „Komm, lass uns Mama beim Einräumen der Lebensmittel helfen."

Sobald Evan die Küche betrat, wusste Essie, dass etwas nicht stimmte. Sie konnte sehen, dass er versuchte, ein Lächeln aufzusetzen, aber er hatte die Haltung eines Mannes, der das Gewicht des Mount Everest auf seinen Schultern trug.

„Bist du krank?", fragte sie besorgt.

„Kissy ist Nummer vier auf der Top-Ten-Liste. Kawdje und du werden Team USA bei den IFCS World Agility Games vertreten. Er ist auf Platz zwei."

Evan fühlte sich wackelig, also setzte er sich auf einen Küchenhocker, pflanzte beide Ellbogen auf die Theke und stützte sein Kinn auf seine Fäuste. Es war die einzige Möglichkeit, seinen Kopf hochzuhalten. Essie stand hinter ihm, drückte sich gegen seinen Rücken und schlang ihre Arme um ihn.

„Gott sei Dank geht es dir gut! Ich dachte, du würdest mir sagen, dass du gerade mit einer unheilbaren Krankheit diagnostiziert wurdest. Es tut mir leid, dass du und Kissy nicht an den IFCS Agility Games teilnehmen werdet, aber es sind schließlich nur Spiele. Wir sind gesund. Unsere Haustiere, Familien und Freunde sind gesund. Wir haben sauberes Trinkwasser und viele Annehmlichkeiten, die unser Leben angenehm machen. Vor allem haben wir viel Liebe in unserem Leben."

Evan drehte den Hocker herum, sodass er seiner Frau gegenüberstand. Er umarmte sie fest.

„Die beste Entscheidung, die ich je in meinem Leben getroffen habe, war, dich zu heiraten. Du hast recht – wir haben Liebe. Nicht an den IFCS World Agility Games teilzunehmen, ist eine Enttäuschung, aber es ist keine Katastrophe. Ich werde dich zu den Spielen begleiten. Vielleicht nehmen wir Kissy mit, oder vielleicht lassen wir sie bei Joy und Sam, während wir weg sind. Wir haben genug Zeit, um das zu entscheiden."

Der Abend zog sich hin. Keiner von ihnen hatte Appetit. Kissy und Kawdje, die die Depression ihres Vaters spürten, waren ängstlich und verwirrt und ließen einen Großteil ihres Abendessens unberührt. Essie schlug vor, Joy und Sam nichts zu sagen, bis sie entschieden hatten, ob sie Kissy zu den World Games mitnehmen würden.

Agility-Meisterschaften.

„Ich glaube nicht, dass sie auf das Gelände der IFCS World Agility Games darf", sagte Evan. „Ich glaube, ich kann als Zuschauer dabei sein, aber ich müsste Kissy irgendwo anders in einem Kennel lassen."

„Wir müssen jemanden im USDAA-Hauptquartier fragen, was wir dürfen und was nicht", sagte Essie.

Das Telefon klingelte und Essie antwortete. Es war Jeanette, die genauso niedergeschlagen klang wie Essie selbst. Nachdem Essie aufgelegt hatte, ließ sie Kissy und Kawdje zum nächtlichen Gassigehen hinaus.

Kissy und Kawdje diskutierten die düstere Stimmung, die ihr Zuhause durchdrungen hatte.

„Ich frage mich, warum Papa so niedergeschlagen ist", sagte Kissy.

„Er geht, als wäre er erschöpft", bemerkte Kawdje und wollte hinzufügen, dass er dachte, sein Papa sei vielleicht einfach müde, aber stattdessen jaulte er auf, als er auf etwas Scharfes trat.

Einer seiner Vorderpfoten tat furchtbar weh und er vermied es, darauf zu gehen. Kissy fragte, was los sei, als sie ihn humpeln sah. Nachdem Kawdje erklärte, dass er dachte, etwas Scharfes hätte seine Pfote geschnitten, schlug sie vor, wieder hineinzugehen und ihre Mama einen Blick darauf werfen zu lassen.

„Ich werde den Tag beenden", sagte Evan.

„Ich komme zu dir, sobald die Hunde wieder drinnen sind", sagte Essie. Evan fühlte sich erschöpft, als er die Treppe ins Schlafzimmer hinaufstieg. Er hatte gerade seine Schuhe ausgezogen, als er hörte, wie Essie Kissy und Kawdje wieder ins Haus ließ und ihn dann hektisch rief. Er rannte die Treppe wieder hinunter.

Kawdje zog sich zurück, wann immer seine Mama versuchte, seine Pfote zu untersuchen, weil sie ihm noch mehr wehtat, aber er ließ sie ein Handtuch darum wickeln.

„Er blutet aus seiner rechten Vorderpfote. Ich glaube, das Polster ist geschnitten. Er lässt mich es nicht untersuchen."

Evan konnte die Pfote auch nicht richtig sehen. Kawdje schien Schmerzen zu haben, und die Blutung hielt an.

„Ich werde ihn in die Tierklinik bringen, Evan. Halte ihn fest, während ich meinen Mantel anziehe."

Kawdje wusste, dass seine Mama ihn zum Tierarzt bringen würde. Er ließ sich in eine Decke wickeln, trug sich in die Garage und setzte sich in seinen Autositz. Mensch, tat seine Pfote weh!

„Ich rufe dich an", rief sie, während sie aus der Garage rückwärts hinausfuhr. Dreißig Minuten später rief Essie an und sagte ihm, dass Kawdje sediert werden würde, um Glassplitter aus seiner Pfote zu entfernen, und dass die Wunde genäht werden müsste. Ein paar Stunden später wurde Evan durch Kissys Bellen auf ihre Ankunft aufmerksam.

„Wie geht es ihm?", fragte Evan, als Essie den schläfrigen Kawdje in seine Arme legte.

„Er wird okay sein. Der Tierarzt sagte, dass wir ihn so viel wie möglich in den nächsten vier bis fünf Tagen ruhig halten sollen, damit die Pfote eine Chance hat, zu heilen. Das war's dann mit Westminster! Er kann unmöglich in einer Woche teilnehmen. Er wird nicht in der Lage sein, sich richtig zu bewegen, und sein Unterbein und seine Pfote wurden rasiert."

Evan fragte: „Stört es dich sehr?"

„Nicht wirklich. Er hatte beim Westminster Dog Show keinen Platz mehr zu erklimmen. Letztes Jahr hat er fast gewonnen, aber vielleicht hätte er dieses Jahr nicht den Gruppensieg erreicht."

Als sie die Treppe zu ihrem Schlafzimmer hinaufstiegen und Kissy und Kawdje trugen, sagte Evan: „Ich bin froh, ins Bett zu kriechen und das Licht an diesem schrecklichen Tag auszuschalten."

Am nächsten Morgen wollten beide nicht aufstehen, aber Kissy und Kawdje mussten nach draußen. Bis sie bereit waren, wieder hereinzukommen, waren Essie und Evan zu wach, um zurück ins Bett zu gehen und sich die Decke über den Kopf zu ziehen, um die Welt auszuschließen. Essie gab den Haustieren ihr Frühstück. Evan schaltete den Computer ein und verbrachte eine Stunde damit, sein Portfolio zu überprüfen und Trades zu tätigen, während er Kaffee trank. Essie duschte und wusch ihre Haare. Als sie wieder in der Küche erschien, fühlte sie sich, als könnte sie es schaffen, ein Frühstück zu essen.

Sie machte Pfannkuchen, bestrichen mit Butter und Ahornsirup – großartiges Soulfood. Während sie sprachen während sie darüber sprachen, ob sie Kissy zu den IFCS World Agility Championships mitnehmen sollten, wurden sie durch das laute Klingeln des Küchentelefons erschreckt. Essie verschluckte sich an einem Schluck Kaffee. Evan brummte, während er zum Telefonhörer ging.

„Ich muss die Klingeltonlautstärke runterdrehen. Das ist laut genug, um einen ruhenden Vulkan zu wecken."

Während Evan telefonierte, räumte Essie das Frühstücksgeschirr weg. Sie hatte gerade die Spülmaschine beladen, als Evan sie packte und so fest umarmte, dass sie kaum atmen konnte.

„Kissy und ich gehen zu den World Agility Games! Wir alle fahren nach England!"

Kissy und Kawdje spürten sofort die fröhliche, heitere Stimmung, die ihr Zuhause erfüllte.

Nachdem sie sich im Wohnzimmer auf der Couch kuschelten und Kissy und Kawdje auf ihren Schoß kuschelten, erklärte Evan: „Thumbelinas Handlerin wird im sechsten Monat schwanger sein, wenn die Spiele im Mai stattfinden, also hat sie die Einladung zur Teilnahme an den World Agility Games abgelehnt. Das Endergebnis ist, dass sie glücklich ist und ich glücklich bin. Es ist eine Win-Win-Situation."

Evan rief Gordon mit den guten Nachrichten an. Nachdem Gordon Evan gratuliert hatte, rief er Sarah, um das Telefon in der Küche abzunehmen. Essie nahm ihr Küchentelefon und sie führten ein Vierer-Gespräch.

Sarah sagte: „Die IFCS World Agility Games finden vom 6. bis 8. Mai in Birmingham, England, statt. Dort findet auch die große, berühmte Conformation Dog Show namens Crufts statt. Ich schätze, die Agility Games werden im selben Gebäude wie Crufts abgehalten. Es muss viele Hotels, Motels und B & B's in der Gegend geben, die sowohl Haustiere als auch Menschen beherbergen."

Evan fragte Gordon, ob er teilnehmen wolle. Sarah antwortete, dass sie nicht ohne ihn auskommen könne.

Gordon sagte: „Bevor wir eine Entscheidung über die Teilnahme an den IFCS World Agility Games treffen, müssen wir einen komfortablen Lufttransport für die Haustiere organisieren. Keiner von uns möchte, dass sie im Frachtraum befördert werden. Ich werde herausfinden, ob ein PPAL-Flugzeug verfügbar ist, um das Team USA nach England zu fliegen. Wenn das nicht möglich ist, können wir die Kosten für die Anmietung eines Privatjets prüfen, sofern es uns gestattet ist, die Hunde im Kabinenbereich reisen zu lassen."

Gordon wusste, dass Aaron und Cecil planten, Geschäftsreisende zu ködern, PPAL zu nutzen und sich den Luxus zu gönnen, die Gesellschaft ihrer Haustiere in einem PPAL-Flugzeug und in einem der haustierfreundlichen Hotels von ABCD zu und von ihren Geschäftszielen zu genießen. Sie hatten kürzlich eine Flotte von Flugzeugen gekauft, mit dem Plan, Anschlussflüge von New York City nach Los Angeles anzubieten und das zukünftige Ziel, alle großen Städte zu verbinden.

Gordons Anruf bei Cecil erwies sich als produktiv. Cecil sagte, dass einige der Flugzeuge, die sie gekauft hatten, umgebaut worden seien, um Haustiere im Kabinenbereich unterzubringen, und dass eines der kleineren Flugzeuge verwendet werden könne, um Team USA zu den World Agility Games zu fliegen. Gordon und Cecil besprachen einen Flugpreis, der die Flugkosten ohne Gewinn für PPAL decken würde.

„Gordon, wenn es leere Sitze gibt, schicke ich vielleicht ein paar meiner internationalen Immobilienmakler, um nach Hotels zu suchen, die für ABCD Realty interessant zum Kaufen wären. Unser ältester Sohn ist begeistert von der Idee, eine weltweite Kette von haustierfreundlichen Hotels, Motels und Resorts zu gründen, die Families und Familias heißen soll. Sich um die Bedürfnisse von Haustierfamilienmitgliedern zu kümmern, hat mein Leben verändert, und die Veränderung war großartig. Ich habe das Gefühl, dass es nur noch besser wird.

Kapitel Fünfzig

Als Michael aus dem Flugzeug stieg, wusste er, dass er weit von zu Hause entfernt war. Die Qualität des Lichts war anders, und eine Brise trug den Duft einiger unbekannter Pflanzen und Bäume mit sich.

„Glaubst du, das wird eine wunderbare und entspannende Zeit wie an Weihnachten?" fragte er Topaz.

„Ich bezweifle es. Unsere Welpen sind nicht bei uns, aber andere, mit denen wir bei Agility-Übungen konkurriert haben, sind hier."

„Du hast recht, Topaz. Wir sind hier, um zu konkurrieren, obwohl wir immer mit dem Auto zu Agility-Übungen gefahren sind."

„Michael, ich liebe es, bei Agility-Übungen mitzumachen, weil ich mit meiner Mama zusammen bin, aber ich vermisse Sonny jetzt schon. Als wir so viel gereist sind und bei all diesen Agility-Übungen mitgemacht haben, habe ich unsere Zusammenkünfte mit einigen unserer Welpen und mit Kissy und Kawdje und ihren Welpen und allen Eltern vermisst."

„Ich weiß, was du meinst, Topaz. Ich konnte nicht in der Wüste mit Gordon Zeit verbringen, als er nach alten Knochen suchte. Michelle hat ihm Gesellschaft geleistet, aber sie sagte mir, dass sie wusste, dass er Mama und mich vermisste und dass sie uns auch vermisste. Ich bin froh, dass ich auf dieser Reise bei Sarah und Gordon bin, aber ich wünschte, Michelle wäre hier."

Während ihres Gesprächs waren sie zu einem Bus gelaufen und stiegen nun ein. Nachdem Sarah ein Handtuch über den Sitz gelegt hatte, saßen sie Seite an Seite darauf.

Kissy und Kawdje wurden in Essies und Evans Armen gehalten. Kissy wusste, dass sie eine lange Reise gemacht hatten, um an einer weiteren Agility-Übung teilzunehmen, und sie beschloss, dass dies eine sehr wichtige sein musste. Dustin war auf dieser Reise auch dabei. Er war bei einigen Agility-Übungen im letzten Sommer schneller gewesen als sie. Manchmal hatte sie gewonnen. Gelegentlich war Kawdje der Beste gewesen. Ihr Entschluss, bei dieser wichtigen Übung die Gewinnerin zu sein, ließ sie ihren Körper anspannen. Kawdje bemerkte es.

„Was ist los, Kissy? Planst du deinen Kurs, um zu gewinnen, bevor die Übung überhaupt beginnt?"

„Ich mag es, die Beste zu sein und die größten Schleifen zu bekommen und den Applaus zu hören", sagte Kissy ehrlich.

„Ich vermisse unsere Welpen", antwortete Kawdje. „Wir sehen sie oft, wenn wir nicht von einer Agility-Übung zur nächsten reisen. Ich würde lieber weniger konkurrieren und einfach das Alltagsleben genießen."

Michael und Topaz sagten, dass sie genauso empfanden. Kissy wurde besorgt, dass die anderen vielleicht nicht ihr Bestes geben würden, um zu gewinnen.

Sie sagte: „Erinnert euch, als wir alle an diesem großen Agility-Training teilgenommen haben und danach mit einem Hubschrauber in die Wüste geflogen sind, wo wir über die alten Knochen von Menschen und Hunden gesungen haben, die tief in der Erde begraben waren, und dann ein köstliches Mittagessen gegessen haben. Vielleicht machen wir nach diesem Agility-Training auch etwas Spannendes wie das."

Die anderen hellten sich sichtbar auf. Michaels und Kawdjes Magen knurrte bei der Erwähnung des Mittagessens. Kissy wusste, dass sie ihr Interesse geweckt hatte, und nutzte die Gelegenheit, die Idee eines lohnenden, spaßigen Ausflugs in Aussicht zu stellen, wenn sie gewinnen würden.

Sie fragte listig: „Wer weiß, welches wunderbare Abenteuer und Essen uns erwartet, wenn wir alle gewinnen?"

„Klingt, als würde Kissy eine Motivationsrede halten", kommentierte Evan.

Er hatte keine Ahnung, wie nah er der Wahrheit war.

Der Bus fuhr zu einem mittelgroßen Gasthaus, das groß genug war, um Team USA und ihre Familienmitglieder unterzubringen. Belva Tufts, ihre Teammanagerin, riet allen, sich nach dem Einrichten in ihren Zimmern in der Lobby zu treffen.

„Ihr müsst euch bei den IFCS World Agility Championships registrieren, und das beinhaltet eine offizielle Gesundheits- und Größenkontrolle für jeden Hund. Sobald das erledigt ist, gehört der Rest des Tages euch, um zu tun, was ihr möchtet. Morgen beginnt mit der großen Eröffnungszeremonie."

Sarah sagte Belva, dass sie immer Michaels linkes Ohr und ihre linke Hand für Wettkämpfe orangefarbig sprühte. Bei Belvas fragendem Gesichtsausdruck erklärte sie ihr Rechts-/Links-Dilemma.

„Werden die Offiziellen Einwände haben, wenn Michael und ich so bunt antreten?"

Belva meinte, sie glaube nicht, aber sie sollten das bei der Registrierung mit den Offiziellen klären.

Als Team USA die Registrierung abgeschlossen hatte, waren die Hunde und ihre Familien bereit für eine Mahlzeit und eine gute Nacht Schlaf. Sarah war sehr erleichtert, dass die Offiziellen keine Einwände gegen ihre Sprühfarblösung für ihre Rechts-von-Links-Probleme hatten.

Am nächsten Tag bei der großen Eröffnungszeremonie sahen sie Oshi mit Aiya. Die beiden hatten im Vorjahr in Japan teilgenommen, um berechtigt zu sein, Japan bei den World Dog Agility Games zu vertreten. Oshi erzählte ihnen, dass seine Frau Susu versuche, in Tokio einen Singing Dog Contest einzuführen, um Tens melodische Stimme zu präsentieren, und dass er Ten im Hundesport Agility trainiere.

„Ten ist ein sehr talentierter Agility-Athlet. Vielleicht treten er und ich in zwei Jahren bei den nächsten World Agility Games an, wenn meine Beine durchhalten."

Gordon lächelte und sagte: „Vielleicht werden Michelle und ich auch bei diesen Meisterschaften dabei sein."

Die Gruppe sah zu, wie die Flaggen jedes teilnehmenden Landes in den Raum getragen und an Fahnenmasten hinter der Bühne, auf der der Präsident der IFCS stand, aufgehängt wurden. Er hielt eine kurze Rede, in der er die besondere Bindung zwischen Menschen und Hunden lobte und die Bemühungen aller Anwesenden sowie aller Länder, die die IFCS ausmachen, um Veranstaltungen zu fördern, die Teamwork zwischen Mensch und Hund erfordern.

Die Tagesordnung begann mit Power and Speed für die Maxi-Division, ging über die Höhenkategorien nach unten und endete mit der Toy-Division. Diese Klasse bestand aus zwei Teilen, wobei der erste Teil die Power-Sektion war, die aus Slalomstangen und Kontakt-Hindernissen bestand. Jeder Teilnehmer, der in der Power-Sektion Fehler sammelte, wurde von der Teilnahme an der Speed-Sektion ausgeschlossen, die aus Sprüngen und Tunneln bestand. Michael und Topaz würden ihren Tag mit dieser Veranstaltung beginnen.

Während die Maxi-Division in der Power and Speed Klasse antrat, würde die Toy-Division in der Agility All 'Round Klasse antreten, die vergleichbar mit einer Standard-Agility-Klasse war. Diese, wie alle Klassen der World Agility Championships, wurde unter den Masters-Regeln durchgeführt. Kissy und Kawdje würden mit der Agility All 'Round Klasse beginnen.

Das Biathlon war eine zweigeteilte Veranstaltung, die aus einer Sprungklasse bestand, die am ersten Tag am Nachmittag stattfand, und einer Agility-Klasse, die am zweiten Tag abgehalten wurde. Der Gewinner in jeder Höhenkategorie würde der Teilnehmer sein, der die meisten kombinierten Punkte in den Sprung- und Agility-Klassen erzielt.

Michael, Sarah, Topaz und Jeanette schauten sich die drei Teams der russischen Maxi-Division an, die in der Power and Speed Klasse antraten. Einer von ihnen war eine wunderschöne Mischlingshündin mit einem tiefroten Fell, das an einen Golden Retriever erinnerte.

„Ich dachte, ich hätte ihren Namen als Mikhaila gehört. Das ist die russische weibliche Entsprechung von Michael", sagte Sarah.

Der dritte Hund im russischen Team bekam einen Fehler in der Power-Sektion, was ihn von der Teilnahme an der Speed-Sektion ausschloss. Er und sein Hundeführer verließen sofort den Ring.

Als Nächstes traten die drei Teams aus Ungarn an. Darda, ein wunderschöner Vizsla, und ein Kuvasz namens Oszkar hatten jeweils herausragende Leistungen.

„Ich weiß, dass Oszkar springender Krieger bedeutet. Er ist ein natürlicher Springer und passt zu seinem Namen. Er ist kleiner als der Standard für diese Rasse", kommentierte Jeanette.

Sarah sagte: „Seine kleinere Statur hat seiner Leistung sicher nicht geschadet. Er ist fantastisch."

Als nächstes trat das italienische Kontingent auf. Von den drei Hunden hatte Antonio, der wie eine Mischung aus Standardpudel und einer anderen Rasse aussah, die beste Leistung.

Von der britischen Maxi-Division-Gruppe lieferte Annabella, ein eleganter schwarz-weißer Pointer, der sich mit Geschwindigkeit und Anmut bewegte, eine weit überlegene Leistung im Vergleich zu den anderen beiden Hunden in ihrem Team.

„Jetzt sind wir dran", sagte Sarah zu Jeanette.

Als Michael den Ring betrat, hörte er seinen Namen sehr laut rufen – „Michael Archangelo". Sein Kopf leerte sich von allen Gedanken, außer Sarah und dem nächsten Hindernis, das er überwinden musste. Sein Körper reagierte blitzschnell, ohne dass er darüber nachdenken musste. Er musste nie bewusst die Höhe eines Sprungs und den erforderlichen Aufwand abschätzen: Sein Körper nahm automatisch alle Feinabstimmungen vor. Alles lief einfach.

Als sie den Ring verließen, näherte sich der russische Hundeführer, der mit Mikhaila zusammen war, ihr und sprach in stark akzentuiertem Englisch: „Ich schaue sehr genau Ihre Leistung, als ich höre den wunderbaren Namen Michael Archangelo. Wir haben etwas gemeinsam. Mein Mädchen heißt Mikhaila. Ihr Michael Archangelo sieht nicht so gut aus, bis er performt. Aber orange Ohr macht ihn gut aussehen. Warum orange Ohr?"

Dann bemerkte er Sarahs linke Hand und zeigte darauf.

Sarah erklärte ihr Rechts/Links-Dilemma.

Der Mann stellte sich als Gregori Lomonisov vor. Er gratulierte Sarah zu einer „super guten Leistung". Sarah dankte ihm und sprach auch ihre Glückwünsche und ihr Lob für seine und Mikhailas ausgezeichnete Leistung aus.

Gregori sagte, dass er sich wünschte, dass seine Mikhaila und Sarahs Michael sich paaren. „Sie würden die besten Welpen aller Zeiten haben."

Sarah erklärte Michael und Topaz' Paarung und ihre sehr besonderen Welpen, die sie und Topaz' Familie planten, zu einer eigenen Rasse zu machen, die als Engelshunde bekannt sein sollte.

Sarah schlug Gregori dann vor, dass sie Topaz und Jeanette zuschauen sollten, damit er sehen konnte die Mutter von Michaels Welpen.

Topaz und Jeanette traten wie ein Einheit auf, und ihre fast übernatürliche Verbindung war allen, die zusahen, offensichtlich.

Gregori sagte: „Topaz ist die schönste Hündin, die ich je gesehen habe. Sie bewegt sich wie ein eleganter Schwan. Wenn es eine zweite Paarung von Michael mit Topaz gibt, lassen Sie mich bitte einen Welpen haben. Mein Hund wird genauso gut behandelt wie meine Frau und meine beiden Kinder. Mikhaila ist mein drittes Kind. Ich würde einen Welpen von Michael und Topaz genauso lieben wie meine Kinder."

Sarah sagte zu Gregori, als Jeanette und Topaz den Ring verließen: „Die Entscheidung über eine weitere Paarung zwischen Topaz und Michael liegt bei Jeanette. Ich werde Sie ihr vorstellen, und Sie können die Angelegenheit mit ihr besprechen."

Kapitel Einundfünfzig

Evan beobachtete, wie Essie und Kawdje in der Agility All 'Round antraten, und war erleichtert zu sehen, dass Essie entspannt war und Kawdje fokussiert und begeistert. Er hatte zuvor Dustin, den Rat Terrier, beobachtet, der eine hervorragende Leistung zeigte, und dachte, dass Kawdje vielleicht der bessere Springer und Kissy die Schnellste auf einem Parcours sein könnte, der nicht hauptsächlich aus Sprüngen bestand. „Nun, wir werden sehen", sagte er sich, als er und Kissy den Ring betraten.

Kurz nach dem Frühstück hatte er sich unwohl gefühlt und jetzt spürte er ein bedrohliches Rumoren in seinem Bauch. Das Startsignal ertönte. Er wusste, dass Kissy einen Standard-Agility-Parcours erkennen würde, nachdem sie die ersten Hindernisse, die A-Frame, den Streckenhürden und die Wippe, die hier in England als „Teeter Totter" bezeichnet wurde, überwunden hatte. Er spürte Kissys aufsteigende Begeisterung, als sie die Streckenhürde meisterte. Er war fast bei der Wippe und rief sie, um sie zu nutzen, als er einen Krampf in seinem Bauch erlebte. Er unterdrückte einen Schmerzensschrei und hoffte inständig, dass er es durchhalten und den Parcours beenden konnte. Unbewusst erhöhte er ihr Tempo ihrer Leistung, die normalerweise bereits mit unglaublicher Geschwindigkeit ausgeführt wurde.

Essie holte tief Luft und sagte zu Breen Cronin: „Herrje, sie bewegen sich mit Warp-Geschwindigkeit." Breen's Kiefer klappte herunter, als er Kissys fantastische Leistung ungläubig beobachtete. Er gab sich selbst zu, dass Kissy der Komet schneller war als sein geliebter Dustin und dass sie wahrscheinlich den ersten Platz auf der Top-Ten-Liste in der 12-Zoll-Sprungkategorie erreicht hätte, wenn sie nicht zu Beginn der Saison durch die körperliche Erholung nach der Geburt ihrer Welpen im Februar letzten Jahres daran gehindert worden wäre, mit dem Agility-Zirkel zu beginnen. Nun begehrte er einen dieser Welpen.

„Ich werde Evan und Essie fragen, ob Kissy und Kawdje sich wieder paaren werden. Wenn ja, muss einer ihrer Welpen meiner sein", dachte er.

Die Mitglieder des spanischen Teams, die als nächstes an der Reihe waren, sahen mit Bewunderung und Bestürzung die phänomenale Leistung an.

„Wir haben keine Chance, das Agility All 'Round zu gewinnen", sagte einer von ihnen zu seinen Teammitgliedern."

Kissys Herz raste und sie hechelte, während ihr Papa sie weiter antrieb. Es schien ihr nicht schnell genug zu gehen, um ihn zufriedenzustellen. Sie spürte, dass er aufgeregt war. Sie drängte sich selbst, noch schneller zu werden, bis es plötzlich mühelos wurde und sie mehr Freude und Leichtigkeit bei der Ausführung empfand, als sie es jemals zuvor gespürt hatte. Sie war enttäuscht, als sie das Tischhindernis sah und die Ruheposition darauf einnehmen musste, da dies das Ende signalisierte. Sobald sie den Ring verließen, hob ihr Papa sie auf, rannte auf ihre Mama zu und warf sie ihr praktisch in die Arme, bevor er davonlief. Kissy war verwirrt, aber besänftigt, als ihre Mama und dieser Mann, der Dustins Papa war, sie streichelten.

Essie kicherte und flüsterte ihr ins Ohr: „Kissy, dein Papa hat dich zu einer Performance deines Lebens angespornt, und du wirst wahrscheinlich nie wissen warum, aber unter ungewöhnlichen Umständen, wette ich, dass du Agility All 'Round gewonnen hast."

Später, als Evan, der sich nun besser fühlte, zusammen mit Essie und Breen das Punkteblatt überprüfte, hatte Kissy souverän gewonnen. Der zweite Platz ging an Seeka, einen Affenpinscher aus Belgien. Dustin belegte den dritten Platz und Kawdje den vierten.

„Glaubst du, dass jemand anderes, der Kissy und mich beobachtet hat, wusste, dass ich Magenprobleme hatte?" fragte Evan.

„Ich wusste es erst, nachdem du Kissy in die Arme deiner Frau geworfen und gesagt hast, dass du hoffst, es rechtzeitig zur Herrentoilette zu schaffen. Ich bezweifle, dass es jemand anderes weiß, außer Essie und mir. Vielleicht sollte ich etwas essen, das mir nicht bekommt, und sehen, ob das bei Dustin eine phänomenale Leistung hervorbringt."

Heute fand der Sprungteil des Biathlons für alle Höhenklassen statt. Die Freunde beschlossen, so viele Auftritte in allen Höhenklassen zu beobachten, wie es ihre Agenden zuließen. Morgen würden sie auch versuchen, alle Höhenklassen im zweiten Teil des Biathlons zu beobachten, bei dem es sich um den Standard-Agility-Kurs handeln würde.

Die Mini-Division sollte als erste auftreten, gefolgt von der Toy-, Midi- und Maxi-Division, in dieser Reihenfolge.

Bevor sie sich positionierten, um den Sprungteil des Biathlons zu beobachten, überprüften Sarah und Jeanette das Punkteblatt für die endgültigen Ergebnisse der Maxi-Division in Power and Speed. Michael war Erster. Jeanette gab Sarah eine glückwünschende Umarmung. Darda, der Vizsla aus Ungarn, hatte Annabella, den Pointer aus England, knapp für den zweiten Platz geschlagen. Topaz hielt den vierten Platz.

Die Ergebnisse der Maxi-Division für Agility All 'Round waren ebenfalls verfügbar. Dieses Mal belegte Annabella aus Großbritannien den ersten Platz, Michael den zweiten und Topaz den dritten.

Evan und Essie überprüften die Power and Speed-Ergebnisse für die Toy-Division. Kissy hatte ihre Konkurrenz in diesem Event nicht abgehängt, da sie nicht in Bestform war, wenn sie einen Sprung nach dem anderen absolvieren musste, was den Speed-Teil des Kurses ausmachte. Als fokussierte und entschlossene Konkurrentin schaffte sie es jedoch, den vierten Platz zu belegen.

Dustin gewann und Kawdje belegte knapp den zweiten Platz. Zsa Zsa, ein Bichon Frisé aus Ungarn, war Dritte.

Essie, Evan und Breen waren in Hochstimmung, als sie sich Sarah, Gordon, Jeanette und Cole anschlossen, um die Mini-Division-Auftritte im Sprungbiathlon zu beobachten. Alle waren sich einig, dass Emi, ein hübsches Weibchen aus dem japanischen Team, das wie ein Beagle und wer weiß, wie viele andere Rassen aussah, fantastisch war. Aus Großbritannien gab ein männlicher Hund namens Arrow eine sehr gute Vorstellung. Österreichs bester Teilnehmer war Zack, ein Petit Basset Griffon Vendéen, der sie im Aussehen an einen kleinen Michael Archangelo erinnerte. Zack war ein natürlicher Springer und gab eine fantastische Vorstellung.

Bogey aus den USA, der in der 16-Zoll-Sprunghöhenklasse den ersten Platz in der Turnier-Top-Ten-Liste belegte, hatte eine großartige Leistung. Bogeys Einstellung erinnerte sie an Kissys.

Sie gönnten den Haustieren eine kurze Pause, bevor die Toy-Division mit dem Sprungbiathlon begann. Bis dahin wird Schwierigkeiten haben, mit Artie Schritt zu halten, wenn die nächsten Welt-Agility-Meisterschaften stattfinden."

Der Applaus war begeistert, als Artie stolz durch das Ausgangstor tänzelte. Das erste Team aus Spanien betrat den Ring, und Sarah wurde aufmerksam, als der Name eines Mischlingshundes, der wie eine Kreuzung zwischen einem Field Spaniel und einem italienischen Windhund aussah, angekündigt wurde. Er wurde Miguel genannt. Er sah zumindest ungewöhnlich aus, aber genau wie Michael Archangelo verwandelte er sich in ein wahres Schönheitsexemplar, als er den Parcours meisterte.

Alle drei US-Teams in der Midi-Division des Sprungbiathlons schnitten sehr gut ab. Jeanette und Sarah hatten keine Zeit, die Ergebnisse zu überprüfen, da die Maxi-Division beginnen sollte, sobald die Anpassungen vorgenommen worden waren, um die höheren Sprünge und Hürden für die größeren Hunde vorzubereiten. Belva überprüfte ihre Agenda und informierte sie darüber, dass Team USA das dritte Land sein würde, das in der Maxi-Division auftritt. Jeanette und Sarah entschieden sich, sich in der Nähe des Eingangstors zu positionieren, um für ihren Auftritt bereit zu sein.

Während sie darauf warteten, ihre Performance zu absolvieren, beobachteten Jeanette und Sarah die Teams aus Georgien, und das beste der drei Teams war ein Rüde, der wie ein Otterhound aussah. Sein Name wurde als Dzaglika angekündigt, aber seine weibliche Hundeführerin nannte ihn Zag.

Das kanadische Team trat als Nächstes auf. Matelot sah aus wie ein großer Briard und, obwohl er ein guter Springer war, wurde er durch die Platzierung der Hindernisse daran gehindert, wirkliche Geschwindigkeit zu entwickeln. Seine Hundeführerin gab ihre Kommandos auf Französisch. Luke Earthwalker, ein Border Collie, war der zweite kanadische Teilnehmer und zeigte eine großartige Leistung. Das letzte kanadische Team bestand aus einer jungen Frau und einer roten Dobermann-Hündin namens Vixen. Vixen und ihre junge Hundeführerin waren ein fantastisches Team, und ihre Leistung wurde mit anhaltendem Applaus belohnt.

Topaz und Jeanette betraten den Ring. Cole fühlte eine solche Liebe und Stolz auf sie, dass ihm die Tränen in die Augen stiegen.

Topaz blickte fragend zu ihrer Mama, die leise zwei Worte sagte – „schnell" und „Sprünge". Topaz wusste, dass dieser Parcours hauptsächlich aus Sprüngen bestand.

Die Zuschauer wurden still, als sie die schöne Frau und den schönen Deutschen Kurzhaar-Pointer sahen, die sich schnell, aber ohne Eile bewegten. Die Kommandos der Frau wurden leise ausgesprochen, und ihre Gesten waren fast unsichtbar, aber alle, die zusahen, erkannten eine besondere Kommunikation zwischen den beiden, die über Gesten und Kommandos hinausging. Als sie den Ring verließen, herrschte einen Moment lang Stille, bevor der donnernde Applaus begann.

John, der Border Collie, und Breen zeigten eine großartige Leistung, aber sie war antiklimaktisch nach der fast ätherischen Darstellung perfekter Teamarbeit von Topaz und Jeanette.

Michael Archangelos Name wurde angekündigt, und dann sein Land. Essie, Evan, Gordon und Cole hörten, wie einige Leute seinen Namen in verschiedenen Sprachen sprachen. Der hässliche Hund mit dem orangenen Ohr, der nach einem Erzengel benannt war, faszinierte sie. Gordon sah sich einige der Gesichter in der Menge an und sah, dass sie lächelten und miteinander scherzten und auf ihre Ohren zeigten.

Sobald die kleine Frau mit dem goldbraunen Haar, den goldenen Augen und der goldenen gebräunten Haut begann, sich zu bewegen, als hätte sie gerade eine Adrenalinspritze bekommen, und der zottelige, graue Hund mit der Anmut einer Gazelle und der Stärke eines Berglöwen zu performen begann, herrschte Stille, als alle von der außergewöhnlichen Performance gefesselt wurden, die stattfand. Wieder gab es einen Moment der Stille, bevor der riesige Applaus für Sarah und Michael begann.

Die beiden verließen den Ring und gesellten sich zu Jeanette und Topaz, John und Josh, die in der Nähe des Ausgangstors auf sie warteten. Sie machten sich alle durch die Zuschauer hindurch auf den Weg, um den Rest ihrer Gruppe zu finden.

Nach einer Pause versammelten sie sich um das Punkteblatt, um die Ergebnisse der Sprungteil des Biathlons zu überprüfen. Michael gewann. Topaz belegte den zweiten Platz. Vixen, der Dobermann aus Kanada, wurde Dritter.

Kapitel Zweiundfünfzig

Samstag, der dritte Tag der Welt-Agility-Meisterschaften, war sonnig und kühl. Obwohl die Veranstaltung in der Halle stattfand und Regenwetter keine Rolle gespielt hätte, genossen alle die Möglichkeit, eine Pause im Freien zu machen und im Sonnenschein zu spazieren. Essie, Evan, Jeanette und Sarah überprüften den Zeitplan. Da so viele Veranstaltungen gleichzeitig in den drei Agility-Ringen stattfanden, war es verwirrend, den Überblick zu behalten.

Nachdem sie den Zeitplan mehrere Minuten lang studiert hatten, sagte Jeanette: „Im Grunde genommen bedeutet das, dass Topaz und Michael im Ring Eins bei Gamblers auftreten, gefolgt von Jumpers in Ring Drei und dann Snooker in Ring Zwei." Evan sagte: „Richtig. Am besten ignoriert man die Zeitpläne für die Sprunghöhenklassen, an denen man nicht teilnimmt."

Der Agility-Teil des Biathlons würde der letzte Wettbewerb des Tages sein. Der Sprungteil, der am zweiten Tag stattfand, war eine sehr enge Konkurrenz, insbesondere in den Toy- und Maxi-Divisionen. Viele der führenden Teilnehmer waren großartige Springer. Der heutige Agility-Biathlon war vergleichbar mit einer Standard-Agility-Klasse, und einige Hunde, die keine guten, natürlichen Springer waren, zeichneten sich im Standard-Agility-Kurs aus. Die Erwartungen für den zweiten Teil des Biathlons waren hoch.

Sarah und Jeanette, Essie und Evan waren so beschäftigt mit den verschiedenen Klassen ihrer Sprunghöhen, dass sich ihre Wege selten kreuzten. Keiner von ihnen hatte Zeit, die Punktblätter für die Ergebnisse zu überprüfen, außer ihre eigenen. Gordon und Cole erfuhren die Ergebnisse von Belva Tufts und erzählten Essie und Evan, während sie eine Pause machten, dass Topaz Gamblers gewann, Darda, der Vizsla aus Ungarn, Zweiter wurde und Michael den dritten Platz belegte.

Gordon sagte: „Schade, dass ihr nicht sehen konntet, wie Jeanette und Topaz bei Gamblers aufgetreten sind! Ich schwöre, sie kommunizieren über ESP." Cole lächelte und sagte: „Michael und Sarah haben Jumping All 'Round gewonnen, und ich bin stolz zu sagen, dass Topaz und meine Frau Zweite wurden. Vixen aus Kanada wurde Dritte."

„Wie haben sich Topaz und Michael in der Snooker-Maxi-Division geschlagen?" fragte Evan.

Gordon antwortete: „John, der Border Collie, gewann für die USA. Oszkar holte den zweiten Platz für Ungarn. Topaz wurde Dritte und Michael Vierter. Jedenfalls war es fast ein Triumph für unser Land. Wir belegten den ersten, dritten und vierten Platz."

Essie konnte sich nicht länger zurückhalten und sprang fast vor Freude auf und ab, als sie sagte: „Kawdje hat Jumpers gewonnen."

Sie alle klatschten sich gegenseitig ab.

Essie fuhr fort: „Dustin belegte den zweiten Platz bei Jumpers, also war das ein eins-zwei Sieg für die USA. Tilly, der lebhafte kleine Schipperke aus den Niederlanden, wurde Dritte, und Stubby, der entzückende Norwich Terrier aus Großbritannien, wurde Vierter. Kissy kam auf den fünften Platz."

Evan forderte: „Frag mich, wie sich Kissy der Komet bei Snooker geschlagen hat." Cole sagte: „Okay. Wie hat sich Kissy der Komet bei Snooker geschlagen?"

„Sie hat gewonnen!"

Essie stimmte ein: „Kawdje wurde Zweiter."

Gordon und Cole gratulierten ihnen, dann fragte Cole: „Wer hat Gamblers gewonnen?"

„Es war ein Überraschungssieg von Kenji, dem Papillon aus Japan", sagte Evan. „Kissy wurde Zweite und Seeka, der Affenpinscher aus Belgien, wurde Dritte. Dustin kam auf den vierten Platz, und Kawdje war Fünfter."

Evan fragte Cole und Gordon, ob sie Zeit gehabt hätten, die amerikanischen Teilnehmer in den Mini- und Midi-Divisionen zu beobachten.

„Essie und ich waren mit unseren eigenen Wettkämpfen beschäftigt. Wir hatten keine Zeit, die drei USA-Teams in der Midi-Division bei ihren Auftritten zu sehen, aber ich weiß, dass sie auf den vierten, fünften und sechsten Plätzen lagen."

Essie sagte, dass sie dachte, dass der seltsam aussehende Hund aus Spanien namens Miguel die Sprung-Biathlon-Runde in der Midi-Division gewonnen hatte und dass „The Artful Handful" aus Großbritannien Zweiter geworden war.

Sarah und Michael, Jeanette und Topaz sowie Josh und John warteten in der Nähe des Eingangstors auf ihren Auftritt im Agility-Biathlon. Da ihre Auftritte als drittletzte geplant waren, hatten sie sich entschieden, einen gemütlichen Spaziergang im Freien mit den Hunden zu unternehmen, anstatt die anderen Teams in der Maxi-Division zu beobachten.

Sie sahen Belva auf sich zukommen. Als sie näher kam, fragte Sarah: „Wer hat bisher die beste Leistung gezeigt?"

„Ich habe das Punktblatt noch nicht überprüft, aber meiner Meinung nach hatten Annabella, der Pointer aus Großbritannien, und Vixen, der Dobermann aus Kanada, großartige Auftritte."

Das russische Team von Mikhaila und Gregori Lomonisov betrat gerade den Ring, also unterbrachen sie ihre Unterhaltung, um ihre volle Aufmerksamkeit diesem Auftritt zu widmen. Mikhaila hatte einen hervorragenden Auftritt im Agility-Biathlon. Jeanette meinte, dass Mikhaila im Sprung-Biathlon auf dem sechsten Platz gelandet war.

Sarah sagte: „Wenn sie den Agility-Teil des Biathlons gewinnt, wird das ihre Gesamtpunktzahl erhöhen, aber nicht so sehr, dass sie gewinnt, es sei denn, Michael, Topaz und andere aus den Top fünf Platzierungen des Sprung-Biathlons scheitern beim Agility-Aufbau und kommen nicht wieder auf die Beine."

John, der Border Collie, und Josh Barnes waren die ersten amerikanischen Teams, die im Agility-Biathlon antraten. Sie hatten eine fantastische Leistung. Belva bemerkte, dass es schade sei, dass sie im Sprung-Biathlon nicht gut abgeschnitten hatten, denn trotz der großartigen Leistung, die sie gerade gezeigt hatten, würde es sie nicht in die Top drei bringen.

Kurz bevor Jeanette und Topaz den Ring betraten, beugte sich Jeanette hinunter und flüsterte: „Es ist fast vorbei, mein wunderschönes Juwel. Lass uns alles geben, was wir haben. Schnell. Sehr schnell."

Topaz spürte intuitiv, was ihre Mutter zu ihr gesagt hatte. Sie fühlte sich sicher in der starken, beständigen Liebe, die immer von ihrer Mutter ausging und sie wie eine weiche, warme Decke umhüllte. Selbst wenn ihre Mutter manchmal von ihr wegsprintete und auf das Hindernis zulief, das als nächstes verwendet werden sollte, fühlte Topaz, dass keine Entfernung zwischen ihnen bestand. Sie war sich jedes Signals, egal wie subtil, das ihre Mutter gab, bewusst, sodass sie fast immer wusste, welches Hindernis als nächstes genommen werden sollte. Es tat ihr leid, dass ihre Mutter ihr signalisierte, dass sie als nächstes den Tisch nutzen sollte, da dies das Ende dieser besonderen Zeit zusammen bedeutete. Sie sah ihrer Mutter in die Augen, als sie die Ruheposition auf dem Tisch einnahm. Beide schlossen langsam die Augen, was ihr stilles Zeichen dafür war, „Ich liebe dich" zu sagen.

Als Topaz mit dem Kopf an das Bein ihrer Mutter gedrückt das Ausgangstor verließ, wurde sie von tosendem Applaus schockiert in die Realität zurückgeholt. Cole bahnte sich seinen Weg durch die Zuschauer und umarmte seine Frau, dann beugte er sich vor und umarmte Topaz.

Auch Michael und Sarah hatten eine herausragende Leistung und, wie immer, wurde er zu einem wahren Kunstwerk, sobald er in den Wettbewerb trat.

Auch die drei Teilnehmer aus Ungarn hatten großartige Leistungen, besonders Darda, der Vizsla. Keiner jedoch übertraf die elegante und ätherische Qualität von Topaz, deren Schnelligkeit durch die Leichtigkeit und schiere Schönheit jeder Bewegung getarnt war, die ihre Darbietung wie einen wunderschönen Tanz aussehen ließ.

Das Punktblatt zeigte, dass Topaz den Agility-Teil des Biathlons gewonnen hatte. Michael wurde Zweiter. Vixen aus Kanada belegte den dritten Platz, und da sie im Sprung-Teil des Biathlons ebenfalls Dritte geworden war, würde sie definitiv den dritten Platz im Biathlon halten. Topaz und Michael hatten in beiden Teilen des Wettbewerbs jeweils die gleiche Punktzahl erreicht, da beide in einem Teil den ersten und im anderen den zweiten Platz belegt hatten. Der Gewinner wurde durch die kombinierte Zeit bestimmt. Topaz gewann mit 0,015 Sekunden Vorsprung. Michael wurde Zweiter und Vixen aus Kanada wurde Dritte.

Sarah, Gordon, Jeanette und Cole sahen sich die Midi-Division im Agility-Teil des Biathlons nicht an, sondern gönnten sich eine wohlverdiente Pause.

Jeanette fütterte Topaz mit Ingwerkeksen als Belohnung für ihre sublime Leistung. Sie fügte noch ein Butterplätzchen hinzu. Michael fraß gierig einen Ingwerkeks und sabberte nach einem weiteren. Sarah gab ihm noch einen und aß dann selbst einen. Gordon und Cole knabberten jeweils an Butterplätzchen.

Später, nach einem Spaziergang im Freien mit den Hunden, brachten Sarah und Gordon, Jeanette und Cole Michael und Topaz in die

Transportboxen und gingen dann zu Ring Zwei, um die Toy-Division im Agility-Biathlon zu sehen. Sie kamen zu spät, um Essie und Kawdje zu sehen. Dustin und Breen traten auf und gaben eine großartige, fehlerfreie Leistung. Gordon, Cole, Jeanette und Sarah sahen sich um und bemerkten, dass auch Teilnehmer anderer Sprunghöhen-Divisionen gekommen waren, um die Toy-Division im Agility-Teil des Biathlons zu sehen, da sie von den knappen Ergebnissen im Sprung-Biathlon gehört hatten. Es würde ein Kopf-an-Kopf-Rennen um die Spitzenplätze werden.

Als Kissy und Evan den Ring betraten, hörten sie mehrere Leute „Kissy" sagen, mit einem vorangestellten „ah" oder „aha".

Kissy zitterte, während sie auf das Signal wartete, und weil sie so aufgedreht war, gab sie ein kurzes, scharfes Bellen von sich, das ihr Zeichen dafür war, „Los! Beeil dich!" zu sagen.

Die Pfeife ertönte. Die Aktion begann. Ihr Vater zeigte auf das erste Hindernis und sprintete darauf zu. Sie übersprang es mühelos, und nachdem sie mehrere weitere Hindernisse genommen hatte, erkannte sie, dass dies einer der Parcours war, den sie liebte, und sie fühlte sich noch energiegeladener.

Ihr Vater lief auf einen Flügel-Sprung zu, und sie holte ihn an diesem Hindernis ein. Sie gab ein weiteres kurzes, scharfes Bellen von sich und befahl ihm, sich schneller zu bewegen.

Evan verstand die Botschaft. Kissy sagte ihm nicht nur, dass er das Tempo erhöhen sollte, sondern dass sie dachte, sie könnte noch schneller laufen.

Essie lächelte, als sie hörte, wie Kissy ihrem Vater sagte, „mach mal schneller." Sie sagte ein stilles Dankgebet dafür, dass sie nicht mit Kissy im Team war, und alles wegen dieses peinlichen Vorfalls vor mehr als zwei Jahren, als Kissy den Richter gebissen hatte und sie Evan gesagt hatte, sie sei zu beschämt, um sie weiterhin im Ring zu führen.

„Dieser Verstoß gegen die Etikette war ein verkappter Segen. Wenn dieser Vorfall nicht gewesen wäre, wäre ich jetzt da draußen und würde versuchen, mit ihr Schritt zu halten. Ich wette, sie wird Evan so lange zum Wettkämpfen bringen, bis sie beide alt und grau sind und kaum noch humpeln können", dachte sie.

Breen und Dustin hatten auch in der Nähe des Ausgangstors gewartet, und Breen sagte, als Evan hindurchging: „Kissy hat dir gesagt, du sollst schneller werden, oder?"

Evan keuchte: „Sie braucht einen jüngeren Mann."

Alle applaudierten immer noch, als Evan langsam aus dem Ausgangsbereich ging und Kissy in seinen Armen trug.

Er sagte zu Essie: „Kissy will ihren Ingwerkeks als Belohnung, und ich bin sicher, dass Kawdje Haferkekse will, und ich brauche etwas zu trinken. Wasser muss jetzt reichen. Morgen, nachdem die Spiele beendet sind, werde ich mir im nächstgelegenen Pub ein britisches Stout gönnen."

Bis Evan sich genug erholt hatte, um Essie zu begleiten und die Punktetabelle zu überprüfen, fanden sie Sarah, Jeanette und Belva in der Menge, die sich um die Liste versammelt hatten. Cole und Gordon standen etwas abseits.

Gordon lächelte seinen Bruder an und sagte: „Du hast fast gewonnen mit dieser Agility-Biathlon-Leistung, die die schnellste war, aber Kawdje und Tilly, der Schipperke aus den Niederlanden, sind in den Punkten vor ihr. Kawdje belegte den ersten Platz, da seine kombinierte Leistung etwa eine Viertelsekunde schneller war als die von Tilly, und er hatte außerdem den ersten Platz im Sprung-Biathlon belegt. Kissy schaffte es auf den dritten Platz und Dustin wurde Vierter, sodass Team USA in der Toy-Division des Biathlons den ersten, dritten und vierten Platz belegte."

Belva Tufts gesellte sich zu ihnen. Sie gratulierte Essie und Evan und sagte lachend: „Evan, ich habe gehört, wie Kissy dich im Ring wegen deiner Langsamkeit gescholten hat."

Belva fuhr fort und informierte sie darüber, dass sie sich am Abend mit allen Teammitgliedern treffen wollte, weil sie die drei Teams ausgewählt hatte, die die USA im Länderteam-Wettbewerb morgen vertreten würden.

Kapitel Dreiundfünfzig

Kissy, Topaz und Michael warteten am Eingangstor, um den Drei-Hunde-Staffellauf zu absolvieren, der der letzte der Länderteam-Events war.

Nach der Gesamtzahl der Punkte, die jeder Teilnehmer erzielt hatte, belegte Kissy den ersten Platz in der Toy-Division, dicht gefolgt von Kawdje. Topaz war Erste in der Maxi-Division, knapp gefolgt von Michael. Die Mini- und Midi-Divisionen von Team USA hatten nicht so gut abgeschnitten.

Die drei Teilnehmer, die von jedem Land ausgewählt wurden, um das Länderteam zu bilden, durften aus höchstens zwei Sprunghöhen-Kategorien kommen. Die Wahl für den dritten Teilnehmer von Team USA fiel zwischen Michael und Kawdje. Michael hatte mehr Punkte erzielt.

Während des Standard-Agility-Events des Länderteams verstand die schlaue, kleine Kissy frühzeitig, dass dies eine Art Ausscheidungslauf war, da so wenige andere Hunde teilnahmen. Am wichtigsten war, dass sie immer noch im Rennen war. Sie wusste, dass Kawdje und Dustin es nicht waren. Sie gab auf dem Agility-Parcours alles, und Evan tat das Gleiche.

Während des Jumping-Events hatte Kissy noch nicht mit Michael und Topaz zusammen angetreten, also wusste sie nicht, dass sie Teil eines Teams war. Sie ging den Jumpers-Parcours entschlossen an, versuchte aber nicht, ihren Vater zu einem schnelleren Tempo zu drängen. Sie erhielt keine Fehler, und obwohl ihre Leistung nicht so herausragend war wie ihre Agility-Performance, war sie dennoch bemerkenswert. Sie war sich nicht ganz sicher, was vor sich ging, aber sie wusste, dass sie und einige andere Stars waren. „Jeder weiß, dass ich die Beste bin, und ich bin es wirklich!", dachte sie.

Als sie sah, dass Topaz und Michael und ihre Mütter in denselben Ring gingen wie ihr Vater, der sie in seinen Armen getragen hatte und nun neben ihnen absetzte, begriff sie, dass dies ein Staffellauf war. Sie fragte sie, ob sie in den Agility- und Jumping-Übungen angetreten waren.

Sie sagten, dass sie es getan hatten, und Kissy bemerkte: „Wir sind ein Team, genau wie Michael, Kawdje und ich es bei diesem großen Agility-Training waren."

„Ja", sagte Michael. „Ich bin mir nicht sicher, warum Kawdje nicht Teil des Teams ist und Topaz es ist. Ich bin froh, dass wir im selben Team sind, Topaz", fügte er hastig hinzu.

„Ich frage mich, ob Kawdje in einem anderen Team mit zwei anderen Hunden ist", sagte Topaz.

„Nein, er tritt heute nicht an. Meine Mama und Kawdje haben meinen Papa und mich jedes Mal getroffen, wenn wir den Ring verlassen haben. Außerdem habe ich einmal auch Dustin und seinen Papa gesehen."

„Ich freue mich sehr, im selben Team mit euch beiden zu sein", sagte Topaz.

Sie schauten sich die Hindernisse an. Michael und Kissy erkannten sofort zwei getrennte Parcours—die eine Hälfte des Rings hatte Sprünge, die auf Kissys Größe eingestellt waren, und die andere Hälfte für Michael und Topaz' Höhenkategorie. Topaz hatte noch nie eine solche Kursanordnung gesehen, da sie bei den World Cynosport Games Teil eines Teams mit Harry Houdini und Patrick war, die beide ihre Größe hatten. Michael und Kissy erklärten ihr, dass Kissy in der Hälfte des

Rings antreten würde, in der einige Hindernisse an ihre Größe angepasst waren, während sie und Michael in der anderen Hälfte antreten würden.

Sarah nahm Michaels Leine ab und flüsterte ihm ins Ohr: „Gib dein Bestes, mein besonderer Freund und Begleiter. Lass uns die Goldmedaille holen."

Michael wusste, dass er bei den Agility-Übungen Auszeichnungen dafür bekommen hatte, schneller und besser zu sein als die meisten anderen Hunde. Er erinnerte sich, dass er, Kissy und Kawdje das beste Team über Topaz, Harry Houdini und Patrick gewesen waren. Er schwor, heute besser zu sein als jemals zuvor, damit Topaz im besten Team sein konnte.

Michael zeigte unglaubliche Geschwindigkeit und Geschicklichkeit. Sarah verstand genau, wie Evan sich fühlte, als sie sich bis zum Äußersten anstrengte, um Michael voraus zu bleiben und seinen Weg durch den Parcours zu weisen. Er drängte sie nie verbal, aber sie wusste, dass er alles gab, was er hatte, für diesen Staffellauf.

Als Topaz Michael beim Wettkampf zusah, beschloss sie, ihr Bestes zu geben, weil Michael sein Bestes versuchte, also musste es ihm wichtig sein. Sie wusste sicher, dass Kissy unbedingt gewinnen wollte. Topaz schlüpfte mit schnellem Rhythmus durch die Slalomstangen. Früher mochte sie sie nicht, aber jetzt schienen sie mühelos. Sie schnaufte nicht einmal, als ihre Mama den Staffelstab an Kissys Papa weitergab. Sie setzte sich neben Michael und beide schauten zu, wie Kissy der Komet durch den Parcours fegte, so schnell, dass ihr Schwanz Schwierigkeiten zu haben schien, mit dem Rest von ihr mitzuhalten.

Michael sagte: „Ich wette, sie liebt es, Agility zu machen, mehr als Gingersnaps oder Crème brûlée zu essen. Na ja, fast!"

Kissy trat mit Freude im Herzen auf. Sie wechselte schnell ihren Fokus von der Federkraft, die für die verschiedenen Sprünge nötig war, zum Fluss des schnellen Rennens zwischen Hindernissen und der präzisen Pfotenplatzierung auf den Kontaktzonen, während sie ihren Papa im Auge behielt und dem von ihm vorgegebenen Pfad durch den Parcours folgte. Sie war ein Komet—auf Kurs, schnell, und blitzte ohne zu zögern durch den Parcours. Sie lief immer noch so schnell, als sie den Zielbereich erreichte, dass sie fast einen Salto gemacht hätte, als sie versuchte, schnell zu stoppen. Wären ihre Pfoten Reifen gewesen, hätten sie gequietscht.

Essie hielt Kawdje in ihren Armen, damit er Kissy, Michael und Topaz bei ihrer Performance zusehen konnte. Sie erinnerte ihn daran, dass, als er bei der Westminster Dog Show seinen Moment des Ruhms genossen hatte, Kissy zu Hause bei den Welpen geblieben war.

„Jetzt ist es Kissys Moment, im Rampenlicht zu stehen."

Kawdje spürte, was seine Mama sagte, und schauderte unwillkürlich, als er sich daran erinnerte, wie gemein Kissy zu ihm gewesen war, nachdem ihre Welpen geboren worden waren. Er dachte, dass sie wahrscheinlich genauso gemein zu ihm wäre, wenn er ausgewählt worden wäre, um mit Topaz und Michael zu konkurrieren, und sie nicht. Er entschied, dass Frieden und Zufriedenheit ein fairer Austausch für das Aufgeben des Rampenlichts des Ruhmes waren.

Die Preisverleihung fand in Ring Eins statt.

Individuelles Standard Agility

Toy Division
Kissy aus den USA—Gold
Dustin aus den USA—Silber
Seeka aus Belgien—Bronze

Mini Division
Emi aus Japan—Gold
Bogey aus den USA—Silber
Arrow aus Großbritannien—Bronze

Midi Division
The Artful Handful aus Großbritannien—Gold
Miguel aus Spanien—Silber
Van Zeeman aus den Niederlanden—Bronze

Maxi Division
Annabella aus Großbritannien—Gold
Michael Archangelo aus den USA—Silber
Topaz aus den USA—Bronze

Individuelles Jumping All 'Round

Toy Division
Kawdje aus den USA—Gold
Dustin aus den USA—Silber
Tilly aus den Niederlanden—Bronze

Mini Division

Zack aus Österreich—Gold
Bogey aus den USA—Silber
Emi aus Japan—Bronze

Midi Division

Fodor aus Ungarn—Gold
Miguel aus Spanien—Silber
The Artful Handful aus Großbritannien—Bronze

Maxi Division

Michael Archangelo aus den USA—Gold
Topaz aus den USA—Silber
Oszkar aus Ungarn—Bronze

Individuelles Snooker

Toy Division
Kissy aus den USA—Gold
Kawdje aus den USA—Silber
Zsa Zsa aus Ungarn—Bronze

Mini Division
Emi aus Japan—Gold
Bladerunner aus Australien—Silber
Zack aus Österreich—Bronze

Midi Division
Miguel aus Spanien—Gold
Sheena aus den USA—Silber
Van Zeeman aus den Niederlanden—Bronze

Maxi Division
John aus den USA—Gold
Oszkar aus Ungarn—Silber
Topaz aus den USA—Bronze

Individuelles Gamblers

Toy Division
Kenji aus Japan—Gold
Kissy aus den USA—Silber
Seeka aus Belgien—Bronze

Mini Division
Miguel aus Spanien—Gold
The Artful Handful aus Großbritannien—Silber
Gamesman aus den Niederlanden—Bronze

Maxi Division
Topaz aus den USA—Gold
Darda aus Ungarn—Silber
Michael Archangelo aus den USA—Bronze

Individuelles All Around

Toy Division
Kissy aus den USA—Gold
Kawdje aus den USA—Silber
Dustin aus den USA—Bronze

Mini Division
Emi aus Japan—Gold
Bogey aus den USA—Silber
Arrow aus Großbritannien—Bronze

Midi Division
Miguel aus Spanien—Gold
The Artful Handful aus Großbritannien—Silber
Van Zeeman aus den Niederlanden—Bronze

Maxi Division
Topaz aus den USA—Gold
Michael Archangelo aus den USA—Silber
Annabella aus Großbritannien—Bronze

Der Biathlon

Toy Division
Kawdje aus den USA—Gold
Tilly aus den Niederlanden—Silber
Kissy aus den USA—Bronze

Mini Division
Emi aus Japan—Gold
Bogey aus den USA—Silber
Zack aus Österreich—Bronze

Midi Division
The Artful Handful aus Großbritannien—Gold
Miguel aus Spanien—Silber
Fodor aus Ungarn—Bronze

Maxi Division
Topaz aus den USA—Gold
Michael Archangelo aus den USA—Silber
Vixen aus Kanada—Bronze

Power und Speed

Toy Division
Dustin aus den USA—Gold
Kawdje aus den USA—Silber
Zsa Zsa aus Ungarn—Bronze

Mini Division
Bogey aus den USA—Gold
Zack aus Österreich—Silber
Emi aus Japan—Bronze

Midi Division
Miguel aus Spanien—Gold
Fodor aus Ungarn—Silber
The Artful Handful aus Großbritannien—Bronze

Maxi Division
Michael Archangelo aus den USA—Gold
Darda aus Ungarn—Silber
Annabella aus Großbritannien—Bronze

Country Team Wettbewerb mit Standard Agility, Jumping All 'Round und Drei-Hunde-Staffel

Team USA—Gold, vertreten durch:
Kissy (Toy Division)
Topaz (Maxi Division)
Michael Archangelo (Maxi Division)

Team Großbritannien—Silber, vertreten durch:
Bonny (Midi Division)
The Artful Handful (Midi Division)
Annabella (Maxi Division)

Team Österreich—Bronze, vertreten durch:
Schatzi (Toy Division)
Otto (Mini Division)
Zack (Mini Division)

Kissy bebte vor Aufregung und Freude jedes Mal, wenn sie mit ihrem Papa auf das Siegerpodest stieg. Ein Teil dieser Freude verflog jedoch, wenn sie nicht in der Mitte und auf dem höchsten Teil des Podests stand, da sie wusste, dass das bedeutete, dass sie nicht die Allerbeste war. Dennoch war sie über all die Pokale und Bänder, die ihr Papa für sie sammelte, begeistert.

Kissy genoss den Applaus und das Aufblitzen der Kameras. Als sie, Michael und Topaz zusammen auf dem Siegerpodest zwischen zwei anderen Teams saßen, wusste sie, dass sie das beste Team waren, weil sie in der Mitte standen. Michael saß zwischen ihr und Topaz. Sie wollte die Position in der Mitte einnehmen, also ging sie vor Michael und zwängte sich zwischen ihn und Topaz. Sie setzte sich so groß auf, wie sie konnte, was ihr nicht hoch genug erschien, sodass sie sich in eine halbstehende Position balancierte, indem sie auf ihren Hinterpfoten saß und ihren Schwanz zur Stabilisierung benutzte. Sie hielt ihre Vorderpfoten vor die Brust, und der Gesamteindruck war der eines Hundes, der um eine Belohnung bettelt. Sie hörte ihren Papa und die Mütter von Michael und Topaz lachen sowie viel Klatschen und Jubeln. Kissy war erleichtert, als der große Siegerpokal vor ihr platziert wurde. Sie stützte ihre Vorderpfoten darauf ab.

Michael sagte zu Kissy: „Du liebst Agility wirklich, oder?"

„Natürlich. Liebst du es etwa nicht?"

„Ich genieße es, weil es eine Herausforderung ist und weil ich es mit Sarah mache und wir ein Team sind," fügte er hinzu, „ich vermisse Michelle."

Topaz sagte: „Ich liebe es, Teil eines Teams mit meiner Mama zu sein, aber ich liebe es noch mehr, zu Hause mit ihr, meinem Papa und Sonny zu sein. Ich wünschte, Michelle und Sonny wären hier bei uns."

Kissy stellte plötzlich fest, dass sie während des gesamten Aufenthalts bei diesem großen Agility-Wettbewerb keinen Gedanken an ihre Welpen verschwendet hatte. Sie fühlte sich ein wenig schuldig deswegen, aber dann erinnerte sie sich daran, dass Keiner ihrer Welpen lebte bei ihr und Kawdje.

Sie sagte: „Alle meine Welpen wurden mir genommen. Sie leben in anderen Häusern."

Topaz sagte mitfühlend: „Es tut mir so leid, Kissy." Michael fügte hinzu: „Mir auch."

Kissy gab nur sich selbst zu, dass es sie nicht störte, dass keiner ihrer Welpen den ganzen Tag um sie herum war.

„Kawdje und ich sehen sie häufig. Es ist in Ordnung."

Die Weltmeisterschaft im Agility endete mit der Grande Finale Zeremonie. Die Flagge jedes teilnehmenden Landes wurde aus dem Gebäude getragen.

Es war 18 Uhr. Nach einem kurzen Spaziergang in einem nahegelegenen Park kehrte die Freundesgruppe ins Gasthaus zurück, brachte die Tiere in ihren Zimmern unter und fuhr zu einem Pub. Evan gönnte sich den Krug Stout, den er sich versprochen hatte. Die anderen taten es ihm gleich. Sie aßen herzhafte Roastbeef-Sandwiches und verglichen sie mit denen von Nick's in Philadelphia.

Jeanette sagte: „Das ist ein kompletter Themenwechsel, aber erinnert ihr euch, dass ich euch vor dieser Reise gesagt habe, dass ich einige Kornkreise sehen möchte? Wir haben zweieinhalb Tage, bevor wir nach Hause fliegen. Hat jemand Lust, morgen früh loszufahren und nach Kornkreisen zu suchen? Die Gegenden um Avebury und Stonehenge sind gute Orte, um nach ihnen zu suchen. Beide liegen in der Nähe von Swindon, einer Stadt, die groß genug ist, um einige tierfreundliche Hotels, Gasthäuser oder B&Bs zu haben. Wir könnten in oder in der

Nähe von Swindon übernachten und die umliegende Landschaft morgen und den größten Teil des folgenden Tages erkunden."

Cole sagte, dass er eine Mietwagenagentur in der Nähe kenne.

„Wir passen nicht alle acht, die vier Tiere, die Pak'n Fold Boxen und unser Gepäck in ein Fahrzeug. Ich schlage vor, zwei Fahrzeuge zu mieten."

Gordon sagte: „Ich habe mein Satellitentelefon dabei, und ihr habt alle eure Handys, sodass wir miteinander sprechen können, auch wenn wir in zwei Autos unterwegs sind."

Sie bestellten Steak and Kidney Pie, um eine warme Mahlzeit für die Tiere mitzubringen. Während sie auf das Essen warteten, besprachen sie das Fahren auf der falschen Straßenseite, die Richtung nach Swindon und wie sie sich in den Fahrzeugen aufteilen würden.

Kapitel Vierundfünfzig

Cole, Evan und Gordon nahmen ein Taxi zur Autovermietung und entschieden sich für einen Land Rover und einen kleinen Hatchback. Sie fuhren zurück zur Pension und beschlossen beim Frühstück, wie sie sich aufteilen würden. Sie entschieden sich dafür, dass Essie und Evan sowie Kissy und Kawdje im kleinen Hatchback mitfuhren, während die anderen im Land Rover saßen. Sie fuhren etwa eine Stunde, dann hielten sie in Stratford Upon Avon, um die Sehenswürdigkeiten am Geburtsort Shakespeares zu besuchen. Aufgrund dieses Umwegs kamen sie erst um die Mittagszeit in Swindon an. Es war bewölkt und kühl genug, um die Tiere in den Fahrzeugen zu lassen, während sie im Pub zu Mittag aßen. Sie fragten ihre Kellnerin Lucy, eine fröhliche Frau mit einem gewinnenden Lächeln, ob sie Unterkünfte in der Nähe kenne, die haustierfreundlich seien. Die Kellnerin erkundigte sich nach ihren Haustieren. Sie erzählten ihr, dass sie vier Hunde hätten und an den kürzlich in Birmingham abgehaltenen World Agility Championship Games teilgenommen hätten.

Lucy sagte mit ihrem sehr britischen Akzent: „Ich weiß darüber Bescheid. Das war Annabella, dieser wunderschöne Pointer, und Artie, die für uns beide so gut abgeschnitten haben. Unser Team hat die Silbermedaille gewonnen. Ich weiß, dass die Amis die Goldmedaille im Country-Team-Wettbewerb gewonnen haben. Wie haben Ihre Hunde abgeschnitten?" Als sie ihr erklärten, dass sie die Amis waren, die die Goldmedaille gewonnen hatten und dass ihre Haustiere viele Einzelmedaillen gewonnen hatten, fragte Lucy, wo die Haustiere jetzt seien. Jeanette antwortete, dass sie sie in ihren Mietwagen draußen vor dem Pub gelassen hätten. „Ich muss sie sehen", sagte Lucy. „Wir hatten Fernsehberichte über die Agility-Wettkämpfe, und Mum und ich hatten großen Spaß, als sich diese kleine blonde Süße zwischen die beiden großen Hunde quetschte und sich auf ihre Hinterbeine stellte, um größer zu wirken. Was haustierfreundliche Pensionen betrifft: Mein Bruder und meine Schwägerin haben einen kleinen Bauernhof etwas außerhalb der Stadt. Sie haben eines der Nebengebäude zu einem Haus umgebaut, das sie vermieten wollen. Ich rufe Nigel an und sehe nach, ob er es Ihnen vermieten wird. Wie lange würden Sie es brauchen?" Sie entschieden sich für zwei Nächte. Nachdem Lucy gegangen war, um den Anruf zu tätigen, diskutierten sie, wie hoch ihre Mietgebühr maximal sein sollte.

Lucy kam zurück. „Nigel sagte, er würde es als Ehre betrachten, den Gewinnern des World Agility Games den Platz zu vermieten. Er sagt, es sei momentan noch spärlich möbliert, da er und Prissy die Einrichtung noch nicht ganz abgeschlossen haben."

Lassen Sie mich wissen, wenn Sie weitere Änderungen oder Übersetzungen benötigen.

Dekoration des Hauses, aber es gibt genug Betten für alle, plus bequeme Stühle zum Sitzen und eine Essecke."

Cole fragte: "Wie viel wird dein Bruder von uns verlangen?" Lucy sah verblüfft aus. "Lord love a duck! Ich habe vergessen zu fragen. Ich kann euch aber sagen, dass er genauso vernünftig sein wird wie alles andere, was ihr hier in der Gegend bekommen könnt. Soll ich ihn zurückrufen und fragen?"

Gordon sagte: "Warum fahren wir nicht einfach raus und schauen uns das Haus an?" Die anderen nickten zustimmend.

Sie sagten Lucy, dass sie ein Takeaway-Mittagessen für die Haustiere bestellen wollten und fragten, was sie empfehlen würde.

"Wartet einen Moment," sagte sie und eilte in Richtung Küche davon. Einige Minuten später erschien sie mit zwei Tüten. "Hier sind Reste vom Rinderbraten-Spezial von gestern Abend mit etwas übrigem Yorkshire Pudding. Das sind keine Reste von den Tellern der Gäste, sondern von den Rändern und Enden des Bratens. Ich habe auch noch gekochte Rüben, gestampfte Kartoffeln und Soße reingetan. Ihr könnt es bei meinem Bruder zu Hause aufwärmen."

Sie bedankten sich überschwänglich. Als Essie fragte, wie viel sie für die Hundemahlzeiten zahlen sollten, machte Lucy eine abwinkende Geste.

"Das Essen geht aufs Haus. Normalerweise bewahre ich die Reste für den Hund meiner Mutter auf." Als sie die konsternierten Gesichter sah, fügte sie schnell hinzu: "Macht euch keine Sorgen. Es ist genug übrig für Wiggins. Ich werde euch nach draußen folgen, damit ich einen Blick auf eure Haustiere werfen kann."

Sie hatten keine Schwierigkeiten, den Bauernhof von Nigel und Prissy Marden zu finden, und fanden die Mietgebühr sehr angemessen. Sie liebten das Nebengebäude, das in ein charmantes Cottage umgewandelt worden war. Glücklicherweise hatte es drei Schlafzimmer, sodass jedes Paar Privatsphäre genießen konnte.

Sarah durchsuchte die Küchenschränke und fand einen Topf, in dem sie die Soße erhitzte und dann über das Fleisch und Gemüse träufelte, das Essie in mundgerechte Stücke geschnitten und mit Trockenfutter vermischt hatte. Die Haustiere verschlangen das Essen, während Gordon, Cole und Evan das Gepäck und die Transportboxen hereintrugen.

Sie hatten sich gerade an den Küchentisch gesetzt, als sie ein Klopfen an der Tür hörten. Cole ließ Nigel und Prissy herein, die einen elektrischen Wasserkocher sowie Kaffee und Teebeutel, Zucker und Sahne mitbrachten. Jeanette lud sie ein, sich zu setzen und eine Tasse Tee zu trinken.

Nachdem der Tee gezogen hatte und ihre Tassen mit dem duftenden Gebräu gefüllt waren, erzählte Jeanette Nigel und Prissy von ihrer Suche nach Kornkreisen.

Nigel sagte: "Ihr seid in einer guten Gegend dafür. Ich habe selbst schon welche gesehen. Die Tiere gehen nicht in einen Kornkreis hinein. Sie bleiben am Rand stehen oder gehen darum herum. Wenn ich es mir recht überlege, habe ich auch noch nie einen Vogel gesehen, der über einen fliegt."

Jeanette fragte: "Sind Sie jemals in einen gegangen?"

Prissy antwortete: "Ich bin zweimal hineingegangen, aber das ist schon einige Jahre her. Das erste Mal, als ich in einen Kornkreis ging, kann ich mich nicht erinnern, dass etwas Außergewöhnliches passiert wäre. Sechs Monate später betrat ich einen zweiten Kornkreis und fühlte ein seltsames Gefühl in meinem Körper—eine Art wellenartige Vibration, die durch meinen Körper ging. Es passierte dreimal. Jede Welle trat etwa fünf bis zehn Sekunden nach dem Ende der vorherigen auf. Ich erinnere mich, dass ich damals dachte, ich wäre von etwas oder jemandem komplett gescannt worden."

Prissy fügte hinzu: "Mit komplett meine ich meinen physischen Körper und all meine Gedanken und alles, was mich ausmacht, wurde betrachtet oder durchleuchtet."

Sie bemerkten, wie Prissy zitterte, als sie die Erfahrung erzählte. Jeanette fragte: "Hatten Sie den Eindruck, dass derjenige, oder dasjenige, das Sie gescannt hat, Ihnen schaden wollte?"

Prissy dachte einen Moment nach, bevor sie antwortete: „Nein. Was auch immer es war, es schien einfach nur neugierig zu sein." Sie korrigierte sich sofort: „Neugierig ist das falsche Wort, weil damit Emotionen verbunden sind. Ich hatte den Eindruck, dass es, was auch immer es war, Informationen wollte und Daten sammelte. Es war keine Emotion damit verbunden."

Nigel fügte hinzu, dass er vor einigen Jahren in einen Kornkreis gegangen sei, aber nichts Ungewöhnliches erlebt habe. „Prissy und ich waren damit beschäftigt, dieses Haus zu renovieren, deshalb hatten wir keine Zeit, nach Kornkreisen zu suchen. Ich werde Bereiche auf eurer lokalen Karte markieren, die gute Orte zum Suchen wären. Ihr habt bis etwa 20:00 Uhr genug Licht."

Prissy fragte, ob sie planten, die Hunde mitzunehmen. Essie erklärte, dass Kawdje und Topaz besonders empfindlich auf die Vibrationen alter Knochen reagierten und sprach kurz über Gordons Ausgrabungen im Kiva. Nigel und Prissy waren sehr interessiert und baten Gordon, ihnen bei seiner Rückkehr von seiner Arbeit zu erzählen.

Prissy bot an, genug Eintopf für alle zu kochen und diesen warm zu halten, damit sie eine heiße Mahlzeit haben könnten, wann immer sie am Abend zurückkämen.

Sarah sagte: „Wir kochen immer etwas, das wir mit den Haustieren teilen können. Wir erwarten sicherlich nicht, dass Sie Ihren Eintopf mit ihnen teilen; jedoch müssen wir etwas zu ihrem Trockenfutter hinzufügen. Wo schlagen Sie vor, dass wir während unserer Rückfahrt hierher etwas kaufen?"

Prissy schaute auf die vier Hunde, die zusammengekuschelt auf einem Flickenteppich schliefen, und antwortete: „Ich habe nichts dagegen, meinen Eintopf mit den Haustieren zu teilen. Nigel und ich füttern auch den Hund seiner Mutter, wenn sie zum Essen vorbeikommen. Wir berechnen euch extra Miete für die Hunde, also verdienen sie es auch, gefüttert zu werden. Ich muss sagen, sie sind wirklich außergewöhnliche Haustiere. Nigel und ich haben uns versprochen, uns einen Hund und eine Katze zuzulegen, wenn wir mit den Renovierungen fertig sind."

Nigel sagte: „Wir haben euch und eure Hunde gestern im Fernsehen gesehen. Ich kann es kaum erwarten, den Leuten hier zu erzählen, dass ihr bei uns übernachtet habt." Dann fügte er hinzu: „Wenn ihr in die Nähe eines Kornkreises fahrt, werden eure Hunde euch vielleicht darauf aufmerksam machen."

Kapitel Fünfundfünfzig

Topaz döste neben Michael auf dem Rücksitz des Land Rovers, als schwache, seltsame Vibrationen ihr Bewusstsein durchdrangen. Sie erwachte und sagte zu Michael: „Da ist ein Loch vorne."

Michael fragte: „Und? Wir haben schon viele davon gegraben."

„Es ist nicht wie ein Loch im Boden. Ich weiß nicht, wie ich es beschreiben soll. Es ist eher wie eine Öffnung als ein Loch. Ich habe so etwas noch nie erlebt, also kann ich es mit nichts vergleichen. Ich weiß nur, dass es mir Angst macht."

„Topaz, früher hast du dich auch vor Rehen gefürchtet."

Die Eltern wussten, dass sie sich einem Kornkreis nähern mussten, als Topaz zu zittern begann und „sprach". Gordon fuhr, also rief Cole sofort Evan und Essie an, die ihnen folgten. Essie antwortete, und Cole beschrieb Topaz' Verhalten. Essie sagte, sie hätte gerade vorgehabt, sie wegen Kawdjes Unruhe und Winseln zu kontaktieren. Sie schlug vor, in der Nähe eines Hügels zu parken, der ein Stück weiter vorne lag.

„Wir können den Hügel besteigen und die Landschaft überblicken. Wenn es in diesem Gebiet einen Kornkreis gibt, sollten wir ihn sehen können."

„Gute Idee", erwiderte Cole. „Wenn wir keinen sehen, können uns die Tiere dorthin führen."

Sie fuhren etwa fünfhundert Meter weiter, bis sie einen perfekten Ort zum Anhalten fanden. Sie parkten, stiegen aus den Fahrzeugen, befestigten die Leinen an den Tieren und begannen, den Hügel zu erklimmen. Oben angekommen hatten sie eine Rundumsicht von 360 Grad.

Sie sahen den Kornkreis am Fuße des Hügels, gegenüber der Seite, die sie erklommen hatten. Sie begannen sofort ihren Abstieg in Richtung des Kreises, obwohl offensichtlich war, dass die Tiere beunruhigt waren und nur widerwillig folgten.

Evan sagte: „Wir können zu den Fahrzeugen zurückkehren, indem wir um die Basis des Hügels in Richtung der Straße gehen."

Vom Gipfel des Hügels aus hatten sie keinen völlig ungehinderten Blick auf den Kornkreis erhalten, da ein Hain in der Nähe des Kreises stand. Trotzdem hatten sie einen guten Blick darauf werfen können, um das komplizierte Muster zu schätzen. Es handelte sich um eine Serie von Kurven unterschiedlicher Länge, die so angeordnet waren, dass der Eindruck einer voll erblühten Rose entstand. Eine lange, schmale, gerade Linie erstreckte sich von der Rose und verband sich mit einer Miniaturausgabe der großen Rose. „Rose" war das Wort Sie benutzten alle den Begriff, wenn sie sich auf den Kornkreis bezogen. Als sie bei „der Rose" ankamen, stellten sie fest, dass er in einem Gerstenfeld entstanden war. Sie untersuchten die Pflanzen und stellten fest, dass jeder Halm so sorgfältig und geschickt gebogen worden war, dass keiner abgebrochen war – nur gebogen, verdreht, gefaltet und ineinander verwoben, sodass feine Schatten und Tiefe im gesamten Muster entstanden.

Die Haustiere zögerten, den Kreis zu betreten, aber Sarah, Gordon, Cole, Jeanette, Essie und Evan wollten sie weder unbeaufsichtigt außerhalb des Kreises lassen noch sie an einen Baum im nahegelegenen Hain binden. Evan nahm Kissy in seine Arme und ging in den Kreis. Essie folgte mit Kawdje auf dem Arm. Michael ging zwischen Gordon und Sarah, wobei Gordon die Leine hielt. Sarah legte ihre Hand auf Michaels Kopf, um ihn zu beruhigen. Topaz ging auf zitternden Beinen zwischen Jeanette und Cole und drückte sich an ihre Mutter.

Sie gingen vorsichtig durch den Kreis, entlang der gebogenen Bereiche, die sie auf etwa vier bis fünf Fuß Breite schätzten und die zwischen etwa zwölf und fünfzehn Fuß Länge variierten, wobei die längeren Bereiche am Rand des Kreises lagen und die kürzeren in der Nähe des Zentrums. Als sie das Zentrum erreichten, sahen sie einen Kreis aus Gerstenstängeln, die im Uhrzeigersinn plattgedrückt worden waren. Es war ein Bereich, der groß genug war, dass sie alle zusammen darin stehen konnten. Sie verließen den mittleren Kreis und machten sich auf den Weg zur anderen Seite des Kornkreises, gegenüber ihrem Einstiegspunkt, bis sie die Stelle erreichten, an der der lange, schmale Verbindungsweg zur Miniatur-Nachbildung begann. Er war breit genug, dass zwei Personen nebeneinander gehen konnten.

Evan führte an, während Kissy neben ihm lief, statt getragen zu werden. Essie und Kawdje folgten auf ähnliche Weise. Sarah ging vor Gordon, der mit Michael eng neben ihm ging. Jeanette und Topaz folgten Gordon und Michael. Cole bildete das Schlusslicht. Als sie die Miniatur-"Rose" erreichten, stellten sie fest, dass sie nicht groß genug war, dass alle darin stehen konnten, also stellten sie sich in einem Kreis um den Rand.

Plötzlich verdunkelte sich der Himmel und sie fragten sich, ob ein Regensturm bevorstand. Michael schnupperte in die Luft und fand, dass es nicht nach Regen roch. Topaz fand, dass alles anders roch, und Kawdje stimmte zu. Kissy beschloss, dass sie an einen Ort wollte, an dem sie ein Picknick machen konnten, weil sie Hunger hatte. Evan fühlte sich erschöpft von all den Sprints, die er bei den World Agility Games gemacht hatte, um Kissy immer einen Schritt voraus zu sein, und stimmte ihr zu, dass ein Picknick toll wäre.

„Du musstest sprinten, aber ich musste schneller als der Wind rennen, weil ich so viel kleiner bin als du. Wenn jemand das Recht hat, müde zu sein, dann ich", dachte sie.

Topaz dachte: „Wir sind alle müde und hungrig. Wir werden bald irgendwo einen Ort finden, wo wir uns einfach entspannen und etwas essen können."

„Ich genieße das Essen in diesem Land", dachte Michael. „Es ist sehr geschmackvoll."

Gordon überprüfte sein Satellitentelefon, um die Breitengrad- und Längengrad-Koordinaten des Kornkreises zu erhalten. Er war perplex, als er feststellte, dass sein Telefon nicht funktionierte. Als Essie sah, dass Gordons Telefon nicht funktionierte, zog sie sofort ihr Handy aus ihrer Bauchtasche.

„Nun, meines funktioniert auch nicht", dachte sie.

Cole griff nach seinem Handy, aber es war nicht an seinem Gürtel befestigt. Er hatte es im Fahrzeug gelassen.

„Ach na ja, es ist nicht so, als wären wir in der Wildnis", dachte Jeanette.

„Ich habe einen wirklich guten Geruchssinn und kann leicht den Standort des Autos erschnüffeln und vielleicht sogar den Ort, an dem wir letzte Nacht geschlafen haben, außer dass ich aus irgendeinem Grund nichts Vertrautes riechen kann", dachte Topaz, und Kawdje stimmte sofort zu.

Kissy stand auf ihren Hinterbeinen und berührte das Knie ihres Vaters. Sie wollte hoch oben sein, damit sie alles besser sehen konnte. Ihr Vater beugte sich hinunter und hob sie in seine Arme.

„Ich erkenne nichts wieder", dachte sie bestürzt.

Evan spürte ihre Stimmung und dachte, dass auch er die Umgebung nicht wiedererkannte.

Alle sahen auf den Boden. Sie konnten keine Spur der Miniatur-Nachbildung des Kornkreises sehen, nicht einmal die Gerste. Es gab nur noch Flecken von Stoppeln, rötlicher Erde und kleine Steine.

„Wo ist der Kornkreis?" dachte Evan.

„Keine Ahnung", sagte Cole.

Beim Klang von Coles Stimme sahen sie sich alle erstaunt an. Sie hatten alle acht miteinander per Gedanken kommuniziert.

„Das könnte die Büchse der Pandora öffnen", sagte Sarah.

„Was ist die Büchse der Pandora?" fragte Kawdje wortlos.

Die Kinnladen fielen herunter und Essie, Evan, Sarah, Gordon, Jeanette und Cole starrten sich ungläubig an.

„Wir kommunizieren alle telepathisch", sagte Cole. „Du musst es nicht aussprechen, denk es einfach", dachte Jeanette.

„Manchmal möchte ich nicht einmal meine eigenen Gedanken zugeben, geschweige denn, dass jemand anderes sie kennt", dachte Gordon.

„Das kann ich nachvollziehen", dachte Evan.

Michael dachte: „Sarah und Gordon, ich sende euch immer Gedanken. So kommuniziere ich. Irgendwann lasst ihr diese Gedanken in euch hinein."

„Ich frage mich, ob wir durch ein Portal in ein alternatives Universum oder so etwas geraten sind", dachte Gordon.

„Oder so etwas, auf jeden Fall", antwortete Jeanette wortlos.

Cole dachte intensiv nach, und seine Gedankenvorschlag, dass sie einfach vorwärts aufeinander zu und in die nun unsichtbare Miniatur-Kornkreis-Nachbildung treten sollten, um zu sehen, ob sie in ihre eigene Realität zurückkehren könnten, wurde mit Erleichterung aufgenommen.

„Versucht, eure genauen Schritte nachzugehen", dachte er, „und das gilt auch für Michael, Topaz, Kissy und Kawdje."

Alle dachten über jeden Schritt nach, den sie gemacht hatten.

Kawdje schloss seine Augen in Gedanken und kommunizierte dann: „Es ist einfacher, die Schritte nachzuvollziehen, wenn die Augen geschlossen sind. Erinnere dich, in welche Richtung dein Körper gedreht war, auch wenn es nur leicht seitlich war, und gehe genau diesen Weg zurück."

„Guter Gedanke", dachte Evan. „Du bist gut benannt. Kawdje ist ein Name, den deine Mutter und ich erfunden haben. Er ist die Abkürzung für „cogitate", was bedeutet, über Dinge nachzudenken oder zu reflektieren."

Gordon dachte: „Ich gebe euch fünfzehn Sekunden, um darüber nachzudenken, wie ihr eure Schritte zurückverfolgen werdet, und dann, auf mein Zählen von drei, starten wir alle zusammen. Okay?"

Etwa zwanzig Sekunden später fand sich die Gruppe im langen Verbindungsstreifen in der Nähe der Miniatur-Rose wieder. Alle standen der Nachbildung gegenüber. Sie liefen so schnell sie konnten zu ihren Fahrzeugen. Als sie diese erreichten und die Haustiere einluden, sagte Evan: „Denkt daran, Kissy und ich haben Hunger. Wir wollen Mittagessen."

Sie fuhren etwa fünfzehn Minuten, bevor sie ein Restaurant sahen. Sie entschieden sich dagegen, drinnen zu essen, weil sie nicht wollten, dass ihre Erfahrung mit dem Kornkreis belauscht wurde. Außerdem wollten sie die Haustiere nicht in den Fahrzeugen lassen. Alle fühlten sich zittrig und verunsichert und dachten, dass die Haustiere wahrscheinlich genauso fühlten. Sie kauften Sandwiches und heißen Kaffee und Tee zum Mitnehmen und fuhren weiter, bis sie eine Lichtung fanden, um dort ihr Picknick zu machen. Es gab einige Steine, die groß genug waren, um als Sitzgelegenheiten zu dienen, und flach genug, um etwas Essen daraufzustellen. Nachdem sie die Futterschalen der Haustiere mit Essen und Wasser gefüllt hatten, setzten sie sich auf die Steine und unterhielten sich, während sie an ihren Sandwiches knabberten.

Cole sagte: „Vielleicht hätten wir ein bisschen länger in der alternativen Welt bleiben und sie erkunden sollen."

„Vielleicht hätten wir den genauen Ort, an dem das Portal war, nicht wiedergefunden", sagte Jeanette.

„Wir hätten die Hälfte von uns an dem Punkt lassen können, an dem wir unsere Realität verlassen haben, während der Rest ein wenig erkundet", antwortete er.

Gordon sagte: „Vielleicht konnten wir nur in unsere Welt zurückkehren, indem wir unsere Schritte und Bewegungen genau nachverfolgt haben. Diejenigen von uns, die weggegangen wären, um zu erkunden, hätten sich vielleicht nicht genau an den Ort stellen können, an dem wir standen, als wir die alternative Welt betreten haben, oder was auch immer es war. Vielleicht hätte es keine Rolle gespielt, aber vielleicht doch. Ich bin froh, dass wir dieses Risiko nicht eingegangen sind. Es wäre unvorstellbar gewesen, wenn einige von uns in der alternativen Welt zurückgeblieben wären."

Michael ging zu Gordon, legte seinen Kopf auf sein Knie und schaute ihn fragend an. Gordon streichelte Michaels Kopf. „Hey, Kumpel, ich habe die Fähigkeit verloren, mit dir telepathisch zu kommunizieren."

Kissy, Kawdje und Topaz ruhten sich nebeneinander aus. Obwohl sie physisch miteinander sprachen, indem sie bellten und andere hörbare Geräusche machten, war es für sie natürlich, mental und emotional telepathisch zu kommunizieren. Sie sagten einander jetzt, dass sie den Verlust dieser besonderen Art, Gedanken mit ihren Familien zu senden und zu empfangen, bedauerten. Topaz erinnerte sie daran, dass sie diese besondere Verbindung zu ihrer Mutter hatte.

„Es ist nicht so klar wie in diesem seltsamen Ort vorhin. Ich werde meiner Mutter den Gedanken senden, dass uns allen kalt ist. Der Boden ist kalt und leicht feucht. Ich spüre, dass ihr beide genauso fühlt."

Kawdje sagte: „Gute Idee. Kissy, lass uns beide denselben Gedanken an unsere Eltern senden."

Alle drei konzentrierten sich.

Jeanette sagte: „Ich bin bereit, wieder auf die Straße zu gehen. Es ist kühl und ich denke, dass die Haustiere den Boden auch kalt finden."

Essie sagte: „Ich habe gerade dasselbe gedacht." „Ich auch", stimmte Evan zu.

Sie sammelten ihre Sachen zusammen, während sie darüber debattierten, was sie als Nächstes tun sollten. Sie beschlossen, dass ein weiterer Kornkreis, wenn sie einen finden würden, nach ihrer Erfahrung antiklimaktisch wäre.

„Fahren wir zurück zu unserem Cottage. Morgen können wir Stonehenge besuchen", schlug Sarah vor.

Später am Abend, im Komfort ihres Cottages, besprachen sie erneut ihre Erfahrung.

Sarah sagte: „Ich habe ein besseres Verständnis für die Einschränkungen, die uns allen durch die Körper auferlegt werden, in denen wir leben. Ich denke, dass die Lebensenergie, das Wesen oder wie auch immer man es nennen möchte, das unser wahres Selbst ist, in uns allen und in allem dasselbe ist. Als wir in dieser anderen Dimension waren, oder wo auch immer, hatte ich das Gefühl, dass es keinen Unterschied zwischen Menschen und Hunden gab, außer der Art und Weise, wie wir diese Lebensenergie ausdrücken müssen aufgrund unserer physischen Unterschiede. Zum Beispiel werden Hunde niemals in der Lage sein, sich in der Infinitesimalrechnung zu bewähren. Na ja, vergiss das. Es ist kein gutes Beispiel, denn ich zum Beispiel werde es auch nie beherrschen."

Die anderen lachten. Sie fuhr fort: „Hunde können nicht schreiben; ihre Pfoten sind nicht dafür ausgelegt. Menschen haben nicht den unglaublichen Geruchssinn, den Hunde haben. Wir haben Fähigkeiten, die einzigartig für unsere Spezies sind und die wir nutzen und auf die wir uns verlassen, die andere Spezies nicht haben und umgekehrt. Abgesehen von den Unterschieden, wie wir leben und funktionieren müssen, die uns durch unsere Körper auferlegt werden, ist unser wahres Wesen sehr ähnlich. Hunde und Menschen haben die Fähigkeit zu denken und zu vernunftschließen; wir empfinden dieselben Emotionen; wir sind beide gesellige Spezies und genießen Gesellschaft; wir können Liebe geben und empfangen, Loyalität zeigen und so weiter."

Jeanette sagte: „Viele Menschen entwickeln besondere Beziehungen zu Hoftieren, Wildtieren und sogar Pflanzen. Diese Lebensenergie steckt tatsächlich in allem."

Cole sagte: „Das will ich nicht wissen. Ich werde mich jedes Mal schuldig fühlen, wenn ich Fleisch, Fisch und Gemüse esse. Vielleicht ist Wasser auch lebendig."

Gordon sagte: „Laut aktuellen Studien hat Wasser ein Bewusstsein und reagiert auf Gedanken, die ihm zugewandt werden."

„Ich muss essen und trinken", sagte Evan. „Lasst uns dieses Gespräch beenden."

Essie fragte, wie sie dazu stünden, ihre Kornkreis-Erfahrung mit jemand anderem zu besprechen. Nach einer kurzen Debatte einigten sie sich einstimmig darauf, nur ihren Kindern und den Ehepartnern ihrer Kinder davon zu erzählen.

Jeanette sagte: „Ich habe noch nie von jemand anderem gehört, der eine solch seltsame Erfahrung gemacht hat wie wir."

Sarah antwortete: „Vielleicht haben viele Menschen ähnliche Erfahrungen gemacht und beschlossen, genauso wie wir, darüber zu schweigen."

Gordon sagte: „Ich wäre besser vorbereitet, wenn ich noch einmal einen Kornkreis betreten würde. Anstelle eines Satellitentelefons, das nur funktioniert, wenn Satelliten in der Umlaufbahn sind, würde ich einen altmodischen Kompass mitnehmen, der möglicherweise auch nicht funktioniert. Ich hätte Instrumente, die magnetische Felder und die Atmosphäre messen. Außerdem würde ich sterile Röhrchen mitbringen, um Boden-, Luft-, Pflanzen- und Wasserproben zu sammeln. Ich würde auch Pflöcke und Sprühfarbe mitnehmen, um den genauen Einstiegspunkt zu markieren. Außerdem würde ich in regelmäßigen Abständen Markierungen setzen, um den Weg zurückverfolgbar zu machen."

Cole unterbrach begeistert: „Wir sollten Lebensmittel- und Wasservorräte mitnehmen, dazu leichte Campingausrüstung und – das sage ich ungern – ich denke, wir sollten kleine Schusswaffen mitnehmen. Man weiß nie, was wir vielleicht antreffen, vor dem wir uns schützen müssten."

Jeanette sagte: „Das macht mir Angst. Ich möchte nur ein wenig erkunden und in der Nähe unseres Einstiegspunkts bleiben."

Evan sagte nachdenklich: „Wenn viel Zeit vergeht, könnten wir vielleicht nicht am selben Punkt austreten, an dem wir eingetreten sind."

„Das ist eine Möglichkeit", sagte Gordon.

Cole rieb sich die Stirn. „Seit meiner Erfahrung im Kornkreis fühle ich mich nervös." Dann überraschte er sich selbst, seine Frau und die anderen, indem er verkündete, dass er in Erwägung ziehe, seine Praxis aufzugeben. „PPAL läuft so gut, dass mein Anteil am Unternehmen genug Geld einbringen wird, damit ich in den Ruhestand gehen kann, wenn ich das möchte. Ich möchte alles über Kornkreise lernen. Außerdem möchte ich Zeit haben, Sonny und mich im Hundesport Agility zu trainieren."

Jeanette starrte ihn an. Nach ein paar Momenten sagte sie: „Diese Kornkreis-Erfahrung muss einen tiefgreifenden Einfluss auf dich gehabt haben."

Cole zuckte mit den Schultern, „Ich schätze schon."

Gordon sagte: „Vielleicht verstehen wir jetzt aufgrund unserer seltsamen Erfahrung, wie zerbrechlich unsere Existenz ist, und fühlen uns gedrängt, zu entscheiden, was wir wirklich wollen."

In der Zwischenzeit führten die Haustiere ihre eigene Diskussion. Sie alle gaben zu, dass sie die sofortige Kommunikation mit ihren Familien, die sie in „diesem seltsamen Ort" hatten, vermissten und fragten sich, wie sie sie wiederherstellen könnten.

Kawdje sagte nachdenklich: „Vielleicht kann das nur an diesem bestimmten Ort geschehen, und wenn ja, frage ich mich, warum."

Topaz gab zu, dass sie nicht an diesen Ort zurückkehren wollte. „Es war so anders, dass es fremdartig war. Lasst uns daran denken, dass unsere Eltern sich nicht sicher waren, ob wir den Weg aus diesem Ort herausfinden würden. Ich spürte ihre unterschwellige Angst. Ich möchte nirgendwohin gehen, wo ich möglicherweise niemals einen meiner Welpen wiedersehen könnte. Andererseits war ich bei meiner Mutter und meinem Vater und bei euch allen."

Michael stimmte zu, dass er seine Welpen vermissen würde, und schlug dann vor, dass sie ihren Eltern den Gedanken senden sollten, dass sie, wenn sie jemals wieder zu „diesem seltsamen Ort" gehen, auch alle ihre Welpen mitbringen sollten.

Kissy verkündete: „Ich möchte nicht irgendwo festsitzen, wo ich niemals an Dog-Agility-Übungen teilnehmen könnte. Was würde ich zur Erholung machen?"

Kawdje sagte: „Ich frage mich immer noch, was die Büchse der Pandora ist. Ich wünschte wirklich, ich könnte Sarah bitten, mir das zu erklären."

Kapitel Sechsundfünfzig

Am Tag nach ihrer Heimkehr rief Gordon Cecil an und berichtete, dass alles während der Flüge zu den World Agility Games und zurück gut verlaufen sei. Er erzählte ausführlich von der großartigen Leistung, die Team USA bei dem Wettbewerb gezeigt hatte.

Cecil bat Gordon, Sarah seine Glückwünsche auszurichten und fragte dann: „Wann plant dein Sohn, Vollzeit für PPAL zu arbeiten?"

„Sehr bald. Sarah und ich werden Ende dieses Monats zu seiner Abschlussfeier gehen."

„Er soll mich an jedem Abend zu Hause anrufen. Übrigens möchten Aaron und ich einen PPAL-Werbespot machen, in dem alle Team-USA-Wettkämpfer auftreten, die an den World Agility Games teilgenommen haben – Menschen und Haustiere. Der Spot wird etwas in der Art sagen, dass Haustiere, die komfortabel fliegen, besser performen."

Gordon und Sarah verbrachten den Rest des Vormittags damit, all die Details aufzuarbeiten, die nach einer Woche Abwesenheit Aufmerksamkeit erforderten. Sie waren im Arbeitszimmer, als das Telefon klingelte. Sarah nahm ab. Gordon hörte sie enthusiastisch mit jemandem am anderen Ende der Leitung sprechen und Essies und Evans sowie Jeanettes und Coles Telefonnummern weitergeben. Nachdem sie aufgelegt hatte, tanzte Sarah zu ihm, küsste ihn auf die Wange und sagte:

„Das war die Programmleiterin meiner liebsten nationalen Morgenfernsehshow. Du weißt, dass der Best-in-Show-Gewinner der Westminster Dog Show immer die Morgen-TV-Show-Runde macht. Nun, Jean Miles möchte Michael, Topaz und Kissy im Fernsehen haben, weil sie das Country Team Triathlon für die USA bei den World Agility Games gewonnen haben. Außerdem möchte sie Kawdje in der Sendung haben, weil er Gold im Springen All 'Round sowie im Biathlon gewonnen hat, und Dustin, weil er Power and Speed gewonnen hat. Ich habe ihr erzählt, dass Bogey die Silbermedaille im Einzel-Allround gewonnen hat, also möchte sie vielleicht auch ihn."

„Das sind wundervolle Neuigkeiten, goldenes Mädchen."

Sarah sagte: „Offensichtlich können wir Cecil und Aaron für die bevorstehende Publicity danken. Sie wird helfen, PPAL und ihre Kette von Hotels und Resorts zu fördern. Es ist auch gut für uns. Wir haben Gründungsanteile an PPAL. Abgesehen von den fünf Minuten Ruhm und dem finanziellen Nutzen für uns, unsere Familien und Freunde sind wir die Initiatoren und Förderer eines verbesserten Lebensstils für Haustiere. Das war unser Ziel und ist es immer noch. Diese Publicity wird dabei helfen."

Auf der Morgenfernsehshow-Runde zu sein bedeutete eine Reise nach New York City. Alle übernachteten im ABCD Realty's Families Hotel. Es war nicht so herrlich schön wie das Familias Resort in Belize, aber es gab einen Outdoor-Bereich für die Bewegung der Haustiere sowie einen Haustierpflegesalon auf dem Gelände. Die Hunde wurden gebadet, ihr Fell getrimmt, ihre Krallen geschnitten und poliert, und ihre Zähne wurden geputzt. Für ihre Fernsehauftritte trugen Michael, Kawdje, Dustin und Bogey jeweils eine Fliege, während Topaz und Kissy eine Seidenblume an einem Band um den Hals trugen.

Sie traten in drei nationalen Morgenfernsehshows auf. Die Haustiere passten sich leicht an die hektischen Morgenpläne und das ruhige Sitzen unter den hellen, heißen Lichtern an. Michael war verwirrt, weil Sarah vor den Shows Farbe auf sein linkes Ohr und ihre linke Hand sprühte.

Er wartete erwartungsvoll darauf, zu performen, ebenso wie Topaz, Kissy und Kawdje, die auch Michaels farbiges Ohr mit einer Agility-Übung assoziierten, aber keiner von ihnen sah eine Agility-Anlage. Sie konnten nicht wissen, dass Sarah von den Fernsehprogrammpersonal gebeten worden war, Michaels Ohr und ihre Hand zu bemalen, weil es zur menschlichen Interessensbekundung beitrug, dass jemand Schwierigkeiten hatte, schnell links von rechts zu unterscheiden.

PPAL hatte kostenlose nationale Werbung, da alle die komfortablen Unterkünfte für sich selbst und die Team-USA-Haustiere auf den Flügen zu und von den World Agility Games in England lobten.

Die Eigenheiten und Vorlieben der Haustiere wurden während der nationalen Morgenfernsehshows diskutiert. In der Woche nach ihren Fernsehauftritten bot eine nationale Getreidefirma Essie einen Vertrag an, um ihre Haferflocken zu bewerben, weil bekannt wurde, dass Essies hausgemachte Haferkekse als Leistungsanreiz und Wettkampfbelohnung für Kawdje verwendet wurden. Ein Keksunternehmen bat Evan und Sarah, Kissy und Michael in ihren Werbespots für Ingwerkekse zu zeigen. Ein national bekannter Anbieter von Jagd- und Angelausrüstung wandte sich an Jeanette, um Topaz in ihrer Werbekampagne zu verwenden, um Menschen, die nicht gerne jagen oder angeln, zum Camping und anderen Outdoor-Aktivitäten zu bewegen.

Einige Wochen nach ihren Auftritten in den nationalen Morgenshows wurden die Freunde in Barry Baldwins Live-Primetime-Fernsehshow interviewt. Diesmal waren Gordon, Cole, Kevin, Aaron, Cecil, Pat und Ed, Jenny, Joy und Sam dabei, aber Breen und Shelly sowie keines der Haustiere waren es.

Der Schwerpunkt des Interviews lag auf PPAL, seiner Entstehung, dem sofortigen Erfolg und der tiefgreifenden Wirkung, die es auf die Art und Weise hatte, wie Menschen jetzt Urlaub machten und Geschäfte machten, da komfortable und sichere Flugbedingungen für Haustiere zur Verfügung standen. Aaron und Cecil gaben den anderen Anwesenden die Anerkennung für die Entstehung von PPAL.

Barry begann mit Sarah, die beschrieb, wie Michael während des Flugs von Mexiko in die USA im Frachtraum untergebracht war und wie ihr Wunsch nach besseren Flugbedingungen für alle Haustiere entstand. Gordon sprach darüber, wie Sarah und er die Flugzeugunterkünfte für Haustiere recherchierten und seine Idee, ihre eigene haustierfreundliche Fluggesellschaft zu gründen, und wie er seinen Sohn bat, Flugzeugkabinen so umzugestalten, dass sie Platz für Haustierabteile boten. Die Gruppe erzählte abwechselnd von ihrem ersten Treffen, bei dem Richtlinien für sicheres, komfortables Reisen mit Haustieren besprochen wurden.

Barry gratulierte Kevin zu seinem kürzlichen Abschluss an der Purdue University mit einem Abschluss in Luftfahrttechnik. „Sie sind jung, um das Projekt übernommen zu haben, den Körper eines Flugzeugs so umzugestalten, dass ein Aufzug hinzugefügt wird, der eingesperrte Haustiere in den Kabinenbereich hebt." Kevin dankte Barry und gab eine kurze Erklärung über den Aufzug, wobei er sagte, dass dieser im Notfall mechanisch betrieben werden könne, wenn genügend fähige Personen zur Verfügung stünden, um den Aufzug mit seinen Mechaniken zu bedienen. Er erwähnte, dass auch Rollstuhlfahrer über den Aufzug gehen könnten, wenn es nötig oder gewünscht wäre.

Als Nächstes wandte sich Barry Pat zu, und sie sprach über die Anforderungen von PPAL an das Reisen von Haustieren per Flugzeug. Barry gratulierte ihr dazu, Leiterin der Veterinärabteilung von PPAL zu sein, und konzentrierte sich dann auf Ed. Er fragte ihn nach den Verantwortlichkeiten als stellvertretender Leiter der Rechtsabteilung von PPAL und Leiter der Rechtsabteilung von PPAL für internationale Reisen, die noch nicht in Gang gekommen waren. Barry kicherte über sein eigenes Wortspiel. Klugerweise ging Ed nicht auf die langweiligen Details der PPAL-Charta ein und vermied es, in juristischem Fachjargon zu sprechen. Er sprach prägnant über die rechtlichen Aspekte des internationalen Haustierreisens und sagte, dass er und seine Frau eng an allen Aspekten des sicheren und komfortablen Reisens für Haustiere zusammenarbeiten.

Barry wandte sich an Sarah. „Meines Wissens nach habt ihr alle euch auf die eine oder andere Weise wegen der Hunde kennengelernt. Ihr habt Essie und Evan Kilmer auf einer Conformation Dog Show getroffen, bei der der Hundesport Agility vorgeführt wurde, und sie haben euch später Gordon vorgestellt. Euer Haustier, Michael Archangelo, ist ein mexikanischer Straßenhund, den ihr gerettet und in dieses Land gebracht habt. Michael kann nicht bei Conformation Dog Shows teilnehmen, weil er kein reinrassiger Hund ist, aber ihr wolltet, dass er ein Training und eine sinnvolle Aktivität hat, also habt ihr beschlossen, dass Dog Agility der richtige Weg ist. Hattet ihr von Anfang an geplant, dass er schließlich im Team sein würde, das unser Land bei den World Agility Games vertritt?"

„Nein, aber ich habe schnell erkannt, was für ein talentierter Agility-Hund er ist." Barry richtete den Fokus auf Jeanette und Cole und fragte, warum sie beschlossen hatten, ihren reinrassigen Deutsch-Kurzhaar-Pointer zu einem Champion-Agility-Hund zu machen, anstatt zu einem Champion-Conformation-Show-Hund oder sogar einem Field-Champion. Jeanette erklärte, dass Topaz völliges Desinteresse an Conformation Dog Shows zeigte und ihr professioneller Handler geraten hatte, dass Topaz niemals gewinnen würde, weil sie offensichtlich gelangweilt sei. Cole erzählte Barry, dass Rehe Topaz jagten, anstatt dass sie sie jagte, und dass sie deshalb niemals ein Field Champion werden würde. Alle lachten.

Jeanette beschrieb, wie sie Essie sah, die Kawdje und das riesige blaue Band, das er gerade bei einer Conformation Dog Show gewonnen hatte, trug, und ein Gespräch mit ihr und Evan begann, die später von einer Frau sprachen, die eine teilweise Dog Agility-Ausrüstung auf ihrem Grundstück hatte, weil sie daran interessiert war, ihren Hund zum Agility-Champion zu machen.

Evan mischte sich ins Gespräch ein und sagte, dass Kissy auch von Conformation Dog Shows gelangweilt gewesen sei und ihre Einstellung, kombiniert mit der Tatsache, dass ihre Beine etwas zu lang waren, um eine Top-Show-Hündin zu werden, ihre Entscheidung bekräftigte, sie dem Dog Agility vorzustellen, weil sie großes Interesse gezeigt hatte, als sie eine Vorführung des Sports beobachtete.

Essie sagte, dass Kawdje ein Star bei Conformation Dog Shows sei, aber ins Dog Agility-Training aufgenommen wurde, weil sie es zu einer Familienaktivität machen wollten.

„Ich habe gehört, dass eure Tochter Joy und euer Schwiegersohn Sam einen von Kissy und Kawdjes Welpen haben", sagte Barry.

Joy beteiligte sich am Gespräch und sagte, dass sie und Sam Sneakers im Sport Dog Agility trainieren und ihn auch in Conformation Dog Shows zeigen lassen.

Sam erzählte Barry, dass er und Joy die Option haben wollten, Sneakers während der Basketball-Saison bequem mit ihm reisen zu lassen, aber schon in PPAL investiert hatten, bevor Sneakers zu ihrer Familie stieß. Er erwähnte, dass sein Teamkollege Beau Benadar ebenfalls einen der Welpen von Kissy und Kawdje habe.

Barry bemerkte, dass er sich daran erinnerte, sie in einem der PPAL-Werbespots gesehen zu haben, und dass er sich auch daran erinnerte, die Hochzeitszeremonie von Sarah und Gordon, die Michael, Topaz, Kissy und Kawdje einschloss, im Internet über YouTube gesehen zu haben.

„Ich fand es urkomisch, als sie während der Zeremonie gesungen haben, aber es war auch herzerwärmend."

Nachdem alle aufgehört hatten zu lachen, sagte Aaron, dass er und seine Frau einen der Welpen von Kissy und Kawdje hätten und dass Mimi mit Caressa im Conformation Dog Show-Zirkus ganz groß dabei sei. Cecil erzählte Barry, dass er und seine Frau einen der Angel-Welpen von Topaz und Michael hätten.

Barry bat Jeanette, ihm von den Welpen zu erzählen. Sie beschrieb deren Fellwuchs, der Flügeln ähnelte und sie und Sarah dazu inspiriert hatte, eine neue Rasse namens „Angel Dogs" zu entwickeln, und das Protokoll, das befolgt werden musste, um eine neue Rasse zu entwickeln. Sie erwähnte, dass auch Pat am Angel-Dog-Zuchtprogramm beteiligt sei und ihre Beraterin sei.

Schließlich sprach Barry mit Jenny: „Ich habe gehört, dass du einen der Welpen von Kissy und Kawdje hast und im Dog Agility-Sport aktiv bist. Erzähl mir davon."

Jenny beschrieb, wie sie ihr Senior Level im Junior Handler Program erreicht hatte und dabei mit Kissy und Topaz konkurriert hatte. Sie sagte, dass sie und Candy im Dog Agility groß dabei seien und irgendwann im Team USA bei einer Weltmeisterschaft antreten wollten. Als Barry fragte, warum sie einen Welpen von Kissy und nicht von Topaz habe, erklärte Jenny, dass sie erst elf Jahre alt gewesen sei, als sie bei ihrer Tante Jeanette, ihrem Onkel Cole und Topaz gelebt habe und damals ein kleinerer Hund besser zu ihrer kleineren Größe gepasst hätte. Sie sagte, dass sie Kissys aufgeschlossene Persönlichkeit und ihre offensichtliche „Gewinnbereitschaft" liebte. Sie beschrieb auch die besondere Bindung, die sie zu Topaz aufgebaut hatte, die vor Rehen weggrannte und das örtliche Wild nicht jagte, aber sie vor einem Einbrecher angegriffen und gerettet hatte.

Auf Barrys Aufforderung hin beschrieb sie den Vorfall. Nachdem sie fertig war, sagte Barry: „Mir wurde gesagt, dass es deine Idee war, die haustierfreundliche Fluggesellschaft PPAL zu nennen. Warum hast du dieses Akronym gewählt?"

Jenny sah ein paar Sekunden lang verwirrt aus, dann klärte sich ihr Gesichtsausdruck und sie sagte: „Weil Haustiere unsere Freunde sind."

Barry antwortete: „Das sind sie in der Tat."

Barry sagte: „Aaron und Cecil, ihr seid die „großen Geldgeber", die nötig waren, um PPAL ins Leben zu rufen, und von eurem Engagement in einer neuen haustierfreundlichen Fluggesellschaft aus habt ihr grundlegende Änderungen an eurem Immobilienbestand vorgenommen. Erzählt mir davon."

Aaron sagte, dass er und Cecil erkannten, dass Hotels Haustiere, die mit ihren Familien reisen, unterbringen mussten und dass die „Families/Familias"-Hotels aus diesem Bedürfnis heraus entstanden seien.

„Alle unsere Einrichtungen haben Haustier-Salons sowie Hundeausführer und Haustiersitter. Es gibt Outdoor-Übungsbereiche in einigen Einrichtungen mit Plänen, diese in all unseren Orten zu installieren."

Cecil fasste die Situation zusammen und sagte: „Reisende Haustiere brauchen einen ebenso komfortablen Aufenthaltsort an ihrem Zielort wie Menschen."

Cecil erklärte weiter, dass PPAL so schnell wie möglich expandierte, während es dennoch finanziell gesund blieb. Er betonte, dass PPAL-Flüge auch für Menschen geeignet seien, die ohne Haustiere reisen, obwohl der Grundgedanke, auf dem die Fluggesellschaft gegründet wurde, darin bestand, sichere, komfortable Unterkünfte für Haustiere und Menschen bereitzustellen.

Barry schaute direkt in die Kamera und sagte: „Kissy und Kawdje, reinrassige Tibet Spaniels mit illustren Stammbäumen, die immer im Privileg gelebt haben; Michael Archangelo, ein Mischlings-Straßenhund aus Mexiko, der trotz seiner Angst vor Menschen den Mut gefasst hat, einer Frau zu vertrauen, die sich mit ihm anfreundete; und Topaz, ein sanfter Deutsch-Kurzhaar-Pointer, der immer in Liebe und Harmonie mit den Tieren gelebt hat, die sie eigentlich jagen und verfolgen soll, bildeten ein unglaublich begabtes und erfolgreiches Championship Dog Agility Team, das seinen Höhepunkt erreichte, als es dieses Jahr das Team USA bei den World Agility Championships vertrat. Diese vier Hunde und ihre Familien kamen zusammen mit dem gemeinsamen Ziel, zu Champion-Dog-Agility-Teams zu werden, und ihre Leben wurden alle miteinander verflochten, während glückliche und unvorhergesehene Pfade gebahnt wurden.

Aus diesem Bündnis entstand eine haustierfreundliche Fluggesellschaft, eine Kette luxuriöser haustierfreundlicher Hotels, Jobs für Hundeausführer und Haustiersitter in Hotels, Geschäftsreisende, die nun ihre Haustiere mitnehmen können, und eine neue Hunderasse namens Angel Dogs.

Die Familien von Kissy, Kawdje, Topaz und Michael Archangelo, inspiriert von ihrer Liebe zu diesen vier Hunden, machen die Welt zu einem sichereren und glücklicheren Ort für Haustiere überall, indem sie Traditionen brechen, die die enge Gemeinschaft mit Menschen, die Hunde sich wünschen, nicht unterstützen."

Jennys Eltern sahen sich Barry Baldwins Fernsehsendung an, während sie auf Michael, Topaz, Kissy, Kawdje, Mary, Sonny, Michelle, Candy, Sneakers, Gabby und Caressa bei Jeanette und Cole zu Hause aufpassten. Eine Après-TV-Show-Party war geplant worden.

Die Haustiere jagten einander die Treppe hinauf, die Treppe hinunter, um Möbel herum und in und aus Zimmern heraus, mit Ausnahme des Esszimmers, dessen französische Türen geschlossen waren, um sie daran zu hindern, vor der festgelegten Zeit am Buffet zu naschen.

Die Türklingel läutete. Don und Iris Prescott ließen Beau und Selma Benadar herein. Die Haustiere umringten sie sofort. Beau setzte Hershey auf den Flurfußboden und er verschwand in einem Meer von wedelnden Schwänzen, als alle Haustiere ins Familienzimmer schlenderten und sich auf mit Überwürfen bedeckte Sofas und Stühle setzten oder auf dem plüschigen orientalischen Teppich loungten.

Kissy sagte: „Das ist eine Party."

„Das bedeutet viel leckeres Essen", sagte Kawdje.

„Ganz genau", sagte Topaz. „Deshalb sind die Türen zum Esszimmer geschlossen. Es soll verhindern, dass wir etwas essen, bevor unsere Eltern hier sind."

Sonny sagte: „Ich hoffe, wir haben Crème brûlée zum Dessert. Es ist eines der besten Dinge im Leben."

„Was ist das Allerbeste im Leben, Dad?" fragte Michelle Michael. „Es ist, deine Familie zu lieben und im Gegenzug geliebt zu werden. Liebe ist das Beste von allem. Aber Crème brûlée ist ein knapper zweiter Platz!"

www.ingramcontent.com/pod-product-compliance
Lightning Source LLC
Chambersburg PA
CBHW030539080526
44585CB00012B/202